DRESDEN

Dietrich Höllhuber

Die Seitenzahlen beziehen sich auf die Kartenausschnitte

Fischhausstr
Tour 8 S. 206/207
äthe- Kollwitz- Ufer
lasewitz
tzer Str.
riesen
bergstr
Schlüterstr
Seidnitz
nbacher Str.
gstr
Tour 9 S. 206/207

Text und Recherche	Dietrich Höllhuber
Lektorat	Steffen Fietze
Redaktion und Layout	Heike Dörr
Karten	Carlos Borrell, David Wendler, Judit Ladik
Covergestaltung	Karl Serwotka
Coverfotos	oben: Jagdschloss Moritzburg unten: Theaterplatz und Hofkirche
Fotos	alle Dietrich Höllhuber außer S. 119: Grünes Gewölbe, Staatliche Kunstsammlungen Dresden; Foto: Jürgen Karpinski S. 125: Gemäldegalerie Alte Meister, Staatliche Kunstsammlungen Dresden; Foto: Estel/Klut

Herzlichen Dank für Anregungen, Hinweise und Korrekturen, die von Leserinnen und Lesern für die Aktualisierung dieses Buches übermittelt wurden:

Siegmar Baumgärtel, Uwe Marquardt, Gunda Sudeck, Karsten Seidel, Barbara Pfeifer, Gudrun Maurer, Dr. Bernhard Hohlfeld, Dieter Schlicht, Gerti Wächtler, Evelyn Ullrich, Katrin Salzwedel, Rudi Schön, Susanne Mayer

ISBN 3-89953-520-4

 Druck: Stürtz GmbH, Würzburg.

2. komplett überarbeitete und aktualisierte Ausgabe 2011

INHALT

Stadttouren und Ausflüge

Was haben Sie entdeckt?

Haben Sie ein empfehlenswertes Restaurant gefunden, eine nette Kneipe, ein gemütliches Hotel? Wenn Sie Tipps, Anregungen oder Verbesserungsvorschläge zum Buch haben, lassen Sie es uns bitte wissen.

Dietrich Höllhuber
c/o Michael Müller Verlag
Stichwort „Dresden"
Gerberei 19
91054 Erlangen
E-Mail: dietrich.hoellhuber@michael-mueller-verlag.de

Kartenverzeichnis

Zeichenerklärung für die Karten und Pläne

Autobahn	Rundgang	Information
Hauptstraße	Rundgang Anfang	Sehenswürdigkeit
Sonst. Straße	Rundgang Ende	Ausblick
Fußweg	Bebaute Fläche	Brunnen
Eisenbahn	Fußgängerzone	Denkmal
Dresden-Neustadt S-Bahn	Grünfläche	Theater
	Friedhof	Museum
	Gebäude	Kirche
	Gewässer	Synagoge

Die Highlights auf einen Blick

▲ Zwinger

Dresden – die Stadt

Alt-neuer Glanz: die Frauenkirche bei Nacht

Dresden: Untergang und Auferstehung

Niemand hätte es für möglich gehalten, dass die 1945 fast gänzlich zerstörte Stadt je aus ihren Trümmern auferstehen könnte. Aber das Wunder ist geschehen: Wie eine Vision hängt die Kuppel der Frauenkirche heute wieder über der alt-neuen Silhouette Dresdens. Die Elbresidenz des Barock, die Kulturmetropole oder das „Schmuckkästchen", wie es Victor Klemperer nannte, strahlt in neuem Glanz.

Noch immer wird an allen Ecken und Enden gegraben und gebaut, die freien Stellen in der Altstadt schwinden jedoch in atemberaubendem Tempo. Das Residenzschloss wird erst 2013 ganz fertiggestellt sein, doch schon jetzt wurden wichtige Teile eröffnet wie das glanzvoll wiederhergestellte „Historische Grüne Gewölbe" und die „Türckische Cammer". Gegenüber der seit 2006 komplett rekonstruierten Frauenkirche wachsen am Neumarkt die alten Barockfassaden empor, hinter ihnen entstanden und stehen Büros, Läden, Restaurants und schicke, teure Wohnungen. Nicht jeder ist mit dieser barocken Maske der Neubauten einverstanden, man hätte sich auch für moderne Architektur entscheiden können – dass das heiß diskutierte Neue Gewandhaus, ein modernistischer Museumsbau, nun endgültig nicht gebaut wird, hat für allgemeines Aufatmen gesorgt. Um andere Bauten wird ebenfalls gestritten: Eine neue Staatsoperette soll in die Innenstadt (ins frühere Kraftwerk?), braucht Dresden

Semperoper: Dresdens weltberühmtes Opernhaus

weitere Luxushotels, was tut sich im Kurländer Palais, mussten die ausgegrabenen Reste des Alten Rathauses wirklich dem Neubau des Parkhauses unter dem Altmarkt weichen und warum darf das neue Hotel dort den Blick auf die Kreuzkirche verdecken (weil die vor 1945 auch nicht zu sehen war ...). Diese Fragen beschäftigen alle Dresdner, wie die Leserzuschriften der Stadtzeitungen belegen.

Bei allem Kultur- und Kunst-Hype – jeder will in der Semperoper gewesen sein, die Sixtinische Madonna und die Frauenkirche bewundert haben sowie durch den Park um Schloss Pillnitz flaniert sein – ist Dresden eine Stadt geblieben, deren Bürger anderes zu tun haben, als ständig in die Oper zu laufen oder sich die chinesischen Vasen in der Porzellansammlung anzusehen. Dresden ist die Hauptstadt Sachsens mit einem großen politischen und administrativen Apparat, beherbergt – trotz Krise – Europas wichtigsten Standort der Mikro- und Nano-Elektronik („Silicon-Saxony"), hat eine bedeutende Technische Universität und mehrere international anerkannte Forschungsinstitute wie das Fraunhofer-Institut für Photonische Mikrosysteme. Die Arbeitslosigkeit ist dank zahlreicher Firmenneugründungen trotz des Kahlschlags nach der Wende auf 12 % gesunken. Die Stadt verfügt zudem über ein hervorragendes modernes öffentliches Verkehrsnetz, sieht man vom fehlenden Ausbau auch wichtiger Straßen ab (wie der Königsbrücker Straße). Große Teile des ausgedehnten Stadtgebietes wurden renoviert, restauriert oder komplett neu gebaut, obwohl es nach wie vor auch noch Plattenbauviertel gibt, deren Zustand und Infrastruktur sehr fragwürdig sind.

Mythos Dresden

Unter dem sächsischen Kurfürsten und polnischen König, den man wegen seiner außergewöhnlichen Körperkräfte August den Starken nannte, begann Ende des 17. Jahrhunderts der Mythos Dresden.

Wie eh und je: Augustusbrücke und Hofkirche

Die berühmte Silhouette der Stadt zwischen Frauenkirche und Zwinger (noch ohne die heutigen Gebäude der Brühlschen Terrasse und die Semperoper) entstand in dieser Zeit und wurde durch den Hofmaler Bernardo Bellotto (genannt Canaletto) verewigt. Der Blickwinkel, von dem aus seine berühmte Ansicht Dresdens in der Galerie Alte Meister entstand, ist wie das Bild selbst als „Canalettoblick" ein Ziel für Kunstpilger. Ende des 18. Jahrhunderts als „Elbflorenz" apostrophiert – als ob Dresden etwas anderes wäre als Dresden, oder sollte man Florenz als „Arno-Dresden" bezeichnen? – verstärkte sich der Mythos unter dem Einfluss der von Dresden ausgehenden Romantik (Theodor Körner, E. T. A. Hoffmann, Carl Maria von Weber, Richard Wagner, Caspar David Friedrich, Adrian Ludwig Richter lebten und arbeiteten zumindest zeitweise in Dresden), als einer in Kunst und Kultur getränkten Stadt, die in eine besonders reizvolle – eben romantische – Landschaft gebettet ist: das Elbtal zwischen Meißen und den Felsenburgen der Sächsischen Schweiz.

Kulturstadt Dresden

Eines der ältesten Theater des deutschen Sprachraums, die Hofoper, öffnete 1667 in Dresden seine Pforten und fand in der Semperoper einen weltberühmten Nachfolger. Heute leistet die Stadt sich zwei international renommierte Orchester, die Staatskapelle und die Dresdner Philharmonie. Darüber hinaus haben zwei bedeutende Ballettensembles, jenes der Staatsoper und die Forsythe Company, hier ihren Sitz, das Letztere in der Hellerau, einer in der Zeit vor dem Ersten Weltkrieg richtungweisenden Gartenstadt. Neben dem Schauspielhaus gibt es mehrere andere Theater bis hin zur alternativen Szene in der Äußeren Neustadt. Im Kreuzchor hat Dresden einen der weltweit ältesten Knabenchöre, und nicht nur an der Silbermannorgel in der Hofkirche kann man Orgelmusik hören. Kein Tag vergeht ohne kulturelle Veranstaltungen,

Aufführungen, Festwochen oder Festivals. Mit der Gemäldegalerie Alte Meister besitzt Dresden eine der bedeutendsten Kunstsammlungen der Welt, das Grüne Gewölbe bietet eine Pretiosensammlung, mit der sich kaum eine andere vergleichen kann, und die Porzellansammlung verfügt über einen Bestand chinesischer und japanischer (und früher europäischer) Porzellankunst, der weltweit nur von jenem des Topkapı-Palastes in Istanbul übertroffen wird. Dutzende weitere Museen und Galerien laden zur Besichtigung ein, darunter das Deutsche Hygiene-Museum und die nach Umbau und Einbau einer „Arche" wieder eröffnete Galerie Neuer Meister u. a. mit Bildern der Künstlergemeinschaft „Die Brücke", die in Dresden ihre Wurzeln hatte.

Untergang und Auferstehung

Im Februar 1945 wurde Dresden durch einen alliierten Bombenangriff zerstört, die Altstadt lag vollständig in Schutt und Asche. Seither war es nie klar, ob man die Reste der barocken Stadt wegräumen sollte wie bei der Sprengung der Fassaden der Rampischen Straße zu DDR-Zeiten oder sie erhalten, restaurieren oder gar wiedererrichten sollte wie beim Zwinger und der Semperoper (1985). Die Frauenkirche blieb Ruine – als Mahnmal, hieß es. Die Silhouette der Stadt ebenfalls. Nach 1990 setzten sich dann die Stimmen durch, die einen Wiederaufbau des alten Stadtzentrums forderten. Mit Hilfe aus aller Welt entstand die Frauenkirche neu (2006), das Schloss ist fast komplett restauriert und wird zum Museen-Schloss ausgebaut (derzeit vier), und auch der gesamte Neumarkt entsteht wieder – auch wenn's nur die Fassaden sind. Ein Wunder – dank reichlich Investitionsgeldern aus dem In- und Ausland.

Szene Neustadt

Wenn Dresdner an Clubs und Discos, an Kneipen und Biergärten in Hinterhöfen

Pracht ohne Prunk im Innenraum der Hofkirche

denken, an Jazz und Techno, Trödelläden und Boutiquen, Orientshops und jede Menge anderer Läden vom Vinyl-Spezialisten bis zum Senflädchen, dann fällt ihnen unweigerlich die Äußere Neustadt ein. Abends weggehen heißt ganz einfach zum Albertplatz fahren oder laufen und dann auf ins Vergnügen, denn in den nahen Straßenzügen Alaunstraße, Louisenstraße, Rothenburger Straße und Görlitzer Straße ist Tag und Nacht was los. Sicher, man kann auch anderswo einkaufen und bummeln, in Cafés und Kneipen sitzen, tanzen, abhängen, sich draußen oder drinnen von allen möglichen Sounds beschallen lassen, die neuesten Cocktails schlürfen und sich abweisen lassen, weil man dem Türsteher nicht gefällt. Aber hier in der Äußeren Neustadt (im Gegensatz zur barocken Neustadt ein Stadtviertel der Gründerzeit, in dem übrigens Erich Kästner geboren wurde) ist das alles ganz dicht gedrängt, Szene satt auf 1 km^2. Im Sommer treibt es die Dresdner allerdings auch an ihre Strände, Stadtstrände natürlich mit echtem Sand, und in jedem Hinterhof stehen Liegestühle und coole Drinks bereit, nicht nur in der Neustadt. Einmal im Jahr kocht die Äußere Neustadt über, dann stellt die „Bunte Republik Neustadt" ihre eigenen Regeln auf und hält sie auch ein, weil die Hauptregel ist, dass es keine Regeln gibt.

Grünes Dresden

Wer will, kann von der Innenstadt aus durch Grüngürtel in die wunderschöne Umgebung der Stadt wandern, denn Dresden ist eine grüne Stadt. Blüher Park und Großer Garten verbinden die Altstadt nahtlos mit Striesen. Von der Äußeren Neustadt aus muss man nur einen Park queren, um in das riesige Schutzgebiet der Dresdner Heide zu gelangen, die man auch von den Ortsteilen Weißer Hirsch und Bühlau im Nu erreicht. Aber der Trumpf der Stadt ist die Elbe, ist das Elbtal mit seinen grünen Wiesen sowie den steilen Hängen zwischen dem Waldschlösschen und Pillnitz, die von der anderen Elbseite aus mit ihren Villen, Schlössern, Weinbergen und Spazierwegen ein ständig wechselndes Panorama bilden. Wen wundert es, dass die Dresdner beim ersten Sonnenstrahl den Picknickkorb packen oder sich aufs Rad schwingen, sodass die Dresdner Heide an schönen Wochenenden von wandernden Familiengruppen belebt und auf dem Elberadweg Blech an Blech gefahren wird? Und dabei haben die Dresdner auch noch ein Naturschauspiel und Freizeitparadies ersten Ranges vor der Tür, die Sächsische Schweiz mit ihren pittoresken und zum Freiklettern verlockenden Sandsteinfelsen.

Don't miss …

Das ist das Schwierigste an Dresden, zu beschreiben, was man keinesfalls versäumen sollte. Vom Canalettoblick über die Augustusbrücke schlendern und die über der Brühlschen Terrasse schwebende „Glocke" der Frauenkirche bewundern. Klar, fünf Sterne. Das begeistert auch die Dresdner selbst immer wieder. Ein weiterer Höhepunkt: die Besichtigung der Frauenkirche mit Kuppelaufstieg. Außerdem: einmal in die Semperoper, nicht nur eine Führung mitmachen, sondern eine abendliche Opernaufführung besuchen. Im Gegensatz zu geltender Meinung gibt es Karten oft bis zum Tag der Aufführung. Und nachher durch die beleuchtete Altstadt bummeln, über die Augustusbrücke zum Goldenen Reiter schlendern und durch die barocke Neustadt auf einen Drink in die Kneipenzone der Äußeren Neustadt. Open end, wie das dort so üblich ist. In schönen Sommernächten wird man schon in den Elbwiesen hängen bleiben, viele Liebespaare sind schon da. Sixtinische Madonna, die beiden Vermeer-Bilder, Tizian und Rubens in der Gemäldegalerie Alte Meister, durch den Zwingerhof zur Porzellansammlung, Neues Grünes Gewölbe und Historisches Grünes Gewölbe, zu den Gerhard-Richter-Räumen ins Albertinum … Jetzt sind wir schon bei mindestens drei Tagen und waren noch nicht im Panometer, wo in einem früheren Gasometer ein absolut faszinierendes Panorama des alten Dresden gezeigt wird, nicht im Großen Garten mit seinem Barockschloss, nicht in Moritzburg, Pillnitz, Meißen, nicht in der Sächsischen Schweiz. Dann eben beim nächsten Mal!

Stadtmodell im Rathaus mit Blick auf die Altstadt

Orientierung in der Stadt

Dresden liegt nicht in der Mitte des Bundeslandes Sachsen, dessen Hauptstadt es ist, sondern etwas südöstlich versetzt unweit der tschechischen Grenze. Die Elbe fließt mitten durch die Stadt, ist einer ihrer wichtigsten Bestandteile und gliedert sie in einen südlichen und einen nördlichen Teil.

Der Elbefluss entspringt in Tschechien und verbindet Dresden mit Hamburg, das unweit seiner Mündung in die Nordsee liegt. Von Bedeutung für die Frachtschifffahrt ist der Fluss dennoch nicht, in Dresden sichtet man nur die Ausflugsboote der „Sächsischen Dampfschiffahrt". Das touristisch interessante Dresden ist von der Fläche her relativ klein und überschaubar: Südlich (links) der Elbe befindet sich die Altstadt, nördlich (rechts) liegt die Neustadt, beide Teile sind durch die historische Augustusbrücke und weitere Brücken miteinander verbunden.

Die Altstadt

Die Altstadt erstreckte sich bis 1945 im Süden bis zum Hauptbahnhof. Doch nur der an die Elbe grenzende nördliche Bereich mit Zwinger, Schloss, Frauenkirche, Semperoper, Taschenbergpalais u. a. wurde wieder aufgebaut. Südlich davon wurden nur wenige Gebäude wie die Kreuzkirche rekonstruiert.

Aus Gründen der Übersichtlichkeit wird der wieder aufgebaute Teil der Altstadt in drei getrennten Kapiteln vorgestellt. Im ersten wird der Bereich um den Theaterplatz behandelt (→ **Tour 1**). Heute locken dort Residenzschloss, Taschenbergpalais, Zwinger, Semperoper und die Hofkirche. Im zweiten Kapitel bildet der Neumarkt, der Platz vor der Frauenkirche, der bis in die Neuzeit nicht zu Dresden gehörte, den Mittelpunkt (→ **Tour 2**). Nicht nur die Frauenkirche, auch die Brühlsche Terrasse,

Johanneum und Albertinum sowie die neue Synagoge werden in diesem Abschnitt beschrieben. Alles was südlich des Neumarkts liegt und vor allem südlich der elbparallelen Achse Wilsdruffer Straße, wird im dritten Kapitel vorgestellt (→ **Tour 3**). Die vom Schloss nach Süden laufende Achse, von der Schlossstraße über die Prager Straße bis zum Hauptbahnhof, bildet den Kern dieses Bereichs.

Zu Zeiten der DDR wurden durch die Altstadt zwei verkehrstechnische Breschen geschlagen, die Achse Freiberger Straße – Wilsdruffer Straße und die Achse Budapester Straße – Dr. Külz-Ring. Sie zertrennen die Altstadt in drei Teile. Heute sind sie durch alternative Verkehrsführung und relativ lange Ampelphasen für Fußgänger einigermaßen entschärft, doch zu DDR-Zeiten bildeten sie echte Trennlinien.

„Barockviertel" in der – keineswegs neuen – Neustadt

Die Neustadt und der Elbhang

Jenseits der Augustusbrücke befindet sich die barocke Neustadt (→ **Tour 4**), in der wie durch ein Wunder Teile der Originalstraßenzüge erhalten blieben. Durchquert man sie, erreicht man die Gründerzeitstraßen der Äußeren Neustadt (→ **Tour 5**), früher Albertstadt genannt. Der vielachsige Albertplatz verbindet die beiden Stadtteile. Von hier führen drei Hauptachsen aus der Stadt hinaus, die (Anton- und) Hansastraße zur Autobahnauffahrt Dresden-Hellerau, die Königsbrücker Straße zum Flughafen und die Bautzner Straße nach Bautzen und Görlitz. Leipziger Vorstadt nennt sich der gründerzeitliche Vorort an der Hansastraße, während man auf der Königsbrücker Straße die Mikroelektronik-Betriebe von Klotzsche passiert und auf der Bautzner Straße die Elbschlösser und den Stadtteil Weißer Hirsch erreicht. Folgt man dieser Achse weiter an der Elbe, kommt man nach Loschwitz mit seinen beiden Bergbahnen und Pillnitz (→ **Tour 8**).

Vorstädte und Nachbarorte im Süden

Der Westteil der Altstadt, den man vom Postplatz aus erreicht, war fast völlig zerstört, er wird Wilsdruffer Vorstadt genannt. Jenseits der Schienen der Bahnlinie Leipzig/Berlin – Dresden – Prag liegen die Friedrichstadt (→ **Tour 7**), eine barocke Vorstadtgründung, und das Ostragehege mit seinen Sporteinrichtungen. Interessant und sehenswert ist vor allem der Bereich südöstlich der Altstadt, wo im Großen Garten ein riesiger Barockgarten samt Schloss erhalten ist (→ **Tour 6**). In der Johannstadt und in Striesen können alte Villenviertel besichtigt werden, und noch weiter östlich befindet sich Blasewitz, wo die Brücke mit dem seltsamen Namen „Blaues Wunder" derzeit noch die von

Dresden aus nächste Möglichkeit bietet, die Elbe zu überqueren (→ **Tour 9**).

Elbbrücken und Fähren

Autofahrer haben derzeit zwischen Meißen flussabwärts und Pirna flussaufwärts mit Ausnahme des engeren Stadtbereichs von Dresden nur wenige Brücken zur Verfügung. Im Stadtzentrum gibt es die Marienbrücke, die bereits heute nur noch begrenzt zugängliche Augustusbrücke, die möglicherweise kurz vor der Sperrung für den gesamten Autoverkehr steht, die Carolabrücke und die Albertbrücke. In Richtung Meißen kann man noch auf der Brücke bei Niederwartha, der Autobahnbrücke A 4 und auf der Brücke zwischen Mickten und Friedrichstadt die Elbe queren. In Richtung Pirna hofft man durch die noch bis 2011 im Bau befindliche, jedoch stark umstrittene Waldschlösschenbrücke eine Entlastung der anderen Brücken zu erzielen, insbesondere der Loschwitzer Brücke, meist Blaues Wunder genannt. Und dann kommt bis nach Pirna mit der Brücke der Umfahrungsstraße und einer alten Elbbrücke nur noch die Autofähre Pillnitz für eine Überquerung der Elbe in Frage. Staus kann man kaum aus dem Wege gehen, wenn man zu Stoßzeiten über die Elbe will.

3D-Modelle real und virtuell

Im Rathaus-Innenhof (→ S. 17 und S. 152) befindet sich ein eindrucksvolles plastisches Modell der Stadt. Ein virtuelles 3D-Modell bietet Google Earth, zu sehen auf www.dresden.de, Suchwort „Virtuelles 3D-Stadtmodell" eingeben, mit 2 Min. Video-Flug über die Stadt!

Dresden in Zahlen

Einwohner (Ende 2009): 511.238, unter den deutschen Großstädten an 15. Stelle.

Höhe über dem Meeresspiegel: Elbpegel an der Augustusbrücke auf 102,73 m über NN.

Fläche: 328,3 km², davon sind 37 km² verbaut. Dresden hat im 20. Jahrhundert viele umgebende Orte eingemeindet, jedoch nicht die beiden mit Dresden verwachsenen Städte Radebeul und Radeberg.

Politisch-administrativer Status: Dresden ist die Landeshauptstadt des Freistaates Sachsen und Kreisfreie Stadt sowie Verwaltungsstandort des Regierungsbezirkes Dresden.

Stadtwappen: Goldener Schild mit schwarzem Löwen (links) und zwei schwarzen, senkrechten Balken (rechts).

Religion: Traditionell dominiert in Sachsen und damit in Dresden die evangelisch-lutherische Kirche, aber nur ein Viertel der Dresdner gehört einer offiziellen Religionsgemeinschaft an – die Mehrheit ist zu DDR-Zeiten aus der Kirche aus- oder erst gar nicht eingetreten.

Arbeitslose (in % der Erwerbstätigen April 2010): 11,9 % (Deutschland 9,5 %).

Wohnungsleerstand (2010): ca. 11 %.

Lebendige Geschichte: Fechten lernen vor der Semperoper

Stadtgeschichte

Mehr als tausend Jahre reicht Dresdens Geschichte zurück. Die Stadt begann als slawisches Dorf und markgräfliche Befestigung, wurde Markgrafensitz, Sitz des Kurfürsten, Königsresidenz, Gauhauptstadt, zu DDR-Zeiten Bezirkshauptstadt und schließlich Hauptstadt des Freistaates Sachsen.

Slawen, Deutsche und erste Wettiner

Seit dem 6. Jahrhundert war das Gebiet östlich der Elbe slawisch besiedelt. Ab dem 10. Jahrhundert unterwarf dann die deutsche Ostkolonisation die Gebiete Schritt für Schritt. Der Raum um das heutige Dresden bildete da keine Ausnahme. Das Zentrum der Region bildete damals Meißen, dessen Burg im Jahr 929 von König Heinrich I. gegründet wurde. 968 kam noch der Bischofssitz dazu, sodass sich auf dem Meißner Burgberg sowohl geistliche als auch weltliche Gewalt konzentrierten. Die Reichsmacht setzte auf dem Meißner Burghügel schließlich einen Markgrafen ein, zu dessen Amtsbereich auch die Mark *Nisan* mit dem Gebiet rund um das heutige Dresden gehörte. Wo sich heute auf einer leichten Anhöhe über der Überschwemmungsebene der Elbe der Dresdner Neumarkt befindet, lag damals ein slawisches Dorf. Bald wurde auf dem benachbarten Taschenberghügel – heute Residenzschloss und Taschenbergpalais – eine bescheidene markgräfliche Befestigung errichtet. Seit 1089 regierte ein Wettiner als Markgraf die Region: **Heinrich von Eilenburg,** Stammvater der bis 1918 Sachsen regierenden Wettiner.

Dresden besaß ab Mitte des 12. Jahrhunderts eine der Gottesmutter geweihte Kirche, Vorläufer der heutigen Frauenkirche. Das 1206 erstmals urkundlich erwähnte „Dresden“ umfasste aber vor allem die Siedlung mit der etwas später deutlich vergrößerten Burg am Taschenberge. Dieses Dresden dehnte sich eher nach Süden aus – nach Norden und zur Elbe war ja die Burg im Wege – und gruppierte sich um den später so genannten Altmarkt. Dort wurde 1295 ein „Kaufhaus“ errichtet, was Dresdens wachsende Bedeutung als Handelsstadt unterstreicht, die aber bis in die Neuzeit von Pirna übertroffen wurde, wo sich das Niederlagerecht befand (die Ware musste am Ort drei Tage lang angeboten werden).

Als sich durch den Luxemburger Kaiser Karl IV. das Machtzentrum des Römischen Reiches plötzlich südlich der Grenzen in Prag befand und die Markgrafschaft auch noch in einen Krieg mit ihm verwickelt wurde, wurden die Stadtmauern vergrößert und verbessert. Das Glück war auf Seiten der Wettiner: das Herrschaftsgebiet konnte auf Kosten der böhmischen Krone erweitert werden. Elbaufwärts kam der Bereich der Sächsischen Schweiz zu Meißen. 1403 erhielt der Ort auf der anderen Elbseite, heute Neustadt, ein eigenes Stadtrecht (das Dresden schon seit dem 13. Jahrhundert besaß): „Altendresden“ bekam nun auch eine Pfarrkirche, die heutige Dreikönigskirche (Dresdens Pfarrkirche war die Kreuzkirche).

Im Jahr 1422 konnte Markgraf **Friedrich der Streitbare,** der sich durch Heerfolge den Kaiser Sigismund verpflichtet hatte, die Kurwürde und das Herzogtum Sachsen erlangen. Das war ein enorm wichtiger Schritt für die Wettiner, die ab diesem Zeitpunkt ganz oben im politischen Spiel um Deutschland mitmischten. Aber noch wichtiger für Dresden wurde ein Vertrag von 1485, die Leipziger Teilung. Damals einigten sich die Wettiner **Brüder Ernst und Albrecht,** ihren Besitz zu teilen und getrennt zu regieren. Ernst nahm den thüringischen Teil und gründete die er-

Wettiner Markgraf im Meißner Dom

nestinische Linie, Albrecht, Stammvater der albertinischen Linie, übernahm den südöstlichen Teil Sachsens mit Meißen. Dresden brachte ihm am 4. Dezember 1485 die Erbhuldigung dar und wurde sein neuer Regierungssitz.

Renaissancefürsten verändern die Stadt

Der Start ins 16. Jahrhundert begann in Dresden mit einer Tabula rasa – der große Brand von 1491 hatte die halbe Stadt samt der Kreuzkirche zerstört. Der Markgraf konnte also eine neue Stadt errichten lassen, eine Stadt im Renaissancestil. Dabei wurde auch das Dorf mit der Frauenkirche in den Mauerkranz einbezogen. Dresdens Ausdehnung entsprach nun dem, was bis 1945 seine Altstadt bildete. Seit Herzog **Georg** († 1539) durften Neubauten nur noch Ziegeldächer haben (wegen der Brandgefahr der Strohdächer), und bei aneinander gebauten Häusern musste die Trennwand über den Trauf hinausgeführt werden (aus dem gleichen Grund). Außerdem wurde eine Röhrenwasserleitung installiert und das Viehhalten auf öffentlichen Plätzen und Straßen verboten. Georgs Bruder **Heinrich der Fromme** (1539–1541) regierte nur kurz, aber doch lange genug, um die Reformation in Sachsen einzuführen, als erstem Flächenstaat Deutschlands. Sein Sohn **Moritz** (1541–1553) löste ihn ab und führte den Reformationsprozess weiter. Dennoch konnte er sich im Regensburger Vertrag mit Kaiser Karl V. (1500–1558) im Jahr 1546 die Kurwürde sichern, die von da an bei der albertinischen Linie blieb. Der Reichsfürst und Kurfürst Moritz von Sachsen war zu diesem Zeitpunkt gerade 25 Jahre alt.

Es folgte eine umfassende Erneuerung und komplette Modernisierung der Stadtbefestigung, heute nur noch in den Kasematten zu sehen. Auch die Burg wurde modernisiert, durch Umbau und Erweiterung entstand ein Renaissanceschloss. Um 1550 war Dresden auf etwa 8000 Einwohner angewachsen. 1553 trat Kurfürst **August I.**, Moritz' jüngerer Bruder, die Regierung an (1553–1586). Während seiner Regierungszeit herrschte in Dresden neunmal die Pest, doch August hatte trotzdem die Zeit und das Geld, eine Kunstkammer zu gründen (1560), auf die sowohl die Gemäldegalerien als auch das Grüne Gewölbe zurückgehen. Fast gleichzeitig gab er eine Verordnung gegen den Luxus bei den Bürgern heraus (1562), irgendwo musste ja schließlich gespart werden. Unter den folgenden Kurfürsten **Christian I.** (1586–1591), **Christian II.**, (1591–1611) und **Johann Georg I.** (1611–1656) verstärkte sich der Kampf zwischen der katholischen Gegenreformation und den protestantischen Staaten, an deren Spitze in Deutschland weiterhin Sachsen stand.

Eine frühe kulturelle Blüte brachte der Hofkantor Heinrich Schütz nach Dresden. 1617 wurde seine „Dafne" anlässlich des Besuchs von Kaiser Matthias als erste deutsche Oper (in Torgau) uraufgeführt. Aber die unruhige Zeit ab 1600 und vor allem der Dreißigjährige Krieg 1618 bis 1648 schwächten Sachsen und brachten Münzverschlechterung, Teuerung und Elend über das Land. Erst unter **Johann Georg II.** (1656–1657) gab es wieder eine längere Friedensperiode und wirtschaftlichen Aufschwung. Der Kurfürst förderte Manufakturen, gründete die Friedrichstadt und ließ – man hatte das Gröbste überstanden – das Residenzschloss (durch Wolf Caspar von Klengel) erneuern, ein Komödienhaus errichten und das Palais im Großen Garten bauen (durch Johann Georg Starcke). In der ganzen Stadt ließ er Holzbauten verbieten, wieder ein Gesetz gegen die Brandgefahr, das Dresden auch bis 1945 geholfen hat.

Martin Luther (Albrechtsburg in Meißen)

Als „Goldenen Reiter" kennen die Dresdner ihren August den Starken

Nur Altendresden (Neustadt) brannte 1685 gänzlich ab und wurde in barocken Formen neu gebaut, wie Königstraße und Hauptstraße heute noch zeigen.

August der Starke und der Mythos Dresden

Sachsens bekanntester Herrscher (nach Biedenkopf natürlich) war der Kurfürst **Friedrich August I.** (als sächsischer Kurfürst 1694–1733, als polnischer König August II. 1697–1706 und 1709–1733), seiner Körperkräfte wegen als August der Starke bezeichnet. Wie sein Vorbild Ludwig XIV. wollte er eine prunkvolle Residenzstadt schaffen – ohne Rücksicht auf die Kosten, die würde man durch immer höhere Steuern schon eintreiben. Als rein repräsentativer Bau entstand der Zwinger, für die später in Ungnade gefallene Gräfin Cosel ließ er das Taschenbergpalais errichten. Gemälde wurden gekauft und eine Sammlung von Pretiosen geschaffen, die ihresgleichen suchte. Darüber hinaus begründete er eine Porzellansammlung mit Importen aus China und Japan sowie Stücken aus der neuen landeseigenen Manufaktur in Meißen, wo man auf europäischem Boden das Porzellan erfand. Außenpolitisch war Friedrich August I. wenig erfolgreich, auch wenn es ihm gelang, die polnische Krone zu erwerben. Die Kosten für Bestechungsgelder, die doppelte Hofhaltung und die zwei Regierungssitze waren jedoch enorm, und wirtschaftlich brachte die Union Sachsen ebenfalls nur Unkosten ein. Die Krone Polens bekam der sächsische Kurfürst erst, nachdem er 1697 zum katholischen Glauben übergetreten war, was ihn seinem protestantischen Volk entfremdete. Auch das Kriegsglück August des Starken war mehr als mäßig, während des Nordischen Krieges war Dresden sogar eine Zeitlang von Schweden besetzt. Immerhin, seiner Gier nach Gold und seiner unbegrenzten Repräsentationswut hat die Welt das europäische Porzellan zu verdanken und die barocke Ausgestaltung Dresdens samt dem Beginn jenes Mythos Dresden, der bis heute nachwirkt.

Sein Sohn und Nachfolger **Friedrich August II.** (1733–1763, als polnischer König August III.), den er mit der habsburgischen Erzherzogin Maria Josepha verheiratet hatte, verwickelte Sachsen unnötig in die beiden Schlesischen Kriege sowie den Siebenjährigen Krieg. Sachsen ging daraus geschwächt und im Frieden von Hubertusburg (1765) wesentlich verkleinert hervor. Die Preußen brachten Dresden – inzwischen eine Stadt mit 36.500 Einwohnern – während einer Belagerung schwere Schäden bei, wobei auch die Kreuzkirche zerstört wurde. 1765 war schließlich die Personalunion mit Polen de facto zu Ende. Friedrich August II. kann ebenfalls nicht unbedingt als sparsamer Herrscher bezeichnet werden. Als ihm die protestantischen Bürger die Frauenkirche vor die Tür setzten, konnte er nicht zurückstehen und ließ von einem Italiener die bombastische Hofkirche errichten. Für seine Gemäldesammlung ließ er in ganz Europa für viel Geld Kunstwerke erwerben (wie die Sixtinische Madonna, die damals nach Dresden kam). Als er 1763 starb, stand Sachsen vor dem Staatsbankrott.

Napoleon machte Sachsen zum Königreich

Napoleon und die Königswürde für Sachsen

Nach wenigen Regierungsmonaten starb Kurfürst Friedrich Christian, dem **Friedrich August III.,** der Gerechte (1763–1806 Kurfürst, 1806–1827 König Friedrich August I.), auf den Thron folgte. Kein Verschwender wie seine Vorgänger, führte er nach Erreichung der Großjährigkeit (1768) pedantisch und gewissenhaft die während der kurzen Regierungszeit seines Vaters begonnenen Reformen weiter: Zentralisation der Verwaltung, Rechtsreform (1770 Abschaffung der Folter), neue Schulordnung, Papiergeld, Brandversicherung. 1806 hatte die preußisch-sächsische Armee jedoch keine Chance gegen Napoleon, aber die Auflösung des Heiligen Römischen Reiches Deutscher Nation im selben Jahr brachte dem sächsischen Herrscher den sehr willkommenen Königstitel. Dresden wurde im Zuge der Napoleonischen Kriege vorübergehend von österreichischen, 1813 dann von napoleonischen Truppen besetzt. Ende des Jahres rückten schließlich die Russen ein – Sachsen hatte im letzten Moment auf der falschen Seite gekämpft. 1815 beim Wiener Kongress bedeutete das wieder Gebietsverluste für Sachsen, das damit auf die uns heute bekannte Größe schrumpfte.

Die Stadt Dresden entwickelt sich nach 1815 nur langsam, denn die Industrialisierung Sachsens ging zunächst vor allem von Leipzig aus. Unter den Königen **Anton** (1827–1836) und **Friedrich August II.** (1836–1854) schaffte es Dresden dann aufzuholen. 1839 wurde die erste deutsche Fernbahnverbindung in Betrieb genommen, sie verband Leip-

Im Fürstenzug reiten die Wettiner, hier sind's die letzten

zig und Dresden miteinander. Im Jahr vorher eröffnete in Dresden die erste „Dampfbieraktienbrauerei" neben dem Waldschlösschen. Die Wälle und Gräben der Stadt waren 1829 abgerissen und zugeschüttet worden, nun entstanden neue Stadtteile wie die erweiterte Friedrichstadt, die Antonstadt (Äußere Neustadt) und die Leipziger Vorstadt. Auch das Bild der Innenstadt veränderte sich: das Italienische Dörfchen verschwand und die erste Semperoper wurde errichtet, Sempers Synagogenbau und die (1945 zerstörte) Villa Rosa für Martin Wilhelm Oppenheim zeugen vom Willen der jüdischen Bevölkerung zur endlich möglichen Integration. Um die Mitte des 19. Jahrhunderts wohnten in Dresden insgesamt 94.000 Menschen.

Revolution und Gründerzeit

Die Revolutionsjahre 1848 und 1849 erreichten ihren Höhepunkt in Dresden vom 3. bis zum 9. Mai 1849. König und Hofstaat flohen vor dem aufständischen Bürgertum auf einem Dampfer ins sichere Königstein, wo sie sich in der Festung verbarrikadierten. Bis zum 9. Mai war der Aufstand jedoch blutig niedergeschlagen. Die Sympathiebekundungen des Hofkapellmeisters Richard Wagner oder der Kampfaufruf der Hofsängerin Wilhelmine Schröder-Devrient (dem ersten Dresdner Ännchen im „Freischütz") halfen da nichts. Es folgte eine lange Periode der Unterdrückung jeder freiheitlichen Bewegung. Wagner musste wie viele andere fliehen und wurde steckbrieflich gesucht (die neutrale Schweiz lieferte ihn aber nicht aus). Der Industrialisierung tat das keinen Abbruch. Bis zur Jahrhundertwende wurde Dresden ein wichtiger Standort der Schokolade- und Süßwarenindustrie, der Fotoindustrie, des Nähmaschinenbaus (Singer) und der Brauereien (Feldschlösschen). Die Stadt wuchs in alle Richtungen, und die Einwohnerzahl stieg kontinuierlich an. 1875 betrug sie knapp 200.000, um 1900 dann schon gut 500.000. Der neue König **Johann**

(1854–1873) war einigermaßen populär, sein Nachfolger **Albert** (1873–1902) erfreute sich sogar großer Beliebtheit. Dass er wenig zu sagen hatte, weil Sachsen 1871 im Deutschen Kaiserreich aufgegangen war, tat nichts zur Sache. Nun konnte man zusätzlich über die militärischen Erfolge des Kaisers jubeln.

Zwei Weltkriege und eine Zwischenkriegszeit

Die Jahre vor dem Ersten Weltkrieg waren in Dresden wie in vielen anderen deutschen Großstädten von einer zunehmenden Kulturkritik geprägt, die sich in vielen Bereichen niederschlug. In der Architektur entstanden Bauten wie die Christuskirche in Strehlen und das Festspielhaus Hellerau, in der Malerei führte die 1905 gegründete Gruppe „Die Brücke" (Kirchner, Schmidt-Rottluff, Heckel u. a.) in gänzlich neue Richtungen. In der Musik ließen Uraufführungen wie Richard Strauss' „Salome", „Elektra" und „Rosenkavalier" neue Töne hören. Das Kriegsende 1918 brachte dann den Zusammenbruch des Königreichs. König **Friedrich August III.** (1904–1918) erklärte am 13. November seinen Thronverzicht. Wie in Berlin folgte eine Periode der Experimente in allen sozialen und kulturellen Bereichen, die aber bereits 1927 endete. Ab etwa diesem Jahr wagten die meisten Theater nicht mehr, jene Stücke aufzuführen, die den Nazis ein Dorn im Auge waren, da sie um ihre Einrichtungen fürchteten. Die Machtergreifung der Nazis 1933 brachte die kulturelle Vielfalt Dresdens endgültig zum Erliegen. Die Verfemung unerwünschter Künstler, die reichsweit beginnende Verfolgung der deutschen Juden sowie die Brandmarkung „Entarteter Kunst" legten bis zum Ende des Jahres den gesamten künstlerischen Rahmen der Stadt in Trümmer. 1938 wurde die Semper-Synagoge im Pogrom der „Reichskristallnacht" zerstört. Die Dresdner Juden – 1933 waren es etwa 20.000 gewesen, davon 4397 Glaubensjuden – wurden deportiert und in die Gaskammern gebracht. Nur wenigen gelang die Flucht in die Emigration, die sie sich mit dem Verlust ihrer ganzen Habe erkaufen mussten. Die Verbliebenen wurden in 32 Judenhäuser (1940) gequetscht, darunter der ehemalige Romanistik-Professor an der TU Victor Klemperer – er und nur 173 weitere jüdische Dresdner haben in der Stadt bis zum Kriegende am 8. Mai 1945 überlebt.

Bahnhof Neustadt: Der Stern erinnert an die 20.000 ermordeten jüdischen Dresdner

Untergang und Wiederaufbau

In der Nacht vom 13. auf den 14. Februar 1945 zwischen 22 Uhr und 1.30 Uhr früh wurde die ungeschützte Stadt durch zwei alliierte Bombenangriffe zerstört. Ein Geschwader von 250 britischen Halifax-Bombern deckte die Innenstadt mit Brandbomben ein. Die Altstadt und der größte Teil der Neustadt, fast alles was Dresden so berühmt gemacht hatte, war tagelang ein Flammenmeer. Ein Feuersturm von bis zu 1000 °C fegte durch die Straßen, 35.000 Menschen starben in dieser und der folgenden Bombennacht. Von den 220.000 Wohnungen der Stadt waren 93.500 zerstört. Kirchen, Schloss, Oper, Zwinger, Verwaltungsbauten, Bürgerhäuser, ganze Wohnviertel, Brücken, Straßen und Schienenstränge blieben als ausgebrannte Ruinen zurück. Der alte Gerhart Hauptmann, dessen Stücke am Schauspielhaus uraufgeführt worden waren, verfolgte die Vernichtung der Stadt vom Vorort Weißer Hirsch aus und trauerte um sie wie Millionen andere.

Schon am 14. Mai konnte Dresden wieder Strom aus einem Kraftwerk beziehen, das Gaswerk Reick (→ Panometer) wurde wiedereröffnet, und auch die Wasserwerke gingen bereits wenige Tage nach Kriegsende in Betrieb. An Wiederaufbau war aber nicht zu denken, die Verwaltung begnügte sich Jahre lang mit der Enttrümmerung. Man war unentschlossen, was man mit den Ruinen der Innenstadt anfangen sollte. Nur der Wiederaufbau des Schauspielhauses, das über Jahre auch die Oper aufnehmen musste, wurde noch im selben Jahr begonnen. Zwinger und katholische Hofkirche folgten – die verantwortlichen Denkmalschützer und städtischen Architekten schufen hier Fakten, bevor die Regierenden entscheiden konnten. Das Institut für Denkmalpflege hat sich im Kampf gegen die Zerstörung des wenigen Verbliebenen unvergessliche Verdienste erworben. Doch die grundsätzliche Frage stand mindestens ein Jahrzehnt lang im Raum: sollte man die zerstörte Innenstadt komplett wegrasieren und eine neue, sozialistische Stadt errichten?

Nach dem Krieg entstand in Teilen der Altstadt ein sozialistisches Dresden. Dazu gehören beispielsweise die überbreite, schonungslos von lang gestreckten Plattenbauten flankierte Prager Straße und der im Vergleich zum historischen Platz stark vergrößerte Altmarkt mit dem heute noch existierenden Kulturpalast. Doch am Altmarkt kam gleichzeitig auch ein historisierendes Element zum Zuge: er wurde in Anlehnung an neobarocke Formen wieder aufgebaut. Das Alberttheater, das Palais Oppenheim, die Sophienkirche wurden gesprengt (Ulbricht bestand auf dieser bei der Bevölkerung abgelehnten Sprengung), andere Bauten wie der Zwinger wurden dagegen weiter restauriert (bis 1963). Die Semperoper wurde sogar – zumindest äußerlich – in den alten Formen wiedererrichtet (1985). Der Schwerpunkt der Bemühungen der Stadt lag jedoch immer auf dem Wohnungsbau. Plattenbauviertel entstanden ab 1962 vor allem im Süden und Südwesten von Dresden (Prohlis, Gorbitz). In der Folge wuchs die Einwohnerzahl wieder auf knapp 500.000 an.

„Trümmerfrau" vor dem Rathaus

Geschichte: sowjetischer Militärfriedhof in der Dresdner Heide

Wie in Berlin gingen am 17. Juni 1953 auch in Dresden viele Menschen auf die Straße. Die Demonstration auf dem Postplatz, an der mindestens 1500 Dresdner teilnahmen, wurde gewaltsam aufgelöst, es kam zu brutalen Gerichtsurteilen. Zwei Jahre später kamen die von der Roten Armee „geretteten" Gemälde der Sempergalerie nach Dresden zurück und konnten 1956 in der wiedereröffneten Sempergalerie öffentlich gezeigt werden. 1967 erhielt die Stadt ein erstes modernes Hotel (im Gewandhaus), 1969 wurden der Kulturpalast sowie ein Teil der Prager Straße fertiggestellt. 1971 kamen die Autobahn zwischen Leipzig und Dresden sowie der Fernsehturm dazu, 1972 – schon in der Ära Honecker – die Eissporthalle und das Rundkino. Es ging aufwärts in Dresden. Zumindest glaubte man das im „Tal der Ahnungslosen", denn im Gegensatz zum Rest der DDR konnte man in Dresden keine West-Programme empfangen.

Am 4. Oktober 1989 fuhr der Zug mit den Prager Botschaftsflüchtlingen durch Dresden in die Bundesrepublik – die Polizei hatte große Mühe die Demonstranten und Ausreisewilligen am Hauptbahnhof im Zaum zu halten. Am 6. Oktober gab es Kundgebungen in den Staatstheatern, die Schauspieler traten vor den Vorhang mit den Worten „Wir treten aus unseren Rollen heraus". In vier Kirchen wurde für den Frieden gebetet und für eine neue Ordnung. Zum 40. Jahrestag der DDR, am 7. Oktober 1989, war der Untergang der DDR besiegelt.

Dresden heute

Bei den ersten freien Gemeindewahlen nach dem Krieg im Mai 1990 konnte sich die CDU als stärkste Partei durchsetzen. Das galt auch für das Land Sachsen, das sich am 14. Oktober als Bundesland konstituierte (in der DDR waren die Länder aufgelöst worden). Der Ausverkauf – wie die Dresdner ziemlich einhellig die Phase der Aufkäufe durch Westunternehmen und die Stilllegung ganzer Branchen sahen – konnte beginnen. Das Haus Wettin, zu DDR-Zeiten enteignet, wurde entschädigt, meldete aber neue Forderungen an. Zuletzt war von 7395 Kunstobjekten die Rede, die das Haus Wettin noch beanspruche.

Seit der Wende wurde Dresden durch die Ansiedlung neuer mikro- und nanoelektronischer sowie biotechnologischer Betriebe vor allem im Norden der Stadt im Ortsteil Klotzsche und damit in Flughafennähe zu einem bedeutenden Standort der Halbleiterindustrie. Bereits zu DDR-Zeiten war Dresdens Zentrum für Mikroelektronik landesweit führend gewesen. Heute ist Dresden (trotz Krise und Qimonda-Debakel) das größte Halbleiterzentrum Europas und das fünftgrößte im globalen Maßstab.

Die Stadt hat sich seit 1989 stark verändert: die baufällige barocke Neustadt wurde fast komplett restauriert und ist heute ein Nobelviertel – zu DDR-Zeiten hatte man sie noch abreißen wollen. Die Baulücken im nördlichen Teil der Altstadt werden allmählich gefüllt, im Residenzschloss wurden bereits große Teile für das Publikum geöffnet, darunter das Grüne Gewölbe und die Rekonstruktion des Historischen Grünen Gewölbes. In einem gigantischen Willens- und Aufbauakt wurde die Frauenkirche unter Verwendung der erhaltenen Bauelemente wiederhergestellt und im Jahr 2006 wiedereröffnet. Am Neumarkt wird an der Wiederherstellung des barocken Bildes gearbeitet, und das Albertinum erhielt für die Wiedereröffnung 2010 eine hochwassersichere „Arche" zum Schutz der Schätze der Galerie Neue Meister und der Skulpturensammlung.

Der Hochwasserschutz ist notwendig: Bei der Jahrhundertflut von Elbe und Weißeritz vom 13. bis 17. August 2002 stieg der Dresdner Elbpegel auf 9.40 Meter, 34.000 Menschen mussten ihre Häuser verlassen. Die Weißeritz, die in Dresden in die Elbe mündet, überflutete den gesamten Bahnhofsbereich mit dem Hauptbahnhof, die Friedrichstadt, den westlichen Vorort Löbtau und Teile der Innenstadt. Zwinger und Semperoper wurden von der Elbflut erreicht, die auch noch bis in den Hof des Residenzschlosses, in den Innenhof des Taschenbergpalais und auf den Postplatz vordrang. Aus der Gemäldegalerie Alte Meister wurden 2690 Gemälde durch eine Notbergung gerettet. Alle elbnahen Zonen der Stadt standen unter Wasser, zuletzt gab es im Jahr 1845 eine ähnlich hohe Jahrhundertflut. Allein in Dresden benötigte man mindestens 260 Millionen Euro, um die Schäden zu beheben, die Kosten für die Restaurierung beschädigter Kunstwerke und Bücher sind da noch gar nicht inbegriffen. Ein 20 Mio. € teurer Wall mit mobilen Schutzwänden (die bei Bedarf von Kränen auf feste Basen gehoben werden können, eine „Mauer aus dem Baukasten" sozusagen) schützt heute die gesamte Innenstadt vor einer Jahrhundertflut.

Wiederaufgebaut: der Neumarkt

Mozartdenkmal auf der Bürgerwiese: Dresden ist nicht nur Barock

Architektur und Kunst

Dresden ist eine barock geprägte Stadt, fast alle künstlerisch bedeutenden Bauten stammen aus dieser historisch gesehen relativ kurzen Periode. Daneben gibt es Glanzlichter aus allen anderen Stilepochen seit dem Mittelalter, einige davon in der Umgebung, beispielsweise in Meißen und Pirna.

Gotik (vor ca. 1530)

Dresden besaß im Mittelalter insgesamt vier Kirchen. Davon wurden drei durch barocke Kirchen ersetzt (Frauenkirche, Kreuzkirche, Dreikönigskirche). Die vierte, die Sophienkirche, wurde, obwohl sie den Feuersturm 1945 – wenn auch als Ruine – überstanden hatte, 1962 gesprengt. Walter Ulbricht wollte es so. Nur wenige Elemente dieser gotischen Kirche haben sich erhalten und können heute im Stadtmuseum besichtigt werden. Auch vom Residenzschloss sind nur geringe Reste aus dem Mittelalter erhalten geblieben, unter anderem der um 1450 entstandene Hausmannsturm. In der Umgebung von Dresden kann man jedoch auf dem Land kleinere Kirchen im gotischen Stil besichtigen, beispielsweise in Hosterwitz (Maria am Wasser) und in Pillnitz (Weinbergkirche). Um ein gotisches Meisterwerk kennenzulernen, muss man sich nach Meißen bemühen. Der dortige Dom gilt als bedeutendstes Bauwerk des späten 13. Jahrhunderts in Sachsen. Darüber hinaus sind große Teile der Albrechtsburg spätgotisch. Und in Pirna hat sich schließlich noch die Stadtkirche St. Marien aus der Zeit der Spätgotik erhalten.

Renaissance (ca. 1530 – ca. 1650)

Kurwürde und Verlegung der Hauptstadt nach Dresden durch die albertinische Linie der Wettiner ermöglichten es, große Bauvorhaben in der Stadt zu realisieren. Dazu gehörten vor allem der Ausbau des Residenzschlosses, das um das Doppelte vergrößert wurde (u. a. Georgenbau und Stallhof), sowie der Bau des Albertinums und des Jägerhofs. Charakteristisch für die damaligen Außendekors sind die durch italienische Künstler ausgeführten Sgraffiti, wie sie im Schlosshof in den letzten Jahren wiederhergestellt wurden. Das Jagdschloss Moritzburg entstand in seiner ursprünglichen Form ebenfalls in dieser Zeit (1542–1546). Dass sich nach der Jahrhundertwende und während des Dreißigjährigen Krieges baulich wenig tat, kann man gut nachvollziehen, wenn man sich die Liste der kriegerischen Auseinandersetzungen der Zeit ansieht.

Ein Meisterwerk der Renaissance ist heute in der Dreikönigskirche zu bewundern, das über 12 Meter lange Sandsteinrelief des „Dresdner Totentanzes" (um 1535). Der aus der gleichen Zeit stammende Sandsteinaltar der Sophienkirche befindet sich heute in der Loschwitzer Kirche. Etwas später (1560) entstand die Kunstkammer, ursprünglich im Dachgeschoss des Schlosses untergebracht und unter August dem Starken ins Gewölbe des Erdgeschosses verlegt („Grünes Gewölbe"). Die Renaissance-Gemälde deutscher Schule der Galerie Alte Meister (u. a. Cranach, Dürer, Holbein, Grünewald) sind sämtlich nicht in Dresden geschaffen worden.

Frühbarock (ca. 1650 – ca. 1700)

Vom Glanz des Augusteischen Zeitalters überstrahlt wird oft übersehen, dass in Dresden bereits vor August dem Starken bedeutende barocke Bauten und Kunstwerke geschaffen wurden. Der Große Garten mit dem Palais sowie den zahlreichen Brunnen und Statuengruppen, die barocke Friedrichstadt als neue Stadtanlage und Schloss Hoflößnitz in Radebeul wurden bereits Jahrzehnte vor Augustus Rex errichtet. Und bereits 1689 trat Balthasar Permoser in

„Dresdner Totentanz" in der Dreikönigskirche

sächsische Dienste, dessen berühmteste Arbeiten aber erst im folgenden Zeitalter entstanden.

Dresdner Porzellan: der Hofnarr Gottfried Schmiedel

Barock und Rokoko – das Augusteische Zeitalter (ca. 1700 – ca. 1790)

Die Regierungszeit von Vater und Sohn Friedrich August (August I., „August der Starke", und August II. von Sachsen) gilt als „Augusteisches Zeitalter" Sachsens, wobei die begriffliche Übereinstimmung mit jenem des Alten Rom unter Augustus nicht zufällig ist. Die Bezeichnung verweist auf die Machtentfaltung und die künstlerisch-kulturelle Fülle dieser Zeit. Beide Herrscher waren unermüdliche und keine Kosten scheuende Bauherren, Kunstförderer und Sammler. In ihrer Regierungszeit wurde die Malerakademie gegründet (1705), das Porzellan erfunden (1709) und die Meißner Manufaktur errichtet, außerdem das „Grüne Gewölbe" eingerichtet (1721–1724) und durch Aufkäufe in ganz Europa der größte Teil der Sammlungen angelegt, mit denen heute die Gemäldegalerie Alte Meister glänzt. So wurde beispielsweise 1753 in Cremona die „Sixtinische Madonna" Raffaels erworben.

In Dresden wirkten im 18. Jahrhundert zahlreiche bedeutende Architekten und Künstler aus dem In- und Ausland: der Architekt **Matthäus Daniel Pöppelmann** und der Bildhauer **Balthasar Permoser** schufen gemeinsam das vielleicht bedeutendste Bauwerk der Stadt, den Zwinger (Kronentor ab 1714, Wallpavillon ab 1716), einen repräsentativen, überschwenglich dekorierten und dennoch klar gegliederten Prachtbau, dessen Funktion ursprünglich nur der Hintergrund für eine Fürstenhochzeit war (der Kurprinz Friedrich August heiratete Maria Josepha, Tochter Kaiser Josefs II.). Der Stadtbaumeister **George Bähr** entwarf und leitete den Bau der Frauenkirche (1726–1734), die mit ihrer glockenartigen Kuppel unter den barocken Kirchen einzigartig dasteht. Der Italiener **Gaetano Chiaveri** wurde vom Hof für den Bau der Hofkirche gerufen (1739–1756). Er brachte römisches Hochbarock mit, das dazu beitragen sollte, den Bau der Frauenkirche zu übertrumpfen, was aber nicht gelang. **Johann Benjamin Thomae,** Schüler und Mitarbeiter Balthasar Permosers, **Johann Christian Kirchner** und **Johann Joachim Kändler,** bekannter als Porzellanmaler, schufen die Ausgestaltung des Grünen Gewölbes im Residenzschloss. Auf dem Sektor der Porzellankunst machte sich neben Kändler **Johann Gregorius Höroldt** einen Namen. Der Goldschmied **Johann Melchior Dinglinger**

Ein Architekturwunder ist die Kuppel der barocken Frauenkirche

RUNTIME

schuf für den Hof unschätzbar wertvolle und absolut funktionslose Pretiosen, die heute im Grünen Gewölbe bewundert werden können.

Das Stadtbild von Dresden veränderte sich umfassend: neben Zwinger, Hofkirche, Frauenkirche und Grünem Gewölbe entstanden das Johanneum (1722–1730), das Japanische Palais (ab 1727), der Goldene Reiter (1736), das Gewandhaus (1768–1770), der Prunkbau von Schloss Pillnitz (1720–1723), das Coselpalais (1762/63) und viele andere Bauten, darunter in der Umgebung das neu ausgestattete Schloss Moritzburg – ein gemeinsames Werk von Pöppelmann und **Zacharias Longuelune** – und der Barockgarten Großsedlitz. Bereits dem Rokoko verpflichtet ist das Fasanenschlösschen im Moritzburger Park (1769–1782). Die Anlage der Brühlschen Terrasse wurde Mitte des 18. Jahrhunderts geschaffen (die Bauten darauf haben sich nicht erhalten), und auch die Augustusbrücke wurde in dieser Zeit neu gebaut und von Matthäus Daniel Pöppelmann künstlerisch gestaltet. Darüber hinaus kam ein ganzer neuer Stadtteil hinzu – die Neustadt. Es ist nicht verwunderlich, dass der Staat am Ende dieser Periode praktisch pleite war.

„Afrika" im Barockgarten Großsedlitz

Klassizismus und Biedermeier (ca. 1790 – ca. 1850)

Neustädter Bürgerhäuser und die Bauten eines einzigen Architekten, nämlich Gottfried Sempers, charakterisieren die Phase des Klassizismus und des Biedermeiers. Die letztere Stilepoche hat in Dresden aber fast keine Denkmäler hinterlassen hat, da die Bürgerbauten in Alt- und Neustadt 1945 zerstört wurden.

Der gebürtige Hamburger **Gottfried Semper** bekleidete 1834, trotz seines jungen Alters von 31 Jahren, bereits das Amt eines Vorstandes der Bauschule und lehrte als Professor für Architektur an der Kunstakademie in Dresden. Seine Baugesinnung stützte sich auf die Ideen des französischen und vor allem des englischen Klassizismus, dessen Vorbilder auf Palladio und ganz allgemein die italienische Renaissance zurückgehen. Charakteristische Bauten der Zeit waren Gottfried Sempers erstes, abgebranntes Opernhaus, die klassizistisch strenge Altstädter Wache („Schinkelwache") nach einem Entwurf des Berliner Architekten Schinkel sowie Gottfried Sempers 1938 zerstörte Synagoge. Etwas später, aber noch in klassizistischen Formen entstanden die Elbschlösser Albrechtsberg und Villa Stock-

Prunkvolle Gründerzeitvilla in Blasewitz

hausen, beide 1850–1854, sowie Schloss historisierende (in diesem Fall gotische) Formen bevorzugende Gründerzeit weist Gottfried Sempers Cholerabrunnen (1843).

Bedeutender als die damals in und um Dresden herum errichteten Bauten ist Dresdens Beitrag zur Malerei der Romantik, der durch Namen wie Caspar David Friedrich, Carl Gustav Carus und Adrian Ludwig Richter geprägt ist. Der Schweizer Maler **Anton Graff,** der 1766 nach Dresden kam, war der Auslöser einer Welle der Auseinandersetzung der Malerei der Romantik mit der Sächsischen Schweiz, in der auch **Caspar David Friedrich,** der seit 1798 in Dresden lebte, romantische Sujets fand. Sein berühmtes „Kreuz im Gebirge" in der Gemäldegalerie Neue Meister im Albertinum gilt als eines der bedeutendsten Werke der deutschen Romantik – die Felsengruppe, auf der das Kreuz des Bildes steht, ist eindeutig von den Felsen des Elbsandsteingebirges beeinflusst. **Carl Gustav Carus,** Leibarzt der königlichen Familie, war ein Freund Friedrichs und schuf als Maler bedeutende Landschaftsbilder, die aber vom Ruhm des Freundes damals wie heute überstrahlt wurden. **Adrian Ludwig Richter** wurde 1803 in der Friedrichstadt geboren, seine Werke wie die „Überfahrt am Schreckenstein" (ebenfalls in der Gemäldegalerie Neue Meister) sind der Idee der „deutschen" Romantik verpflichtet, der er leicht süßliche Züge gegeben hat, die manchmal nicht zu übersehen sind.

Gründerzeit (ca. 1850 – ca. 1910)

Im rasch wachsenden Dresden der zweiten Jahrhunderthälfte wurden vor allem Wohnhäuser und Villen gebaut, wobei auch die Mietshäuser nicht ohne Schmuck waren, wie die Stiegenaufgänge in vielen Häusern der Johannstadt und Striesens beweisen. Stilistisch hatte man freie Hand, Neorenaissance und später Neobarock bildeten die Hauptstile in Dresden. Die Neogotik hatte dagegen weniger Chancen in der vom Barock bestimmten Stadt. Ganze Viertel entstanden in dieser Zeit des wirtschaftlichen Aufschwungs: die gesamte Äußere Neustadt, das Kasernenviertel der Albertstadt, aber auch Villenviertel wie Blasewitz, Loschwitz und Wilder Mann. Keine Stilrichtung wurde bei den Villen der späten Gründerzeit vernachlässigt. Es wurden klassizistische Bauten im Tempellook sowie gotische oder im Tudorstil gestaltete Burgen errichtet, selbst maurische Elemente fehlten nicht. An besonders markanten Bauwerken der Zeit sind zu erwähnen: die zweite Semperoper (in der heutigen perfekt rekonstruiert), der Semperbau des Zwingers für die Gemäldegalerie Alte Meister, das Ständehaus (1901–1906), das Neue Rathaus (1905–1910), die Freitreppe zur Brühlschen Terrasse (1868), die Sekundogenitur (1896/97) sowie die Hochschule für Bildende Künste (1885–1894).

Moderne von 1910: Festspielhaus Hellerau

Außerdem entstanden die Denkmäler für König Johann (Theaterplatz), Martin Luther und Friedrich August II. (beide Neumarkt).

Jugendstil (ca. 1910 – ca. 1920)

Die kurze Phase des Jugendstils ist in Dresden nur in wenigen Bauten erhalten, vor allem im Krematorium auf dem Johannisfriedhof in Tolkewitz (1909–1911), in der „Tabakmoschee" Yenidze, der Christuskirche in Strehlen sowie bei einigen Villen in Loschwitz und Striesen. Die Ausmalung der Decke der großen Halle des Bahnhofs Neustadt ist ein besonders prächtiges Beispiel für die Malerei des Jugendstils in Dresden. Und auch die Ausmalung der Kuppel im Treppenhaus des Neuen Rathauses ist dem Jugendstil verpflichtet.

Moderne (ca. 1910 bis heute)

Die Christuskirche in Strehlen (ab 1897) ist nicht nur ein deutlich vom Jugendstil geprägter Bau, sie ist auch in ihrer Formenvereinfachung einer der ersten modernen Bauten in Dresden. Der Erlweinspeicher an der Elbe wurde 1912 als Stahlbaukonstruktion errichtet, damals eine gänzlich neue Technik. In der Hellerau entstanden eine Gartenstadt nach englischem Vorbild und ein sehr früher konstruktivistischer Bau, das Festspielhaus (1910–1912). Bis 1945 folgten nur wenige andere wichtige Bauwerke, darunter vor allem das 1930 fertiggestellte Deutsche Hygiene-Museum und das von den Nazis zerstörte Kugelhaus. Darüber hinaus wurden von den Nationalsozialisten zwischen 1933 und 1945 trotz Verteufelung des Bauhausstils durchaus moderne Bauten geschaffen wie das heute stillgelegte Flughafengebäude in Klotzsche oder die Ernemann-Werke der Firma Zeiss-Ikon, heute Technische Sammlungen. Die Kontinuität darf nicht verwundern: Wilhelm Kreis, Architekt des Hygiene-

Sozialistischer Realismus: „Weg der Roten Fahne" am Kulturpalast

Museums, wurde von den Nazis zunächst kaltgestellt, dann aber für große Pläne nach Berlin gerufen.

Bedeutender als sein Beitrag zur Architektur der Moderne ist Dresdens Beitrag zur Malerei, der vor allem durch die Künstlergemeinschaft **„Die Brücke"** geprägt wird. Die 1905 gegründete Vereinigung, der Maler wie Erich Heckel, Karl Schmidt-Rottluff und Ernst Ludwig Kirchner angehörten, hatte ihren Sitz bis 1911 in Dresden und begründete den Expressionismus in Deutschland. Die Werke dieser Maler, durch Zerstörung und den Verkauf ins Ausland während des „Dritten Reiches" stark beeinträchtigt, sind in einigen besonders guten Beispielen in der Galerie Neue Meister im Albertinum zu sehen. Andere Maler, die ebenfalls zumindest zeitweise in Dresden lebten und arbeiteten, waren Oskar Kokoschka und Otto Dix.

Zu Zeiten der DDR wurden einige Bauvorhaben umgesetzt, die ebenfalls eine moderne Formensprache aufweisen, so u. a. der Kulturpalast. Die Zukunft dieses kühl-funktionalistischen Stahlbetonbaus, dessen großes Mosaik an der Seite im typischen Stil des sozialistischen Realismus den „Weg der roten Fahne" illustriert, scheint inzwischen gesichert. Viele andere Bauwerke wie das Lenin-Denkmal auf der Prager Straße, aber auch künstlerisch wertvolle Denkmäler wurden nach 1989 aus dem Stadtbild entfernt. Nach der Wende hat sich die Stadt mit einigen interessanten Neubauten geschmückt, wirklich Sensationelles ist nicht darunter: Gläserne Manufaktur, Altmarkt-Galerie, World Trade Center (WTC), Hauptbahnhof und Sächsischer Landtag sind qualitätsvolle moderne Durchschnittsarchitektur, mehr nicht. Eine Ausnahme bildet vielleicht die Universitätsbibliothek mit ihrem tief unter die Erdoberfläche versenkten und dennoch hellen Lesesaal. Sie ist ein besonders gelungenes Beispiel für die Verbindung von Funktionalität und kühler Ästhetik.

▲ Brunnen „Stürmische Wogen"

Reisepraktisches

Anreise

Dresden ist leicht zu erreichen. Ein Autobahnstern verbindet die Stadt in alle Richtungen, die Bahnhöfe sind Station für zahlreiche Fernreise- sowie Nahverkehrszüge und der Dresdner Flughafen expandiert.

Ein gut ausgebautes Autobahnnetz verbindet Dresden mit allen deutschen Metropolen, außerdem mit Prag und führt über die polnische Grenze nach Breslau. ICE- und EC-Züge haben die meisten mitteleuropäischen Großstädte näher gebracht – nicht ausreichend, wie in Dresden geklagt wird. Der Flughafen hat gerade eine neue Landebahn verpasst bekommen, weil die alte für den wachsenden Flugverkehr nicht mehr ausreichte. Ach ja, und auf dem Elberadweg geht's von Cuxhaven oder Prag ebenfalls nach Dresden und gemütlicher noch dazu.

Mit der Bahn

Dresden ist mit dem ICE von Frankfurt am Main über Leipzig direkt zu erreichen. Außerdem halten EC-Züge auf dem Weg von Wien über Prag in Dresden und fahren weiter nach Berlin und Hamburg (und Aarhus). Auf allen anderen Strecken muss man entweder in Leipzig umsteigen oder einen Regionalzug benutzen (IRE von Nürnberg über Chemnitz). Die Bahn hat Dresden, wie es vor Ort treffend heißt, „abgehängt".

Auskünfte/Fahrkarten: Die kaum noch zu überblickenden und einander oft ausschließenden Angebote der Bahn findet man eher im Internet als bei einer Beratung am Schalter. Ein Tipp: Erste-Klasse-Angebote mit Sparpreis 50 % gibt es für zwei Personen zu erstaunlich niedrigen Preisen – oft unter dem Zweite-Klasse-Preis für eine Person. Warum das so ist? Keine Ahnung. Da wenige dies wissen, bleiben sie oft länger im Angebot als das Zweite-Klasse-Kontingent, das rasch vergriffen ist, www.bahn.de oder ✆ 01805-996633 (0,14 €/Min.). Zu den Nachtzügen gibt es eine eigene Website: www.citynightline.de. Speziell für Sachsen kann auf www.bahn.de/sachsen ein Fahrplan heruntergeladen werden.

Mitfahrbörsen für Bahnfahrer gibt es auf www.mitbahnen.de, dabei werden die günstigen Gruppentarife genutzt.

Fahrradmitnahme: Im ICE darf weiterhin kein Fahrrad befördert werden – auch nicht verpackt. In IC- und EC-Zügen ist die Mitnahme meist nach Anmeldung möglich, in Regionalzügen, also auch im IRE-„Pendolino" Nürnberg–Dresden, generell auch ohne. Radfahrer-Hotline ✆ 01805-151415.

Bahnhöfe

Dresden hat zwei große Bahnhöfe, den Hauptbahnhof südlich der Altstadt und den Neustädter Bahnhof in der Neustadt. Fast alle Züge halten an beiden Bahnhöfen. Wer über Berlin und/oder Leipzig anreist, erreicht zuerst den Neustädter Bahnhof, der noch bis 2012/13 umgebaut wird und weder über Lifte noch über Rolltreppen oder Kofferbänder verfügt. Wer also mit viel Gepäck reist, sollte bis zur endgültigen Fertigstellung lieber am Hauptbahnhof aussteigen, auch wenn er/sie dann wieder zurück in die Neustadt muss. Züge von Chemnitz und Nürnberg enden ohne den Neustädter Bahnhof zu berühren am Hauptbahnhof. Züge aus Richtung Prag erreichen zuerst den Hauptbahnhof, dann den Neustädter Bahnhof. In den nächsten Jahren wird am Streckennetz noch einiges zu verbessern sein, mit Zugausfällen (auch bei IC und ICE!) muss an Sommerwochenenden gerechnet werden (Infos auf www.bahn.de/fahrplanaenderung).

Mit dem Flugzeug

Der „Dresdner Flughafen International" (Code DRS) hat im Sommer 2007 eine verlängerte und modernisierte Start- und Landebahn erhalten. Ein klares Zeichen für die steigende Bedeutung dieses Flugzieles, das allerdings immer noch etwas im Schatten des wesentlich größeren und nur eine bis eineinhalb Stunden entfernten Flughafens Leipzig-Halle steht. Mit regelmäßigen Flügen von und nach Hamburg, Dortmund, Düsseldorf, Köln-Bonn, Frankfurt (Main), Stuttgart, Friedrichshafen, München, Wien, Basel und Warschau sowie guten und kurzen Verbindungen in die Stadt – 9 km vom Stadtzentrum, S-Bahn bis in den Flughafen – kann aber Dresden fast alle Wünsche erfüllen.

Nach Dresden fliegen derzeit die Fluggesellschaften Lufthansa, Austrian Airlines (vertreten durch Tyrolean), LGW Walter (ab Dortmund), Air Berlin, InterSky (Friedrichshafen), dba, Cirrus Airlines (ab Zürich für Lufthansa/Swiss, www.cirrus-airlines.de), Tui, German Wings und Condor; Zürich, Wien, Zielona Gora (Grünberg an der Oder) und Warschau sind im Linienverkehr die einzigen Ziele im Ausland.

• *Flughafentransfer* **Zug**: mit der S 2 im Halbstundentakt ab/nach Dresden Neustadt (20 Min.) und Dresden Hbf. (25 Min.) sowie weiter nach Pirna (45–50 Min.). Mit **Bus** 425 nach Radebeul. Einzelticket jeweils 2 € (weitere Infos zu Tickets im städtischen Nahverkehr → S. 43/44).

An- und Abfahrt mit dem **PKW** über die A 4 Abfahrt Dresden-Flughafen, in die bzw. aus der Stadt auf der B 97. Am Flughafen gibt es auf Parkplätzen und im Parkhaus Möglichkeiten zum Kurz- und Langzeitparken, z. B. Außenparkplatz 11 Tage für 15 €, Weekendparken im Parkhaus 28 €; **Taxi** zwischen Flughafen und Innenstadt ca. 15 €.

• *Adresse* Flughafen Dresden, Flughafenstraße, www.dresden-airport.de, Info-✆ 8813360 (tgl. 6.30–23.30 Uhr).

Mit dem eigenen Fahrzeug

Dresden wird nach der Schließung der letzten Lücke auf der Autobahn nach Prag (geplant für 2010, eher wahrscheinlich ist 2011/12) gut an das mitteleuropäische Autobahnnetz angeschlossen sein. Von Westen kommend gelangt man auf der A 4 über Erfurt und Chemnitz nach Dresden. Sie quert das Stadtgebiet im Norden und führt über Görlitz, im polnischen Teil fast komplett neu, nach Breslau. Von Nordwesten kommend fährt man auf der A 14 von Magdeburg über Halle und Leipzig und trifft kurz vor Dresden auf die A 4. Die Nord-Süd-Verbindung von Berlin nach Prag über A 13 und A 17 passiert ebenfalls Dresdner Stadtgebiet und um- und unterfährt dann die Stadt im Süden. In Richtung Prag war direkt nördlich von Prag Mitte 2010 noch ein Teilstück von ca. 17 km offen.

Als Mitfahrer

Unter den bundesweit tätigen Mitfahrzentralen ist auch eine mit Sitz in Dresden: *Mitfahrzentrale bundesweit*, Dr. Friedrich Wolf-Str. 2, ✆ 19440, www.shuttlenet.de. Im Netz lohnt es sich, bei www.mitfahrzentrale.de und www.mitfahrgelegenheit.de nachzuschauen.

Gehört zum Dresdenbesuch: eine Fahrt mit dem Dampfschiff auf der Elbe

Unterwegs in Dresden

Dresden hat ein ausgezeichnetes öffentliches Nahverkehrssystem, was sogar die Dresdner selbst zugeben, wie Umfragen zeigen. Bahn und Straßenbahn erschließen die Stadt und fast alle für Besucher interessanten Ziele. Mit Bahn und/oder Bus erreicht man zudem rasch und bequem Nachbarorte wie Radebeul, Pirna und Meißen sowie die Sächsische Schweiz.

Das Auto, mit dem man vielleicht angereist ist, braucht man in Dresden nicht. Zum einen liegen die zentralen Sehenswürdigkeiten sehr eng beieinander und man ist zu Fuß viel besser unterwegs. Zum anderen sind die etwas außerhalb liegenden Sehenswürdigkeiten wie die Schlösser Pillnitz und Moritzburg sehr gut durch öffentliche Verkehrsmittel mit der Stadtmitte verbunden. Besonders zu Stoßzeiten ist im gesamten Dresdner Stadtgebiet mit Stop-and-go-Verkehr zu rechnen – nicht umsonst wird die umstrittene Waldschlösschenbrücke als Entlastungsbrücke gebaut. Nur wer sich für ein außerhalb der eigentlichen Stadt liegendes Hotel abseits der Straßenbahnlinien entschieden hat, benötigt vielleicht ein Auto – oder leiht sich einen Motorroller?

Mit Bahn, Bus und Straßenbahn

Dresdens öffentlicher Nahverkehr ist im VVO (Verkehrsverbund Oberelbe) zusammengefasst. Partnerbetriebe sind die Deutsche Bahn (DB), der Regionalverkehr Dresden (RVD) und mehrere weitere regionale Unternehmen. Der Bereich der eigentlichen Stadt wird von den DVB (Dresdner Verkehrsbetriebe) verwaltet. Auf allen Verkehrsmitteln und Linien des Verbunds, der weit über Kern-Dresden hinausgeht und noch so weit entfernte Orte wie Kamenz, Pirna, Bad Schandau, Altenberg, Meißen und Riesa umfasst, gelten ausschließlich Karten des VVO. Das betrifft u. a. auch die Elbfähren (mit wenigen privaten Ausnahmen, wie die sehr lukrative Fähre über die Elbe in Bad Schandau). Wer in diesem Raum mit der DB fährt, muss ebenfalls VVO-Karten erwerben, die Ermäßigungen der DB (Bahncard 50 % und 25 %) gelten nicht! Tickets gibt es bei den Servicestellen (s. unten), vor allem aber am Automaten, der an allen Bahnhöfen sowie vielen Straßenbahnhaltestellen zu finden ist und sogar in den meisten Straßenbahngarnituren selbst.

Das Netz

Die innerstädtischen Knoten sind vor allem Hauptbahnhof und Postplatz, in zweiter Reihe Pirnaischer Platz, Straßburger Platz, Bahnhof Neustadt und Albertplatz. Wer in Dresden aus der Bahn steigt, wird dies entweder am Bahnhof Neustadt oder am Hauptbahnhof tun, wobei der Hauptbahnhof von fast allen Straßenbahnlinien bedient wird (nur die Linien 1, 2 und 4 verwenden die Achse Postplatz–Pirnaischer Platz). Sternförmig wird Dresden von Straßenbahnlinien erschlossen (die letzte alte „Tatra"-Garnitur fuhr übrigens im Frühjahr 2010 in die Altersrente): die Neustadt, Radebeul und der gesamte Bereich rechts der Elbe durch die Linien 3, 4, 7, 8, 9, 11 und 13, der Südwesten ab der Altstadt durch die Linien 1, 2, 3, 6, 7, 10 und 12, der Südosten ab der Altstadt und Neustadt durch die Linien 1, 2, 4, 6, 9, 10, 12 und 13. Eine moderne S-Bahn verbindet Hauptbahnhof und Bahnhof Neustadt im Taktverkehr mit dem Flughafen, weitere S-Bahnen führen (u. a.) nach Weinböhla, Cossebaude, Plauen und Pirna. Moderne Doppelstockwagen verkehren zwischen Meißen, Dresden und Schöna (an der tschechischen Grenze in der Sächsischen Schweiz).

Für das Busnetz hat man als Besucher der Stadt wenig Bedarf, die Ausnahmen sind Pillnitz und Moritzburg (dazu jeweils dort). Für Nachtschwärmer sind natürlich die Nachtbusse von Interesse, die bis 4 Uhr früh verkehren und ab Mitternacht garantierte Umsteigepunkte aufweisen, sodass man auch um drei Uhr früh ohne lange Wartezeiten rasch von der Bar in der Neustadt zum Quartier in Striesen gelangt: Pläne bei den DVB/VVO-Stellen und an allen betroffenen Haltestellen.

Tarife

Das VVO-Gebiet ist in Zonen aufgeteilt, wobei die innerste Zone „Tarifzone Dresden 10" dem Stadtgebiet von Dresden entspricht. Fast alle Sehenswürdigkeiten befinden sich in dieser Zone, selbst Schloss Pillnitz. Nur Radebeul und Moritzburg liegen außerhalb. Wer sich ausschließlich in diesem Raum bewegen will, muss also eine Fahrkarte für 1 Tarifzone lösen.

Es gibt Einzelfahrscheine, Mehrfahrtenscheine, Tageskarten und Zeitkarten (Wochen-, Monats-, Jahreskarten). Der Einzelfahrschein für 1 Tarifzone kostet 2 €, für 2 Zonen 3,80 €, für den Verbundraum 7,70 €. 4er-Karten in 1 Tarifzone sind für 7 € zu haben, es gibt auch 4er-Kurzstreckenkarten (4 Haltestellen) zu 5 €. Besonders sinnvoll für Besucher der Stadt sind die **Tageskarten**. Sie gelten bis 4 Uhr des Folgetages und kosten z. B. für 1 Tarifzone 5 € (Senioren ab 60 Jahren 4 €), für den gesamten Verbundraum 12 € (10 €). **Familien-Tageskarten** (bis 6 Personen, max. 2 Personen über 14 Jahre) gibt es für 1 Tarifzone zu 7 €, für den Verbundraum zu 15 €. Der Ausflug in die Sächsische Schweiz ist damit recht preiswert!

Die verschiedenen Fahrscheine gibt es am VVO-Automaten (an den roten Automaten in den Bahnhöfen, die DB- und VVO-Tickets versprechen, gibt es nicht alle Arten von VVO-Tickets!) und auch in den modernen Straßenbahngarnituren (Zahlung in der Straßenbahn nur mit Münzen oder EC-Karte mit Geldkarten-Chip). In den Regionalbussen kann man die Fahrkarte auch beim Fahrer kaufen. Das Ticket muss vor Antritt der Fahrt bzw. sofort nach Kauf im Wagen entwertet werden, sonst zahlt man (häufige Kontrollen!) saftige Strafen. Bequem ist der Service für Handy-Nutzer, die sich das Ticket als SMS bzw. Textdatei auf ihr Handy schicken lassen können. Nach einer Erstregistrierung auf www.vvo-handyticket.de (mit guter Bedienerführung) kann man dann bequem über SMS oder ein kostenfreies Telefonat die Fahrkarte bestellen. Für die Registrierung Personalausweis und Bankdaten bereithalten!

Genauere Infos zu den technischen Voraussetzungen Ihres Handys und zum Handyticket auf www.vvo-handyticket.de.

Dresden City Card und Dresden Regio-Card: Die Dresden City Card bietet 48 Stunden freie Fahrt in der Tarifzone Dresden, freien Eintritt in die Museen der Staatlichen Kunstsammlungen Dresden (außer Histor. Grünes Gewölbe) und Ermäßigungen z. B. bei Stadtrundfahrten, weiteren Museen, Konzerten und Theateraufführungen sowie in bestimmten Gaststätten und Läden. Für Familien (zwei Erwachsene und maximal vier Kinder bis 14 Jahre) gibt es die ebenfalls 48 Stunden gültige Dresden City Card für Familien. Weiters kann man eine Dresden-Regio-Card für den gesamten Verkehrsverbund Oberelbe erwerben, die zusätzlich zu den Leistungen der City Card Ermäßigungen im Umfeld von Dresden gewährt und 72 Stunden gültig ist. Diese Karte gibt es nur für jeweils einen Erwachsenen, für Kinder ab 6 Jahren müssen eigene Tickets gelöst werden.

Dresden City Card: 48 Std. Dresden 21 €, für Familien 39 €, 72 Std. Dresden und Verbundraum 32 € (alle Preise 2010). Die Card gibt es bei den städtischen Tourist-Informationen, bei den Verkehrsbetrieben (DVB, VVO, DB), über ✆ 50160160, oder auf www.dresden.de/dresdencard.

Hunde- und Fahrradmitnahme: Bei Einzelfahrscheinen ist der ermäßigte (Kinder-) Tarif zu zahlen, bei Tageskarten werden für 1–2 Tarifzonen 1,30 € fällig, bei Tageskarten für den Verbundraum kosten Rad oder Hund 2,50 €. Wer eine Monatskarte oder Jahreskarte besitzt (was auf Touristen normalerweise nicht zutrifft), zahlt nichts extra. Für Fahrradfahrer gibt es eine Fahrradmonatskarte zu 14 €, die für den gesamten Verbundraum gültig ist. Wer Dresden mit dem Fahrrad erkundet und in die Sächsische Schweiz und nach Meißen fährt, ohne immer beide Strecken mit dem Rad abfahren zu wollen, profitiert vielleicht schon ab vier oder fünf Tagen davon.

Infos zum DVB: Servicestellen in Dresden u. a. im Hauptbahnhof und im Bahnhof Neustadt; Kundenzentrum Postplatz 1 (an der Wilsdruffer Straße), weitere Servicestellen Albertplatz, Pirnaischer Platz, Prager Straße; alle ✆ 8571011, www.dvb.de.

VVO Mobilitätszentrale: Elbcenter 2, Leipziger Str. 120; Information im Internet unter www.vvo-online.de, Info-Hotline ✆ 0180-22662266.

Infos der DB im Verbundraum: Hauptbahnhof und Bahnhof Neustadt; Nahverkehr Region Südost der DB (DB Regio), „Kundendialog" auf 24-Stunden-Hotline ✆ 01805-194195, www.bahn.de/kontakt.

Pläne und Broschüren: Den detaillierten Liniennetzplan „Liniennetz", eine Broschüre zu den Tarifen „VVO-Tarif im Detail" sowie einen Taschenfaltplan „Dresdner Linien" für die Kernstadt (und damit für alle touristischen Ziele) gibt es gratis in den Bahnhöfen und städtischen Tourist-Informationen.

Mit dem eigenen Fahrzeug

Wie schon oben bemerkt: ein Auto braucht man für Dresden nicht, und auch die Sehenswürdigkeiten der Umgebung besucht man besser stressarm mit den öffentlichen Verkehrsmitteln. Wer dennoch mit dem Auto (oder Motorrad) unterwegs ist, wird besonders an den Elbbrücken mit Staus konfrontiert und im Altstadtbereich in den Tiefgaragen gehörig zur Kasse gebeten.

Es gibt derzeit vier Elbbrücken zwischen Alt- und Neustadt, von denen eine, die historische Augustusbrücke, wahrscheinlich in nächster Zeit komplett für den motorisierten Verkehr gesperrt werden wird. Elbaufwärts ist die Waldschlösschenbrücke als Ausweichbrücke im Bau

(Stand Herbst 2010: der Mittelteil soll noch 2010 eingebaut, die Brücke 2011 eröffnet werden). Erst die Elbbrücke Blaues Wunder zwischen Blasewitz und Loschwitz bietet elbaufwärts wieder einen Übergang, ihr Zustand ist jedoch bedenklich, über Schließung, Reparatur und Alternativen (Tunnel für PKWs, Brücke für Fußgänger und Radfahrer?) wird diskutiert. Elbabwärts kommen nur die neue Straßenbrücke bei Niederwartha, die Autobahnbrücke (A 4) und dann wieder die Elbbrücke in Meißen in Frage. Die Autofähre zwischen Kleinzschachwitz und Pillnitz ist eine weitere Möglichkeit, die Elbe zu überqueren.

• *Autovermietung* Alle großen Mietwagenfirmen bieten in Dresden ihre Autos an:

Hertz, Antonstr. 39 (Neustadt), ✆ 452630 und Flughafen Dresden, Ankunftshalle, ✆ 8814580, www.hertz.de.

Budget, Flughafen Dresden, ✆ 8814640, www.budget.de.

Avis, Flughafen Dresden, ✆ 881460001, und Friedrichstr. 24, ✆ 4969613, www.avis.de.

Sixt, Flughafen Dresden ✆ 0180-5252525, ✆ 01805-222930, Hauptbahnhof 4, ✆ 01805-2229300021, ✆ 4718544, Dohnaer Str. 99, ✆ 01805-2229300021 und Hotel Hilton, ✆ 4905781.

Europcar, Flughafen Dresden ✆ 881459091, Bahnhof Neustadt (Schlesischer Platz 1), ✆ 828240, sowie Hauboldstr. 5, ✆ 270220, www.europcar.de.

Ein lokaler Anbieter ist **Buchbinder** Rent-a-Car, Löbtauer Str. 34–38, ✆ 4823915, www.buchbinder.de.

• *Pannendienst* **ADAC-Service und Pannendienst** Infoservice ✆ 01805-101112, ✆ 8815230, www.adac.de, Pannenhilfe ✆ 01802-222222.

• *Parken* In den Tourist-Informationen gibt es einen kostenlosen Plan „Parken in der Innenstadt", der verlässlich zu Parkplätzen und Tiefgaragen führt. **Tiefgaragen** gibt es u. a. bei der Frauenkirche, hinter der Semperoper, am World Trade Center, unter der Altmarkt-Galerie, unter dem Altmarkt und im Kongresszentrum beim Hotel Maritim, ein Parkhochhaus befindet sich neben dem Neustädter Markt.

Mit dem Taxi

Funktaxi Dresden hat den Ruf ✆ **211211**, Informationen im Internet unter www.taxi.dresden.com. Taxistände befinden sich am Hauptbahnhof, am Bahnhof Neustadt, auf dem Theaterplatz (wenn nach Veranstaltungsende wieder mal kein Taxi wartet, steht sicher eins vor dem Hotel im Taschenbergpalais), auf Postplatz und Altmarkt, am Albertplatz, Ecke Bautzner Straße/Alaunstraße sowie an mehreren anderen Stellen.

Einen Chauffeurservice bietet das Unternehmen 8x8 Ihr Chauffeurservice, Comeniusstr. 48a, ✆ 88888888, www.8mal8.de.

Gemütlicher kann man die Altstadt kaum erkunden: Velotaxi

Mit dem Velotaxi

Velotaxis sind amüsant, und wenn man einen gut informierten Fahrer (z. B., einen Studenten, der in den Semesterferien jobbt) erwischt, hat man von so einem gemütlichen Durch-die-Stadt-zockeln mehr als von jeder offiziellen Stadtrundfahrt. Pro Person und Stunde werden z. B. von 8mal8 ca. 20 € verlangt, die halbe Stunde kostet 10 €. Vorbestellung wie Chauffeurservice (s. oben) und unter www.velotaxi.de.

Mit dem Fahrrad

Dresden ist keine ideale Fahrradstadt. Die Fahrradwege sind bruchstückhaft, fast überall verlaufen selbst bei ausgewiesenen Fahrradwegen Fahrradspur und Fußgängerbereich gemeinsam, kritische Stellen sind nicht gekennzeichnet, Masten stehen mitten auf Fahrradspuren und die Dresdner fahren, um das Maß voll zu machen, wie die gesengten Säue und kümmern sich auch nicht um die elementarsten Regeln wie, dass man bei Rot eine Kreuzung nicht überquert.

Trotz dieser Vorbehalte ist das Fahrradfahren in Dresden sinnvoll, denn besonders in der Altstadt sowie zwischen Alt- und Neustadt, also im historischen Teil, kommt man einfach mit dem Rad am schnellsten von A nach B. Der Elberadweg ist auf Dresdner Boden linksseitig (also auf der Altstadtseite) komplett und durchgehend ausgebaut, rechtsseitig fehlen Teilstücke beim Blauen Wunder, und ab der Neustadt ist die Trasse flussabwärts streckenweise noch nicht endgültig.

Stadtplan für Radfahrer: Der Fahrrad-Stadtplan Dresden 1:20.000 ist zum Preis von 7 € in Buchhandlungen zu erwerben, der Infoteil wurde von der Dresdner Ortsgruppe des ADFC (Allgemeiner Deutscher Fahrrad-Club) betreut.

Elberadweg: Kostenlose Broschüre für (nicht nur) den Dresden-Teil des Elberadwegs „Elberadweg. Radeln, Einkehren, Übernachten", Bestellung beim Tourismusverband Sächsische Schweiz, ✆ 03501-470141 oder unter www.elberadweg.de.

ADFC Sachsen in Dresden: Bischofsweg 38, 01099 Dresden, ✆ 5013915, 📠 5013916, www.adfc-sachsen.de und www.adfc-dresden.de. Büro geöffnet Mo 10–14, Mi 15–19 Uhr.

Fahrradverleih: Eine komplette und aktuell gehaltene Liste aller Dresdner Radverleihe mit Preisen bietet www.adfc-dresden.de. Ganz neu sind Nextbike-Leihräder am Schloss und an anderen Stellen der Stadt, die Räder kosten 5 € pro Tag, Anruf genügt für den Freischaltcode (✆ 030-69205046 www.nextbike.de). Die Räder am Hauptbahnhof sind von Callabike (www.callabike.de), Letzteres ist ein Unternehmen der DB, die Dresden gerne links liegen lässt. Die Stadt peilt längerfristig ein öffentliches Leihsystem an (wie schon in Wien, Paris, Barcelona).

Fahrradbibliothek (33), → Karte S. 206/207: Hier gibt es mehr als 1200 Radwanderkarten und Radwanderführer plus zusätzliches Material für Radler, vor allem für Dresden und Umgebung. Gabelsberger Str. 30, ✆ 3367624, www.fahrradbibliothek.de.

Stadtrundfahrten, Stadtführungen

Der Platzhirsch unter den Stadtführern ist das Unternehmen **Stadtrundfahrt Dresden** mit seinen roten Doppeldeckerbussen (es gibt auch kleinere und gelbe DVB-Busse), die alle wichtigen Sehenswürdigkeiten samt Weißem Hirsch, Blauem Wunder, Pillnitz und Großem Garten auf einer Rundtour mit 22 Haltestellen verbinden. Für den Pauschalpreis von 20 € kann einen Tag lang beliebig oft ein- und ausgestiegen werden, von April bis Oktober zwischen 9.30 und 17 Uhr mit viertel- bis halbstündigen Abfahrten, den Rest des Jahres über von 10 bis 15 Uhr mit halbstündigen bis stündlichen Abfahrten (dann kann es schon mal sein, dass sich das Ticket

nicht rentiert). Verschiedene Kombinationen sind gegen Aufpreis möglich (Semperoper, Schifffahrt, Pfund's Molkerei etc.). Im Normalpreisticket sind Zwingerführung, Führung Fürstenzug, Führung rund um die Frauenkirche und (im Sommer um 21 oder 22 Uhr) die Führung „Dresdner Nachtwächter" inbegriffen. Tickets am Startpunkt am Theaterplatz nahe der Augustusbrücke, direkt im Bus oder in den Dresdner Hotels.
Stadtrundfahrt Dresden GmbH, ✆ 8995650, www.stadtrundfahrt.com.

Mehrere Unternehmen bieten **Stadtrundgänge,** die üblicherweise die engere historische Altstadt umfassen und etwa 1:30 bis 2 Stunden dauern. Im Gegensatz zur Busrundfahrt hat man dabei die Chance, auch mal eine Frage zu stellen, und im besten Fall wird der jeweilige Rundgang sogar auf die persönlichen Interessen des Dresden-Besuchers abgestimmt (wer spezielle Interessen hat, sollte immer vorbuchen). Wer Barock-Staffage mag, kann beispielsweise an einer Führung durch Kostümierte teilnehmen (auch August der Starke persönlich lässt sich dazu herab).

Klassischer Stadtrundgang: Es führen Mitglieder des Berufsverbandes Dresdner Gästeführer, die Tour dauert 1:30 bis 2 Std. inkl. innere Neustadt und Regierungsviertel und startet ab der Schinkelwache 3 x pro Tag: Touristischer Extra-Service Dresden, ✆ 4726260, 📠 4700896, www.tesd-dd.de.

Historischer Stadtrundgang durch Elbflorenz: 1:30 Std., ab Schloss, 4 x tgl., 10 €, mit Semperoper (nur 12.15 Uhr, mind. 2:30 Std.) 19 €. Natalie Blau, ✆/📠 2526158, www.dresden-stadtrundgang.de. Einen historischen Stadtrundgang in dieser Länge bietet auch (zu 15 €) Dresden KultTouren an, ✆ 0162-2659155, www.dresden-barock.de.

Igeltour Dresden, ein seit der Wende arbeitendes Unternehmen, bietet einen klassischen Stadtrundgang inkl. Synagoge, nur Sa 14 Uhr ab Schinkelwache, eine Tour um die Frauenkirche sowie andere Rundgänge auch in den äußeren Stadtteilen (die meisten 6–8 €), darunter Dresden am Abend (12 €, Fr 21 Uhr April–Okt.), Igeltour Dresden, Pulsnitzer Str. 10, ✆ 8044557, www.igeltour-dresden.de.

Trabi-Tour: Großen Zuspruch findet die Fahrt „mit der Teigschüssel durchs Barock", wie es der Wiener Standard ausdrückte, gemeint ist eine selbst gesteuerte **Fahrt mit dem Trabi** durch Dresden. Eine gewisse Eingewöhnungszeit ist nötig, dann rattert man stilecht durch die Straßen. Vorausbuchung nötig! Trabi Safari Tours, ✆ 89900110, www.trabi-safari.de.

Einen GPS-gestützten **audiovisuellen Stadtführer i Tour** für die Erkundung der Stadt auf eigene Faust bekommt man im Kulturpalast in der Städtischen Tourist-Information, Verleih ab 8 €, www.itour.de.

Rundflüge

Besonders Wagemutige können Dresden auch von der Luft aus erkunden. 30 Minuten ab Dresden-Klotzsche kosten bei Fotoflug Sachsen ab 74 € pro Person (bei drei Personen). Die meisten Anbieter verwenden jedoch den (billigeren) Flughafen Riesa, den man mit dem eigenen PKW in 25 Min. erreicht, so etwa beim Rundflug Dresden–Leipzig: Ein 30-minütiger Rundflug, z. B. mit einer Cessna 171, kostet für 1–3 Personen 199 €. Der 60-min. Rundflug umfasst auch Meißen und die Festungen Königstein und Stolpen und kommt bei 1–3 Personen auf 299 €.
Foto-Flug Sachsen Kruse & Seidel, Goethestr. 30, 01689 Weinböhla, ✆ 8815555, http://fotoflug-sachsen.de. Rundflug Dresden Leipzig, Flugplatz Strausberg, F2 Haus 12, 15344 Strausberg-Nord, ✆ 0800-0006534, www.rundflug-dresden-leipzig.de.

Die beliebten Ballonfahrten – bei passendem Wind fliegt man genau über die Türme und Dächer der Altstadt – werden u. a. veranstaltet von:
Ballonfahrten Dresden, Leutewitzer Ring 137, ✆ 4161700, www.ballon-dresden.de.

Mit den Schiffen der „Sächsischen Dampfschiffahrt"

Die „älteste und größte Raddampferflotte der Welt" geht auf das Jahr 1836 zurück. Heute sind dreizehn Schiffe der

„Sächsischen Dampfschiffahrt“ (sorry, nur 2 „f“) zwischen Meißen und Dečin unterwegs, neun davon sind Raddampfer, das älteste, die „Stadt Wehlen“ wurde 1879 gebaut. Besonders die beliebteste Strecke zwischen Pillnitz und der Anlegestelle Terrassenufer bei der Augustusbrücke ist an Sommertagen durch zahlreiche Touristengruppen oft stark frequentiert. Mehr als 650.000 Menschen wurden im Jahr 2009 transportiert! Es empfiehlt sich, ein Ticket für ein bestimmtes Schiff im Voraus zu buchen, um der Enttäuschung vorzubeugen, dann doch mit dem Bus zurückfahren zu müssen. Die meisten Schiffe (acht) verkehren im Sommerfahrplan (Ostern bis 31. Okt.) zwischen Dresden Terrassenufer und Pillnitz. Nach Königstein fahren etwa vier, bis Bad Schandau vier Schiffe pro Tag (zwei davon ab Pirna). Auch Rundfahrten zu 1:30 und 3 Std. werden angeboten, sie starten alle am Dresdner Terrassenufer. Nach Meißen verkehren zwei Schiffe, weiter nach Diesbar-Seußlitz ein Schiff täglich. Im Winter sind Fahrten bis Pillnitz und kurze Rundfahrten zum Blauen Wunder im Programm, im Advent und zu Silvester gibt es bei ausreichendem Wasserstand Sonderfahrten.

Information und Ticketverkauf: Sächsische Dampfschiffahrt, Hertha-Lindner-Str. 10, ✆ 866090, 📠 8660988, www.sds-dd.de. Kiosk mit Kartenverkauf am Terrassenufer und an den Anlegestellen.

Preise: Dresden Terrassenufer–Pillnitz einfach 10 €, hin/zurück 16 €; Dresden Terrassenufer–Bad Schandau einfach gleich wie hin/zurück (!) 21 €; Pirna–Stadt Wehlen einfach 5 €, hin/zurück 10 €.

Besonders empfehlenswert ist das nur bei der Sächsischen Dampfschiffahrt (nicht beim VVO!) erhältliche **Kombiticket** VVO und SDS, das den gesamten Bereich von VVO und SDS einschließt. Die Tageskarte kostet 27 € (Kinder 6–14 Jahre 16,50 €), die Familienkarte 43 €.

Mit der Elbfähre

Bis auf die Fähre zwischen Kleinzschachwitz und Pillnitz sind die Elbfähren im Raum Dresden reine Fußgängerfähren, die auch Fahrräder mitnehmen. Ihre Benutzung ist in den VVO-Tageskarten inbegriffen.

Pillnitzer Elbfähre: Fußgänger einfach 0,90 €, hin/zurück 1,50 €, PKW bis 5 m Einzelfahrt inkl. Fahrer 2,90 €, hin/zurück 5 €, Motorrad mit Fahrer 1,50 € Einzelfahrt.

Mit dem Elbetaxi

Speedbootverbindungen gibt es ab dem Fährgarten Johannstadt (→ Tour 9), es kann jedoch nur an wenigen Stellen angelegt werden. ✆ 417242440.

Luxus im Barockbau: Hotel Kempinski im Taschenbergpalais

Übernachten

Dresdens großes Angebot an Übernachtungsmöglichkeiten enthält überdurchschnittlich viele hochpreisige Hotels, während die solide Mittelklasse eher weniger vertreten ist. Die Traveller-Sektion ist gar erst im Aufbruch begriffen.

Nicht jeder, der im Vier- oder Fünfsternehotel absteigt, zahlt jedoch den Vier- oder Fünfsternepreis: Gruppenreisende, Pauschalreisende, Reisende in den weniger beliebten Monaten zahlen weniger, und auch auf den Last-Minute-Seiten im Internet kann man bei den teuren Spitzenreitern schon mal ein Schnäppchen ergattern. Außerdem variieren die Preise in den meisten Hotels über das Jahr. Die teuersten Monate sind im Durchschnitt Juni und Mai, die günstigsten August und Juli. Der optimale Monat, Dresden zu besuchen, ist allerdings der März: bei einer Auslastung von 66,6 % ist die Stadt nicht voll, und die Zimmer sind im Durchschnitt relativ günstig.

Ob man direkt über das Hotel oder Hostel bucht, das Internet benutzt oder sich an Dresden Tourismus GmbH. wendet, ist Geschmacksache. **Gästezimmer und Ferienwohnungen** findet man jedoch am ehesten über die Dresden Tourismus (für eine Liste der Zimmer- und Apartmentanbieter wäre in diesem Buch nicht genug Platz). Wer ein Angebot inklusive einer **Aufführung in der Semperoper** sucht, wendet sich am besten an die größeren Hotels, die Kontingente aufgekauft haben. Da in der Semperoper gerade an den Wochenenden, die sich für kurze Städtetouren anbieten, die Aufführungen lange im Voraus ausverkauft sind, bietet diese Variante oft die einzige Möglichkeit, doch noch ein Ticket für eine bestimmte Vorstellung zu ergattern.

Dresden Tourismus GmbH., Prager Str. 2b, 01069 Dresden, ✆ 501600, www.dresden.de/tourismus.

Zimmervermittlung auch in de städtischen **Tourist-Information** im Kulturpalast, Schlossstr. 2, ✆ 50160160.

Onlinebuchung (nur für ausgewählte Hotels) unter www.dresden.de/onlinebuchung.

Auf **Radler** spezialisiert ist: Bett & Bike Sachsen, c/o Antje Clauß, Grünewaldstr. 19, 04103 Leipzig, 0341-2155545, www.bettundbike.de.

Hotels

Die Sterne in der Liste der von uns ausgewählten Hotels folgen den offiziellen Angaben der Stadt Dresden. Wo keine Sterne angegeben sind, ist die Klassifizierung noch nicht erfolgt oder in Veränderung begriffen. Die Preise sind vor allem in den höheren Kategorien nur noch Tagespreise, die wesentlich höher und gelegentlich niedriger liegen können als die vom Hotel genannten Preise (nur im Internet erhältlich!). Frühstück geht in den besseren Kategorien extra. Derzeit entstehen mehrere neue Luxushotels, das NH-Hotel am Altmarkt wurde noch im Janur 2010 eröffnet, beim Swissotel am Schloss haben die Bauarbeiten begonnen, das Bülow Palais in der Königstraße in unmittelbarer Nähe der Dreikönigskirche wurde gerade erst fertiggestellt.

Schon zu DDR-Zeiten Hotels, die drei Ibis an der Prager Straße

Altstadt

***** S **Hotel Taschenbergpalais Kempinski (7)**, → Karte S. 113. Im barocken Taschenbergpalais gegenüber Schloss und Zwinger hat sich eines der besten Hotels der Stadt eingenistet. 182 Zimmer und 32 Suiten. Restaurants, Kneipe, Bistro, Bar ..., die Rezeption hat, was Höflichkeit betrifft, noch zu lernen. DZ ab ca. 189 €, Frühstück extra (25 €). Taschenberg 3, Straba 4, 8, 9 Theaterplatz, ✆ 0351-49120, ℻ 4912812, www.kempinski-dresden.de.

Hotel Hilton Dresden (13), → Karte S. 137. Schon vor der Wende entstand das luxuriöse Altstadthotel zwischen Schloss und Frauenkirche, das sich im Rücken an die Brühlsche Terrasse anlehnt. Schwedische Firmen stellten damals das Haus in Rekordzeit hin, das hätten DDR-Betriebe nicht geschafft. Aufgemöbelt und erweitert präsentiert sich das Hilton heute als zeitgemäße Luxusabsteige mit allem exklusiven Komfort vom „Living Well Health Club" auf 1100 m^2 Fläche bis zu recht großzügig bemessenen Zimmern. In der Lobby muss man die Rezeption zwischen den vielen Läden und Ständen jedoch erst mal finden. DZ ab120 €, Frühstück extra (22 €). An der Frauenkirche 5, Straba 1, 2, 4 Altmarkt oder 4, 8, 9 Theaterplatz, ✆ 0351-86420, ℻ 8642725, www.hilton.de/dresden.

***** **Radisson SAS Gewandhaus Hotel (24)**, → Karte S. 154/155. Im barocken Gewandhaus hat sich eines der schönsten Hotels Dresdens etabliert, sowohl was das Ambiente als auch was die Ausstattung anbelangt. Um den barocken Innenhof mit Glaskuppel verteilen sich 97 Zimmer auf die Trakte des Baus von 1770, bei der Inneneinrichtung hat man mit Stilmöbeln andeutungsweise auf die Entstehungszeit, den Klassizismus und das Empire zurückgegriffen. Klar: Hallenbad, Sauna, Solarium, Fitnessraum und eine überdurchschnittliche Gastronomie. Reservierungen innerhalb Europas ✆ 0800-

33333333. DZ/Frühstück ab ca. 130 €, dazu Business-Class-Zimmer und Suiten (Erstere ab ca. 160 € mit Frühstück). Ringstr. 1, Straba 1, 2, 3, 4, 7, 12 Pirnaischer Platz, ✆ 0351-49490, ℻ 4949490, www.radissonblu.com/gewandhaushotel-dresden.

QF Hotel Dresden (25), → Karte S. 137. Nobles Hotel im neuen Block QF an der Frauenkirche, zeitgemäßes, eher zurückhaltendes Dekor, sehr komfortabel: Schreibtische mit integrierten Medienanschlüssen, Bäder in italienischem Naturstein. DZ ab 169 €, Frühstück 20 € p. P., es gibt auch Suiten. Quartier an der Frauenkirche, Neumarkt 1, Straba 1, 2, 4 Altmarkt oder 4, 8, 9 Theaterplatz, ✆ 0351-5633090, ℻ 563309911, www.qf-hotel.de.

Steigenberger Hôtel de Saxe (27), → Karte S. 137. Was für eine Lage! Da auch die Ausstattung der Zimmer auf hohem Niveau ist, kann man dieses Stadthotel nur empfehlen. Hinter der (neuen) barocken Fassade herrscht der Komfort der Gegenwart. Klassisch-schmuckarmer Wellnessbereich. DZ zum tagesaktuellen Bestpreis ab ca. 125 €. Neumarkt 9, Straba 1, 2, 4 Altmarkt, 4, 8, 9 Theaterplatz, ✆ 0351-43860 Buchung 0800-78468357, ℻ 4386888, www.desaxe-dresden.steigenberger.de.

***** **Hotel Suitess (18)**, → Karte S. 137. Noch ein Luxushotel, auch dieses gegenüber der Frauenkirche und neben dem Coselpalais, schicker kann die Lage nicht sein. Schierer Luxus im 4. und 5. Stock, der Charme des Personals ist noch unverbraucht. Wellnessbereich ist so selbstverständlich wie ein gutes Restaurant. Butler gewünscht? Kein Problem! DZ ab 109 €, Frühstück ab 11 €, Parken 18 €/Tag. An der Frauenkirche, Eingang Rampische Straße, ✆ 0351-417270, ℻ 41727160, www.suitess-hotel.com.

**** **Pullman Dresden Newa (36)**, → Karte S. 154/155. Die Ibis-Accor-Kette hat nicht nur Niedrigpreishotels anzubieten (→ Ibis-Hotels unten!), sondern bedient mit ihrer neuen Marke „Pullman" auch die oberste Komfort- und Preisklasse. Zwar geht auch das Pullman Newa auf einen Staatshotelbau der DDR zurück, aber eben auf auch schon damals gehobenem Standard. Die Lage an der St.-Petersburger-Straße zwischen Prager Straße und Altstadtrand könnte nicht besser sein, es gibt Sauna, Solarium und Fitnessraum, in den Zimmern WLAN und ohne Aufpreis in den obersten Etagen Zimmer mit Panoramafenstern und den besten Altstadtblicken, die man sich vorstellen kann. Amüsant die von Glas umgebene Dusche, die als Raumteiler fungiert. DZ ab 109 €. Prager Str. 2c, Straba 8, 9, 11, 12 Prager Straße oder 3, 4, 7, 8, 9, 11 Hauptbahnhof Nord, ✆ 0351-4814109, ℻ 4955137, www.pullmanhotels.com/de/hotel-1577-pullman-dresden-newa/index.shtml.

** S **Bastei (34)**, → Karte S. 154/155. Bei einem Hotel-Schönheitswettbewerb würde das „Bastei", eines von drei Plattenbau-Hochhäusern an der Prager Straße, die zum Ibis-Hotel umfunktioniert wurden, wahrscheinlich keinen Preis gewinnen. Aber es erfüllt seinen Zweck, in einer Stadt, die reichlich Viersterner und einiges an Fünfsternern hat, bezahlbare Nachtquartiere zu bieten. Gute Lage an der Fußgängerzone zwischen Hauptbahnhof und Altstadt, anständige Zimmer mit der Ausstattung des internationalem Hotelstandards (Studentenwohnheimatmosphäre mit Modem/WLAN). Man kommt ja nicht zum Schlafen. Die beiden Schwestern, die Hotels **„Lilienstein" (32)** und **„Königstein" (33)** sind identisch ausgestattet. DZ ab 69 €. Prager Str. 9; Straba 8, 9, 11, 12 Prager Straße oder 3, 4, 8, 9, 11 Hauptbahnhof Nord, ✆ 0351-48562000, ℻ 48562999, www.ibis-dresden.de.

Neustadt, Äußere Neustadt und Albertstadt

***** **Hotel The Westin Bellevue (25)**, → Karte S. 165. Das einzige erhaltene repräsentative barocke Wohnhaus der Großen Meißner Straße ist heute Teil des Hotels Westin Bellevue. Wer hier absteigt, will es sich wirklich gut gehen lassen und hat das Geld dazu. 319 Zimmer, 21 Suiten, Wellnessbereich und Beautyfarm, eine Handvoll Restaurants und Café-Bars, darunter der Top-Spot Canaletto (→ Tour 4, Essen & Trinken) und der Biergarten „Elbsegler" (ebendort), beide mit dem berühmten „Canaletto-Blick" auf die Silhouette der Altstadt. Mehr als aufmerksamer Service. DZ ab 140 €. Große Meißner Str. 15, Straba 4, 9 Palaisplatz, ✆ 0351-805-0, 805-1609, ℻ 805-1609, www.westin.com/dresden.

***** **Hotel Bülow Residenz Dresden (14)**, → Karte S. 165. Im repräsentativen Wohnhaus des Ratsbaumeisters Johann Gottfried Fehre, der die Arbeiten an der neuen Augustusbrücke leitete. Dem 1730er Baujahr des Hauses entspricht die prächtige Ausstattung aller Räume in Rot und Gold, die auch Antiquitäten in den großzügig geschnittenen, individuell eingerichteten Zimmern umfasst. Im Zimmer frisches Obst, Minibar ist im Preis inbegriffen. DZ ab 146 €. Rähnitzgasse 19, Straba 4, 9 Palaisplatz, ✆ 0351-80030, 8003100, www.buelow-residenzen.de.

***** **Bülow Palais (8)**, → Karte S. 165. Wenn man auf einen städtischen Freiplatz im Barockviertel ein Hotel hinstellt (es wurde im Februar 2010 eröffnet), muss es sich an die Bauformen angleichen, das hat das Bülow Palais nahe der Dreikönigskirche auch recht gut geschafft (zu nahe darf man allerdings nicht kommen). Drinnen höchster Komfort, aber der Barock ist allenfalls Zitat, Norm ist internationales Komforthotel ohne Lokalbezug. Dennoch: Sehr komfortabel, Michelinstern fürs (aus dem Bülow Residenz herüber gezogene) Restaurant Caroussel, Wintergarten, Cigar Lounge, Day Spa. Fehlt was? DZ ab 188 €, Suite 316–1950 €. Königstr. 14. Straba 4, 9 Palaisplatz, ✆ 0351-80030, 8003100, www.buelow-residenzen.de.

**** **Hotel & Apts. Rothenburger Hof (66)**, → Karte S. 174/175. Gründerzeithaus in einer typischen Straße der Äußeren Neustadt, begrünter Hinterhof. Zimmer und Apartments auch im Gebäude im Hinterhof (ruhig), im Hotel Pool, Sauna und „Maurisches Dampfbad“, Fitnessraum, die Zimmer haben WLAN. DZ ab 99 €, Suite (2 P.) ab 165 €. Rothenburger Str. 15–17, Straba 6, 11, 13 Bautzner Straße/Rothenburger Straße oder 13 Görlitzer Straße, ✆ 0351-81260, 8126222, www.dresden-hotel.de.

Gutbürgerlich: Hotel Amadeus im Gründerzeithaus

*** **Hotel Martha Hospiz (1)**, → Karte S. 165. Wo vor mehr als hundert Jahren drei Diakonissinnen ein Heim für Mädchen vom Lande einrichteten (um sie vor dem Verderben zu retten), wohnt man heute in gepflegten Zimmern (Möbel im „Gelsenkirchener Barock“) und mit sehr freundlichem Service in einem Hotel des Verbands Christlicher Hotels. Idyllischer Wintergarten fürs Frühstück. Der Neustädter Bahnhof und die barocke Neustadt liegen um die Ecke. Fahrradverleih! DZ ab 113 €. Nieritzstr. 11, Straba 3, 6, 7, 8, 11 Albertplatz, ✆ 0351-81760, 8176222, www.martha-hospiz.de.

*** **Hotel Amadeus (12)**, → Karte S. 174/175. Gutbürgerliches Hotel an der Straße von der Autobahnabfahrt Wilder Mann ins Zentrum, die Zimmer zur Straße (Straßenbahn ab frühmorgens!) sind ziemlich laut, mit Lärmschutzfenstern hat man's hier nicht. Im mit Natursteinbögen und Ziegelwänden durchaus dekorativ gestylten Keller liegt das Frühstücksrestaurant (Frühstück anständig, aber nicht überwältigend), das abends als Restaurant „Papageno“ fungiert. Für drei Sterne eher durchschnittliche Zimmer. DZ ab 99 €. Großenhainer Str. 118, Straba 4 Trachenberger Platz, ✆ 0351-84180, 8418333, www.hotel-amadeus-dresden.de.

*** S **Hotel Privat (28)**, → Karte S. 174/175. Das Nichtraucherhotel in der Radeberger Vorstadt am mit Gärten durchsetzten Rand der Äußeren Neustadt besitzt nur 30 Zimmer, die meisten mit Balkon oder Erker, glänzende Holzoberflächen geben den antiallergisch und asthmagerecht eingerichteten Zimmern und dem Restaurant eine angenehme Atmosphäre, gutes Frühstücksbuffet, rustikaler Gewölbeweinkeller. DZ ab 69 €. Forststr. 22, Straba 11 Diakonissenkrankenhaus, ✆ 0351-811770, 8013953, www.das-nichtraucher-hotel.de.

Backstage Hotel (62), → Karte S. 174/175. Wo ehemals Pfund's hochmoderne Molkerei arbeitete, kann man jetzt in ganz individuellen und einigermaßen pfiffig eingerichteten Zimmern schlafen. Mit Internetanschluss im Zimmer und mit potenziell vor allem an Wochenenden geräuschvoller Bar (ab und zu Live-Musik). DZ 74–94 €. Prießnitzstr. 12, Straba 11 Diakonissenkrankenhaus, ✆ 0351-8887777, 8887788, www.backstage-hotel.de.

**** **Best Western Macrander Hotel (9)**, → Karte S. 174/175. Die Best-Western-Hotels sind bekannt für einen gehobenen Standard sowie gute, große Betten (hier sind sie deutschen Normen angepasst und nicht ganz so groß). Das Dresdner Best Western liegt im Hechtviertel nahe der Stauffenbergallee, also nicht so exklusiv, dass sich die Lage auf den Preis auswirken könnte, hat Hallenbad, Sauna und Sonnenterrasse. DZ ab 87 €. Buchenstr. 10, Bus 64 R.-Leonhard-Straße oder etwas weiter Straba 7, 8 Stauffenbergallee, ✆ 0351-8151500, Reservierung ✆ 01802-212588, 📠 8151555, www.macrander-dresden.bestwestern.de.

**** **Holiday Inn Dresden (8)**, → Karte S. 174/175. Zu dieser Hotelkette muss man kaum noch was sagen, das Dresdner Hotel ist im mittleren Komfortbereich angesiedelt, liegt (wie das Best Western) an einem eher unpopulären Standort, hat Kaffee- und Teeautomat auf den Zimmern und einen kostenlosen Fahrradverleih. Sonntags gibt es von 12 bis 15 Uhr den „Plansch-Brunch" im Wellnessbereich, Buffet und Benutzung der Wellness-Einrichtungen 24 € (Infos auf www.planschbrunch.de)! DZ ab 103 €. Stauffenbergallee 25a, Bus 64 R.-Leonhard-Straße oder etwas weiter Straba 7, 8 Stauffenbergallee, ✆ 0351-81510, 📠 8151333, www.holiday-inn-dresden.de.

**** **Hotel NH Dresden (13)**, → Karte S. 174/175. Funktionaler, aber komfortabler Viersterner im Glas- und Ziegelbaulook, Flaggschiff der spanischen NH-Kette. 269 Zimmer, großer Wellnessbereich samt Fitnessraum. DZ/Frühstück ca. 90–165 €, DZ auf der Webseite ab 53 €. Hansastr. 43, Straba 13 Friedensstraße, ✆ 0351-8424-0, 📠 8424-200, www.nh-hotels.de.

**** **Quality Hotel Plaza Dresden (7)**, → Karte S. 174/175. Modernes Hotel an der Einfallstraße von Norden in der Äußeren Neustadt, der Kasernenbereich mit dem Militärhistorischen Museum liegt gegenüber. Ballsaal „Lindengarten" im Stil der Belle Epoque. Gratis WLAN. DZ (Frühbucher) ab ca. 55 €, DZ/FR ab ca. 76 €. Königsbrücker Str. 121a, Straba 7, 8 Stauffenbergallee, ✆ 0351-80630, 📠 8063721, www.qualityhotelplazadresden.de.

*** **Novalis Hotel (1)**, → Karte S. 174/175. Neustädter Hotel mit bürgerlichem Komfort und gutem Preis-Leistungs-Verhältnis – die Bärnsdorfer Straße ist eine ruhigere Parallelstraße der B 170 (Hansastraße) in der Leipziger Vorstadt der Äußeren Neustadt. DZ ab 65. Bärnsdorfer Str. 185, Bus 81, 91 St. Pauli Friedhof, ✆ 0351-82130, 📠 8213180, www.novalis-hotel.de.

Östlich der Altstadt

**** **Dorint Novotel (2)**, → Karte S. 190/191. Kühl-zurückhaltender Neubau zwischen Altstadt und Gläserner Manufaktur in Laufweite vom Großen Garten. Hohes Niveau bei Ausstattung und Service, Wellnessbereich mit Pool und Sauna, Fitnessraum, die Zimmer optisch und einrichtungsmäßig internationalem Viersternestandard entsprechend. DZ/FR ab 99 €. Grunaer Str. 14, Straba 1, 2, 3, 4, 7, 12 Pirnaischer Platz, ✆ 0351-4915-0, 📠 4915-100, www.novotel.com.

**** **Hotel Smetana (39)**, → Karte S. 206/207. Ruhig gelegenes kleineres Hotel in einer gründerzeitlichen Villa im gefragten Stadtviertel Striesen, der Große Garten liegt in Laufweite. Zimmer und Suiten modern oder mit Stilmöbeln, das Dekor ist manchmal ein wenig üppig. Das Frühstücksbuffet wird gelobt, im Restaurant „Goldenes Prag" gegenüber gibt es für Hotelgäste an manchen Tagen Ermäßigungen. DZ/Frühstück ab 79 €. Schlüterstr. 25, Bus 85 Schlüterstraße oder etwas weiter Straba 4, 10 Pohlandplatz, ✆ 0351-256080, 📠 2560888, www.hotel-smetana.de.

*** **Hotel am Blauen Wunder (30)**, → Karte S. 206/207. Komfortabler Dreisterner, Internetanschluss im Zimmer. DZ ab 85 €. Loschwitzer Str. 48, Straba 6, 12 Schillerplatz oder Prellerstraße, ✆ 0351-33660, 📠 3366299, www.habw.de.

Hotel Gutshof Hauber (40), → Karte S. 206/207. Der denkmalgeschützte Gutshof beim Johannisfriedhof macht sich gut als Hotel, er liegt etwas von der Straße zurückversetzt, hat vorwiegend alte und damit Ruhe garantierende Wände und ist recht komfortabel ausgestattet – mit 28 Nichtraucherzimmern – besonders vorteilhaft die Zimmer zum Hof. DZ ab 75 €. Wehlener Str. 62, Straba 4, 6 Wasserwerk Tolkewitz, ✆ 0351-254660, 📠 2546666, www.hotel-gutshof-hauber.de.

*** **Alttolkewitzer Hof (41)**, → Karte S. 206/207. Ein älteres Haus im alten Dorf Alttolkewitz, direkt am Elberadweg, wurde aufgemöbelt und ist jetzt ein angenehmes kleines und ruhiges Hotel. Restaurant und Biergarten im Haus, schlichte, aber korrekte Zimmer, die Deluxezimmer und die Maisonettezimmer (auf zwei Ebenen) sind etwas komfortabler. DZ/Frühstück ab 55 €. Alttolkewitz 7, Straba 4, 6 Alttolkewitz, ✆ 0351-2510431, 📠 2526504, www.alttolkewitzer-hof.de.

**** **Artushof (36)**, → Karte S. 206/207. Der Architekt dieses um 1900 noch ganz historistisch errichteten Gebäudes war sich nicht so ganz sicher, ob er eine mittelalterliche Burg oder ein Renaissance-Rathaus bauen sollte, so mixte er einfach die Stile. Das attraktive Gebäude im unzerstörten Osten Dresdens wurde außen wie innen zum Glänzen gebracht und als Hotel adaptiert, die Zimmer sind mit Stilmöbeln attraktiv gestaltet, haben WLAN-Anschluss und – toll für Selbstversorger! – Küche oder Kitchenette mit allen notwendigen Utensilien. DZ/Frühstück 99–129 €, Suite 119–169 €. Fetscher Str. 30, Straba 4, 10, 12 Fetscher Platz, ✆ 0351-445910, 📠 44591129, www.artushof.de.

*** **Hotel an der Rennbahn (8)**, → Karte S. 190/191. Das Hotel nahe dem Panometer und gleich neben der Pferderennbahn hat einen über seine drei Sterne hinaus reichenden Komfort (ISDN-Anschluss im Zimmer) und mehrere attraktive Lokale (Keller, bürgerliche Gaststube mit Wandverkleidung, Bar mit Sattel-Hockern, im Sommer Terrasse unter Rosskastanien vor dem Haus). DZ/Frühstück ab 86 €. Winterbergstr. 96, ✆ 0351-212500, 📠 2125050, www.hotel-an-der-rennbahn-dresden.de.

Westlich der Altstadt

Maritim Hotel Dresden (4), → Karte S. 199. Intelligent, attraktiv und komfortabel gestaltetes Hotel im ehemaligen Erlweinspeicher direkt am Fluss, 328 Zimmer und Suiten, Restaurant und Elbterrasse, Schwimmbad, Wellness- und Fitnessbereich, Tiefgarage (390 Plätze) im Kongresszentrum nebenan. DZ ab ca. 110 €. Devrientstr. 10–12, Bahn Bahnhof Mitte oder Straba 6, 11 Kongresszentrum, ✆ 0351-2160, 📠 2161000, www.maritim.de.

**** S **Dresden art'otel (5)**, → Karte S. 199. Das bunte Innenleben verdankt dieses ungewöhnliche Hotel der art'otel-Kette vor allem den Arbeiten des Dresdner Künstlers A. R. Penck, eines der Gründungsmitglieder der freien Künstlergruppe „Lücke", die seit 1971 der DDR ein Dorn im Auge war – 174 Zimmer! Gratis WLAN im gesamten Haus. DZ/Frühstück ab 90 €. Ostra-Allee 33, Bahn Bahnhof Mitte oder Straba 6, 11 Kongresszentrum, ✆ 0351-49220, 📠 4922777, www.artotel.de.

**** **Elbflorenz (25)**, → Karte S. 154/155. Direkt neben dem WTC steht dieses modern-funktionale, aber auch durchaus auf Komfort ausgerichtete Hotel; 235 Zimmer und Suiten mit WLAN, das zum Hotel gehörende, sehr gelobte italienische Restaurant Quattro Cani ist nach kompletter Renovierung wieder auferstanden. DZ/Suite 70–110 €. Rosenstr. 36, Bahn Haltepunkt Freiberger Straße (nur Regionalverkehr) oder Straba 7, 10, 12 Freiberger Straße, ✆ 0351-86400, 📠 8640100, www.hotel-elbflorenz.de.

*** **Hotel „Café Friedrichstadt" (2)**, → Karte S. 199. Liebenswürdiges kleineres Hotel an der barocken Friedrichstraße, mit Hallenbad, Café-Restaurant mit Sommergarten, zehn Straßenbahnminuten von der Innenstadt entfernt. Nach Umbau und Ausbau sind nun noch bessere Zimmer zu erwarten. DZ/FR ab ca. 80 €. Friedrichstr. 38/40, Straba 10 Weißeritzstraße, ✆ 0351-49278810, 📠 49278889, www.cafe-friedrichstadt.de.

In Kesselsdorf

Etap Hotel Dresden-Kesselsdorf (9), → Karte S. 199. Die internationale (französische) Hotelkette ist auf preiswerte Hotels mit minimaler, aber ausreichender Ausstattung in Autobahnnähe spezialisiert, das bietet sie alles auch beim Hotel in Kesselsdorf. Fürs DZ sind 38–40 € zu zahlen. Ein Quartier für Autofahrer: 2 km von A 17, Abfahrt Dresden-Gorbitz. Gewerbegebiet Kesselsdorf, Kaufbacher Ring 7, 01723 Kesselsdorf, Bus 70 und 333, langwierig, ✆ 035204-21240, 📠 21233, www.etaphotel.com.

Am Elbhang und in Pillnitz

***** **Hotel Schloss Eckberg (8)**, → Karte S. 206/207. Ein 1859 bis 1861 für einen reichen Kaufmann errichtetes neogotisches Schloss im ehemaligen Weinberg am oberen Rand des Elbhanges bietet heute in 17 Zimmern im Schloss und sechs im Kavaliershäuschen luxuriöse Unterkunft. Im Park stehen 478 geschützte Bäume, das schirmt jeden Verkehrslärm ab. Alte Täfelungen im Restaurant und anderen öffentlichen Räumen, Zimmer im Schloss mit Marmorbädern, gutes Restaurant (→ Tour 8, Elbhang), guter Wellnessbereich (→ Sport, Freizeit und Wellness). DZ ab ca. 165 €. Bautzener Str. 134, Straba 11 Elbschlösser, ✆ 0351-80990, 📠 8099199, www.hotel-schloss-eckberg.de.

**** **Schlosshotel Pillnitz (21)**, → Karte S. 206/207. Im Seitenflügel des Neuen (also nicht barocken) Schlosses wohnt man recht herrschaftlich direkt am Garten, einen Steinwurf von der Elbe entfernt. Nach Hochwasserschäden restauriert und verbessert,

45 Zimmer mit gelegentlich recht buntem Dekor und guten Möbeln. DZ/Frühstück ca. 115–140 €. August-Böckstiegel-Str. 10, Bus 83 Pillnitzer Platz, ✆ 0351-26140, www.schlosshotel-pillnitz.de.

**** **Bergwirtschaft Wilder Mann (11)**, → Karte S. 174/175. Das Viersternehotel mit seinen 90 großzügig geschnittenen Zimmern bietet seit 2007 die Möglichkeit, oben am Elbhang zu wohnen. Großartiger Ausblick von der Terrasse auf Dresden und das Elbtal. Bemerkenswert zivile Preise, trotz des Namens, der vom Vorgänger stammt, ein moderner Neubau. DZ ab 70 €. Großenhainer Str. 243, Straba 3 Wilder Mann oder Bus 80 Neuländer Straße, ✆ 0351-2054540, 📠 20545415, www.bergwirtschaft-wildermann.de.

In der Umgebung

In Radebeul

Hotel Villa Sorgenfrei (7), → Karte S. 228/229. Dresdner Zopfstil des Rokoko, aber auch einfache Formen des frühen Klassizismus finden sich in diesem attraktiven Villenbau der 1780er-Jahre, der heute als schickes Hotel dient. Die 14 Zimmer sind im alten Stil oder sogar alt ausgemalt bzw. tapeziert, auch Stuck und Dielen sind historisch, auf modernen Komfort muss man dennoch nicht verzichten, Gartensaal mit prächtigem Kristalllüster, parkähnlicher Garten. DZ/Frühstück ab ca. 170 €. Augustusweg 48, 01445 Radebeul, Bahn Radebeul-Weintraube (nur Regionalverkehr) oder Straba 4 Landesbühnen Sachsen, ✆ 0351-795666-0, 📠 795666-77, www.hotel-villa-sorgenfrei.de.

*** **Hotel Goldener Anker (8)**, → Karte S. 228/229. Der alte Einkehrgasthof im liebevoll restaurierten Altkötzschenbroda macht sich gut als Hotel, was nicht nur Radler auf dem Elberadweg – er führt in Steinwurfweite vorbei – zu schätzen wissen. Ballsaal und alter Weinkeller wurden aufwendig restauriert, 60 angenehme Zimmer. DZ/Frühstück ca. 90–100 €. Altkötzschenbroda 61, 01445 Radebeul, Straba 4 Gradsteg, ✆ 0351-8399010, 📠 8399067, www.goldener-anker-radebeul.de.

Am Flughafen

**** **Hotel Dresdner Heide (6)**, → Karte S. 174/175. Hundert Zimmer, vier Sterne, Flughafennähe und kostenloser Shuttleservice vom und zum Flughafen, in jedem Zimmer WLAN, Restaurant, Bar, Wellnessbereich mit Sauna ... Ein guter Tipp für diejenigen, die sich erstens unter Businesspeople wohlfühlen und zweitens beim frühen Abflug keine langen Wege schätzen. Nachteil: wer sich Dresden ansehen will, muss erst mal hinkommen und das dauert eine halbe Stunde. DZ (best available rate) ab ca. 48 €. Karl-Marx-Str. 25, Straba 7 Karl-Marx-Straße, von dort zwei Haltestellen mit Bus 77 oder 87, ✆ 0351-88330, 📠 883333, www.hotel-dresdner-heide.de.

In Moritzburg

Churfürstliche Waldschänke (4), → Karte S. 239. Mit teilweise bereits aus dem 18. Jh. stammenden Trakten und modernen Zubauten kann das Hotel bis zu 61 Gäste unterbringen und im beliebten Restaurant viele mehr verpflegen. Großzügig geschnittene Zimmer (17–35 m²) und Suiten mit Stilmöbeln, einige mit Terrasse. DZ 60–9 €, Suite bis 115 €, im Winter ca. 15 % preiswerter. Große Fasanenstraße, 01468 Moritzburg, Bus 326, 458 ab Bahnhof Neustadt, ✆ 035207-8600, 📠 035207-86093, www.waldschaenke-moritzburg.de.

In Meißen

**** **Welcome Parkhotel Meißen (2)**, → Karte S. 243. Um eine Villa, deren Stil zwischen späthistoristischen Formen und (damals aktuellem) Jugendstil schwankt, gruppiert sich das angenehme Parkhotel (früher Mercure). Ruhig, da in einem Park an der Elbe, sehr schön die hellen und großzügig geschnittenen Balkonzimmer vor allem im Mansardenstockwerk der Villa. Weniger attraktiv sind Hoteltrakt und Nebengebäude (Haus Moritzburg). DZ ab ca. 90 €. Hafenstr. 27–31, 01662 Meißen, S 1 ab Dresden bis Bahnhof Meißen, dann evtl. Bus D bis Hafenstraße, ✆ 03521-72250, 📠 03521-722904, www.welcome-hotel-meissen.de.

Hotel am Markt Residenz (8), → Karte S. 243. Stilvolle Unterkunft in der Stadtmitte, geschmackvoll mit Stilmöbeln eingerichtete Zimmer, eigener Weinkeller, Fahrradverleih. DZ ab 98 €. An der Frauenkirche 1, 01662 Meißen, S 1 ab Dresden bis Bahnhof Meißen, dann Bus E bis Marktplatz, ✆ 03521-41510, 📠 03521-415151, www.meissen-hotel.com.

Pensionen, Privatzimmer, Apartments, Ferienwohnungen

Mehr als 30 private Zimmeranbieter, 18 Pensionen, 6 Hotelpensionen und 35 private Anbieter von Ferienwohnungen sind im Katalog der Dresdner Fremdenverkehrswerbung zusammengestellt.

Mitwohnzentrale Dresden (61), → Karte S. 174/175. Die Dresdner Mitwohnzentrale (www.mitwohnzentrale-dresden.de – hohe Vermittlungsgebühren werden verlangt) und **Home Company**, wo es möblierte Wohnungen für einen Monat bis zu einem Jahr zu mieten gibt, befinden sich beide im gleichen Büro, geöffnet Mo–Fr 10–13 und 14.30–18 Uhr. Monatsmieten im Schnitt zwischen 300 und 600 €. Rothenburger Str. 21, Straba 11 Bautzner Straße/Rothenburger Straße, ✆ 0351-19445, 📠 8041677, www.dresden.homecompany.de.

Pension am Zwinger, Pension am Kongresszentrum und Apartments am Zwinger (7), → Karte S. 199. In drei sanierten Altbauten an der Ecke Ostra-Allee und Maxstraße im Westen der Altstadt findet der Gast angenehme Apartments, die zwischen 35 und 50 m^2 groß, teilweise mit Parkett und fast ausnahmslos mit Küchen ausgestattet sind, es gibt keine preistreibenden Einrichtungen wie Hotelrestaurant und Hallenbad, nur ein gemeinsames Besucherzentrum. Zimmer auch im angrenzenden Haus Ostra-Allee 27, nicht ganz so ruhig. Alle in Fußentfernung von den meisten Attraktionen. Frühstück gegenüber im art'otel. Apt. als DZ mit 1 oder 2 Räumen, modern und sachlich ausgestattet, ab ca. 80 €, Familienapartments (mehrere Räume = komplette, gut eingerichtete Altbauwohnung für 4+ Pers.) 140 €. Gemeinsamer Empfang Maxstr. 5–7 (mit Bibliothek), Straba 6, 11 Kongresszentrum, ✆ 0351-89900, 📠 89900170, www.maxstrasse-hotels.de.

Artis Service Wohnen (10), → Karte S. 199. Das nicht zu große Apartmenthotel in einer Nebenstraße der Friedrichstadt ist fast ein Schnäppchen, bekommt man doch für den Zimmerpreis eine komplett eingerichtete Küche dazu und ist nicht aufs Essengehen angewiesen. Angenehm schlicht dekorierte Räume, Internetanschluss, Restaurant nebenan. DZ (Suite) 54–78 €, Apt. für 2 Pers. (Wochenpreis) ab 495 €. Berliner Str. 25, Straba 1 Manitiusstraße, ✆ 0351-86450, 📠 86459999, www.artis-hotels.de.

Apartments an der Frauenkirche (5), → Karte S. 137. Apartments in vier Gebäuden, fast alle direkt an der Frauenkirche, komplett eingerichtet (mit Küchenzeile) und erschwinglich. Frühstücksrestaurant im Haus. Einraumstudio (2 Pers.) ab ca. 65 €, Apt. mit 2 Räumen (2 Pers.) ab 75 €. Münzgasse 10, Straba 1, 2, 4 Altmarkt oder 4, 8, 9 Theaterplatz, ✆ 0351-4381111, 📠 4381122, www.aparthotels-frauenkirche.de.

Feinwohnen (17), → Karte S. 206/207. Aparthotel mit 13 Apartments im Osten Dresdens in ruhiger Lage im Grünen, die sämtlich geschmackvoll eingerichtet, komfortabel und mit Küche ausgestattet sind. Größen zwischen 50 und 200 m^2 sollten jedem Anspruch gerecht werden. Apt. (2 Pers.) ab 76 €. Helfenberger Grund 8, ✆ 0351-2643110, 📠 2643511, www.feinwohnen-dresden.de.

Hexenhaus (10), → Karte S. 154/155. Im historischen Ortskern des Dorfes Gorbitz bietet ein ungewöhnliches Ensemble aus mehreren noch aus dem 18. Jh. stammenden Fachwerkhäusern ein ausgesprochen romantisches Nachtquartier. Dem historischen Äußeren in Fachwerk und Bruchstein entsprechen z. T. freigelegte Holzbalken im Inneren, hölzerne Stützpfeiler und eine auf Komfort ausgerichtete Ausstattung. Essen (Frühstück und rustikales Restaurant) im Namen gebenden Hexenhaus. Ein weiteres Fachwerkhaus, Katzenhaus und Badescheune sind weitere Gebäude. DZ/FR ab 80 €. Hofwiesenstr. 28, Altgorbitz (südlich Kesselsdorfer Straße), Bus 70 Wölfnitzer Ring, ✆ 0351-414190, 📠 4141924, www.hexenhaus-dresden.de.

Pension zur Königlichen Ausspanne (18), → Karte S. 206/207. Niederpoyritz nahe Pillnitz hat noch ein ländlich-dörfliches Flair, den auch die „Ausspanne" ausstrahlt, die in einer ehemaligen königlichen Wagenremise und den dazugehörigen Stallgebäuden untergebracht ist. Hübsche und individuell eingerichtete Zimmer, Wandbespannungen und Betten in buntem Chintz, ein freundlicher Innenhof mit Blumen und Bäumchen, Kreuzgewölbesaal mit gelegentlicher Hausmusik. DZ/Frühstück ab 70 € (mindestens 2 Nächte). Eugen-Dietrich-Str. 5, Bus 83 Staffelsteinstraße, ✆ 0351-2689502, 📠 2689518, www.koenigliche-ausspanne.de.

Pension Altes Fährgut Loschwitz (16), → Karte S. 206/207. Ganz ruhig etwas unterhalb des Körnerplatzes am alten, zum Strom hinunter führenden Sträßchen liegt diese freundliche, italienisch geleitete Pension im

Tolle Lage: Zimmer mit „Canalettoblick" im Westin Bellevue

historischen Haus. Ebenfalls im Haus das dazugehörige Restaurant Il Camino mit italienischer Küche. DZ/Frühstück ca. 90 €. Friedrich-Wieck-Str. 45, Straba 6, 12 Schillerplatz oder Bus 61, 63, 84 Körnerplatz, ✆ 0351-2656511, 📠 2656991, www.ilcamino-dresden.de.

Pension Abendrot (44), → Karte S. 154/155. Familiäre Pension mit fünf Zimmern in einer einfachen Vorortvilla in Leubnitz, schon etwas weit südlich der Altstadt. Die Zimmer sind zweckmäßig schlicht eingerichtet (Bad, Kabel-TV, auch Nichtraucher-Zimmer), auf jeder Etage gibt es eine komplett eingerichtete Gästeküche und im Haus lädt eine Sauna mit Dampfbad ein. DZ/Frühstück 75 €. Dohnaer Str. 73b, Bus 66 Spitzwegstraße, ✆ 0351-2723340, 📠 2727035, www.pension-abendrot.de.

Therese Malten Villa (45), → Karte S. 206/207. Nur vier Zimmer und ein Apartment bietet die späthistoristische Villa im feinen Stadtteil Kleinzschachwitz. Die nach der Sängerin Therese Malten benannte Herberge mit einem parkähnlichen Garten blickt auf die Elbe und Schloss Pillnitz, ein Teil der Innendekoration geht noch auf die Erbauungszeit zurück, so hat sich Deckenmalerei erhalten. Ansonsten moderne Einrichtung und glänzende Parkettböden, kein Restaurant. DZ/Frühstück ab 90 €. Wilhelm-Weitling-Str. 3, Straba 2 Kleinzschachwitz oder Bus 88 Fähre, ✆ 0351-2053521, 📠 20576980, www.dresden-pension.net.

Pension Altstadtperle (8), → Karte S. 199. Die Gohliser Straße in Löbtau liegt keineswegs, wie der Pensionsname suggeriert, in der Altstadt, aber jene ist mit der Straßenbahnlinie 12 leicht zu erreichen. DZ/Frühstück ab 49 €, Apt. ab 69 €. Gohliser Str. 19, Straba 12 Conertpatz, ✆ 0351-4100177, 📠 4100166, www.altstadtperle.de.

In Meißen

Pension Meißner Burgstuben (5), → Karte S. 243. Liebenswürdige Pension in der Afra-Freiheit (einem alten Klosterbezirk) nahe der Burg im oberen Ortsteil Meißens, ganz unterschiedliche Zimmer (eines mit Garten und Sauna!), ruhig und gemütlich. DZ oder Apt./Frühstück 65–80 €. Freiheit 3, 01662 Meißen, S 1 Meißen Bahnhof, Bus E bis Burgstuben, ✆ 03521-453685, 📠 453685, www.meissner-burgstuben.de.

Hostels, Herbergen

Mondpalast (53), → Karte S. 174/175. Ein freundliches Hostel am Rande des Szeneviertels der Äußeren Neustadt mit Charme und unter kompetenter Führung. Blitzsauber, ob Zimmer, Bäder oder Küche, alle Räume hell und hoch, hübsch ausgestattet („nach Sternzeichen"). Großer Aufenthaltsraum, im Erdgeschoss beliebte Bar, dort auch Frühstück. Das Haus war früher (als „Stadt Rendsburg") ein Hotel, das merkt man noch an den Doppeltüren einiger Räume. Zimmer mit und ohne Du/WC/TV, auch Mehrbettzimmer (bis 10 Pers.). EZ mit Du/WC/TV 44 €, ohne 34 €, DZ mit 26 €, ohne 22 €, im 3–4-Bettzimmer 17 € p. P., Bettwäsche extra (2 €). Louisenstr. 77, Straba 13 Görlitzer Straße, ✆ 0351-5634050, 📠 5634055, www.mondpalast.de.

Lollis Homestay (23), → Karte S. 174/175. Anglophiles Backpacker-Hostel mit leicht angegrauter freedom-Philosophie („no TV – anywhere"), aber mit bunt und freundlich bis eigenwillig dekorierten Räumen (die größer sein könnten), gemütlichen Aufenthaltsbereichen und der Möglichkeit zur Kreditkartenzahlung. Sehr angenehm: keine Gruppen (und Gruppenpartys bis frühmorgens). Bett im Dorm ab ca. 13 €, im DZ ab 20 €, Bettwäsche 2 €, Frühstück 3 €. Görlitzer Str. 34, Straba 7, 8 Bischofsweg, Straba 11 Bischofsweg oder Alaunplatz, ✆ 0351-8108458, 📠 6465250, www.lollishome.de.

Mezcalero (17), → Karte S. 174/175. Mexikanisches Themenhostel, bunte Decken und aztekisch angehauchte Muster an den Wänden, „Mexican Bar" im Haus – aber nicht nur für Tex-Mex-Freaks, denn das „Guest House" in der Äußeren Neustadt liegt recht ruhig im Hinterhaus und für die Szene sehr zentral, ist sauber und effizient geführt. Einige Zimmer mit eigener Dusche, sonst Etagendusche. Gratis WLAN und Gratis-Nutzung eines PC in der Lobby. Bett ab 17 € im Dorm, im DZ ab 24 €, im EZ ab 30 €, Bettwäsche 2,50 €. Königsbrücker Str. 64, Straba 7, 8 Bischofsweg, ✆ 0351-80177-0, 📠 81077-11, www.mezcalero.de.

Louise 20 (36), → Karte S. 174/175. Beliebtes und meist gut belegtes Hostel im Hof der „Planwirtschaft" (Äußere Neustadt → Essen & Trinken). Bett ab 14 €, im DZ bis 23 €. Bettwäsche 2,50 €, nur Etagenbäder. Louisenstr. 20, ✆ 0351-8894894, 📠 8894893, www.louise20.de.

LaLeLu (31), → Karte S. 174/175. Komfort braucht man ja nicht, aber in einem Themenzimmer sollte man schon übernachten dürfen. Hier: Unterwasser-, Weltraum-, Dschungelzimmer u. a. Fast wie in Las Vegas. Kleiner Gemeinschaftsraum. Bett ab 19 €. Louisenstr. 12, Hinterhaus 2. OG. Straba 7, 8 Louisenstraße, ✆ 0173-3515217, www.lalelu-hostel.de.

Kangaroo Stop (58), → Karte S. 174/175. Billigheimer werden aufjauchzen: ab 12 € pro Bett im Dorm, das Aborigines-Dekor gibt's gratis dazu. Frei stehender Bau mit großem Garten (Grillmöglichkeit), nicht zu eng, spartanisch eingerichtet, Tee und Zucker gratis, für Szenegänger optimal gelegen, die Szene findet allerdings wirklich nur außerhalb statt. Dorm ab 12 €, DZ p. P. 22 €, es gibt auch zwei Ferienwohnungen zu mieten. Erna-Berger-Str. 8–10, Bahn Bahnhof Neustadt, Straba 3, 6, 11 Bahnhof Neustadt oder Albertplatz, Straba 7, 8 Albertplatz, ✆ 0351-3143455, 📠 3146170, www.kangaroo-stop.de.

A&O Hostel (40), → Karte S. 154/155. Ein ** Hotel- und Hostelbereich teilen sich den hellhörigen siebenstöckigen Bau nahe dem Hauptbahnhof, das Hostel hat vom Doppelzimmer bis zum Sechsbettzimmer jede Kapazität anzubieten. Alle Zimmer mit Dusche/WC! Für die sage und schreibe 175 Zimmer (an die 600 Betten) gibt es sehr knapp bemessene Parkplätze! Bett ab 11 €, im DZ ab 26 €. Strehlener Str. 10 am Hauptbahnhof, Straba 3, 7, 8, 10 Hauptbahnhof, ✆ 0351-4692715900, 📠 4692715990, www.aohostels.com.

Jugendgästehaus Dresden (18), → Karte S. 154/155. Die größte Jugendherberge Sachsens ist keine Schönheit, es sei denn, man schätzt sanierte Plattenbauten, siebenstöckig und mit Lift in diesem Fall. Dafür bietet die Jugendherberge nicht nur der Jugend (vorausgesetzt man hat den DJH-Ausweis) recht komfortable Unterbringung vom DZ bis zum Schlafsaal, von vielen Zimmern aus einen großartigen Blick auf die Altstadt, ein üppiges Frühstücksbuffet und ein äußerst preiswertes Angebot für die anderen Mahlzeiten des Tages wie den Gute-Nacht-Drink im „U-Boot". Bett ab 19,25 € inkl. Bettwäsche und Frühstück. Maternistr. 22, Straba 7, 10, 12 Freiberger Straße, ✆ 0351-492620, 📠 4926299, www.jugendherberge-sachsen.de.

Cityherberge (28), → Karte S. 154/155. Keine Jugendherberge, sondern „Touristikhotel"

Wenn nicht anders angegeben, alle Preise pro Person und ohne Frühstück!

Schicke Moderne: NH Hotel im Dresdner Norden

im Plattenbau mit dem gebremsten Charme einer gut eingerichteten Jugendherberge und einigermaßen erträglichen Preisen (und sauberen, ausreichenden Sanitärtrakten), aber auch mit recht guten Hotelzimmern. Gegenüber dem Rathaus und damit in Laufweite von der Altstadt. DZ/Frühstück p. P. ab 23 €, EZ mit Nasszelle/Frühstück 32 €. Lingnerallee 3, Straba 1, 2, 3, 4, 7, 12 Pirnaischer Platz, ✆ 0351-4859900, 📠 4859901, www.cityherberge.de.

Jugendherberge Rudi Arndt (42), → Karte S. 154/155. Die 74-Zimmer-Herberge ist in einer hübsch renovierten Gründerzeitvilla untergebracht, es gibt Sonnenterrasse, Bowling, Grillpartys und eine Kellerbar. Die größten Schlafräume sind 6-Bettzimmer. Bett ab ca. 18,50 € inkl. Bettwäsche und Frühstück, ab der 2. Nacht ab ca. 16,50 €. Hübnerstr. 11, Straba 3, 8 Nürnberger Platz, Straba 3 Münchner Platz, ✆ 0351-4710667, 📠 4728959, www.jh-rudiarndt.de.

Die Koje (39), → Karte S. 174/175. Das schwimmende, aber stationäre Herbergsschiff war mal ein echter Elbdampfer und verrichtet nun als Kojenbehälter tapfer seinen Dienst. Die Kojen sind schlichte Kajüten mit zwei oder drei Betten, die Lage am Elberadweg gibt nicht nur Radlern die Chance, rasch zu den Sehenswürdigkeiten von Alt- und Neustadt zu kommen. Bett und Frühstück ab ca. 25 €. Leipziger Str. 15, Straba 4, 9 Oschatzer Straße, ✆ 0351-8400981, 📠 8400985, www.diekoje.de.

Camping

Sachsens Campingplätze sind auf der Website www.camping-sachsen.de beschrieben. Der beliebte Campingplatz Dresden Nord ist geschlossen!

Campingplatz Dresden-Mockwitz (45), → Karte S. 154/155. Stellplätze und Bungalows, nebenan Schwimmbad, mit Restaurant, ganzjährig geöffnet. 2 Erw., Auto, kleines Zelt, Stromanschluss ab ca. 20–25 €/Tag. Boderitzer Str. 30 (südlich Uni-Campus, von B 170 auf Südhöhe abbiegen, dann Münzmeister- und Babisstraße), ✆ 0351-4715250, 📠 4799227.

Camping Wostra (44), → Karte S. 206/207. Großer Platz in Richtung Süden, gute Sanitäranlagen, mit Schwimmbad, FKK-Strandbad mit echtem Sand und Nordsee-Strandkörben, Restaurant sowie Sportanlagen in einer „Freizeitoase", nur April–Okt. geöffnet. 2 Erw., Auto, kleines Zelt, Stromanschluss ab ca. 20 €/Tag. An der Wostra 7 (Zschieren-Wostra bei Heidenau an der Straße Richtung Pirna), ✆ 0351-2013254.

Camping- und Freizeitpark LuxOase, Großer, komfortabler Platz nordöstlich Dresdens, der sich auch für einen längeren Aufenthalt eignet (gute Verkehrsanbindung). Mit naturbelassenem Badesee, Sportanlagen, Sauna und einem Abenteuerspielplatz. Sanitäranlagen in Ordnung, modern, behindertengerecht. Stellplatz 7–8 €/Nacht Strompauschale knapp 3 €/Nacht, jede Person 5–7,50 € – in der Hochsaison mit Auto und Zelt, 2 Erw. + Strom = 33,10 €/Nacht. Arnsdorfer Str. 1, 01900 Kleinröhrsdorf (östlich von Radeberg, auf A 4 bis Abfahrt Pulsnitz, ca. 17 km von Dresden entfernt), ✆ 03592-56666, 📠 03592-56024, www.luxoase.de.

Feriendorf Bad Sonnenland (5), → Karte S. 239. Großzügiger Platz (18 ha) in einem Waldstück am Dippelsdorfer Teich nicht weit von Moritzburg entfernt. Alle Einrichtungen eines großen Platzes, sämtlich in Ordnung. 2 ha Badefläche (öffentlich) gehören zum Platz. 2 Erw., PKW, Zelt und Stromanschluss 18,50–23,50 € pro Nacht. Dresdner Str. 115, 01468 Moritzburg. Von Autobahn-Abfahrt Dresden-Wilder Mann weiter auf der Moritzburger Landstraße bis 1 km vor dem Ort, ✆ 0351-8305495, 📠 8305494, www.bad-sonnenland.de.

Zwischen Dresden und Moritzburg zwei weitere Campingplätze unter gleicher Leitung, beide am selben Teich (Oberer Waldteich) → Karte S. 239: **Camping Oberer Waldteich (6)**, Waldteichstraße, 01468 Boxdorf, ✆ 035207-81429, 📠 035207-81499, und **Camping Volkersdorf (7)**, Volkersdorfer Sandweg, 01468 Volkersdorf, ✆ 035207-81469, beide April–Okt., beide 2 Erw., Auto, kleines Zelt, Stromanschluss ab ca. 18 €/Tag.

Die **City Herberge** in Dresden (Lingnerallee 3, → Hostels, Herbergen), betreibt einen Parkplatz mit Stellmöglichkeit.

Boofen

Nicht gerade in Dresden und seiner unmittelbaren Umgebung, aber in der nahen Sächsischen Schweiz ist eine touristische Nächtigungsform erlaubt und beliebt (15.000 Nächtigungen pro Jahr!), die sonst wohl eher mit Stadtstreichern verbunden wird: das Schlafen unter freiem Himmel, auf gut Sächsisch „boofen". Eine Boofe ist fast immer ein durch ein Felsenvordach geschützter Lagerplatz. Wer dort seinen Schlafsack ausbreitet, wird also nicht (oder fast nicht) nass, sollte es denn regnen. Wasser? Holt man vom nächsten Bachlauf. Feuer ist nicht erlaubt (aber man hat ja den Kocher dabei und die Würstchen, auch den Kartoffelsalat sollte man nicht vergessen). Es gibt 56 offizielle „Boofen" in der Sächsischen Schweiz, da sollte doch auch der Traumplatz dabei sein. Ist das denn ernst gemeint? Ja.

Infos vom Nationalparkamt Sächsische Schweiz, Bad Schandau, ✆ 035022-900612. Alles über das Boofen auf www.kv-fernblick.de, die Liste der Boofplätze können Sie auf www.nationalpark-saechsische-schweiz.de/red1/ in der Rubrik „unterwegs" herunterladen.

Die Dresdner Hütte

Dresden auf 2308 m über dem Meeresspiegel und 675 Straßenkilometer vom Zwinger entfernt? Die Dresdner Hütte und die auf 3172 m Höhe liegende Hochstubaihütte sind beide Eigentum der Dresdner Sektion des Deutschen Alpenvereins. 1871 wurde die Dresdner Sektion des (damals noch) Deutschen und Österreichischen Alpenvereins gegründet, schon 1873 entstand als erste der Hütten in den Stubaier Alpen in Tirol die Dresdner Hütte. Der mächtige Steinbau beherbergt bis zu 15.000 Gäste pro Saison, seit der Wende sind wieder viele Dresdner unter ihnen. Auch Nicht-Alpinisten schaffen es bis zur Hütte, denn von der Mittelstation der Stubaier Gletscherbahn ist sie leicht zu erreichen. Die Hofers, Hüttenwirte in dritter Generation, sind schon halbe Dresdner geworden. Wie wär's also beim nächsten Alpenurlaub mit der Dresdner Hütte?

Dresdner Hütte, DAV Sektion Dresden, Mutterberg 253, A 6167 Neustift/Stubaital, Österreich, ✆ 0043-52268112, www.dresdnerhuette.at.

Dresdens Gastroszene ist breit gefächert

Essen und Trinken

Vor der Wende – nach der Wende: die sächsische Küche war nie *der* Grund, Dresden zu besuchen. Soljanka hat in schmalen Nischen überlebt, Pizza-Pasta-Snacks und Fastfood haben sie abgelöst. Wer einen prallen Geldbeutel hat, kann hier dennoch hervorragend speisen und dazu Spitzenweine aus Dresden oder Meißen genießen.

Was heute als „Sächsische Küche“ gilt, ist aus der bürgerlichen Küche und der Küche der armen Leute hervorgegangen. Die Hofküche in Dresden hatte mit dem, was Bürger und Dienstboten aßen oder gar die Bauern auf dem Lande, nichts zu tun. Getrüffelte Rebhühner, frische Austern, Wildpasteten waren das Privileg weniger adeliger Familien. Wie sagt doch der Dresdner Christian Müller, Gärtner und Winzer sowie Verfasser einer kulinarischen Kolumne in der Sächsischen Zeitung: „Eine einheitliche sächsische Küche gibt es nicht und hat es noch nie gegeben.“ Wie die Küche der Armen die Küche Dresdens und Sachsens bestimmt hat, zeigt am deutlichsten die liebste Nachspeise der Dresdner, die als Süßmäuler bekannt sind: **Quarkkäulchen.** Das ist ein Gericht, das man auch im Krieg und während der kulinarischen Sparflammenzeit der DDR machen konnte: 750 g Kartoffeln, 250 g Quark, 2 Eier, je 2 Esslöffel Mehl, Zucker und Rosinen, Butterschmalz oder ein anderes Fett zum Rausbacken in der Pfanne, Zucker – wenn man ihn hatte – zum Drüberstreuen. Andere sächsische Lieblingsspeisen wie Sauerbraten, Rouladen, Grüne Klöße, Kartoffelsuppe, Kartoffelpuffer, Karpfen und Forelle sind anderswo im deutschen Sprachraum genauso beliebt und entstammen der (klein-)bürgerlichen Küche.

Dass fünfzig Jahre Mangelzeit (vom Beginn des Zweiten Weltkriegs 1939 bis zur Wende 1989) die Sinne der Dresdner für feine Küche geschärft hätten, kann man nicht behaupten. Dagegen wuchs die Sehnsucht nach Gerichten aus anderen Ländern, man wollte mal wie die drüben nicht nur Sauerbraten, Rouladen oder Karpfen auf dem Tisch sehen, sondern Cannelloni, Zaziki und Dim Sum. Auch im sächsischen „Tal der Ahnungslosen“, das kein Westfernsehen empfangen konnte, hatte sich herumgesprochen, dass „die da drüben“ einfach zum Italiener, zum Griechen oder zum Chinesen gehen konnten, wenn sie mal etwas anderes essen wollten. Und in den Weihnachtspäckchen aus dem Westen fand sich nicht nur Mohn für den Mohnstollen und Mandeln und Rosinen für den Dresdner Christstollen, sondern auch Schweizer Schokolade und äthiopischer Kaffee. Was für Schätze!

Nach der Wende wurde dann alles, was auch nur im Entferntesten an die alte Küche erinnerte, über Bord geworfen, und Fastfood, Pizza & Pasta, Chinesen und Sushi-Lokale, Neue Küche und Nationalküchen von Kuba bis Südafrika hielten ihren Einzug. In den ersten Jahren stand an jeder zweiten Ecke eine Imbissbude, an der man die neuen Köstlichkeiten von der Currywurst bis zur Pizza auf die Hand erstehen konnte. Das hat sich ziemlich gegeben, aber die „Sächsische Küche“ ist als bürgerliche deutsche Küche nur teilweise und nur in wenige Lokale zurückgekehrt. In den Szenelokalen der Äußeren Neustadt wird man sie vergeblich suchen. Dagegen sind die eher touristischen Regionen um die Glanzpunkte der Altstadt zwischen Zwinger und Frauenkirche schon eher für die sächsische Küche zu erwärmen, vor allem in Kellerlokalen, Biergärten und Braugaststätten, wo sie gerne als „sächsisch-böhmische“ Küche bezeichnet wird, was ein Sich-mit-fremden-Federn-schmücken bedeutet (nein, die böhmischen Knödel sind wirklich böhmisch und nicht sächsisch). Wer dagegen mediterranen Küchenfreuden nachgehen will, italienisch, spanisch, griechisch essen will oder auch arabisch, wer andere Nationalküchen schätzt, wird in Dresden an vielen Orten fündig werden.

Eine an mediterranen Vorbildern geschulte Küche hat sich zudem als sogenannte „Bistro-Küche“ etabliert, einige südost- und ostasiatische Elemente wie Zitronengras und Sojasoße hat sie locker integriert. Besonders die für eine jüngere Klientel kochenden Lokale haben sie ins Herz geschlossen. Dass diese Bistro-Küche dazu verlockt, Unvereinbares zu verbinden, ist eine andere Sache. Das sollte den Meistern vorbehalten sein.

Traditionelle Dresdner Lieblingsgerichte

Gefragt, was ihre Lieblingsgerichte seien, nennen Dresdner häufig ihren Dresdner Sauerbraten, Rouladen mit Grünen Klößen, Kartoffelsuppe, Kartoffelpuffer und – ganz an der Spitze – die drei Süßigkeiten Quarkkäulchen, Stollen und Eierschecke, der von Erich Kästner geliebte und für Dresden typische Prasselkuchen, ein Blätterteig mit Streuselbelag, ist nicht darunter.

Zur Bockwurst isst man traditionell einen **Kartoffelsalat,** der in Dresden auf jeden Fall mit Äpfeln, Sauren Gurken und Mayonnaise zubereitet wird. Die Kartoffeln müssen noch schön fest sein, die Mayonnaise darf nicht überwiegen, darf die Kartoffelstückchen nur licht überziehen. Optimal ist der Kartoffelsalat in der Berghütte auf dem Lilienstein in der Sächsischen Schweiz!

Als Suppe kennt man vor allem die Kartoffelsuppe. Die **Sächsische Kartoffelsuppe** wird mit Pilzen und Majoran verfeinert, beide dürfen bei der fertigen Suppe weder zu deutlich riechen noch hervorschmecken. Seit den Zeiten russischer Besetzung hat sich außerdem Soljanka eingebürgert, eine deftige Gemüsesuppe.

Zwischen den Besichtigungen (gegenüber dem Zwinger)

Dresdner Sauerbraten war früher ein Festessen, heute bekommt man ihn im Restaurant alle Tage. Er unterscheidet sich nicht vom fränkischen Namensvetter: auch beim Dresdner wird mit Soßenlebkuchen angedickt. Selbst die rohen Kartoffelklöße unterscheiden sich nur darin, dass sie in Franken meist eine Füllung aus Semmelbröckchen haben, was eher im Vogtland als in Dresden gemacht wird. Außerdem wird in Franken Petersilienwurzel zum Soßenfond gegeben, was in Sachsen unbekannt ist.

Unter den Fischen, die einmal den Lachs aus der Elbe umfassten (heute ist er kurz vor der Wiederkehr auf die Speisekarten), ist vor allem der Karpfen beliebt, der in der Teichlandschaft rund um Moritzburg gemästet wird. **Moritzburger Karpfensuppe** ist Vorspeise oder nährender Hauptgang. Beliebt ist auch der in der Röhre geschmorte **Moritzburger Spiegelkarpfen** oder – wie es die Meißner besonders schätzen – der **Wurzelkarpfen,** der mit Suppengemüse und etwas Wein ebenfalls im Rohr geschmort wird.

Zum Nachtisch oder zum Kaffee, dem „Schälchen Heeßen", wie es leider immer seltener heißt, weil Espresso und Latte die übliche Tasse Kaffee abgelöst haben, hat man in Dresden eine besonders große Auswahl. Die Sachsen bevorzugen Blechkuchen, der in rechteckige Stücke geschnitten wird. Da dürfen dann Quark, Früchte, Mohn- und Nussmasse und auf jeden Fall Streusel drauf. Klassisch ist der **Pflaumenkuchen,** ein Blech- oder Formkuchen mit Hefeteig, Pflaumen und dick Streusel drauf. Eine echte Dresdner Spezialität ist die **Eierschecke,** ein üppiger Kuchen aus Hefeteig mit zwei Güssen, einem aus einer Quarkmasse und dem anderen aus einer Sahne-, Eier- und Zuckermasse. Die Einzelheiten sind von Konditorei zu Konditorei und von Haushalt zu Haushalt verschieden. Erich Kästner – wir erwähnten es schon – liebte **Prasselkuchen,** rechteckige Stückchen Blätterteig mit viel Streusel drauf.

Und im Advent und zu Weihnachten dominiert natürlich der **Dresdner Stollen,** jenes Dresdner Gebäck, das in der ganzen Welt bekannt ist und in alle Welt verschickt wird. Der einem länglichen Brotlaib ähnelnde Stollen besteht aus üppigem Butter-Hefeteig mit Mandeln, Rosinen, Orangeat und Zitronat nebst einem Glas guten Rums. Varianten umfassen auch Mohnstollen und Stollen ohne Rosinen. Der Dresdner Weihnachtsmarkt wird nach diesem Stollen „Striezelmarkt“ genannt, im Osten Sachsens und in Schlesien hieß und heißt der Stollen nämlich „Striezel“.

Wussten Sie, dass eine andere deutsche Weihnachts-Süßigkeit ebenfalls aus Dresden stammt? Die beliebten **Dominosteine** wurden von dem Dresdner Pralinenhersteller Herbert Wendler als „Notpraline“ erfunden, als es 1936 die Rohstoffe für echte Pralinen einfach nicht gab. In der Dresdner Dr. Quendt Backwaren GmbH werden sie heute noch hergestellt und in nicht zu knappen Mengen.

Kaffee, Tee, Bier und Wein

Zwar ließen die Zeiten der sozialistischen Planwirtschaft wenig Freiraum für Luxusimporte wie Kakao, Kaffee, Schwarztee, Wein und Hopfen (oder gar Coca Cola), aber die Nation zu Abstinenten zu erziehen, gelang den Pankower Machthabern denn doch nicht. **Kaffee** musste sein, wenn auch Sorten wie „Rondo“ oder „Mona“ qualitativ alles andere als hochwertig waren. Besser war da schon „Mocca-Fix“, für den man im Delikat-Geschäft, später gab es ihn auch in anderen Lebensmittelläden, freilich einen horrenden Preis zahlen musste. Kaffee ist heute nach wie vor das Getränk, man trinkt ihn zu allen Tageszeiten und fast zu allem. Neudeutscher Latte ist im Kommen, Espresso und Cappuccino sind eingebürgert worden (Letzterer dankenswerterweise wieder ohne Sahne). Im Supermarkt haben sich die Päckchen mit Fertig-Kaffeezubereitungen inzwischen auf mehrere Regale ausgedehnt.

Tee wird im Vergleich dazu weniger getrunken (vielleicht weil es auch zu DDR-Zeiten ganz anständigen Tee gab, etwa den aus Georgien?), dabei wurde in Dresden doch der Doppelkammerbeutel erfunden! Auf den Teekarten einiger Cafés und Bistros findet man nur wenige unterschiedliche Teesorten, dafür alle möglichen parfümierten Varianten, aber das ist auch anderswo in Deutschland eine Entwicklung, die Gourmets erschaudern lässt.

> Die **Radeberger Exportbierbrauerei** in Dresdens Nachbarstadt Radeberg bietet ein populäres Programm mit Brauereirundgängen, „Biertheater“ und dem rustikalen Bierausschank an. Für Dresdner und natürlich auch für ihre Gäste eine Möglichkeit, mehr zum Thema Bier zu erfahren, sowohl theoretisch als auch praktisch durch die Kehle.
>
> Radeberger Brauereirundgang, nach Anmeldung Mo–Fr 10–17.30, Sa/So 10–15 Uhr, Dauer ca. 2 Std., 6 € mit Verkostung. Radeberger Exportbierbrauerei, Dresdner Str. 2, www.radeberger.de.
>
> Radeberger Bierausschank im Kaiserhof, Hauptstr. 62; Radeberger Biertheater, Kabarett und Volksstücke in sächsischer Mundart, Tickets 14,50–23,50 €, Hauptstr. 59, Mo–Fr 12–19, Sa 10–24 Uhr, ✆ 487979, www.biertheater.de.

Die Qualität des **Bieres** hat seit der Wende und der Verwendung hochwertiger Hopfen einen gewaltigen Aufschwung genommen, waren doch vor der Wende nur wenige Biere trinkbar, darunter das Radeberger aus Dresdens Nachbarstadt Radeberg. Die Feldschlösschen-Brauerei im Dresdner Ortsteil Coschütz teilt sich heute mit Radeberger den Anteil Dresdner Biere am riesigen Angebot. Eher lokalen Ruf genießen Biere der Waldschlösschen Brauerei und des Brauhauses Watzke.

Der Dresdner Stollen®

Schon Wochen vor dem Beginn der Adventszeit begann meine Mutter Päckchen zu packen. Das wichtigste ging in die DDR und enthielt die dort schwer oder gar nicht erhältlichen Backzutaten Sultaninen, Zitronat, Orangeat, Mandeln und Mohn. Gegen Weihnachten kam dann ein Päckchen bei uns an, auf das ich mich immer besonders freute, denn es enthielt einen Dresdner Christstollen. Das ihn umhüllende Papier war bereits ziemlich durchgefettet und die Puderzuckerkruste des Stollens buttrig verschmiert, aber genau das machte den Reiz und den Genuss an diesem Naschwerk aus. Was für eine Vorfreude bis Heiligabend, wenn er angeschnitten werden durfte und seinen köstlich und unverwechselbar duftenden Inhalt preisgab. Vom ersten Bissen (bitte das Randstück!) ganz zu schweigen. Tante Johannas Mohnstriezel (ihr schlesisches Erbe) war nicht minder köstlich, aber den buk meine Mutter ebenfalls. Aber der Dresdner Stollen – Weihnachten ohne ihn konnte ich mir nicht vorstellen und kann es bis heute nicht.

Dresdner Stollen ist eine Geschützte Herkunftsbezeichnung, daher das ® (für Registered Trademark) nach dem Namen. Ein Gütesiegel schützt zusätzlich vor Fälschungen (und glauben Sie nur nicht, in Dresden gäbe es nur Dresdner Stollen zu kaufen! Nachprüfen schützt vor Imitaten!). Nur etwa 140 Bäcker in Dresden und Umgebung dürfen ihn backen. Der Dresdner Stollen kann sicher auf eine mehrhundertjährige Geschichte zurückblicken, war er doch schon zu August des Starken Zeiten alte Tradition. Für eine Einladung zum „Zeithainer Lustlager" ließ der Kurfürst im Jahre 1730 einen 1,8 Tonnen schweren Stollen backen. Auf ihn geht das heutige Dresdner Stollenfest (als Teil des weihnachtlichen Striezelmarktes) zurück, das seit 1994 gefeiert wird und regelmäßig einen um die 3,5 Tonnen schweren Stollen zum Zentrum hat. Viel früher schon haben vornehme Haushalte und städtische Bäcker Stollen gebacken. Wahrscheinlich entstand die Form als Gebildbrot, das das Jesuskind in Windeln als Wickelkind zur Urform haben soll.

Die Rezepte für Dresdner Christstollen sind natürlich von Bäcker zu Bäcker und Haushalt zu Haushalt unterschiedlich. Die größten Differenzen bestehen bei den Mengenverhältnissen und bei der Zubereitung. Weizenmehl, Hefe, Butter und Zucker, Rosinen oder Sultaninen, Orangeat und Zitronat, Mandeln, Zitronenschale, Vanillezucker, ein Schuss Rum sind fast bei allen drin. Dazu kommen eventuell Spuren von Anis und Kardamom, Zimt und Nelken, Ingwer und Piment. Stollen sollte man übrigens niemals frisch essen. Erst nach Tagen, ja Wochen entfaltet er sich. Kauft man ihn, sollte der Advent noch nicht begonnen haben, damit er Heiligabend seinen ganzen Duft und köstlichen Geschmack entfalten kann.

Meißner **Wein** – so werden alle Weine der Großlagen an der oberen Elbe oberhalb und unterhalb von Dresden genannt – ist wieder hoch im Kurs und leider auch sehr teuer. Unter 10 € ist kaum eine anständige Flasche Meißner zu bekommen, fürs Glas (0,2 l) muss man mit mindestens 5 € rechnen. Seit dem Frühmittelalter wird an der Elbe rund um Meißen Wein angebaut, schließlich benötigte man ihn für die Heilige Messe, was selbst in Skandinavien zu recht erfolgreichem Weinbau führte. Im späten 19. Jahrhundert waren die Verkehrswege so gut geworden, dass eine erste Internationalisierungswelle (vor der gegenwärtigen) für den lokalen Markt wegen der höheren Produktionspreise einen Einbruch mit sich brachte. Die Reblauskatastrophe, die in ganz Deutschland wütete, führte 1887 zum fast völligen Ruin des Weinbaus. Wenige Reben überlebten, so die mehr als 250 Jahre alten Rebstöcke an einer Mauer in Schloss Wackerbarth (mit Rotling). Statt der Rebhänge entstanden Obstkulturen, aus Winzerhäuschen wurden Vorortvillen.

Unbedingt probieren: Meißner Wein

Wie durch ein Wunder wurde der Weltweinbau durch das Aufpfropfen auf reblausresistente amerikanische Weinreben gerettet, sodass sich ab den 1920er-Jahren der Weinbau um Meißen wieder langsam erholen konnte. Bis zur heutigen aufstrebenden Weinbauregion – einer der weltweit am nördlichsten gelegenen – war es jedoch ein weiter Weg. Den größten Sprung gab es erst ab ca. 1995, als eine ganze Reihe junger Winzer auf neue Erzeugungsanlagen, Produktionsweisen und Rebsorten setzten und zumindest ein Teil der Dresdner wieder genug Geld hatte, um sich ab und an eine Flasche Meißner leisten zu können. Sieht man sich die Weinfeste im Herbst an, wie sie fast alle Weindörfer zwischen Pirna (elbaufwärts von Dresden) und Diesbar-Seußlitz (elbabwärts von Meißen) heute feiern, meint man, jeder Dresdner wäre ein Weintrinker.

Wo geht man essen?

Nahe den großen Sehenswürdigkeiten Zwinger, Semperoper, Frauenkirche und Neumarkt besteht kein Mangel an Gaststätten. Auch am Elbufer und an allen Orten mit Elbblick genießen Dresdner und ihre Gäste gerne die Pause zwischen Erledigungen und Besichtigungen. Sächsisch oder Italienisch, Restaurant oder Kneipe, Bistro oder Café mit kleinen Speisen? Jeder bekommt, was er will. Im Sommer rückt man eng unter den Sonnenschirmen zusammen, je näher zu den Sehenswürdigkeiten desto enger wird der Kontakt zum Nächsten und desto höher der Preis auf der Rechnung. Im Winter herrscht Dunkel in den Lokalen der Altstadt, Teelichter – eines pro Tisch – sind auch in Speiselokalen die große Mode – damit man nicht erkennt, was auf dem Teller liegt? In sächsischen Gaststätten herrscht außer in eigens dafür ausgewiesenen, abgeschlossenen Räumen seit Februar 2008 Rauchverbot.

Traditionelle „bürgerliche" Lokale gibt es sehr wenige, wo sollen sie auch herkommen in einer Stadt, deren historischer Kern 1945 nicht mehr existierte und die 40 Jahre Sozialismus miterleben durfte. Was heute als bürgerlich bezeichnet wird, sind Imitate früherer Speisegewohnheiten, meist auf Bräu-Basis, häufig mit böhmischem Einschlag: z. B. Paulaner's im Hotel im Taschenbergpalais oder das Brauhaus Watzke in Pieschen. Und wenn ein Gasthaus sich schon Gasthaus nennt (wie das Gasthaus am Neumarkt), dann weiß man, dass es noch nicht lange existiert.

Was sonst an **Restaurants** nach Kunden Ausschau hält, ist im mittleren Bereich angesiedelt, was Ausstattung, Küchenleistung und Preise angeht. Dresden hat wenige Überflieger, aber immerhin zwei Restaurants mit einem Michelinstern (für 2010: bean & beluga, Caroussel) und einige herausragende Restaurants wie Maurice, Weber's im Gewandhaus, Canaletto oder das außerhalb gelegene Pattis. Die meisten vor Ort als besonders gut eingeschätzten Lokale sind im gesamtdeutschen Maßstab nur Mittelklasse (man sehe sich die entsprechenden Gourmetführer an). Konzentrationen vor allem mit stark internationalem Einschlag (italienische, französische, holländische, australische, chinesische Küche usw.) findet man in den touristischen Gassen zwischen Brühlscher Terrasse und Neumarkt sowie in den Fressgassen rund um die Kreuzkirche, Kreuzgasse, Weiße Gasse und Gewandhausstraße.

„Bistros" und Kneipen stellen in den meisten Dresdner Stadtvierteln den Hauptteil der Gaststätten. Insbesondere in den Szenevierteln und vor allem in der Äußeren Neustadt gibt es keine traditionellen Gaststätten (Tische, Stühle, Oberkellner, weißes Tischtuch, gedruckte Speisenkarte), sondern alle mög-

Fastfood – fast – an jeder Ecke

lichen Variationen vom schicken Italo-Lokal mit mediterraner Ausstattung, Italienisch radebrechendem Personal (im Zweifelsfall aus Tunesien oder der Türkei) und ein paar Strandkörben im Garten bis hin zu dunklen Buden für den schnellen Imbiss und das ebenso schnelle Glas. Hinzu kommen einige Spezialisten vom Pastahersteller mit drei, vier Tischen bis zur Ayurveda-Küche.

Fastfood bekommt man nicht mehr, wie nach der Wende, am Stand an jeder Straßenecke. Inzwischen haben die Großen zugeschlagen, aber noch nicht so massiv wie anderswo. Döner & Co sind jedoch in den Szenevierteln und entlang der Ausfallstraßen gut vertreten, auch die Currywurst verlangt meist keine langen Umwege. Und das Telefonbuch (oder der Flyer im Hostel bzw. der Werbefaltbrief im Hotel) verrät den Draht zum Pizza-Service. Auch in der Altmarkt-Galerie und in den Einkaufszentren am Stadtrand gibt's Fastfood, dort heißt es u. U. „Tapas" oder „Sushi".

Mitten in der Stadt: Biergarten an der Augustusbrücke

Biergärten sind in Dresden ein sehr beliebtes Sommervergnügen, gleich am Neustädter Ende der Augustusbrücke kann man sich zum gepflegten Bier niederlassen (rechts eher bürgerlich, links im Elbsegler eher auf gehobenem Niveau), aber auch Elbfähren und andere Brücken wie das Blaue Wunder sind gute Standorte. Und natürlich hat jede Kneipe einen Garten und jeder Garten wird im Sommer zum Biergarten. Dresden hat ja eine ungemein südlich angehauchte Atmosphäre, aber im Sommer fühlt man sich mit den vielen Biergärten meist nicht so sehr ans Mittelmeer versetzt („Elbflorenz") als ins Bayerisch-Süddeutsche.

Bäckerei-Cafés und Konditoreien sind in den meisten Fällen kaum noch auseinanderzuhalten (im Extrem aber sehr deutlich: niemand würde die Café-Konditorei Toscana am Blauen Wunder mit einer Bäckerei verwechseln), haben heutzutage fast alle ein paar Tische zum Kaffeetrinken oder doch eine Reihe Hocker mit Blick auf die Wand (hoffentlich nicht verspiegelt. Man hat genug mit sich selbst zu kämpfen). Die Dresdner essen viel Süßes. Die Blechkuchen mit dicker Auflage gehen weg wie die warmen Semmeln (Schrippen, Brötchen, Bagels, Mehrkornstangen etc.), auch mittags. Brot ist übrigens nicht unbedingt die Stärke der Dresdner Bäcker, das Weißbrot ist oft zu luftig und schmeckt mehr nach Stärke als nach Weizenmehl, das Schwarzbrot ist oft lasch und wird zu schnell trocken. Man versuche Ökobrot, gutes Brot hat auch die Bäckerei Eisold mit 16 Filialen in Dresden und Umgebung, u. a. im Karstadt, alle Adressen auf www.cafe-eisold.de.

Selbstversorgung, Picknick

Einkaufen und dann ein Picknick auf dem Zimmer oder im Grünen – mancher hat ja ein Apartment mit Küche – keine schlechte Idee! Adressen zur Selbstversorgung finden Sie im Kapitel „Einkaufen", beste Picknickplätze im Großen Garten, im Botanischen Garten und in der Elbaue. Doch Achtung: das Grillen im Landschaftsschutzgebiet Elbwiesen ist nur an fünf Grillflächen freigegeben, die Grillgebühr beträgt 30 € und es wird nur auf Antrag genehmigt, Strafe 50 €, Anmeldung beim Umweltamt unter ✆ 4886241! Also bleibt es besser beim Picknick mit kaltem Imbiss.

Welches Restaurant für wen?

Edel und elegant

Gutbürgerlich und sächsisch

Bistrofood

Neue Küche und Crossover

und die unter „Edel und elegant" genannten Lokale.

Mit Aussicht

An der Elbe

Spanisch

Syrisch

Italienisch

Bierlokale und Brauereigaststätten

Siehe auch „An der Elbe" (Elbsegler, Fährgarten Johannstadt und die beiden Gärten).

Bio, Vollwert, vegetarisch

Selbstbedienung

Semperopernball – ein Höhepunkt des Kulturjahres

Kulturszene Dresden

Barockstadt Dresden und Semperoper – das sind die beiden Schlagworte, die jeder kennt. Dresdens ungemein vielfältige Kulturszene bietet aber mehr, sehr viel mehr als Oper und Barockmusik.

Natürlich überstrahlt die Semperoper mit ihrem hohen internationalen Bekanntheitsgrad das Dresdner kulturelle Programm. Die best ausgelastete Oper Deutschlands könnte an manchen Abenden eine zweite Vorstellung einlegen und sie problemlos verkaufen. Aber in Dresden gibt es auch ein traditionsreiches Staatsschauspiel, eine leider ziemlich abseits liegende Staatsoperette, und der Freistaat unterhält im Nachbarort Radebeul das Dreispartenhaus Landesbühnen Sachsen. Außerdem sind in Dresden zwei Balletttruppen zu bewundern, in der Staatsoper und in der Hellerau, wo die Forsythe Company neben Frankfurt am Main ihren zweiten Standort gefunden hat. Zwei große Orchester, Kreuzchor, mehrere kleine Bühnen, Kabarett, ein Theaterkahn sowie zahlreiche Kinos komplettieren das umfangreiche Angebot. Das aktuelle Veranstaltungsprogramm kann vor Ort in den verschiedenen Stadtmagazinen (→ Wissenswertes von A bis Z) oder unter www.dresden.de/veranstaltungen recherchiert werden.

Oper, Operette, Ballett

Sächsische Staatsoper „Semperoper"

Dresdens auf eine lange Tradition zurückblickendes Opernhaus ist ein Touristenmagnet erster Güte. Den Uraufführungsort des „Freischütz" und des „Rosenkavalier" wollen Gäste aus aller Welt zumindest einmal bei einer Opernaufführung erleben. Die im Schnitt zu 95 % ausgelastete Semperoper hat zu 60 % ausländische Gäste. Wie eine Wirtschaftsstudie zeigt, erzeugt jeder in der Semperoper eingesetzte Euro mindestens das Vierfache an Umsätzen in Dresden, und vom Kostendeckungsgrad aus Eigeneinnahmen führt Dresden mit 37,8 % vor München und Berlin, ebenso bei den Vorstellungen mit 338 (271/212). Der erst 2007 angetretene Generalmusikdirektor *Fabio Luisi* ging vorzeitig (und im Unfrieden) 2010, obwohl seine Konzerte mit der Staatskapelle Dresden (dem Hausorchester) umjubelt, seine Operndirigate (u. a. der komplette Wagner-Ring) gefeiert wurden. Das Repertoire der Sächsischen Staatsoper ist weit gespannt und bietet (bzw. bot) z. B. 2010/2011 Premieren von „Daphne“ (Richard Strauss), „Gisela!“(die neue Oper von Hans Werner Henze, dessen „L'Upupa“ gerade ein großer Erfolg war), „Rusalka“ (Antonin Dvořák), „L'incoronazione di Poppea“ (Claudio Monteverdi) und „Street Scene“ (Kurt Weill) sowie vier Ballettpremieren. Luisis Nachfolger Christian Thielemann (aus München) steht schon für ab der Saison 2012/2013 als „Chefdirigent“ (zu lesen: Generalmusikdirektor – es wird keinen Intendanten geben) in den Startlöchern.

Sächsische Staatsoper Dresden „Semperoper“, Theaterplatz 2, Karten je nach Vorstellungstyp, Termin und Platz (ohne Hörplätze) ca. 7–31 € für die einfachsten, 58–142 € für die teuersten Plätze (Silvester 37–348 €). Kartenverkauf vor Ort nur in der Schinkelwache Mo–Fr 10–18, Sa/So 10–13 Uhr, im Winter meist So geschlossen; Kartenvorverkauf auch unter ✆ 4911705 und www.semperoper.de. Tonbandinfos zum Spielplan mit Kartenangeboten ✆ 4911740. Straba 4, 8, 9 Theaterplatz.

Staatsoperette

Nicht nur Operetten („Die Fledermaus“, „Boccaccio“, „Die Großherzogin von Gerolstein“), sondern auch Opern („Die Zauberflöte“) und Musicals („My Fair Lady“, „Candide“) bietet der Spielplan der etwas am Rande der Stadt liegenden Staatsoperette. Ein Umzug näher zum Zentrum, bevorzugt in das ehemalige Kraftwerk Mitte in der Wilsdruffer Vorstadt, wurde vom Stadtrat beschlossen, er ist aber wegen der Finanzierungsprobleme in naher Zukunft eher unwahrscheinlich. Erfolgreich war kürzlich (2009/2010) George Gershwins Dresden-Musical „Pardon my English“, das hier – nach 80 Jahren – seine europäische Erstaufführung erhielt.

Staatsoperette Dresden, Pirnaer Landstr. 131, Karten ca. 15–25 €, Kasse Mo 10–16, Di–Do 10–19, Fr 11–19, Sa 15–19 Uhr, So + Feiertag

Kultur in Dresden, das ist nicht nur die Semperoper

nur jeweils 1 Std. vor Vorstellungsbeginn, ✆ 2079999, www.staatsoperette-dresden.de. Straba 1, 6 Altleuben.

SemperOper Ballett

Ein junger Ballettchef (Aaron Watkin), ein international anerkannter Chefchoreograph (David Dawson) und die Zusammenarbeit mit der Forsythe Company (s. unten) haben Dresdens Staatsopernballett sehr gut getan. Dresdens Ballett ist auf dem Sprung in die Weltklasse. Spielort ist normalerweise die Semperoper. Publikumserfolge waren zuletzt das etwas zuckertütenbunt ausgestattete abendfüllende Tschaikowski-Ballett „Dornröschen" und „Schwanensee", beide sehr konservativ nach der Choreographie von Petipa sowie frenetisch bejubelt – „Dreamlands" mit Choreographien von David Dawson, William Forsythe und anderen samt einer Uraufführung von Pascal Touzeau. Für 2011 ist Prokofjews „Cinderella" geplant. Adresse, Karten und Vorverkauf → Sächsische Staatsoper Semperoper.

The Forsythe Company

William Forsythe, einer der wichtigsten zeitgenössischen Choreographen – von vielen als der wichtigste angesehen – hat seine Forsythe Company (neben Frankfurt am Main) im Dresdner Stadtteil Hellerau angesiedelt. Dort steht der Truppe in der noch vor dem Ersten Weltkrieg entstandenen Gartenstadt das Festspielhaus zur Verfügung, das mit einer Reihe größerer und kleinerer Arbeits- und Aufführungssäle aufwarten kann. Forsythes Choreographien sind das exakte Gegenteil klassischen Tanzes: abgehackte Bewegungen, starke

Gret Palucca und die Palucca Schule

Gret Palucca (1902–1993) war die Schöpferin des Ausdruckstanzes, der nach dem Ersten Weltkrieg dem klassischen Tanz den Rang streitig machte. Bei der ebenfalls in Dresden wirkenden, international in ihrem Nachruhm bekannteren Mary Wigman studierte sie von 1920 bis 1923 Tanz und eröffnete 1925 ihre eigene Schule, die als Palucca Schule Dresden heute noch besteht. Die Palucca Schule wurde 1939 geschlossen, 1945 wiedereröffnet, schließlich 1949 verstaatlicht. Gret Palucca blieb aber künstlerische Leiterin und der Staat errichtete sogar einen Schulneubau für sie (Basteiplatz 4). Die Schule hat seit 1993 Hochschulstatus (seit 1999 heißt sie „Hochschule für Tanz") und bietet die Fächer Bühnentanz, Choreographie und Tanzpädagogik mit insgesamt vier Diplomstudiengängen an, wobei u. a. mit dem SemperOper Ballett zusammengearbeitet wird. Eine Mittelschule ist angeschlossen – die Tanzausbildung beginnt hier im Alter von 12 Jahren!

Gret Paluccas wichtigster Beitrag zur Entwicklung des Tanzes war ihre Fähigkeit, öffentlich zu improvisieren. Schon bei ihrem ersten Berliner Solotanzabend im Jahr 1924 begann sie ihr Programm mit Improvisationen. Klassik-Fans waren empört, andere Kritiker priesen gerade diesen Zug der Palucca als das eigentlich Neue. Dem Publikum wurde gezeigt, wie ein Werk entsteht, anstatt es wie im klassischen Ballett als vollendetes Kunstwerk zu präsentieren. Sie selbst sah die Improvisation als das eigentliche Werk: „Wenn ich improvisiere, tanze ich".

Literaturtipp Ralf Stabel (Hrsg.): Palucca Schule Dresden. Geschichte und Geschichten. Dresden (Verlag der Kunst) 2000.

Krümmungen, scheinbar den Rhythmus brechende Sprünge und die Verwendung unüblicher Elemente (bei einer seiner Choreographien in der Semperoper schleppten die Tänzer einen Scheinwerfer durch die Gegend) sind sein Markenzeichen.

The Forsythe Company, Festspielhaus Hellerau, Karten/Programm beim Besucherdienst des Europäischen Zentrums der Künste Hellerau, Karl-Liebknecht-Str. 56, ✆ 8893884, www.hellerau.org. Kartenvorverkauf an der Kasse im Festspielhaus, geöffnet Di–Fr bis 16 Uhr, oder bei Saxticket bzw. Dresdenticket (→ unten). Straba 8 Festspielhaus Hellerau.

Orchester und Chöre

Bereits Mitte des 15. Jahrhunderts existierte in Dresden eine Hofkantorei, aus der im späten 16. Jahrhundert die Hofkapelle hervorging, die 57 Jahre lang von Heinrich Schütz (1585–1672) geleitet wurde, dem „Vater der deutschen Musik". Welches Orchester im deutschsprachigen Raum kann sich mit dieser langen Musiktradition messen? Nicht einmal die Wiener Philharmoniker in ihrer Funktion als Staatsopernorchester! Und Dresden hat ein zweites renommiertes Orchester, die Dresdner Philharmonie, die auch schon mehr als 135 Jahre auf dem Buckel hat. Vom Orchester der Hochschule für Musik und den verschiedenen Chören ganz zu schweigen.

Sächsische Staatskapelle Dresden

Dass ein staatliches Orchester wie die Staatskapelle Dresden gleichzeitig das Orchester der Staatsoper ist, stellt keinen Einzelfall dar, in Wien und Berlin machen es die jeweiligen Philharmoniker nicht anders. Bis in die Mitte des 19. Jahrhunderts hätte ein Orchester von den Einnahmen durch Konzerte nicht leben können. Erst zur Zeit der Romantik und in der Gründerzeit fanden die Aufführungsabende der (Wiener) Klassik und der damaligen zeitgenössischen Konzertmusik von Brahms bis Schumann genug Interesse, um ein Orchester damit am Leben zu erhalten. Die Doppelfunktion ist also alt und im Zweifelsfall ein Zeichen für einen hohen Standard: wie in Dresden, wo die Leitung des Orchesters seit der Saison 2007 bis 2010 (wie für die Oper) bei Fabio Luisi lag, dem nach einem Interregnum ab 2012 Christian Thielemann folgen wird, mit dessen internationalem Bekanntheitsgrad sich Dresdens Musikleben überregional in den Gazetten niederschlagen wird. Die Konzerte des Orchesters finden in der Regel in der Semperoper statt.

Adresse/Karten wie Sächsische Staatsoper (→ oben).

Dresdner Philharmonie

Das zweite große Orchester der Stadt, die Dresdner Philharmonie, existiert bereits seit 1870 und wird seit Jahren von dem Spanier *Rafael Frühbeck de Burgos* geleitet, der in nächster Zeit von dem jungen Michael Sanderling abgelöst werden wird. Ehrendirigent Kurt Masur ist dem Orchester eng verbunden. Traditioneller Spielort ist der akustisch gut, aber nicht auf erstem Niveau ausgestattete Festsaal im Kulturpalast. Die Kartenpreise sind im Vergleich zur Staatskapelle gemäßigt, nur für die Silvester- und Neujahrskonzerte sowie jene in der Frauenkirche muss man tiefer in die Tasche greifen (die billigen Plätze in der Frauenkirche haben eine sehr problematische Akustik).

Dresdner Philharmonie, Kulturpalast, Schlossstr. 2, ✆ 4866866, www.dresdnerphilharmonie.de. Karten im Vorverkauf im Kulturpalast Mo–Fr 10–19, Sa 10–14 Uhr und an allen bekannten Vorverkaufsstellen, Kartenbestellung auch schriftlich an Dresdner Philharmonie, Ticketzentrale, PF 120424, 01005 Dresden. Straba 1, 2, 4 Altmarkt.

Orchester der Musikhochschule Carl Maria von Weber Dresden

Seit das Orchester der Dresdner Musikhochschule (sie existiert seit 1856 und ist eine der ältesten in Deutschland) einen brandneuen Konzertsaal mit hochmoderner Ausstattung bekommen hat (s. unten), ist es stärker ins Bewusstsein der Kulturbeflissenen der Stadt gerückt, zumal es auch schon in der Semperoper gastierte.

Hochschule für Musik, Wettiner Platz 13, ✆ 4923660, www.hfmdd.de, Karten über www.ticket2day.de und alle Vorverkaufskassen, Restkarten an der Abendkasse.

Konzert in der Frauenkirche

Ensemble Frauenkirche

Der Frauenkirchenkantor Matthias Grünert ist Gründer und Leiter dieses Ensembles, das sich aus Künstlern der beiden Orchester der Stadt zusammensetzt und vor allem in der Frauenkirche musiziert.

Ensemble Frauenkirche, Ticketservice Frauenkirche, Georg-Treu-Platz 3 (Kulturpalast), Mo–Fr 9–18 Uhr, ✆ 65606701, ticket@frauenkirche-dresden.de.

Dresdner Kreuzchor

Fast so berühmt wie der Leipziger Thomanerchor oder die Wiener Sängerknaben ist der Kreuzchor, einer der ältesten Knabenchöre der Welt. Seit dem 19. Jahrhundert hat er von Kantoren profitiert, die seine künstlerische Leistung aufpolierten und ihn bereits in den 1930er-Jahren auf Welttourneen begleiteten. Eine Legende ist Rudolf Mauersberger, der den Chor von 1931 bis zu seinem Tode 1971 leitete. Seit 1997 wird der Chor von *Roderich Kreile* geführt, dem 28. Kreuzkantor nach der Reformation. Aufführungen finden in der Kreuzkirche und gelegentlich an anderen Orten statt. An Samstagen um 18 Uhr (Winter 17 Uhr) gibt es eine Kreuzchorvesper.

Kreuzkirche, Altmarkt, Konzertkasse der Kreuzkirche, An der Kreuzkirche 6, ✆ 4965807, www.dresdner-kreuzkirche,de. Straba 1, 2, 4 Altmarkt.

Theater

Dresdens Theatertradition ist kaum weniger eindrucksvoll als die von Oper und klassischer Musik. Ein Komödienhaus auf dem Taschenberg präsentierte von 1667 bis 1707 Theaterstücke. Es wurde gefolgt vom Alten Hoftheater (auch „Moretti-Theater" genannt), das von 1771 bis 1841 bespielt wurde. Im Theater auf dem Linckeschen Bade fanden von 1776 bis 1858 Aufführungen statt, im heute noch, wenn auch in anderer Form existierenden Societaetstheater ab ca. 1775. Im ersten Semperschen Hoftheater (damals waren Oper und Theater noch nicht strikt getrennt) erfolgte 1841 die Premiere von Goethes Iphigenie. Bedeutende Schauspieler traten ab 1871 im 1945 zerstörten Albert-Theater am Albertplatz auf ebenso wie im Komödienhaus (1923 bis 1945), im Residenz-Theater (1872 bis 1945), im Neuen Schauspielhaus (seit 1913) und im Festspielhaus Hellerau (seit 1911).

Staatsschauspiel Dresden

Das Schauspielhaus neben dem Zwinger und das Kleine Haus in der Neustadt (ehemals „Tonhalle") bringen vor allem klassische und moderne Theaterstücke unterschiedlichen Schweregrades. Nach erfolgter Außen- und Innen-Auffrischung des Schauspielhauses (2007) und Intendantenwechsel (2009) hat sich der Status der Anstalt deutlich gehoben, wofür eine ganze Reihe sowohl beim Publikum als auch bei den Kritikern erfolgreicher Premieren beitrug.

Schauspielhaus, Theaterstr. 2, Karten an der Tages- und Abendkasse (für alle Spielstätten) So–Do 10–20, Sa 13–22 Uhr, ✆ 4913555 (Kartenvorverkauf außerhalb der Öffnungszeiten), ✆ 0800-4913500 (Kartenvorverkauf während der Öffnungszeiten), außerdem Spielplanauskunft unter ✆ 4913570 und www.staatsschauspiel-dresden.de. Kartenvorverkauf auch in der Schinkelwache und an den anderen Vorverkaufsstellen (s. unten). Straba 1, 2, 4, 8, 9, 11 Postplatz.

Kleines Haus, Glacisstr. 28, Neustadt, Tages- und Abendkasse Mo–Fr 14–18.30 Uhr, Tickets/Adressen wie oben. Straba 3, 7, 8 Albertplatz.

Landesbühnen Sachsen

Die sächsischen Landesbühnen haben ihren Standort in Radebeul bei Dresden, wo sie im Großen Haus, der Studiobühne und zusätzlich in einigen anderen Städten (z. B. Meißen) und der Felsenbühne Rathen (Sächsische Schweiz) – wo Sommerspiele stattfinden – pro Jahr an die 650 Vorstellungen geben. Das Programm des Hauses mixt Oper, Ballett und Schauspiel; die Landesbühnen sind also eine klassische Dreispartenbühne.

Landesbühnen Sachsen, Radebeul, Meißner Str. 152, Info ✆ 89540, Kasse Mo 10–13, Di–Fr 10–18, Sa 11–14 Uhr, Kartentelefon ✆ 8954214, ✆ 8854213, www.dresden-theater.de. Straba 4 Landesbühnen Sachsen.

Komödie Dresden

Boulevardtheater, Kabarett, Kindertheater und der eine oder andere Solo-Abend oder Vortrag stellen den Spielplan der Komödie, die sich nur durch die Eintrittskarten finanziert. Die Repertoire-Erweiterung in Richtung Musical wurde mit dem erfolgreichen Cole-Porter Musical „Kiss me, Kate" geprobt und 2008 mit „Elexir – Das Musical" fortgesetzt. Im Sommer hat die Komödie eine Spielstätte im Parktheater Großer Garten, wo es eher volkstümlich zugeht, aber z. B. auch Schlagerabende stattfinden.

Komödie Dresden, Freiberger Str. 39 (im WTC), Kasse Mo–Sa 10–18 Uhr u. 1 Std. vor Beginn, ✆ 866410, www.komoedie-dresden.de. Straba 7, 10, 12 Freiberger Straße.

Societaetstheater

Das Societaetstheater, die „dresdner kammerbühne für nationale und internationale gastspiele" (man beachte die avantgardistische Kleinschreibung ...) bietet institutionalisiertes off-Theater (die Bühne ist eine von Dresden als Landeshauptstadt getragene GmbH) vom Kabarett über auch musikalische Soloabende und Gastspiele kleiner Produktionen vorwiegend àus Sachsen bis zu mitunter anspruchsvollen Eigenproduktionen (2010 Strindberg Projekt mit „Fräulein Julie" und „Totentanz"). Gelegentlich gibt es auch Stargäste, so Katja Riemann in dem Stück „Sex Stadt Beziehungen".

Societaetstheater, An der Dreikönigskirche 1a, Neustadt. Tickets 6–15 €, ✆ 8036810. Online-Kartenvorverkauf unter www.ticket2day.de oder www.societaetstheater.de. Straba 3, 6, 7, 8, 11 bis Albertplatz oder 4, 9 Neustädter Markt.

Theater Wechselbad

Im Theater Wechselbad wird großes Theater von Shakespeare bis Jelinek im kleinen Raum geboten. Außerdem auch mal ein Ringelnatz- oder Karl-Valentin-Abend, im Sommer vor allem Comedy, Musical und Kabarett. Der Publikumshit „Caveman" von Rob Becker scheint unsterblich zu sein. Ein festes Ensemble gibt es nicht, eigene Inszenierungen wer-

den mit Gästen besetzt oder ganze Ensembles werden für Gastspiele engagiert.
Theater Wechselbad, Maternistr. 17 (WTC), Karten 12–27 €, Kasse Mo–Sa 10–19, So 14–19 Uhr, ✆ 7961155, www.theater-wechselbad.de. Straba 7, 10, 12 Freiberger Straße.

Theater für Kinder und Jugendliche

Theater Junge Generation: Dieses Theater für Kinder und Jugendliche („Pinocchio", aber auch „Antigone" von Walter Hasenclever), das zu DDR-Zeiten besonders gefördert wurde, hat die Wende bestens überstanden. Leider ist der Theaterbau funktionsmäßig überfordert (es gibt z. B. keinen Bühnenturm), ein neuer Standort wird gesucht. Zum festen Theaterbetrieb kommt eine Sommersaison im Stallhof und eine für Puppentheater im Sonnenhäusl im Großen Garten (dafür Kartenverkauf im Rundkino, s. unten!).
Theater Junge Generation, Meißner Landstraße 4 (Cotta), Kasse Mo–Fr 9–12, 13–16 Uhr, ✆ 4291220, www.tjg-dresden.de. Straba 1, 12 Cossebauder Straße.

Puppentheater: Der Standort Rundkino für das Puppentheater, eine Sparte des Theaters Junge Generation, besteht ebenfalls seit DDR-Zeiten und wurde damals noch für politische Zwecke eingesetzt. Heute spielt man ohne politische Vorgaben, das brachte sogar eine Einladung zum renommierten Internationalen Figurentheater Festival im Erlanger Markgrafentheater (Mai 2007). Zuletzt stand ein sehr interessantes Puppentheaterstück auf dem Spielplan: „Die Geschichte vom Mäuseken Wackelohr" von Hans Fallada.
Puppentheater im Rundkino, Prager Straße, Theaterkasse Rundkino Di–Fr 14–18 Uhr, ✆ 4965370, Vorverkauf → Theater Junge Generation.

Yenidze: Die Nachmittagsvorstellungen im Märchenzelt unter der Kuppel des Yenidze (s. unten) sind vorwiegend für Kinder gedacht (Kinderkarte 5 €)!

Kabarett, Kleinkunstbühnen

Die Herkuleskeule bietet politisches Kabarett mit Pfiff und Biss – und ohne Sommerpause! Der Gründer Manfred Schubert verstand es zwischen 1961 und 1989, wie das sonst nur der Leipziger „Pfeffermühle" und der Berliner „Distel" gelang, subtile Kritik in das von

Kabarett-Tradition seit DDR-Zeiten in der Herkuleskeule

oben verordnete Polit-Kabarett einfließen zu lassen – erst 1993 räumte er den Direktorenstuhl.

Herkuleskeule, Sternplatz 1, Karten je nach Platzgruppe und Tag 9–19 €, Kasse Mo–Fr 11–18 Uhr, telefonisch ab 9 Uhr, Sa ab 90 Min. vor Vorstellungsbeginn, ✆ 4925555, www.herkuleskeule.de. Straba 7, 10, 12 Freiberger Straße.

Dresdner Kabarett Breschke & Schuch, die Namen gebenden Hausherrn Breschke und Schuch bieten deftig-bissige bis nachdenklich machende Satire und ein buntes Gastspielprogramm.

Dresdner Kabarett Breschke & Schuch, Wettiner Platz 10 (Eingang Jahnstraße), Kasse Di–Fr 10–18 Uhr, Karten 11–14 €, ✆ 4904009, www.kabarett-breschke-schuch.de. Mit der Bahn Bahnhof Dresden Mitte, Straba 1, 2, 6, 10 Bahnhof Mitte.

Theaterkahn Dresden – Dresdner Brettl: „Theater für Cabaret, Musik und Literatur" nennt sich der Kahn, der unterhalb vom Italienischen Dörfchen angelegt hat und z. B. „Shakespeares Sämtliche Werke (leicht gekürzt)" auf dem Programm hat oder „Loriots Heile Welt" und (selbstverständlich) einen Erich-Kästner-Abend („Es gibt nichts Gutes, außer: Man tut es"), aber auch Daniel Glattauers „Gut gegen Nordwind". Das Restaurant „Kahnaletto" auf dem Kahn ist den Besuch wert (→ S. 131)!

Theaterkahn Dresden – Dresdner Brettl, Terrassenufer (an der Augustusbrücke), Tickets ca. 10–23,50 €, Tageskasse Mo–Fr 11–18 Uhr, ✆ 4969450, www.theaterkahn-dresden.de. Straba 4, 8, 9 Theaterplatz.

Yenidze: Die 1001 Märchen GmbH in der ehemaligen Tabakfabrik im Moscheekleid gaukelt vor allem großen Kindern Märchen aus 1001 Nacht vor. Außerdem werden Bauchtanznächte geboten, und Lesungen aus Märchen von Andersen über die Gebrüder Grimm bis zu Werner Heiduczek (der selbst liest) sind an der Tagesordnung. Sensationell: „Lauschrausch", die Internationalen Obertontage im September, drei Tage mit klassischen und ungewöhnlichen Instrumenten und Stimmlagen, produziert von Spezialisten für Obertonmusik aus aller Welt.

Yenidze, Weißeritzstr. 3, Karten 7,50–15 €, Kinder in Märchenveranstaltungen 5 €, Lauschrausch ab 15 €, ✆ 4951001, www.1001maerchen.de. Straba 6, 11 Kongresszentrum.

„Tabakmoschee" Yenidze

Open Air

Theaterruine St. Pauli: In der Ruine der St. Paulikirche, einem 1889 bis 1891 entstandenen neogotischen Klinkerbau im Hechtviertel, finden seit 1999 sommerliche Theaterabende statt. Erhabenes wird kräftig gekürzt und durch die Mangel gedreht (Goethes „Zauberflöte"-Fortsetzung) und das Publikum darf mitmachen (Shakespeares „Der Sturm"). 2010 stehen u. a. „Hamlet" und Bert Brechts „Guter Mensch von Sezuan" auf dem Programm.

Der beliebte Spielort soll in Zukunft ein Glasdach bekommen, Gelder wurden 2010 im Ortsbeirat dafür abgezweigt. Dann können auch Konzerte hier stattfinden – aus Lärmschutzgründen sind sie bisher nicht erlaubt.

Verein Theaterruine St. Pauli, Königsbrücker Platz (Leipziger Vorstadt/Äußere Neustadt), www.theaterruine.de, Abendkasse ✆ 2721444. Straba 7, 8 Tannenstraße.

Sommertheater im Stallhof: Nicht zu tiefgründig geht es in den sommerlichen (Juli/August) Aufführungen des Theaters Junge Generation im Stallhof des Schlosses zu.

Sommertheater im Stallhof, Infos über Theater Junge Generation (s. oben), ✆ 4965370, www.tjg-dresden.de. Straba 4, 8, 9 Theaterplatz.

Felsenbühne Rathen: Im Halbrund des Theaters unter den Rathener Felsbastionen werden im Sommer (Mitte Mai bis Ende Sept.) vor allem populäre Stücke gezeigt, die von der Oper („Freischütz") über die Operette („Der Bettelstudent") und das klassische Theater (Shakespeares „Sommernachtstraum") bis zu Kinderstücken (Astrid Lindgrens „Ronja Räubertochter") und – besonders beliebt – Karl-May-Adaptionen („Der Schatz im Silbersee") reichen. Die Felsenbühne Rathen wird von den Landesbühnen Sachsen bespielt.

Infos und Karten bei Felsenbühne Rathen, Amselgrund 17, 01824 Kurort Rathen, ✆ 035024-7770, 035024-77735, und bei den Landesbühnen Sachsen (s. oben), Kasse Mai bis letzter Vorstellungstag tgl. 9–17 Uhr und 30 Min. vor Beginn. Bahn S 1 Kurort Rathen.

Weitere Spielstätten und Konzertreihen

Kulturpalast

Diese Mehrzweckbühne ist nicht nur Stammsitz der Dresdner Philharmonie, sondern sie bietet auch Shows, Gastspiele von Theater, Ballett, Oper, Rock, Pop, Volksmusik und Vorträge. Ein Kessel Buntes also.

Programm → Ticketzentrale Kulturpalast oben.

Festspielhaus Hellerau

Die oben schon erwähnte Spielstätte (→ The Forsythe Company) ist als Europäisches Zentrum der Künste ein Treffpunkt der Avantgarde auf dem gesamten musischen Sektor. Das 1911 errichtete und 2006 nach mehrjähriger Bauzeit wiedereröffnete Festspielhaus bringt in lockerer Folge Musik, Theater, Tanz, Installationen, Lesungen, Filme und jeden künstlerisch denkbaren Mix daraus.

www.hellerau.org. Straba 8 Festspielhaus Hellerau.

Hochschule für Musik Carl Maria von Weber

Die renommierte Musikhochschule in der Wilsdruffer Vorstadt – sie ist mit einem Alter von mehr als 150 Jahren eine der ältesten Deutschlands – stellt regelmäßig ihre Lehrer und Studierenden in zahlreichen Konzerten und Studioproduktionen vor. Diese finden in der Regel im eigenen Haus statt, gelegentlich werden aber auch andere Konzertsäle genutzt, in der Semperoper (Matineen) oder – wie in einer Produktion von Glucks „Orpheus und Eurydike" – ein Theatersaal im Kleinen Haus des Staatsschauspiels in der Glacisstraße. Die neue Proben- und Konzerthalle (hammeskrause architekten Stuttgart), konzentriert seit 2008 die Konzerte und Produktionen der Musikhochschule auf diesen Neubau. Noch sind die Meinungen über den Neubau geteilt („riesige Salatschüssel"), für die Hochschule ist er aber auf jeden Fall ein enormer Gewinn.

Hochschule für Musik Dresden, Wettiner Platz 3, Bahn Bahnhof Dresden Mitte, Straba 1, 2, 6, 10 Bahnhof Mitte.

Zwingerkonzerte

Von Mitte Mai bis in die zweite Septemberhälfte finden im Zwinger traditionell Konzerte, Ballett- und Kurzopern-Aufführungen statt. Standort ist überwiegend der Zwingerhof, einige Veranstaltungen finden im Marmorsaal statt, der auch bei Schlechtwetter als Ersatz für den Hof dient. Die Konzerte und Tanzabende sind am ehesten als „Klas-

Kinotempel: Glaskristall des UFA-Palastes

sik light“ zu bezeichnen, die Ensembles nicht unbedingt Spitzenkräfte.

Zwingerkonzerte, Karten im Vorverkauf an allen Vorverkaufskassen. Straba 4, 8, 9 Theaterplatz, 1, 2, 4, 8, 9, 11 Postplatz.

Dresdner Orgelzyklus

Die Orgelkonzerte finden jeweils Mittwoch 20 Uhr im Wechsel in der Kathedrale (Hofkirche), der Frauenkirche und der Kreuzkirche statt, Eintritt 5 €. Für die Konzerte in der Kathedrale gibt es keinen Vorverkauf. Das Programm liegt in diesen drei Kirchen und bei den Tourist-Informationen aus.

Konzertreihe Offenes Palais

Im Palais im Großen Garten finden über das Jahr verteilt zwölf Musiktage statt, jeden Monat eine Veranstaltung. Es wird jeweils an einem Dienstag um 14.30 und 19.30 Uhr gespielt. Dabei wird vor allem selten gehörte mittelalterliche und frühbarocke Musik aufgeführt, oft verbunden mit Lesungen und Rezitationen. Sehr stimmungsvoll, zumal die Besichtigung des Palais inbegriffen ist.

Infos auf www.offenes-palais.de und im Buchhaus Loschwitz, ✆ 2685275, buchhaus_loschwitz@t-online.de, wo es auch Karten zur Vorbestellung gibt, Karten 9 € bzw. 12,50 €.

Kino

Programm für Dresden auf www.kinokalender.com und in der Gratis-Programmzeitschrift Kinokalender, die in den Kinos, der Touristeninfo, den Filialen der Stadtbibliothek und anderswo ausliegt.

Neues Rundkino: Im Rundkino Dresden kann man 3D-Spektakel auf Sachsens größter Leinwand anschauen – das 1972 eröffnete Rundkino war mal ein Uraufführungskino und ist heute unter den neuen Eigentümern (nicht nur) dem 3D-Großformat gewidmet.

Neues Rundkino, Prager Str. 6, ✆ 4843922, Tickets ab 5,40 €, Programm und Tickets auf www.rundkino.com. Straba 7, 8, 9, 11 Walpurgisstraße.

UFA-Kristallpalast Dresden: Der schräge Glaskristall, der unweit der Prager Straße (aber von dieser aus nicht sichtbar) gestrandet ist, ist ein Werk der Wiener Architektengruppe Coop Himmelb(l)au und entstand 1998. Bewundernswert und spannend zu entdecken, wie die Architekten die Säle in die ungewöhnliche Konstruktion eingeschichtet haben. Allein schon dafür lohnt sich der Besuch des Multiplex-Kinos.

Tipp: Kamera mitnehmen, wenn nach der Vorstellung der Kristall aus allen Glasflächen leuchtet, lohnt ein Foto.

UFA Filmpalast, St.-Petersburger-Straße 24a, ✆ 4825825, Hotline 0180-5050666, www.ufa-dresden.de. Straba 3, 7, 8, 9, 11 Walpurgisstraße.

Schauburg: Von außen macht es nichts her, dieses 1927 eröffnete und im Krieg nicht zerstörte (aber zu DDR-Zeiten zwei Mal und 1994 nochmals umgebaute) Traditionskino an der Königsbrücker Straße. Eher beeindruckt das Programm, das Züge eines Programmkinos mit leicht alternativem Touch (und schon mal Off-off-Produktionen) sowie die üblichen rasch verwesenden Tageshits verbindet. Alternative und studentische Klientel. Das Schauburg hat mit seinem „Schauburg-Hofkino" die längste Film-Openair-Saison Dresdens: von Ende April bis in den November hinein kann man unter freiem Himmel den bunten Bilderstreifen zusehen, übrigens bei jedem Wetter ...

Schauburg, Königsbrücker Str. 55, ✆ 8032185, www.schauburg-dresden.de. Straba 7, 8, 13 Bischofsweg.

Art déco ist das Gebäude des Schauburg-Kinos

Thalia: Das Kino plus Bar („Cinema, Coffee and Cigarettes", muss ja auf Englisch vermarktet werden) liegt im Szeneviertel Äußere Neustadt und ist selbst voll Teil der Szene. Die Filmauswahl folgt allerdings eher dem Mainstream, an den Nachmittagen gibt es aber schon mal etwas weniger Populäres.

Thalia, Görlitzer Str. 6, ✆ 6524703, www.thalia-dresden.de. Straba 13 Görlitzer Straße.

Kinooperative Dresden: Drei Kinos beteiligen sich an der Kinooperative Dresden, die gehobenes Programmkino zeigt, Filme abseits des Mainstream, aber auch den einen oder anderen Renner der Saison, wenn er denn den Ansprüchen genügt. Das Thalia in der Görlitzer Straße (s. oben) gehört dazu wie auch das Programmkino Ost in Dresden Striesen und das KiD (Kino im Dach) in derselben Straße. Das Programmkino Ost wurde jüngst erweitert und auffrisiert und hat jetzt fünf Säle. Die Karten kosten bei allen Kinos zwischen 5 und 7 €.

Programmkino Ost, Schandauer Str. 73, Striesen, Straba 4, 10 und Bus 85, 86 Altenberger Straße, ✆ 3103782, www.programmkino-ost.de. **Kino im Dach**, Schandauer Str. 64, Striesen, Straba 4, 10 Gottleubaer Straße, ✆ 3107373, www.kino-im-dach.de. **Thalia**, Görlitzer Str. 6, Neustadt, ✆ 6524703, www.thalia-dresden.de. Straba 13 Görlitzer Straße.

Kino Im Kasten (KIK), Kino im Uni-Hörsaal, die freiwilligen Mitarbeiter, wählen auch die Filme aus. Überraschendes aus der Filmgeschichte, Dokumentationen, Klassiker ...

August-Bebel-Str. 20, ☎/📠 46336463, www.kino-im-kasten.de.

Museumskino: In den Technischen Sammlungen Dresden werden an (nicht allen) Freitagen und Samstagen Filme gezeigt, die sonst nicht zu sehen sind, etwa in einer Stummfilmreihe, in der Reihe Film im Film (z. B. „Film ohne Titel“ mit Hildegard Knef und Hans Söhnker 1947) oder in einer Serie von DDR-Filmen über Dresden.

Technische Sammlungen, Junghansstr. 1–3, Kartenreservierung/Auskunft ☎ 4887272, Programm auf www.tsd.de/museumskino1. Straba 4, 10 Pohlandplatz.

Filmnächte am Elbufer: → Feste, Feiertage und „Events“!

Kino zu Hause: Programmvideothek Filmgalerie mit großer Auswahl.

Mo–Fr 14–23, Sa 11–23 Uhr, Königsbrücker Str. 54, www.filmgalerie-phaseIV.de.

Karten-Vorverkaufsstellen im Überblick

Staatsopernkasse, im Gebäude der Schinkelwache am Theaterplatz, Karten für die Semperoper und die Konzerte der Sächsischen Staatskapelle, Mo–Fr 10–18, Sa/So 10–13 Uhr (im Winter an Wochenenden kürzere Zeiten laut Anschlag). Schinkelwache, Theaterplatz 2, Bestellung ☎ 4911705, Spielplaninfos 4911740, bestellung@semperoper.de.

Ticketzentrale im Kulturpalast, Ticketzentrale (nicht nur für Hausveranstaltungen) Mo–Fr 10–19, Sa 10–14 Uhr und 1 Stunde vor Beginn von Festsaalveranstaltungen. Schlossstr. 2 (Altmarkt), ☎ 4866666, www.ticketzentrale.de. Straba 1, 2, 4 Altmarkt.

Ticketservice der Sächsischen Zeitung, vermittelt Karten für mehr als 80.000 Veranstaltungen pro Jahr in den Sparten Rock & Pop, Sport, Klassik, Musical, Theater und Show, Dresden und bundesweit, ausgenommen Karten für die Staatsoper, ☎ 01805-740074, www.sz-ticketservice.de. **SZ-Ticketservice im Karstadt Dresden**: Prager Str. 12, ☎ 8612510. Straba 8, 9, 11, 12 Prager Straße. **SZ-Ticketservice im Haus der Presse**: Ostra-Allee 20, ☎ 48642740, Straba 11 Am Zwingerteich.

Konzertkasse Schillergalerie, bietet Karten für fast alle Veranstaltungen in Dresden, ausgenommen Staatsoper. Loschwitzer Str. 52a, ☎ 315870, Hotline ☎ 866600, www.konzertkasse-dresden.de. Straba 6, 12, Schillerplatz.

Ticket2day.de, Karten vornehmlich in den Sparten Rock & Pop, Sport, Klassik, Musical, Theater und Show, ☎ 8036810, 📠 8036812, mail@ticketmanagement.de, www.ticket2day.de.

Dresden Ticket, Karten für Konzert (Pop/Rock/Klassik), Event, Theater, Show, Louisenstr. 11, ☎ 8627390, www.dresdenticket.de. Straba 7, 8 Louisenstraße.

SaxTicket, Filmtheater Schaumburg, Königsbrücker Str. 55, ☎ 8038744. Straba 7, 8, 13 Bischofsweg.

Konzertkasse an der Kreuzkirche, Karten für die Veranstaltungen der Kreuzkirche. Haus an der Kreuzkirche, ☎ 4965807. Straba 1, 2, 4 Altmarkt, Straba 8, 9, 11, 12 Prager Straße.

Tickets der Landesbühnen Sachsen. Theaterkasse, Meißner Str. 152, 01445 Radebeul, ☎ 8954214, 📠 9854213, www.dresden-theater.de. Straba 4 Landesbühnen Sachsen.

Die alt-neue Altstadt ist beliebter abendlicher Treff (Neumarkt)

Nachtleben

Dresden ist für sein Nachtleben nicht unbedingt weltbekannt, Einwohner und Gäste finden aber im weit gespannten Angebot vor allem der Äußeren Neustadt genug Auswahl an Kneipen, Discos, Bars, Clubs und Party-Locations, um die Nacht oder ein Wochenende durchzufeiern.

Insgesamt 84 Bars, Cocktailbars, „Clubs & Locations", Szenekneipen und Discos listet die Dresden-Ausgabe des Magazins Prinz (Juni 2010) auf. Auf 500.000 Einwohner kommen also – die Liste ist keineswegs vollständig – mindestens 100 Standorte, um die Nacht gepflegt zu verbringen. Das klingt, als ob es in Dresden diesbezüglich keinen Mangel gäbe. Stimmt, aber die Stadtviertel sind ganz unterschiedlich nachtgeprägt. Da gibt es Viertel, in denen es nach 22 Uhr nicht ganz leicht ist, etwas zu essen zu bekommen und um Mitternacht der Nachtwächter zum Zu-Bett-Gehen ruft. Fast die gesamte Altstadt und die meisten Bürgerviertel von Striesen bis Pieschen oder Löbtau gehören dazu und die Plattenbauviertel wie Prohlis ebenfalls. Dresdens Nachtleben konzentriert sich zu 80 % auf ein einziges Stadtviertel, die Äußere Neustadt und ihre Randgebiete Hechtviertel, Industriegelände und Leipziger Vorstadt. Wenn anderswo das Licht ausgemacht wird, geht es hier erst an. In der Louisen- und der Alaunstraße sind von Mitternacht bis fünf Uhr früh die Kneipen, Bars, Discos und all die anderen Locations prall gefüllt.

Im Sommer erweitert sich das nächtliche Spektrum nicht nur durch die überall und bis tief in die Nacht auf die Straße gestellten Tische und Stühle (und die Musik aus den Wummern, gegen die man in Dresden ausgesprochen resistent zu sein scheint). Auch zahlreiche Biergärten werden in Hinterhöfen improvisiert und dürfen natürlich genau so lange geöffnet sein wie das Lokal selbst (was in der Äußeren Neustadt besonders am Wochenende häufig open end heißt), und an den Elbufern sprießen die Strände. In der

Elbe kann man zwar wieder baden, aber wer hat dazu schon Lust, wenn man am Puro Beach oder City Beach gepflegt im Liegestuhl auf echtem Sand seinen Absacker-Drink schlürfen darf und dabei – zumindest suggeriert das die Werbung – von kaum bekleideten, busenfrohen jungen Frauen begehrlich bewundert wird (und die loungenden Damen natürlich von schicken Typen)? Auch die Filmvorführungen auf der Open-Air-Bühne am Elbufer genau gegenüber der Frauenkirche finden jetzt statt. Nach dem Ende der Vorstellung ist es in die Äußere Neustadt nur ein kurzer Sprint.

Sehr viele tagsüber geöffnete Cafés besonders in der Äußeren Neustadt haben bis spät in die Nacht, viele sogar bis fünf Uhr früh geöffnet – als Café mit Imbissen oder Speisen sind sie, wenn sie sich nachts nicht deutlich verwandeln, in den einzelnen Kapiteln des Reiseteils unter der Rubrik „Essen & Trinken" beschrieben.

Die Neustadt ist nicht erst seit der Wende Szene. So hat die Scheune ein durchaus alternatives sozialistisches Vorleben. Und auch Dresdens 1983 gegründete und 1985 durch die Stasi aufgelöste Punk-Band Paranoia war in der Neustadt zu Hause. Punk in der DDR war den Machthabenden ein Dorn im Auge. In Berlin ließ sich nicht alles ausmerzen, im bescheideneren Dresden zertrat man die Bewegung mit dem Verhör von Olaf, Ollie, Jörg und Fleck und einem Auftrittsverbot. Fleck saß 22 Monate lang in Stasihaft. Die vier von Paranoia berichten heute von den Anfeindungen und dem Unverständnis ihrer Kollegen und der Bevölkerung, Toleranz war nicht eben Essenz der DDR-Kultur.

Standorte für größere Musikveranstaltungen

Von den größeren Veranstaltungsorten haben alle ein gemischtes Programm – nur mit Sonderinteressen füllt man keine Säle. Die größten unter ihnen sind Tante Ju, Alter Schlachthof, Kulturpalast, Scheune und – mit Abstand – Starclub.

Tante Ju (3), → Karte S. 174/175. Die Tante Ju liegt ganz abseits im Industriegelände, vor allem Musik-Großveranstaltungen, nicht nur Pop/Rock/Funk/Elektro, sondern auch Jazz, Blues und der gelegentliche Exotenabend (wie „Weltmusik-Basar" mit vorderasiatischer und indischer Musik, Klezmer-Abend, russischer Rock/Pop). Klar, eine Junkers-Maschine hängt unter der Decke der Ex-Autowerkstatt. An der Schleife 1, ✆ 2522555, Ticket-Hoteline ✆ 2522557, www.tanteju.com. Straba 7, 8 Industriegelände, zu erreichen über Mendestraße und Am Kohlenplatz oder An der Eisenbahn.

Alter Schlachthof (45), → Karte S. 174/175. Der Alte Schlachthof hatte von 1873 bis 1928 genau die Funktion, die sein Name besagt, heute werden dort vor allem Großkonzerte für bis zu 3000 Zuschauer gegeben – da müssen die auftretenden Gruppen (Rock/Pop) schon ziemlich bekannt sein. Zuletzt waren das Kate Nash, Frank Ramond, Yellow Umbrella, Letzte Instanz, aber auch Erich von Däniken (ja!) und (jawohl) Chippendales. Gothaer Str. 11, Leipziger Vorstadt, Ticket-Hotline ✆ 866600, www.alter-schlachthof.de.

Kulturpalast (3), → Karte S. 154/155. Das Stammhaus der Dresdner Philharmonie bietet nicht nur philharmonische Konzerte, sondern ein bunt gemischtes Angebot von „Volksmusik" (Frühlingsfest der Volksmusik, Hansi Hinterseer) über populäre Showgrößen (Otto, Helene Fischer, Die Puhdys, Udo Jürgens, André Rieux), Musicals und Tanztourneen (MDR Deutsches Fernsehballett, Lord of the Dance, Phantom der Oper) bis zu Rock (Uriah Heep) und Folk (The Dubliners) und allem, was sonst noch die Massen anzieht. Schlossstr. 2, Ticketzent-

> Veranstaltungskalender in den Stadtmagazinen → Wissenswertes von A bis Z.
> Adressen für den Kartenvorverkauf → Kulturszene Dresden.

rale Mo–Fr 10–19, Sa 10–14 Uhr, ✆ 4866666, www.ticketzentrale.de.

Scheune (49), → Karte S. 174/175. Die Scheune im Szeneviertel Äußere Neustadt ist „Kulturzentrum" und damit alles: Café, Kneipe, Imbiss, Disco, Theater, Konzerthaus, Biergarten und – leider – vor der Tür Treffpunkt der Szene mit den nicht abgerichteten Straßenkötern. Das Ex-DDR-Jugendhaus (seit 1951) hat eine recht buntscheckig-aufmüpfige Vergangenheit, so wurde hier trotz offiziellen Abwinkens der „Jazzklub Dresden" gegründet. Der Kultstatus verpflichtet üblicherweise, nicht jedoch hier, denn das Kultige ist gerade die Fähigkeit der Scheune, Szenehöhepunkte und schwachen Abklatsch souverän nebeneinander zu dulden. Unbedingt reinschauen! Alaunstr. 36–40, ✆ 8026619, www.scheune.org.

Beatpol (1), → Karte S. 199. Rock und nochmals Rock im ehemaligen Kino. Den Dresdnern noch als Star Club bekannt – aber den Namen hat sich Universal gekauft. Sonst hat sich nix geändert an Location, Image und Beliebtheit seit bald zwanzig Jahren. Altbriesnitz 2a, Briesnitz (Cotta), ✆ 4210302, www.beatpol.de. Straba 1, 2 Gottfried-Keller-Straße.

Diskotheken, Clubs, Musikkneipen und Tanzen

Was heute absolute Spitze ist, kann morgen schon vergessen – oder geschlossen sein: in der Äußeren Neustadt und im nördlich davon gelegenen Industriegelände schließt alle paar Wochen eine Szenekneipe oder Party-Location, die eine wegen Renovierung – man hat recht primitiv anfangen müssen nach der Wende –, die andere, weil man nicht mehr „in" ist und zumachen muss. Dafür entsteht um die Ecke eine neue – vielleicht sogar vom gleichen Betreiber. Motto: nur bitte keinen Stillstand. In diesem Sinne: was hier Tipp ist, kann morgen Schrott sein. Also Stadtmagazine konsultieren, um den richtigen Startpunkt zu finden, wie's dann weitergeht, ergibt sich meist von selbst.

Arteum (2), → Karte S. 206/207. Maxi-Club im halb-schicken Waldschlösschen-Bezirk, was zunächst wie ein in den Platz versenkter Kindergarten aussieht, entpuppt sich nach den schweren Türen als Disco mit mehreren Veranstaltungsflächen. Starker Winterstandort: Puro (im Sommer → Puro-Beach), Winter Chillout Club etc. Nach Umbau haben die beiden „Dance Halls" nun deutlich mehr Tanzfreiraum geschaffen. Dresscode „schick, gepflegt, schrill erlaubt" wird strikt eingehalten. Am Brauhaus 3, ✆ 4590047, www.feiern-deluxe.de.

Ballhaus Watzke (33), → Karte S. 174/175. Traditions-Ballsaal in einem großen gründerzeitlichen Einkehrgasthaus direkt an der Elbe. Wunderschöner Ballsaal von 1898 in einem zurückhaltend edlen Neo-Empire, das bei der Restaurierung 1992 wieder auf den alten Glanz gebracht wurde. Tanzereien zu vorher bekannt gegebenen Terminen, in der Karnevalsaison heiß begehrter Standort. Kötzschenbroder Str. 1, Ecke Leipziger Straße (Pieschen), ✆ 852920, www.watzke.de. Straba 4 Rehefelder Straße, Straba 13 Alt Mickten/Elbcenter.

Blauer Salon (7), → Karte S. 206/207. Wie die Kakadu-Bar ist der große Saal „Blauer Salon" im Parkhotel auf dem Weißen Hirsch eine alt-neue Institution. Schwof und Tanz (als „Party" verkleidet – oft für die Ü30) samt Großveranstaltungen – nicht nur zu Silvester – wenn das ganze Haus für Gäste geöffnet ist. Bautzner Landstr. 7, ✆ 4848799, www.blauersalon.de.

Blue Dance Club (16), → Karte S. 154/155. Tanzen zu den (Disco-)Hits der Achtziger, am Freitag Live-Übertragung auf Radio Dresden 103,5, am Samstag dürfen Oldies (also alle über 25) gratis rein. Wallstr. 11, Mi, Fr und Sa ab 22 Uhr, ✆ 8020066, www.blue-dresden.de.

Club Mensa (41), → Karte S. 154/155. Studentischer Partytreff, preiswert, von dem reichlichen Dutzend „Discos" und „Clubs" in den Studentenheimen der beste. Im dritten Stock der Mensa Reichenbachstraße. Reichenbachstr. 1, ✆ 4622620, www.-clubmensa.de.

Loft House, Groove Station und Down Town (43), → Karte S. 174/175. Alle drei im Hof neben der Haupt-Feuerwache Dresdens, da fällt das bissel Lärm auch nicht mehr auf. Die Groove Station bietet auch Billard und ein paar Biertische auf der erhöhten Terrasse vor der Tür, alle drei haben etwas anarchisch unaufgeräumte Ausstrahlung. Im selben trübseligen Hof Galerien und Kunsthandwerker. Die Groove Station macht Live-Musik von Rock bis

House ohne bestimmte Schwerpunkte, Hauptsache laut und – eben – groovy. Downtown ist eine typische (tja, klassische) Kellerdisco mit Sound der 70er und 80er vor allem an den Freitagen. Katharinenstr. 11–13, Mo–Sa ab 19, So ab 16 Uhr, (Groove Station) ✆ 8029594, (Downtown) ✆ 8115592, www.groovestation.de, www.downtown-dresden.de.

Industriegelände („Straße E") (4), → Karte S. 174/175. Party, Konzert, Pop, Rock, Techno bis fünf Uhr früh in zahlreichen Clubs und Discos im siedlungsfreien früheren Industriegelände am Rand der Dresdner Heide, jeden Abend ist was los, nicht nur am Wochenende. Von der Straßenbahnhaltestelle Werner-Hartmann-Straße oder der S-Bahn-Station Dresden Industriegelände zieht sich die Werner-Hartmann-Straße (eben jene „Straße E") parallel zur Königsbrücker Straße durch das ehemalige Industriequartier. Nicht nur diese Straße, sondern auch die Querstraßen, vor allem die Hermann-Mende-Straße sind Party-Standorte. Lokalitäten sind u. a. Reithalle Straße E, Washroom/Eventwerk in der Hermann-Mende-Straße 1 (Rock und sogenannte „heiße Partys", „Aftershows", „Waschtag" am Freitag und andere Events in einer ehemaligen Munitionsfabrik samt Namen gebenden Waschbecken für die Arbeiter), BK 8, Alte Spinnerei (oder „Spinnerei Straße E"), Tante Ju (s. oben) Fahrenheit 100 (Techno, Disco-Sound und gelegentlich Nächte für die schwule Szene, die voll auf dieses Musikangebot abfährt), Straßencafé (wirklich ein Café), Thrillbeats Club ... Einlass meist ab 22 Uhr. Straße E im Industriegelände, Washroom Hermann Mende-Str. 1, Spinnerei Werner-Hartmann-Straße 2–4, ✆ 80233482, (fast) komplettes Programm auf www.wash-sachsen.de, www.strasse-e.de, www.liquidsounds.de, www.washroom.de, www.strassencafe.de. Straba 7, 8 Industriegelände (die 8 fährt nicht nachts und sonntags erst ab Mittag!).

Jazzclub Neue Tonne Dresden (2), → Karte S. 165. Ein richtig konsequent-altmodisch ausschließlich Jazz praktizierender Jazzkeller, das macht den Dienstag mit seinen Jam-Sessions ab 21 Uhr (Gratis-Eintritt!) zum interessantesten Abend. Gäste auch aus dem Jazz-Himmel: Burton & McPherson zum Beispiel. Den Gastro-Service hat der Red Rooster (→ S. 170) übernommen. Jazzkeller im Kulturrathaus, Königstr. 15, ✆ 8026017, Karten 7–19 €, an Dienstagen freier Eintritt, www.jazzclubtonne.de.

Katy's Garage (42), → Karte S. 174/175. Der Trabi auf dem Dach deutet darauf hin, dass das Publikum hier etwas älter ist als bei der Konkurrenz (zumindest tendenziell), und beim „Älternabend" tauchen echt Dreißigjährige auf (Mi). Der Schwerpunkt der Garage (die mal ein Reifenladen war, was sich heute noch auf die Cocktailkarte auswirkt, zumindest was die Namen betrifft) ist das Tanzen, aber es gibt auch andere Zerstreuungsmöglichkeiten wie Billard und Dart. Sa ab 22 Uhr Disco. Alaunstr. 48, ✆ 6567701, www.katysgarage.de.

Kultig: Kathy's Garage

m.5 (10), → Karte S. 137. Tanzen und mehr oder weniger gepflegte Anmache sind die Basis dieser Bar im Touristenviertel, die freitags zu den Schlagern der 70er und 80er lädt – Go-Go-Girls und -Boys machen vor, wie man sich dazu zu winden hat. Münzgasse 5, Do, Fr, Sa und vor Feiertagen ab 21 Uhr, Frauen freier Eintritt, ✆ 4965491, www.m5-nightlife.de.

Metronom Club (46), → Karte S. 174/175. „Club, Bar & Lounge" mit gut bestückter und neu gestylter Bar und Lounge auf Straßenniveau, neben den üblichen auch Cocktails im Stil der Zwanzigerjahre, jeden Tag ein anderer, und eine Kelleretage, wo Indiepop, Elektrosounds und Rock den Klanghintergrund dominieren – also was für die nicht so ganz Jungen. Mittwoch Studentenabend. Louisenstr. 55, tgl. ab 17 Uhr, www.metronomclub.de.

PM am Altmarkt (8), → Karte S. 154/155. Das Haus am Altmarkt hat eine Tradition, die lange vor den Kneipen in der Louisen- oder Alaunstraße begann: hier wurde schon zu Honeckers Zeiten das Tanzbein

Die „Scheune“ steht für Nachtleben, nicht nur in der Neustadt

geschwungen. Nein, kein Langsamer Walzer, dafür House oder Black Music. Wilsdruffer Str. 19–21, ✆ 2139438.

Pier 15 (51), → Karte S. 174/175. Beliebter Club am Elbufer, der aus den ehemaligen Lagerhallen des Neustädter Hafens eine Art ostasiatisch-orientalische Loungelandschaft gemacht hat. Musik? R'n'B, Soul, House, so in diesem Bereich. Neben der Club-Funktion und den „Pacha“-Partys darf's schon mal Comedy sein, dann rückt man eben Stühle rein. Leipziger Str. 15b am Neustädter Hafen (Pieschen), ✆ 4415708, www.pier15.de.

Sax Clubzone (4), → Karte S. 206/207. Sogar „Ältere“ (also ab 25, wie es von Chef des Hauses verlautet) sollen sich in dieser Groß- und Mehrraumdisko wohlfühlen können, man hat ihnen einen geräusch-reduzierten und schlager-beschallten „Sound-Garden“ gewidmet. Der Rest auf mehreren Ebenen ist auf höhere Phonzahlen getrimmt, die Ausstattung ist neu, bunt aber konventionell. im Sommer ist die Terrasse über der Elbe – mit echtem Sand – ein Hit. Im Umfeld Abrissambiente. Bautzner Str. 118, www.sax-clubzone.de.

Showboxx (54), → Karte S. 174/175. Die elektronische Musik (sorry, muss natürlich Electrosounds heißen) hat diesen Klub seit mehr als acht Jahren über Wasser gehalten, länger als manche Konkurrenz, die bald wieder die teuren Anlagen verscherbelte. Treues Publikum bei Techno und House in „Dresdens Hochburg für elektronische Musik zum Abrocken“ (Prinz Dresden). Leipziger Straße 31, www.showboxx.de.

Szenekneipen

Bärenzwinger (2), → Karte S. 137. Altgedienter Studentenclub in den Gewölben unter der Brühlschen Terrasse, Kneipe & Rock-Popkonzerte, aber auch Jazz und Blues, Bier zu Tiefstpreis. Brühlscher Garten, tgl. ab 20 Uhr bis Mitternacht, am Wochenende bis 3 Uhr, ✆ 4965153, www.baerenzwinger.de.

Blue Note (40), → Karte S. 174/175. Kleiner, immer voller Laden mit winziger Bühne, viel Jazz, flottes Barpersonal, noch geöffnet (tgl. 20–5 Uhr), wenn andere schon zugemacht haben. Görlitzer Str. 2b, ✆ 8014275, www.bluenote-dresden.de.

Blumenau (52), → Karte S. 174/175. Um 8 Uhr früh geht's los im Blumenau – jüngst aufgefrischt und grässlich-schön kitschig-bunt ausgemalt – da kann der Kaffeesieder den Wünschen des oft übernächtigten Publikums kaum nachkommen. Warmes Essen gibt's bis 22 Uhr, dann dominieren die Cocktails wie Kill Bill. Gegen 2 oder 3

Uhr morgens ist dann Schluss. Louisenstr. 67, Mo–Fr ab 8, Sa/So ab 9 bis 2/3 Uhr, ✆ 8026502, www.cafe-blumenau.de.

Raskolnikoff (65), → Karte S. 174/175. Die Kult-Kneipe öffnete kurz nach der Wende und ist heute eine von vielen mit eher unauffälliger und charmefreier Mini-Ausstattung, aber mit stimmungsvollem Innenhof. Die Küche bietet Speisen aus aller Welt. Böhmische Straße 34, Hechtviertel, tgl. 10–2 Uhr, www.raskolnikoff.de.

Scheunecafé, s. oben unter Standorten für größere Musikveranstaltungen und unter → Äußere Neustadt „Essen & Trinken".

Shamrock (10), → Karte S. 113. Irische Kneipe, die freitags und samstags abends zu keltischer Live-Musik erst so richtig aufwacht. Anglo-Irish ist allerdings Fremdsprache. Kleine Brüdergasse 1, tgl. 11–2 Uhr, www.shamrock-dresden.de.

Bars

Große Auswahl – bei den Bars ist nicht nur eine Runde um Alaun- und Louisenstraße fällig, es locken vor allem auch die teuren Bars der Vier- und Fünfsterner in Alt- und Neustadt.

Balance Bar (15), → Karte S. 137. Edel, edel, wie auch sonst, die Bar des Hilton. Elegant geschwungener Tresen, gedeckte Farben zwischen Orange und Rot, zum Cocktail kommen überdurchschnittlich viele Anzug- und Krawatten-Leute. Freitags und samstags Live-Musik. An der Frauenkirche 5, tgl. 9–1 Uhr, ✆ 8642-848.

La Bodeguita (18), → Karte S. 174/175. Latino-Cocktailbar mit sympathischem deutsch-kubanischem Team an der richtigen Stelle – auch ringsum ist Latino Trumpf. Görlitzer Str. 46, Mo–Sa 18–1 Uhr, www.labodeguita-dd.de.

Frank's Bar (25), → Karte S. 174/175. Diese Bar lässt seit fünfzehn Jahren (!) keine Cocktailwünsche offen und ob geschüttelt oder gerührt, der Barkeeper weiß es zu präsentieren und geht auch auf Kundenwünsche ein. Neben den Cocktails (Hauscocktail „Piano") diverse Spirituosen, vor allem Malzwhiskys. Party zu Hause? Frank & Co. kommen gerne. Alaunstr. 80, tgl. 19–3 Uhr, ✆ 65888380, www.franksbar.de.

Kakadu-Bar (7), → Karte S. 206/207. Jetzt ist sie wieder geöffnet, die „Kult-Tanzbar" (Sächsische Zeitung) im historischen Hotel des ehemaligen Kurortes Weißer Hirsch. Mehr Farbe, Rot natürlich, gelungene Beleuchtung, der neue Bartresen und eine zweite Theke, die leuchtenden Bleiglasfenster – das sollte doch als Background für die Tanz-Szene reichen. Mittwochabend Jazz und Swing, Samstag Disco à la 70er- und 80er-Jahre, das Publikum wurde in etwa diesem Zeitraum geboren. Bautzner Landstraße 7, geöffnet Mi u. Sa ab 20 Uhr, ✆ 2050150, www.kakadubar.de.

Karl May Bar (9), → Karte S. 113. Die Cocktails in dieser mit Wildwest-Motiven dekorierten Bar im Hotel Kempinski Taschenbergpalais (bis vor kurzem hieß sie noch Classic American Bar) sind garantiert nach den Originalrezepten gemixt oder eine der vielen originellen und mehrfach preisgekrönten Kreationen des Head-Barkeepers. Happy Hour 18–20 Uhr: halber Preis. Kleine Brüdergasse im Taschenbergpalais, tgl. 18–2/3 Uhr, ✆ 4912720.

Lebowski (32), → Karte S. 174/175. Themenlokal nach dem Kultfilm „The Big Lebowski", trotz der Endlosschleife von Bild und Ton (man will ja eigentlich nicht ins Kino) ganz amüsantes Lokal mit – vor allem – Klasse-Cocktails und die Longdrinks sind wirklich long. Görlitzer Str. 5, tgl. ab 19 Uhr, ✆ 84709911, www.dudes-bar.de.

Nero (9), → Karte S. 137. Luxus-Bar & Club im Kurländer Palais, die Betreiber kennen sich aus mit der Upper-Crust-Szene und haben sich in den hyper-komfortabel und schick eingerichteten Räumen so was einfallen lassen wie eine „männerfreie Zone", die man auch vorausbuchen kann. Tzschirnerplatz 3–5, ✆ 4219990, www.feiern-in-dresden.de.

Sonderbar (43), → Karte S. 154/155. Beliebter Nightspot (und bis auf den Tresen wirklich nachtdunkel), aber auch für den Drink nach der Arbeit geeignet, dann kann man auf der schattigen Terrasse sitzen. Enorme Cocktail-Auswahl (350!), kleine Speisen, angebrochene Flaschen kann man im Schließfach bis zum nächsten Besuch aufbewahren. Würzburger Str. 40, So–Do 18–1, Fr/Sa 18–2 Uhr, ✆ 4719595, www.sonderbar.de.

Sky (37), → Karte S. 154/155. Die Bar im Kugelhaus (→ Vom Altmarkt zum Wiener Platz, Essen & Trinken) ist besonders abends Dank ihrer luftigen Höhe ein beliebter Treff. Wiener Platz 10, ✆ 4843184, www.sky-gastro.de.

Studiobar (41), → Karte S. 174/175. Die Klientel muss trotz eher mittiger Preise für die Drinks dieser Raucherbar im Obergeschoss kaum knausern, die Atmosphäre und das Ambiente sind – für eine Bar – kühl bis cool. Eher fern der alternativen Szene. Im Erdgeschoss „Café Görlitzer Platz". Görlitzer Str. 1, tgl. 20–3 Uhr, Café 11–3 Uhr, ✆ 5636414.

Wohnzimmer (27), → Karte S. 174/175. Wohnzimmer sind nicht nur bei Sarah Wiener in, in diesem gibt es allerdings nichts zu essen. Im amüsanten Mobiliar zwischen Gelsenkirchener Barock und Neo-Art-déco fühlen sich die Gäste schon nachmittags beim Cappuccino wohl, später darf's dann der eine oder andere Drink sein (Kaffee gibt's dann keinen mehr ...). Jordanstr. 27, ✆ 5635956, www.wohnzimmer-dresden.de.

Open Air

Dresden hat einige alt gediente Standorte für sommerliche Open-Air-Veranstaltungen, unter denen die Freilichtbühne Junge Garde im Großen Garten herausragt (Auftritte zuletzt u. a. Peter Gabriel, Wir sind Helden). Ebenfalls ein Standort mit Tradition ist die „Saloppe" über dem Elbufer, wo es zahlreiche Partyveranstaltungen gibt. Auf dem Volksfestgelände Pieschener Allee im Ostra-Gehege finden gelegentlich Konzerte statt (2010 ist AC/DC zu Gast). Zu den Filmnächten unter freiem Himmel am Elbufer → Feste, Feiertage und „Events". Auch das Messegelände wird gerne für Großveranstaltungen herangezogen (z. B. Ende 2010 für die Fantastischen Vier; www.messe-dresden.de). In der Umgebung ist der wichtigste Standort für Open-Air-Konzerte die Festung Königstein.

Freiluftbühne Junge Garde (10), → Karte S. 190/191. Traditioneller, schon zu DDR-Zeiten bespielter und berockter sommerlicher Standort im Großen Garten für Pop- und Rockkonzerte, die man dann kilometerweit ringsum verfolgen kann. Hat Bushido letzthin bewiesen. Großer Garten, Straba 1, 2 Karcherallee.

Saloppe (5), → Karte S. 206/207. Sommernachtveranstaltungen *open air*, DJ- und Karaoke-Abende, Dirty-Dancing-Nights, zu allen Veranstaltungen – das ist wichtig – haben Schwedinnen freien Eintritt. Der Standort ist für die Zukunft nicht gesichert. Di abends „Party nach Feierabend". Brockhausstr. 1, Radeberger Vorstadt, Mai–Okt. Mo–Sa ab 17, So ab 12 Uhr, ✆ 0172-3532586, www.saloppe.de.

Stadtstrände

O.k., die Stadtstrände gehören nicht nur zum Nachtleben. Auch tagsüber täuschen sie hinter Palmwedelzäunen allenthalben die Südsee vor, wo doch nur die mitteleuropäische Sonne blinzelt. Sogar gut speisen kann man dort, Purobeach mit seinem Restaurant Tahini ist das beste Beispiel dafür. Dennoch führen wir die Stadtstrände hier unter Nachtleben auf, denn erst abends kommen sie in ihr eigentliches Element – oder dachten Sie, man geht dorthin zum Schwimmen?

Elbsegler (26), → Karte S. 165. Das Strandboot des Hotels Westin Bellevue macht mit seinen gespannten Segeln wirklich ein wenig den Eindruck eines Seglers. Mittags und nachmittags eher gemischtes Publikum, abends ist die Partyszene in den Wohnzimmermöbeln unter sich – nicht nur beim „Summer Chillout Club" (Do). Große Meißner Str. 15, tgl. ab 11 Uhr, www.elbsegler.com.

Purobeach (51), → Karte S. 174/175. Pool und Beachvolleyballfeld, Strand mit Strandmuscheln, Sand und die obligatorischen Palmen, edle Sitz- und Liegemöbel, den Sonnenanbetern liefert das Strandbistro „Tahini" mediterran gefärbte Bistrokost (Frühstück & Mittagsangebote tgl. 11–15 Uhr). Mehrere Lounges, abends garantiert Partystimmung. Dienstags ab 19 Uhr Afterwork Party (ja, heißt so. Für diesen üblen Pseudo-Anglizismus kann der Autor dieses Buches nix. Leipziger Str. 15b, Mai–Sept. tgl. ab 11 Uhr bei Schönwetter, kein Eintritt außer bei Sonderveranstaltungen, ✆ 7952902, reservierung@purobeach.de.

City-Beach (54), → Karte S. 174/175. Riesen-Sonnenliegen, Liegestühle, massig feiner Sand, Tischtennis, Tischfußball und Speisen vom Grill im Biergarten. Tgl. ab 12 Uhr bei Schönwetter, acht Beachvolleyballfelder! Leipziger Str. 31, ✆ 6567838, www.citybeachdresden.de.

Stadtoase Dresden (25), → Karte S. 206/207. Mit Teppichen und Kissen arabisch ausgestatteter Stadtstrand unterhalb der Albertbrücke, ob er in den kommenden Jahren aufhaben wird, ist wegen der bevorstehenden Renovierung der Brücke eher fraglich. Albertbrücke, www.stadtoase-dresden.de.

Schwule und Lesben

Alles in der Äußeren Neustadt, das gibt kurze Wege für die Szene.

Area29 (24), → Karte S. 174/175. Neueres Lokal mit Bar & Cruising, hier geht's direkt zur Sache, dabei hilft die herrschende Dunkelheit, dass der Name dem Militärbereich entnommen ist, mag kein Zufall sein. Bischofsweg 29, Äußere Neustadt, Mi–So 21–(mindestens) 3 Uhr, ✆ 2721195, www.area2.de.

Bunker Dresden des LCD e.V. (24), → Karte S. 174/175. *Der* Lederklub – weil Dresdens einziger. Prießnitzstr. 51 (gleiches Haus wie Aera29!), Fr u. Sa ab 22 Uhr „Bunker für alle", ✆ 4412345, www.lederclub-dresden.de.

Valentino (22), → Karte S. 174/175. Café & Bar mit italienischem Schick am Tresen, das Publikum wechselt je nach Tageszeit und Angebot von „Café und Kuchen flatrate" bis „Dienstag Biertag". Jordanstr. 2, ✆ 8894996.

Queens (37), → Karte S. 174/175. Schwule Szene, aber nicht ausschließlich, etwas plüschig, junges Publikum – also recht weit gespanntes Spektrum für eine schwule Kneipe. Görlitzer Str. 3, tgl. ab 20 Uhr mit open end, ✆ 8031650, www.queens-dresden.de.

Boys Bar (21), → Karte S. 174/175. Nicht nur, aber vorwiegend von Boys frequentierte Bar, an schwul-lesbischen Feiertagen (CSD) Partys. Alaunstr. 80, ✆ 5633630, www.boys-dresden.de.

Café Sappho (14), → Karte S. 174/175. Frauen- und Lesbencafé im Hechtviertel, auch mit Veranstaltungen vom Partyabend bis zum Brunch. Hechtstr. 23, tgl. ab 18 Uhr, So ab 9.30 Uhr Brunch, ✆ 4045136, www.-sappho-dresden.com.

Zora (64), → Karte S. 174/175. Die Cocktailbar des Travestietheaters Carte Blanche ist ebenfalls ein beliebter Treff. Prießnitzstr. 12, www.carte-blanche-dresden.de.

Shows, Zocken, Spiele

Carte Blanche (64), → Karte S. 174/175. Wer Travestie schätzt, wird hier bestens bedient, das flittert, flattert und klimpert mit den falschen Wimpern, falsche Federn wippen auf falscher Haarpracht und alle Damen sind Herren. Dazu gibt's Speisen und Getränke, die Show ist (nix für ungut) besonders bei Provinzbesuchern populär. Prießnitzstr. 10, ✆ 204720, www.carte-blanche-dresden.de.

Trocadero (1), → Karte S. 190/191. Das „Sarrasani Theater Dresden" ist eines jener Dinnertheater, die Akrobatik, Show und Tierdressur zum mehrgängigen Essen servieren, was manchmal den Genuss sowohl des einen als auch des anderen behindert. Die Königstiger sind offensichtlich gute Freunde des Trocadero-Gründers André Sarrasani, Sohn des berühmten Zirkusdirektors. Zauberer lassen verschwinden und zerschneiden, auf dem Hochseil unter der Zirkuskuppel wird der doppelte Looping geübt und Clowns geben sich alle Mühe, ebenfalls vom Essen abzulenken. Die SUPERillu, Glanzlicht des Ostens der Republik, resümiert: „Entertainment auf höchstem Niveau serviert mit kulinarischen Köstlichkeiten". Modell des Zirkus Sarrasani, wie er im Jahr 1907 aussah, im Foyer des 16 m hohen Zirkusbaus. Vorstellungen zuletzt nur im Winterhalbjahr. Am Straßburger Platz, Karten (Abendshow ca. 70 €) im Büro am Straßburger Platz und an allen Vorverkaufsstellen, Infos/Tickets auch unter ✆ 0700-727727264, www.sarrasani.de.

Casino Prager Straße (35), → Karte S. 154/155. Dresdner Standort der Sächsischen Spielbanken, das Übliche: Roulette, Bingo, Poker, „Slotmachines". Prager Straße 4, Turniere Do–So, geöffnet So–Do 13–1 Uhr, Fr/Sa 13–2 Uhr, ✆ 4951321, www.casinodresden.de.

Triangel „die total verspielte Kneipe" (24), → Karte S. 206/207. Mehr als 600 Brettspiele (Eigenlob der Kneipe) locken zu langen, geselligen Spielabenden in die Johannstadt. Spiele im Haus, Spieleverleih und Spiel-Veranstaltungen, dazu gibt's Gasthausessen und – vor allem – Bier. Arnoldstr. 16 (Ecke Pfotenhauerstr.), So–Do 18–2, Fr/Sa 18–3 Uhr, ✆ 8590718, www.triangel-dd.de (mit online-Platzreservierung).

Geführte Kneipentour

NightWalk Dresden ist eine geführte Tour durch Kultur und Kneipen der Äußeren Neustadt. Sie findet täglich statt, Treffpunkt ist um 21 Uhr beim Artesischen Brunnen am Albertplatz. Buchungen unter ✆ 8013361, 📠 8013362, www.nightwalk-dresden.de.

Großkaufhaus im Zentrum der Shoppingmeile

Einkaufen

Als Zentrum einer Region mit mehr als einer Million Einwohner bietet Dresden für jeden Anspruch das entsprechende Angebot. „Ost"-typisches wird man vergeblich suchen, wie überall in Deutschland haben die großen Sortimenter und die Einkaufszentren nahe den Autobahnausfahrten das Heft in der Hand. Bummeln lohnt sich in Alt- und Neustadt, vor allem wenn man (Meißner) Porzellan, Kunst und Kunsthandwerk, besonderes Design, Glas und Volkskunst kaufen möchte.

Dresden bietet ein recht vielseitiges Einkaufsvergnügen. Rund um die Frauenkirche haben sich Luxusboutiquen angesiedelt, nicht nur weltweit agierende Ketten, deren Werbung in jedem besseren Bunten Blatt zu finden ist, sondern auch ein paar alteingesessene Dresdner Anbieter (→ Tour 2). Ebenfalls Boutiquen bietet die Neustadt, ansonsten ist dort vor allem Kunst und Kunsthandwerk angesagt (→ Tour 4). In der Äußeren Neustadt gilt das ebenso (→ Tour 5), dort sind die Künstler aber noch nicht arriviert oder einfach zu wenig Mainstream, um je den großen Coup zu landen. Außerdem gibt es in der Äußeren Neustadt jede Menge Spezialläden und natürlich Trödel. Im Zentrum sind viele kleinere Läden durch die großen Einkaufszentren am Stadtrand, aber auch ganz zentral in der Altmarkt-Galerie und Centrum Galerie verdrängt worden. Bis auf wenige an einer Hand abzählbare Ausnahmen sind sie in den letzten beiden Jahrzehnten geschlossen worden. Die alte Einkaufsstraße Prager Straße (→ Tour 3), die auch zu DDR-Zeiten als Wohn- und Einkaufsstraße fungierte, ist wieder zu einer Bummel- und Einkaufsmeile geworden.

Öffnungszeiten im Einzelhandel

Die Öffnungszeiten im Einzelhandel bewegen sich an Werktagen für die großen Einkaufszentren morgens zwischen 8 und 10 Uhr (Sachsenforum/Elbepark) sowie abends zwischen 20 und 22 Uhr (Letzteres derzeit nur freitags bei IKEA im Elbepark). An Samstagen sind die EKZ zwischen 9.30/10 Uhr und 16/21 Uhr geöffnet. Discounter sind meist ab 8, einige ab 7 bis 20 oder 22 Uhr geöffnet. Die Geschäfte der Prager Straße haben generell Montag bis Samstag 10 (Karstadt 9.30) bis 20 Uhr geöffnet, einige auch bis 21 Uhr. Sowohl im Bahnhof Neustadt als auch am Hauptbahnhof (Passage zum Wiener Platz) gibt es Supermärkte, die auch sonntags geöffnet haben. Die Neustädter Geschäfte haben sowohl in der Hauptstraße als auch in der Neustädter Straße eher kürzere Öffnungszeiten, samstags ist dort nach 18 Uhr kein Geschäft mehr geöffnet!

Einkaufsstraßen

Prager Straße

Dresdens längste und populärste Shoppingmeile ist die Prager Straße, der Südteil der Straßenverbindung vom Schloss zum Hauptbahnhof. Am Altmarkt beginnt der Einkaufsspaß mit der mehrstöckigen Altmarkt-Galerie, nach Querung der Wilsdruffer Straße flankieren Karstadt und das Haus des Buches den Beginn der eigentlichen Prager Straße. Große internationale Einzelhandelsketten haben sich hier angesiedelt. Ein weiterer, zumindest äußerlich sehr ansehnlicher (den Vorgänger zitierender) Einkaufstempel, die Centrum Galerie, steht nur ein paar Schritte weiter rechts. Sie wurde an der Stelle des abgerissenen Centrum-Warenhauses aus seligen DDR-Konsumzeiten errichtet. Spezialisierte Boutiquen wird man an dieser Straße nicht finden, dafür geht man besser in die Neustadt.

Straba 8, 9, 11, 12 und Bus 75, 84 Prager Straße, Straba 3, 7, 8, 9, 11 Hauptbahnhof Nord und Straba 3, 7, 8, 10 Hauptbahnhof.

Umfeld Frauenkirche

Das Quartier 1 an der Frauenkirche (oft auch nur „QF“ genannt) war das erste der Karrees um den Neumarkt, das nach dem Neubau eröffnet wurde. Schicke und teure Boutiquen, Juweliere, Exklusivuhrenläden, eine dreistöckige Passage sowie einige eher touristische Bars, Cafés, Eissalons und Restaurants vervollständigen das Angebot.

An der Frauenkirche 1, Mo–Sa 10–20 Uhr. Straba 1, 2, 4 Altmarkt, Straba 4, 8, 9 Theaterplatz.

Kaufrausch in der Centrum Galerie

Hauptstraße und Königstraße

Eher hochpreisig ist das Angebot an Königstraße und Hauptstraße. Schmuck, Kunst, Edelboutiquen und kostbare Antiquitäten bestimmen das Bild. Angenehm ist die Durchmischung mit Cafés und Restaurants, und im Sommer lockt die schattige Platanenallee der Hauptstraße. Die barocken Häuser der Hauptstraße und die dahinter verlaufenden Gassen im Barockviertel sind durch Galerien und Durchgänge verbunden. Dazu gehört auch die Handwerkerpassage, in der vorwiegend Kunsthandwerk angeboten wird. Die gründerzeitliche Markthalle ist heute eine Ladengalerie.

Straba 4, 8, 9 Neustädter Markt, Straba 4, 9 Palaisplatz oder Straba 3, 6, 7, 8 Albertplatz.

Ab 2011 noch größer: die Altmarktgalerie

Bautzner Straße, Königsbrücker Straße, Alaunstraße

Im Szeneviertel Äußere Neustadt ist nicht nur nachts was los. In den Läden dieses Stadtteils findet man das Komplementärangebot zu Alt- und Neustadt: Bioläden, Mode Second Hand oder von cleveren Designern, die noch nicht arriviert sind, Orientfood, Senf und Käse in kleinen Lädchen, indische Tücher und Bücher für Schwule und Lesben, Modeschmuck und Töpferwaren. Besonders interessant ist die Kunsthofpassage, zwischen Alaunstraße 70 und Görlitzer Straße, die auch Cafés und Kunstobjekte zu bieten hat.

Straba 3, 6, 7, 8 Albertplatz, Straba 6, 13 Rothenburger Straße, Straba 7, 8 Louisenstraße und Bischofsweg sowie Straba 13 Bischofsweg, Alaunplatz.

Einkaufszentren und Warenhäuser

Altmarkt-Galerie (→ Tour 3): Mehr als hundert Läden, Gaststätten und Dienstleister beleben die drei Ebenen dieser Einkaufsgalerie. Das Angebot umfasst Boutiquen der oberen Preislage, aber auch Discounter, Schmuck, Supermarkt, Buchhandlung und Chinesischen Imbiss. Recht hell und gut belüftet, besonders an grauen Tagen ein angenehmer Aufenthalt und demnächst (noch 2010?) doppelt so groß wie vorher, eine komplette Verbindung zwischen Prager Straße und Postplatz!. Am Altmarkt, Mo–Sa 9.30–21 Uhr. Straba 1, 2, 4 Altmarkt, Straba 8, 9, 11, 12 und Bus 75, 84, Prager Straße.

Karstadt Warenhaus (→ Tour 3): Sieben Etagen vom Delikatessenangebot im Untergeschoss (Perfetto) bis zum Selbstbedienungsrestaurant mit Dachterrasse. Im Erdgeschoss die branchenübliche große Auswahl an Edelaccessoires und Luxusdüften. Prager Str. 12, Mo–Sa 9.30–20 Uhr, ✆ 8610, www.karstadt.de, www.perfetto.info. Straba 8, 9, 11, 12 und Bus 75, 82 Prager Straße, Tiefgarage.

Centrum Galerie (→ Tour 3): Am nördlichen Ende der Prager Straße schräg gegenüber von Karstadt wurde im Herbst 2009 die neue Centrum Galerie eröffnet. Sie umfasst etwa 52.000 m^2 auf vier Stockwerken und beherbergt an die 120 Läden und Restaurants. Durch die wiederhergestellte Trompeterstraße werden das „Wabenhaus" von Peter Kulka (dem Architekten des Neubaus des Sächsischen Landtages – die Metallwaben sind dem früheren Warenhaus nachempfunden) und der nördliche Bautrakt räumlich getrennt. Die Galerie soll ein Weltstadthaus sein, wirkt aber im Inneren eher dröge-funktionell und hatte ursprünglich keinerlei Verweilbereiche und wird nur zögernd angenommen. Prager Str. 15, Mo–Sa 9.30–20 Uhr, ✆ 65296012, www.centrumgalerie.de. Straba 8, 9, 11, 12 und

Bus 75, 82 Prager Straße, Tiefgarage und Parkdeck.

Neustädter Markthalle (→ Tour 4): Die 1999 rekonstruierte Gründerzeit-Markthalle bietet eine Menge für heutige kulinarische Bedürfnisse mittleren Niveaus, für die ganz feinen Sachen muss man wo anders hin. Markttypisches Angebot, aber auch Tabakwaren, Porzellan, Glas, Keramik, Holzspielzeug – auf jeden Fall einen Bummel wert. Metzer Str. 1, Mo–Fr 8–20, Sa 8–18 Uhr, ✆ 8105445, www.markthalle-dresden.de. Straba 4, 8, 9 Neustädter Markt, Straba 3, 6, 7, 8 Albertplatz.

Schiller-Galerie (→ Tour 9), EKZ am Blauen Wunder, Mode, Schmuck, Confiserie, Cafés, Banken, CinemaxX Multiplex-Kino. Loschwitzer Str. 52, Mo–Fr 9–20, Sa 9–18 Uhr, ✆ 31565011, www.schillergalerie.de. 400 Stellplätze in der Tiefgarage, Straba 6, 12 und Busse 61, 83, 85 Loschwitzer Straße.

Elbepark (→ Tour 6), mehr als 65 Läden vom Servicepoint bis zum Mediariesen, diverse Schnellimbisse und Restaurants, Multiplex-Kino, Casino etc. 4500 kostenfreie Parkplätze, das Gesamtareal wurde bis 2010 wesentlich vergrößert. Mo–Do 10–20, Fr 10–21, Sa 10–20 Uhr; IKEA im Elbepark, Mo–Do 9.30–21, Fr u. Sa 9.30–22 Uhr. Peschelstr. 39 (Autobahnabfahrt Dresden-Neustadt), ✆ 8535611, www.elbepark-dresden.de. Straba 9, 49 Elbepark.

Seidnitz-Center, Gesundheit, Mode, Supermarkt u. v. m. Mo–Sa 8–20 Uhr. Enderstr. 59, ✆ 250199. Straba 1, 2 Rennplatzstraße, Bus 85 Einkaufszentrum Seidnitz.

Kaufpark Dresden, u. a. H&M, C&A, Intersport, Müller, Media Markt, Kaufmarkt. Mo–Do 10–20 Uhr, Fr 10–22 Uhr, Sa 10–20 Uhr (Kaufmarkt im Kaufpark bis 22 Uhr). ✆ 2862300. Dohnaer Str. 246 (B 172/A 17 Abfahrt Prohlis/Nickern).

Märkte

Neustädter Markthalle → Einkaufszentren.

Sachsenmarkt, jeden Freitag findet auf dem Gelände neben dem Deutschen Hygiene-Museum ein Wochenmarkt statt, der konkurrenzlos Dresdens größter ist. Viele Lebensmittel auch aus heimischer (sächsischer) Produktion, daneben das übliche Angebot eines Wochenmarktes. Lingnerallee (an der Kreuzung Blüher Straße), Fr 8–17 Uhr. Straba 10, 13 Großer Garten.

Maimarkt vor der Pillnitzer Weinbergskirche

Trödelmarkt am Elbufer, Trödel, Tand, Kunsthandwerk, die eine oder andere Antiquität, DDR-Relikte und mehr am Elbufer zwischen Carolabrücke und Albertbrücke. Sa 7–14 Uhr. Straba 3, 7 Synagoge, Straba 6, 13 Sachsenallee.

Jeden Donnerstag „**Bauernmarkt**" im World Trade Center (WTC), auch mit ungarischen (Langos) und böhmischen Spezialitäten (Strudel, böhmische Knödel). Straba 7, 10, 12 Freiberger Straße.

Floh- und Trödelmärkte in der Messe Dresden, Ostragehege, jeden 1. Sonntag im Monat, www.messe-dresden.de. Bus 75 Ostragehege, Messe Dresden.

Der **Supermarkt im Bahnhof Neustadt** hat auch sonntags geöffnet.

Weitere Adressen und detaillierte Informationen zu Einkaufsmöglichkeiten finden Sie im Reiseteil dieses Buches in den jeweiligen Teilkapiteln unter der Rubrik Praktische Infos, Einkaufen.

In den Dresdner Elbauen: Radeln, Wandern und natürlich Reiten

Sport, Freizeit und Wellness

Dresden ist ein gutes Pflaster für Sportbegeisterte, fast für jede Sportart gibt es moderne Einrichtungen, vom Fußball bis zum Eislaufen und vom Baden bis zum Radfahren. Die vielen Parks und die grüne Umgebung von Dresden bis hin zur Sächsischen Schweiz sind ein Dorado für Wanderer und Mountainbiker.

Die meisten Sporteinrichtungen in Dresden stammen nicht aus Omas Zeiten, sondern sind brandneu. Eissporthalle: 2007 eingeweiht. Fußballstadion (von Dynamo Dresden, leider gar nicht mehr so obenauf wie ehedem): 2007 bis 2009 Abriss und kompletter Neubau. Hallen- und Freibäder: beliebter FKK-Strand am See. Radfahren: Elberadweg in der Stadt selbst, bisher komplett auf einer Elbseite, die andere wird ebenfalls ausgebaut. Klettern: Die Sächsische Schweiz, wo das Freiklettern erfunden wurde, liegt eine Autostunde oder eine Zugstunde nah. Wellness: Kein Luxushotel – und Dresden hat derer einige – kommt ohne einen Wellnessbereich aus, und für Ayurveda-Jünger gibt's in der Äußeren Neustadt sogar einen Ayurveda-Imbiss.

Städtische Sportveranstaltungen und andere (Sport-) Veranstaltungen in der Stadt auf www.dresden.de/sport.

Baden und Bäder, Wassersport

Dresden hat mehrere kommunale Schwimmhallen, die innenstadtnächste ist das Georg-Arnhold-Bad mit Freibad. Weitere öffentliche Schwimmhallen sind das Bad am Freiberger Platz (Sprunghalle, leider ziemlich altersschwach, kompletter Neubau beschlossen) und jenes in Klotzsche. Wer's spannender mag, der nimmt die S-Bahn und fährt nach Radebeul ins schön gelegene Bilz-Bad. Bei den Dresdnern beliebt sind besonders das Stauseebad in Cossebaude (auf der linken Elbseite in Richtung Meißen) und das FKK-Bad in Wostra (→

Übernachten, Camping). Im Georg-Arnhold-Bad kosten 2 Stunden 5 €, in den anderen Hallenbädern werden 3,50 € für 2 Stunden verlangt, 3 € oder 3,50 € kostet die Tageskarte im Freibad.

Georg-Arnhold-Hallenbad (7), → Karte S. 190/191, Hauptallee 2, ✆ 4942203, tgl. 8–22 oder 9–23 Uhr. Straba 10, 13 Hygiene-Museum.

Schwimmsportkomplex Freiberger Platz (7), → Karte S. 154/155, Freiberger Platz 1a, ✆ 4881690, tgl. unterschiedliche Öffnungszeiten, Kernzeit 8–13, So 13–18 Uhr. Straba 12 A.-Althus-Str.

Schwimmhalle Klotzsche (5), → Karte S. 174/175, Zum Windkanal 14, ✆ 8906469,. Bus 87 Schwimmhalle Klotzsche (Bus ab S-Bahnhof Klotzsche).

Stauseebad Cossebaude. Dieses Freibad im Westen Dresdens nahe der B 6 hat viel Platz, der große See gibt Schwimmern genügend Ellenbogenfreiheit und am Ufer bzw. auf der Staumauer muss man nicht um jede Handtuchbreite kämpfen. Und: direkte Busverbindung mit der Innenstadt! Mai/Juni tgl. 9–19 Uhr, Juli bis Anf. Sept. 9–20 Uhr Meißner Str. 26, ✆ 4537555. Bus 94 ab Postplatz über Bahnhof Mitte.

FKK Strandbad Wostra (40), → Karte S. 206/207. Das FKK-Bad mit Sandstrand ist fast so beliebt wie das Stauseebad Cossebaude. Gleiche Öffnungszeiten wie Stauseebad, Wilhelm-Weitling-Str. 39, ✆ 2013238. Bus 856 Freibad Wostra (umsteigen aus Straba 1 Meußlitzer Straße).

FKK Luftbad Dölzschen (46), → Karte S. 154/155. Das Luftbad im Süden von Dresden entstand im 19. Jh., heute Schwimmbecken, Liegewiese, Spielplatz, Imbiss. Mitte Mai bis ca. 25. Juni 10–19 Uhr, ca. 26. Juni bis ca. Ende Aug. tgl. 10–20 Uhr, Luftbadstr. 31, ✆ 4116260. Bus 82 Dölzschen (umsteigen von S 3 Dresden-Plauen).

Bilz-Bad Radebeul (1), → Karte S. 228/229, → Tour 10: Radebeul.

Kanutouren und Floßfahrten: Flusswanderungen auf der Elbe mit Kanu oder Schlauchboot und Floßfahrten in der Gruppe bietet u. a. **Kanu Aktiv Tours**, Schandauer Str. 17–19, Königstein, ✆ 035022-50704, www.kanu-aktiv-tours.de (mehr Details → Sächsische Schweiz, Praktische Infos). Bahn S 1 Königstein.

Eislaufen, Eishockey

Freiberger Arena, Eissport- und Ballspielzentrum, → Karte S. 199. Dresden hat mit

der 2007 eröffneten Freiberger Arena ein perfektes neues Eissport- und Ballspielzentrum, der Bau mit schlichter Alu-Fassade hat fast 30 Mio. Euro gekostet (Münchner Architektenbüro Schmidt-Schicketanz). Trainingshalle und Eisschnelllaufbahn bieten genug Platz für publikumswirksame Veranstaltungen wie Familientage mit Kinderprogramm und Eisdisco. 115 m lang, 73 m breit, 18,5 m hoch ist der „Alu-Brotkasten" mit Eissporthalle, Eistrainingsfläche, Ballspielhalle und Funktionstrakt. Die Halle ist Sitz der Dresdner Eislöwen, des städtischen Eishockeyteams. Eintrittskarte Eislauftraining 3,50 €, Eisdisco 5 €, Tickets für Spiele der Eislöwen kosten 11–17,50 €. Eishalle und Eisbahn tgl. wechselnde Öffnungszeiten, Mo, Di, Do geschl., Magdeburger Straße 10 (Sportpark im Ostragehege zwischen DSC-Halle und Eisschnelllaufbahn), ✆ 4885252, Infos auch auf www.eisloewen.de und www.freiberger-bier.de, Termine und Preise auf www.dresden.de/eislaufen. Bus 75 Eissporthalle.

Eisbahn im Innenhof des Hotels Taschenberg Kempinski (8), → Karte S. 113. Im Winter verwandelt sich im Hotel Kempinski der Innenhof des barocken Palais Taschenberg zur Eisarena: In einem eindrucksvolleren Rahmen kann man kaum auslaufen. Dezember, Januar, wechselnde Öffnungszeiten, auch Schlittschuhverleih. Straba 4, 8, 9 Theaterplatz.

Fußball

Die schwarz-gelb gekleidete Hausmannschaft **Dynamo Dresden** war mehrfach DDR-Meister und spielte in der Bundesliga. Heute (nur noch 3. Liga) läuft's nicht mehr so gut; resolute und gewaltbereite Fans, bei Kämpfen mit gegnerischen Fans sind schon mal 1200 Polizisten nötig, um die Ruhe wiederherzustellen (so am 27.10.2007). Nach Abriss des maroden Stadions (und der Tribüne samt Turm) wurde eine Arena gebaut, die 32.000 Zuschauer fasst, das neue **Rudolf-Harbig-Stadion (9)**, → Karte S. 190/191. Das Stadion wurde nach überraschend kurzer Bauzeit im Herbst 2009 eröffnet und ist für einen keineswegs an der Spitze agierenden Klub vielleicht um eine Ecke zu groß – für einen neuen Namen der Arena hat sich kein Sponsor gefunden …

Jogging, Volksläufe

Dresdens Jogger machen sich die großen Parks in der Stadt, das Elbtal und die Dresdner Heide zu Nutze. Besonders die Hauptallee und die Nebenalleen im Großen Garten sind beliebt. Sie sind so breit, dass auch Fußgänger und Radfahrer Platz finden. Beim Elberadweg ist das leider nicht der Fall, dabei wäre er als Joggingstrecke ein Traum (und wird auch so verwendet). Für die Dresdner Heide braucht man Kondition, was auf der Karte so schön flach wirkt, ist in Wirklichkeit ein ständiges Auf und Ab mit bis zu 80 m Höhenunterschied!

Auch eine Art, Dresdens Kulturdenkmäler abzuklappern, ist der **Dresdner Stadtmarathon** (2010 zum 12. Mal). Er führt nicht nur durch den Großen Garten und entlang der Elbe, sondern u. a. auch über den Theaterplatz, den Neustädter Marktplatz mit dem Goldenen Reiter und an der Synagoge vorbei. Termin ist die 2. Oktoberhälfte. www.dresden-marathon.de.

Spitzhaustreppenlauf, Oktoberevent in Radebeul, die unregelmäßigen Treppen durch die Weinberge werden in Windeseile durchmessen, freakig! www.treppenlauf.de.

Radfahren, Radverleih

Radfahren heißt in Dresden keineswegs Elberadweg, sondern Weg zur Arbeit, Weg zur Uni, Weg zum Einkaufen – die gesamte Äußere Neustadt radelt und viele andere Stadtteile ebenfalls. Das Radwegenetz entspricht dem Ansturm leider in keiner Weise, die wenigen Radwegstrecken beginnen abrupt und enden ebenso überraschend.

Radverleih und Fahrradbibliothek sowie ADFC → S. 46.

Weiters:

Radsport Päperer (13), → Karte S. 206/207, Veilchenweg 2, Loschwitz (am Körnerplatz Nähe Blaues Wunder), ✆ 2641240, www.radsport-paeperer.de.

Radsport Tietz (19), → Karte S. 206/207, Meixstr. 15, Pillnitz, mit jederzeit zugänglichem Fahrradschlauchautomat, ✆ 2610909.

Augustus Tours (20), → Karte S. 174/175 Radreiseveranstalter für den Elberadweg, Bischofsweg 64, ✆ 5634820, www.augustustours.de.

Reiten

Der Reitsport hat sich rund um Dresden auf die Gegend zwischen Pillnitz, Moritzburg, Radebeul und Weinböhla konzentriert – schließlich ist in Moritzburg das bekannte und renommierte Hengstgestüt zu Hause. In der Coswiger Grundschule Mitte gibt es gar ein Wahlpflichtfach „Reiten"!

Pillnitzer Reiterhof, Probereiten, Vorführung und Training einen Steinwurf vom Pillnitzer Schlosspark entfernt, Wünschendorfer Str. 1, www.pillnitzer-reiterhof.de.

Friesenhof Altlindenau, Reitunterricht und Gruppenreitstunden, Einzelstunden ab 20 €, Geländeritt in der Gruppe ab 15 €. Altlindenau 16, Radebeul, ✆ 8304534, www.friesenhof-altlindenau.de.

Reiterhof Hubertus, ähnliches Angebot, auch Ponyreiten auf Shetlandponys. Waldweg 29, Weinböhla, ✆ 035243-44343.

Skaten

Die **Halfpipe an der St.-Petersburger-Straße (30)** → Karte S. 154/155) wird auch von jugendlichen Radenthusiasten gefahren. Skater nutzen gerne den Elbradweg auf beiden Seiten der Elbe, ebenso beliebt sind die asphaltierten Straßen durch den Großen Garten, denen derzeit weitere zugefügt werden.

Dresdner Nachtskaten: Im Sommer gibt es auf einer 21 km langen Strecke freitags ab 21 Uhr Nachtskaten, Treffpunkt ist ab 20 Uhr das Skatergelände an der St. Petersburger Straße. Die Strecke führt von dort zum Carolaplatz, durchfährt das Gelände der „Filmnächte am Elbufer" (!), führt zur Marienbrücke und über Könneritzstraße und Ammonstraße im großen Bogen um den Großen Garten zurück zum Ausgangspunkt. www.nachtskaten-dresden.de.

Wandern, Klettern

Nach wie vor der beliebteste Sport der Dresdner ist das Wandern, die Sachsen galten immer schon als wackere Wanderer und daran hat sich nichts geändert. Der Autor (ebenfalls ein „wackerer Wanderer") hat rund um Dresden zu jeder Jahreszeit und bei jedem Wetter andere Wanderer angetroffen. Diese Art der Wanderlust findet man nicht in allen Regionen des deutschen Sprachraumes.

Hilfe und Information: Die Dresdner Sektion des DAV ist nicht nur in Dresden, der Sächsischen Schweiz und Sachsen tätig, sondern u. a. in Österreich, wo sie zwei Berghütten besitzt (→ Übernachten), und weltweit. Sächsischer Bergsteigerbund im Deutschen Alpenverein, Könneritzstr. 33, ✆ 4941415, www.sbb-dav.de. Straba 1, 2, 6, 10 Bahnhof Mitte.

Wandern in der Dresdner Heide: Vor der Tür vieler Dresdner liegt Natur, in der Neustadt, am Weißen Hirsch, in Bühlau ist das die Dresdner Heide (→ Tour 5, → Karte S. 174/175). Dieses ausgedehnte Waldgebiet mag direkt an die Stadt grenzen, aber unterschätzen sollte man es deshalb noch lange nicht. Weder in Bezug auf seine Ursprünglichkeit noch in Bezug auf die Chance, sich zu verirren. Unbedingt Karte, besser auch GPS-Gerät mitnehmen! Die Markierungen – alt und neu – sind so reichlich, dass nur Eingeweihte sich an ihnen orientieren können. Tief und steil eingeschnittene Täler zerschneiden die Dresdner Heide in Richtung Elbe, wer also parallel zum Flusslauf wandert, muss mit einigem Auf und Ab rechnen.

Klettern: → Tour 13 Sächsische Schweiz.

An der Kletterwand: Neben Aerobic und Fitness bietet das **„Sport- und Freizeitzentrum XXL"** eine Kletterwand (16 m hoch, 2200 m² Fläche), Breitscheidstr. 40, Mo–Fr 8–24, Sa/So 9–22 Uhr, ✆ 254580, www.xxl-dresden.de. Straba 2 Breitscheidstraße.

Im Hochseilklettergarten: In den beiden Klettergärten der Dresdner Heide, in Moritzburg (→ Tour 11) und in Königstein in der Sächsischen Schweiz (→ Tour 13) kann man sich auf seilgestützte Kletterfahrt zwischen Bäumen begeben, gebremste *action*, aber großer Spaß.

Kletterwald Dresdner Heide (→ Tour 5). Klettergarten im ehemaligen Waldbad Klotzsche, Nesselgrundweg 80, tgl. 10–20 Uhr, ab 15 €, ✆ 0176-22953468, www.kletterwald-dresdner-heide.de. Vom S-Bahnhof Klotzsche links und wieder links in den Prießnitztalgrund, unten bei Gabelung links.

Halfpipe: Bikespaß vor der Platte

Waldseilpark Dresden-Bühlau (→ Tour 5), „größter Seilbahnpark Deutschlands" (der Autor konnte diese Behauptung nicht nachprüfen), jedenfalls großes Gelände mit Seilbahnen, 20 m Höhe auf 130 m Länge, insgesamt acht verschiedene Parcours, amüsante Flüge mit dem *flying fox* und – wichtig – ausführliche Einweisung durch das Personal. Mo–Fr 14–20 Uhr, Sa/So/Feiertag/Schulferien in Sachsen 10–20 Uhr (Schließzeit abhängig von der Jahreszeit), 2 Std. 13/15 €, ✆ 1601898, www.waldseilpark-dresden.de. Bus 61 Elisabethstraße, Straba 11 Betriebshof Bühlau.

Wellness, Fitness

Sightseeing macht nicht nur hungrig und durstig, sondern auch müde. Nach vier Stunden Besichtigung hat man eine Erfrischung dringend nötig. Das viele Grün bietet Entspannung in frischer Luft, Sauna oder eine Massage sind aber mindestens genau so erfrischend. Die großen Hotels haben auch die größten und am besten ausgestatteten Wellnessbereiche, u. a. im

Hilton (→ Tour 2) und im Westin Bellevue (→ Tour 5). Aber auch an kleineren Wellness-Einrichtungen herrscht kein Mangel. Fitness-Begeisterte finden auch mitten in der Stadt diverse Studios, um sich auf ihrem Niveau zu halten oder gar zu verbessern, und eine kosmetische Anwendung kann ja auch nicht schaden.

Die Dresdner sind fleißige Wanderer (Schrammsteine)

Wellnessbereich im Schloss Eckberg (8), → Karte S. 206/207. Vielfältige Beauty-Treatments von Ayurveda-Massagen bis Collagen-Behandlung. → Übernachten. Bautzner Str. 134, ✆ 80990.

Wellnessbereich in der Heinrich Schütz Residenz (28), → Karte S. 137. Die feine Heinrich Schütz Residenz am Neumarkt besitzt einen öffentlich zugänglichen Wellnessbereich, der in punkto Anwendungen seinesgleichen sucht. Neben Behandlungen von Ayurveda bis Thalasso, Sauna, Wohlfühlbad und Whirlpool gibt es eine „Aqualounge" mit Blick auf ein sechs Meter langes Meerwasseraquarium. Da kann man loungen, chillen. Mo–Sa 11–22 Uhr, Anmeldung nötig! Neumarkt 12, ✆ 26359640, www.heinrich-schuetz-residenz.de.

Kleines Kurhaus (45), → Karte S. 206/207. Zentrum für ganzheitliche Gesundheit, ein Team von Therapeuten, Ärzten und Experten ganzheitlicher Heilmethoden bietet Massagen, autogenes Training, Vorträge und Training zum Thema, Yoga, Meditation und verschiedene Heilungstechniken aus dem ostasiatischen Kulturkreis. Telefonische Anmeldung wichtig! Hosterwitzer Str. 2, ✆ 2139560, www.kleines-kurhaus.de.

Touch of Nature (30), → Karte S. 174/175. Naturkosmetik, ayurvedische Behandlungen, Massagen, alles unter ganzheitlichen Gesichtspunkten in einem unscheinbaren Gründerzeithaus der Neustadt. Böhmische Str. 9, Laden Di–Do 13–19, Fr 11–19 Uhr, Behandlung Mo–Fr 10–19, Sa 11–15 Uhr; ✆ 8108590, www.touch-of-nature.de.

Hamam Zum Kleinen Muck, Dresdens „Erstes Türkisches Bad" ist zwar nicht das, was es behauptet, denn die Großhotels konnten schon früher mit so was aufwarten, aber das erste Öffentliche. Nicht ganz die feine türkische Art, denn auf die Massen von Schaum (bei der Seifenschaummassage) wird in der Heimat dieses Badtyps verzichtet, aber sehr erfrischend und erholsam. Industriestr. 63, Mo–Fr 10–22 Uhr, ✆ 84722622, www.ihr-hamam.de. Straba 4 Geblerstraße, S Bahn nach Meißen Bahnhof Trauchau.

Day Spa (26), → Karte S. 154/155. Hier ist Wellness wirklich zwischendurch zu haben: direkt in der Altstadt gibt es auch für Laufkundschaft (aber besser mit Anmeldung) Beauty-Treatments, Massagen, Packungen, einen Hamam und eine tropische Feuchtkammer. Dr.-Külz-Ring 15, Mo–Fr 10–21 Uhr, ✆ 2061126, www.dayspa-am-altmarkt.de.

Fitness Company Dresden (38), → Karte S. 154/155. Der „Lifestyle Swim Club Dresden" ist einer von zweien in der Stadt, in Deutschland gibt es mehr als hundert Niederlassungen. Große und moderne Räume, auch Bodybuilding für Fortgeschrittene, kleiner Pool, Sauna etc., alles gegenüber dem Hauptbahnhof an der „Prager Spitze". Mo/Mi/Fr 7–22, Di/Do 9–22 Uhr, Sa/So/Feiertag 10–20 Uhr. Prager Str. 2, ✆ 484550, www.fitnessfirst.de.

Erzgebirgische Volkskunst auf dem Striezelmarkt (die Fußballer zeigen: Man geht mit der Zeit)

Feste, Feiertage und „Events"

Kaum ein Monat vergeht in Dresden ohne Feste oder Festspiele. Aktuelle Informationen liefert die Internetseite www.dresden.de/veranstaltungen, außerdem die verschiedenen Dresdner Stadtmagazine (→ Wissenswertes von A bis Z).

Januar bis April

Zweite Januarhälfte

Semperopernball: Seit 2006 gibt es ihn wieder, den Ball in der Semperoper – nach mehr als 60 Jahren Pause. Wie es aussieht, wird er erhalten bleiben, Erfolg setzt man nicht ab. Auf dem Theaterplatz vor dem Opernhaus kann man das Geschehen im Haus auf einer Großleinwand verfolgen, mitgebrachten Sekt trinken und frieren, www.semperopernball.de.

Um den 13. und 14. Februar

Sonderveranstaltungen zum Gedenken an die Zerstörung Dresdens am 13./14. Februar 1945, www.dresden.de.

Mitte April

Filmfest Dresden: Internationale Veranstaltung für Kurzfilme und Animationsfilme, Veranstaltungen an mehreren Orten in der Stadt, www.filmfest-dresden.de.

Internationale Tanzwoche Dresden: Eine Woche moderner Bühnentanz in der Stadt der bekannten Choreografinnen Mary Wigman und Gret Palucca. Eigenproduktionen (u. a. Ballett der Semperoper, Hellerauer Forsythe-Company) und Gastspiele international anerkannter Ensembles, www.tanzwoche.de.

Ende April oder Anfang Mai

Neustadtfest: Zwischen dem Goldenen Reiter und dem Albertplatz feiert die Neustadt auf Hauptstraße und Königstraße mit Buden und Schaubuden, Musik und Straßentheater, www.neustadtfest.de.

Mai

Erster Mai

Dampferparade der „Sächsischen Dampfschiffahrt": Wer nicht rechtzeitig einen Platz an der Balustrade vor dem Pillnitzer Schloss ergattert hat oder Position auf dem Blauen Wunder bezogen hat, sieht sich dieses Spektakel, an dem alle Dresdner Elbdampfer teilnehmen, eben von der Brühlschen Terrasse aus an oder von einer der Elbbrücken, wenn er denn dort einen Platz findet, www.saechsische-dampfschiffahrt.de.

Erste Maihälfte/Mitte Mai

Dresdner Musikfestspiele: Zwei Maiwochen lang bietet Dresden alles auf, was es musikalisch zu bieten hat. Das Programm der Gastgeber und internationalen Gäste ist jeweils in einen eher unverbindlichen Rahmen gespannt (2008: Utopia, 2009: Neue Welt, 2010: Russlandia, 2011: Fünf Elemente). Spielorte sind die Säle und Kirchen der Stadt, aber auch Schlösser und Kirchen der Umgebung. Das Programm reicht von Orchesterkonzerten bis zu einer Silbermann-Orgelreise zu den erhaltenen Werken des berühmten Orgelbauers.

Karten an der Vorverkaufskasse im Kulturpalast, ✆ 4866666, 📠 4866340, Mo–Fr 10–19, Sa 10–14 Uhr, in der Festspielzeit auch an Feiertagen 10–18 Uhr, oder schriftlich über Dresdner Musikfestspiele, Besucherservice, PF 100453, 01074 Dresden, online auf www.musikfestspiele.com oder per E-Mail an besucherservice@musikfestspiele.com.

Internationales Dixielandfestival: Eines der größten Festivals seiner Art in Europa zieht Fans aus Sachsen und von weiter her für fünf Tage in die Stadt. Die Konzertstandorte reichen vom Elbdampfer über die Jazzmeile Prager Straße bis zum Jazzkeller. Absoluter Höhepunkt ist der letzte Veranstaltungstag, ein Sonntag, wenn der Umzug der Dixie-Bands durch die Stadt zum Theaterplatz stattfindet. www.dixieland.de, www.dixieland-dresden.de, Karten über Ticketzentrale Kulturpalast (→ Kulturszene).

Drittes Maiwochenende

Karl-May-Festtage Radebeul: Am dritten Maiwochenende steht Radebeul ganz im Zeichen seines berühmtesten Bürgers: traditioneller Pow Wow mit Indianern aus den USA, Mexiko und Kanada, Bluegrass- und Country-Festival, Westernturniere, Wildwest-Abenteuer für Kinder – ein echtes Familienfest. Das Fest findet im Lößnitzgrund oberhalb von Radebeul statt, dort gibt es einen speziellen Camping- und einen Wohnmobil-Abstellplatz.

Kulturamt Radebeul, Altkötschenbroda 21, 01445 Radebeul, ✆ 8311600, 📠 8311633, kulturamt@radebeul.de, www.karl-may-fest.de.

Ende Mai/Anfang Juni

CSD: Ende Mai oder Anfang Juni feiern Dresdens Lesben und Schwule mit (bunten und lauten) Umzügen und Sonderveranstaltungen den Christopher Street Day – Zentren sind Albertplatz und Altmarkt. www.csd-dresden.de, Infos bei Gerede e. V., Prießnitzstr. 18 (Äußere Neustadt), ✆ 802250, www.gerede-dresden.de.

Juni bis August

Zweite Junihälfte

Elbhangfest: Ein Wochenende (Fr–So) in der zweiten Junihälfte sieht die Elbhangortschaften zwischen den Elbschlössern am Weißen Hirsch, Loschwitz und Pillnitz in Feierlaune. Jährlich wechselndes Motto (2010 „Der Elbhang träumt“), aber immer mit einer Drachenbootregatta auf der Elbe als einem der Höhepunkte. www.elbhangfest.de.

Mitte Juni/Drittes Juniwochenende

Bunte Republik Neustadt: Die Äußere Neustadt feiert – nicht mehr ganz so bunt wie kurz nach der Wende, aber auf jeden Fall laut und punktuell schrill. Keine Straße, die unberührt bleibt, kein Hinterhof, der nicht mitmacht. Nicht nur Saufen und Currywurst, Partys und allgemeines Feiern, sondern auch Street-art, Theater, Performance, Lesungen, Flohmarkt und Imbiss aus der eigenen Kochnische. 2010 feierte man die 20 Jahre BRN. Die Oberbürgermeisterin hat Nachtruhe ab 1 Uhr verordnet…

Mitte/Ende Juni

Lange Nacht der Wissenschaften: Von 18 Uhr bis 2 Uhr in der Nacht öffnen vier Dresdner Hochschulen und mehr als dreißig Forschungseinrichtungen ihre Tore und laden zu Führungen, Ausstellungen, Vorträgen, Shows, Musik und Filmen ein. Ein spezieller – und kostenloser – Bus-Shuttledienst sorgt für den Transport von und zu den Veranstaltungsorten. Mensen und Cafeterien sind geöffnet, die meisten Institute stellen Buffettische auf. Alle Veranstaltungen sind gratis! www.wissenschaftsnacht-dresden.de.

Campusparty der TU Dresden: „Deutschlands größte Studentenparty“, Open Air auf der Campuswiese für ca. 12 € (Studenten) oder 15 € (Besucher). www.campusparty.de.

Juni und Juli

Festival Mitte Europa: Sachsen, Bayern und Tschechien veranstalten dieses Staatsgrenzen übergreifende Festival gemeinsam, so sind auch die Standorte über die gesamte Region verteilt. Vor allem klassische Musik steht im Zentrum der Aufführungen in Dresden, Pirna, Weesenstein und vielen anderen Orten der Region, www.festival-mitte-europa.com.

Mitte Juli

Lange Nacht der Museen (Museums Sommernacht): Mehr als 40 Museen sind ab 18 Uhr bis in die frühen Morgenstunden geöffnet, Ticket ca. 10 €, www.dresden.de/museumsnacht.

Mitte Juli bis Mitte September

Filmnächte am Elbufer: Im Hochsommer treffen sich die Kino-Fans am Elbufer vor der Riesenleinwand, hinter der sich die berühmte Dresdner Altstadtsilhouette aufbaut. Die populärsten Filme des vergangenen Jahres und der eine oder andere wieder aufgelegte Klassiker werden gezeigt, vor allem am Wochenende aber auch gigantomane Partys, Konzerte und Shows. 4000 Sitzplätze, davon 400 überdacht, bei Konzerten ist Platz für bis zu 15.000 Besucher. Königsufer Dresden (Elbufer auf der Neustädter Seite zwischen Carolabrücke und Albertbrücke), Vorverkauf www.filmnaechte-am-elbufer.de, Infos/Vorverkauf ✆ 65670-91 oder -98 (11–18 Uhr), Abendkasse, Ticket ab 7 €, mit Klubkarte für den gesamten Zeitraum (20 €) nur 5 €; Einlass 20 Uhr, Beginn ca. 21.30 Uhr. An den Eingängen ca. 400 Radparkplätze, keine öffentliche PKW-Zufahrt! Rollstuhlgerechte Parkplätze am Parkplatz oberhalb des Geländes hinter dem Finanzministerium.

Mitte August

Dresdner Stadtfest: Am dritten Wochenende im August gibt es auf und an den schönsten Plätzen der Stadt eine Menge zu sehen und zu hören – gratis. Da mischt sich vor der Semperoper Klassik mit Rock, am Goldenen Reiter gibt es Kabarett zu erleben, die Dampferflotte macht eine Flottenparade, nahe Hotels und Restaurants winken mit kulinarischen Attraktionen (gegen Entgelt) und an vielen Orten gibt es Live-Konzerte von Barockmusik bis Samba. Infos auf der Dresdner Webseite www.dresden.de unter dem Stichwort Stadtfest.

Moritzburg Festival: Trotz des Namens ist das Moritzburg Festival, das zwei Wochen im August stattfindet, nicht auf Moritzburg beschränkt. Konzerte des ganz überwiegend der klassischen Musik verpflichteten Festivals finden auch in der Frauenkirche und in der Gläsernen Manufaktur von Volkswagen statt. Besonders attraktiv sind Konzerte im historischen Speisesaal des Moritzburger Schlosses, das dort aus Platzgründen auf Kammermusik beschränkte Programm ist vor allem dem 19. und 20. Jahrhundert verpflichtet (mal keine Barockmusik und falsche Allongeperücken). Einige Konzerte sind mit Picknick oder Dinner verbunden. Maxstr. 8, 01067 Dresden, Karten ab ca. 15 € bis 195 € (Galakonzert mit Dinner im Schloss Proschwitz bei Meißen), ✆ 8105495, 📠 8105496, www.moritzburgfestival.de.

Ende August

Tag des offenen Weingutes: Am letzten Wochenende im August öffnen die Winzer der Weinregion zwischen Pillnitz und Diesbar-Seußlitz ihre Pforten und laden zu Besichtigungen und Weinproben. Infos und Fahrplan des Shuttlebusses zu den Weingütern auf www.elbland.de.

September bis Dezember

Anfang September

Neustädter Töpfermarkt: Am Goldenen Reiter und in der Hauptstraße bis zum Albertplatz bieten zahlreiche Buden in- und ausländischer Keramikhersteller ihre Produkte an. www.toepfermarkt-dresden.de.

Mitte September

Bürgerball: Zur Monatsmitte findet der sogenannte Bürgerball im Palais im Großen Garten statt, eine Veranstaltung des Fördervereins Großer Garten, der sich für die Wiederherstellung des Festsaales im Palais einsetzt. Karten (60 € inkl. Buffet) und Auskünfte Bürgerstiftung Dresden, Barteldesplatz 2, 01309 Dresden, ✆ 315810, 📠 3158181, info@buergerstiftung-dresden.de.

Moritzburger Hengstparade: Die Herbstschau des Moritzburger Gestüts zieht mit ihren Veranstaltungen rund ums Pferd (u. a. Kutschenparaden) bis zu 25.000 Interessierte in den Ort.

Zweite Septemberhälfte

Federweißerfest auf Schloss Wackerbarth: Das Staatsweingut Schloss Wackerbarth lädt für ein Septemberwochenende zum schäumenden Federweißen ein – der kommt aus den eigenen Reben und nicht wie anderswo von irgendwoher. Zu den ca. 20.000 Liter neuen Weines kommen gutes Essen, Live-Musik und die prächtige Gartenanlage, die sich den Hang hinter dem Schloss hinaufzieht und die an diesen Tagen von unzähligen Feiernden bevölkert ist, www.schloss-wackerbarth.de.

Herbst- und Weinfest Radebeul-Altkötschenbroda: Am dritten Septemberwochenende findet in Radebeul bei Dresden ein großes Herbst- und Weinfest statt, das drei Tage dauert. Kleintheater, Konzerte, Straßenmusik, Kinderkirmes usw. Infos bei der Tourist-Information Radebeul, dort auch Karten im Vorverkauf; www.weinfest-radebeul.de.

Weinfest in Meißen: Ebenfalls am dritten Septemberwochenende findet das Meißener Weinfest statt, das bei freiem Eintritt vorwiegend ein Straßenfest ist. www.meissener-weinfest.de.

Überdimensionale Weihnachtspyramide auf dem Striezelmarkt

Oktober

Dresdner Stadtmarathon: Vom Haus der Presse an der Ostra-Allee startet dieser an Popularität rasch zunehmende Stadtmarathon, 2010 fand er zum 12. Mal statt, www.dresden-marathon.de.

Erste Oktoberhälfte

Dresdner Tage der zeitgenössischen Musik: Im Festspielhaus Hellerau und an anderen Spielstätten der Gartenstadt wird zeitgenössische Musik aufgeführt, was klassisch besetzte Orchester- und Kammermusik, Musiktheater, Filmmusik und spontane Sessions bedeuten kann.

Kartenvorverkauf in der Ticketzentrale im Kulturpalast Dresden oder bei Europäisches Zentrum der Künste Hellerau, ✆ 2646246, www.kunstforumhellerau.de.

Erstes Novemberwochenende

Unity Dresden Night: Auch der Semesterbeginn ist eine durchtanzte Nacht wert und auch diese Nacht ist (Eigenlob?) „Sachsens größte Party". Standort? Trotz Novemberkälte zwischen den vier Plätzen Wiener Platz, Postplatz, Pirnaischer Platz und Neumarkt an etwa 30 Standorten. Am Neumarkt großer Open-Air-Auftritt diverser Bands. Wird die Anwohner in den neuen teuren Wohnungen freuen. 2010 zum 11. Mal, www.unity-dresden-night.de.

Ende November bis 24. Dezember

Striezelmarkt und Weihnachtsmärkte: 2010 findet er zum 576. Mal statt, der legendäre Dresdner Striezelmarkt. Traditionell wird dieser Weihnachtsmarkt vom ersten Adventswochenende bis zum 24. Dezember auf dem Altmarkt abgehalten. Zu probieren gibt es Dresdner Christstollen, Pfefferkuchen und reichlich Glühwein, zu kaufen erzgebirgische Volkskunst von der Weihnachtspyramide über das Räuchermännl bis zum Nussknacker, Plauener Spitze, Dresdner Pflaumentoffel und mehr. Übrigens: ein Striezel ist ein Stollen und umgekehrt, klar? Der Stollen steht nicht nur im Namen, sondern auch im Mittelpunkt des Striezelmarktes. Ein rund 3,5 Tonnen schwerer Riesenstriezel wird am Tag des Stollenfestes durch die Stadt kutschiert und dann von hübschen Stollenmädchen angeschnitten, die pfundgroßen Stücke können dann gleich erworben werden.

Neben dem Striezelmarkt gibt es auch an anderen Orten Dresdens und seiner Umgebung Weihnachtsmärkte, so an der Frauenkirche, in der Prager Straße, in der (Neustädter) Hauptstraße, im Stallhof den sehr beliebten Mittelaltermarkt, außerdem einen Elbhang-Weihnachtsmarkt und einen auf der Albrechtsburg in Meißen.

Striezelmarkt, So–Do 10–20, Fr u. Sa 10–21 Uhr, Heiligabend 10–14 Uhr, www.striezelmarkt.de, www.dresden.de/striezelmarkt.

Wissenswertes von A bis Z

Apotheken

In allen Stadtteilen gibt es zahlreiche Apotheken, in der Innenstadt z. B. **Saxonia Apotheke**, Prager Str. 8a, ✆ 49044949.

Ärztliche Versorgung

Es gibt drei große **Krankenhäuser** in Dresden, in denen Notfälle behandelt werden: Universitätsklinikum Carl Gustav Carus, Fetscherstr. 74, ✆ 458-0; Städtisches Krankenhaus Dresden-Neustadt, Industriestr. 40, ✆ 856-0; Krankenhaus Dresden Friedrichstadt, Friedrichstr. 41, ✆ 480-0.

Eine **Kassenärztliche Notfallpraxis** befindet sich in der Fiedlerstr. 25, geöffnet Mo–Fr 19–24, Sa/So/Feiertag und Brückentage 7–24 Uhr, ✆ 19292. Unter der gleichen Telefonnummer erreicht man den Kassenärztlichen Bereitschaftsdienst tgl. 19–7 Uhr.

Das privat betriebene **Forum Gesundheit** bietet Hausarztpraxis, Orthopädie, Integrative Medizin, Kältekammer (Schmerztherapie), Zahnarztpraxis, Sanitätshaus und Apotheke. Leipziger Str. 40, www.forum-gesundheit-dresden.de.

Behinderte

Für die Bahnanreise können bei der Mobilitätszentrale der Deutschen Bahn Informationen zu Ein-, Um- und Aussteighilfen angefordert werden. Sie ist über ✆ 01805-512512 für 0,12 €/Min. Mo–Fr 8–20 Uhr, Sa 8–18 Uhr erreichbar. Der Flughafen Dresden ist behindertengerecht ausgestattet.

Die Stadt Dresden hält für Rollstuhlfahrer einen kostenlosen **„Innenstadtplan für Körperbehinderte"** bereit. Er zeigt alle barrierefreien Rollwege durch die Innenstadt, behindertengerechte WCs, Parkplätze und Haltestellen. Man erhält ihn in den Infostellen des Rathauses und der Ortsämter, bei den Dresdner Verkehrsbetrieben und bei den Tourist-Informationen der Stadt. Dieser Plan ist Teil eines die gesamte Stadt umfassenden Online-Stadtführers für Behinderte: Man lädt ihn herunter von www.dresden.de mit den Klicks *Leben, Arbeiten und Wohnen* und dann *Menschen mit Behinderung*.

Der **Behindertenfahrdienst** ist in Dresden unter ✆ 8500222 zu erreichen (tgl. 6–20 Uhr).

In der Kreuzkirche (Neustadt) gibt es ein **Café für Behinderte und Nicht-Behinderte**, das Kontakte fördern soll. Es ist Mo–Fr 13–18 Uhr geöffnet, Infos auf www.diakonie-dresden.de/abz.

Bibliotheken

Stadtbibliothek und Unibibliothek bieten auch Gästen jede Menge leicht erreichbare Infos. die Stadtbibliothek etwa hat in ihrer Hauptstelle im WTC gleich gegenüber dem Eingang einen großen Dresden-Bereich eingerichtet, die Unibibliothek hat mit ihrem riesigen Freihandbestand zu allen Themen was auf Lager, ohne, dass man Mitgliedsbeträge zahlen oder irgendwelche Formalitäten erledigen müsste. Die Städtischen Bibliotheken werden immer wieder ausgezeichnet (im Bibliothekenvergleich BIX nahmen sie 2009 Rang 2 in Deutschland ein: www.bix-bibliotheksindex.de).

Städtische Bibliotheken Dresden, Haupt- und Musikbibliothek Freiberger Str. 33 und 35 (am WTC), ✆ 8648233, www.bibo-dresden.de. **Staatliche Landesbibliothek – Staats- und Universitätsbibliothek Dresden** (SLUB), Zentralbibliothek, Zellescher Weg 18, ✆ 4677511, www.slub-dresden.de.

Diplomatische Vertretungen

Österreichische Botschaft, Handelsabteilung Dresden, Bertolt-Brecht-Allee 24, ✆ 3110710.

Botschaft der Schweiz, Otto-von-Bismarck-Allee 4a, 10557 Berlin, ✆ 030-3904000, www.botschaft-schweiz.de.

Dresden City Card

Die Dresden City Card und die Regio Card bieten 48 oder 72 Std. freie Fahrt mit allen öffentlichen Verkehrsmitteln im Raum Dresden, gratis oder ermäßigte Eintritte u. v. m., Details dazu → S. 44.

Fundbüro

Das Fundbüro der Stadt Dresden befindet sich in der Hamburger Str. 19a und hat Mo und Fr 9–12 Uhr sowie Di und Do 9–18 Uhr geöffnet, ✆ 4884280.

Information

Hier einige wichtige Adressen zur Vorbereitung einer Reise nach Dresden und in die nähere Umgebung:

Dresden Tourismus GmbH: Die erste Adresse für alle Infos über Dresden samt Unterkunftssuche, Onlinebuchung und Veranstaltungskalender; Städtische Seite. ✆ 50160160, 📠 50160166, info@dresden.-travel, www.dresden.de/tourismus.

Dresden Marketing: Infos vor allem zu Veranstaltungen, die städtische Einrichtung soll die Marke Dresden propagieren. Theaterstr. 6, ✆ 501730, 📠 50173111, www.marketing.dresden.de; Kurzvideos zu Dresden auf www.youtube.com/dresdenmarketing.

Tourismus Marketing Ges. Sachsen mbH: Die Adresse für Infos über Sachsen, außerdem Unterkunftsverzeichnisse, Veranstaltungen und Pauschalangebote. Bautzner Str. 45–47, 01099 Dresden, ✆ 491700, www.sachsen-tourismus.de.

Tourismusverband Sächsisches Elbland e. V.: Hier erhält man Informationen über die Nachbarorte Dresdens von Meißen bis Moritzburg. Fabrikstr. 16, 01662 Meißen, ✆ 03521-76350, www.elbland.de.

Tourismusverband Sächsische Schweiz e. V.: Informationen über Pirna, die Sächsische Schweiz und das Elbsandsteingebirge. Bahnhofstr. 21, 01796 Pirna, ✆ 03501-470147, www.saechsische-schweiz.de.

Tourist-Informationen in Dresden

Derzeit nur eine: Das Informationsbüro befindet sich im Kulturpalast, Schlossstraße 2, ✆ 5016, Öffnungszeiten April–Dez. Mo–Fr 10–19, Sa 10–18, So/Feiertag 10–15 Uhr, Jan.–März Mo–Fr 10–18, Sa 10–16, So 10–14 Uhr, im Winter evtl. kürzer.

Informationen im Internet

www.dresden.de, offizielle Website der Landeshauptstadt.

www.dresden.de/tourismus, Seite der Dresdner Tourist-Information.

www.marketing.dresden.de, Dresdner städtische Seite für die Marke „Dresden".

www.dresdeninformation.com, kommerzielle Seite, die Tipps zu den Bereichen Einkaufen, Übernachten, Restaurants und Veranstaltungen gibt.

www.dnn.de, Seite der Dresdner Neuesten Nachrichten.

www.sz-online.de, Seite der Sächsischen Zeitung.

www.museen-dresden.de, Seite der Städtischen Museen Dresden.

www.skd-dresden.de, Seite der Staatlichen Kunstsammlungen Dresden.

www.dvbag.de, Seite der öffentlichen Verkehrsbetriebe in Dresden.

www.wo-online.de, Seite des Verkehrsverbunds Oberelbe.

www.saechsisches-elbland.de, www.elbland.de, Seiten der Nachbarorte Dresdens.

www.saechsische-schweiz.de, alle Infos über die Sächsische Schweiz.

Internet/Internet-Cafés

Internetzugang z. B. bei **Copy Planet**, PC 15 Min. frei, dann 0,50 € je 15 Min., Internet je angefangene Viertelstunde 0,50 €; auch Kopien ab 2,9 Cent. Königsbrücker Str. 76 (Eingang vom Bischofsweg), Mo–Fr 9–19, Sa 10–16 Uhr, ✆ 8028285.

Gratis-Surfen über WLAN-Hotspots in Internet-Cafés: **Café Europa**, Königsbrücker Str. 68 (24 Std. pro Tag!); **Rest. Maximus**, Maxstr. 4; **Café Müller's** an der TU, Bergstr. 78, **Café Combo**, Alaunstr. 47.

Literaturtipps, CD-ROMs, DVDs

Albert Prinz von Sachsen Herzog zu Sachsen: Die Albertinischen Wettiner. Geschichte des Sächsischen Königshauses 1753–1932. Bamberg (St. Otto-Verlag) 1989 – Authentischer geht's nicht: ein Wettiner berichtet über die Geschichte des wettinischen Königshauses von der Thronbesteigung August III. bis zum Tod des letzten Königs Friedrich August III.

Baumgärtel, Siegmar und Gertoberens, Klaus: Dresden Stadtlexikon. Dresden (Edition Sächsische Zeitung) 2009 – Alles über Dresden in Stichworten von Theo Adam bis Zwingerteich.

Deutsches Hygiene-Museum (Hrsg.): Mythos Dresden. Köln, Weimar, Wien (Böhlau) 2006 – Interessante Zusammenstellung der verschiedenen Stränge, aus denen der Mythos Dresden zusammengewoben wurde, gleichzeitig Katalog einer Ausstellung im Hygiene-Museum.

Donath, Matthias: Der Dresdner Neumarkt. Ein Platz kehrt zurück. Dresden (Ed. Sächsische Zeitung) 2006 – Der Neumarkt, wie er war und wie er sich – vielleicht – wieder präsentieren wird.

Doubek, Katja: August der Starke. Reinbek bei Hamburg (Rowohlt) 2007 – Lesbar und kompakt ist dieser kurze (160 S.) Führer zum Leben August des Starken und der Kultur seiner Zeit samt Mätressen und Repräsentationsmacken, etwas ermüdend nur die Darstellung der vielen Schlachten des Nordischen Krieges. Preiswert: 8,50 €.

Dresdner Geschichtsverein (Hrsg.): Dresden. Die Geschichte der Stadt. Dresden (Junius) 2002 – Durchaus lesbare Geschichte der Stadt auf 280 Seiten plus Anhang, reich illustriert.

Fölck, Romy: Täubchenjagd. Dresden (Kahl) 2007 – Im zweiten Dresdner Stadtkrimi begeht ein Obdachloser Tierquälerei, Spannung vor Dresden-Hintergrund.

Gerlach, Siegfried: George Bähr. Der Erbauer der Dresdner Frauenkirche. Ein Zeitbild. Köln, Weimar, Wien (Böhlau) 2005 – Nicht ganz leicht zu lesende, aber informative Biographie des großen Dresdner Baumeisters und Schöpfers der Frauenkirche.

Günzel, Klaus: Romantik in Dresden. Gestalten und Begegnungen. Frankfurt/Main u. Leipzig (Insel) 1997 – Was die deutschen Künstler Caspar David Friedrich, Carl Gustav Carus, Carl Maria von Weber, E. T. A. Hoffmann, Richard Wagner und eine ganze Reihe anderer mit Dresden zu tun hatten, wird hier ausreichend illustriert zusammengestellt.

Kempowski, Walter: Der rote Hahn. Dresden im Februar 1945. München (btb) 2001 – Zusammenstellung von Zeitzeugnissen zur Zerstörung Dresdens unter Einschluss der Vorgeschichte.

Klemperer, Victor: Tagebücher 1945 = Teilband VII von: Ich will Zeugnis ablegen bis zum letzten. Tagebücher 1933–1945. Berlin (Aufbau) 2. Aufl. 1999 – Der wohl aufwühlendste Band der Tagebücher des von den Nazis ins Ghetto getriebenen Dresdner Sprachwissenschaftlers, der als Augenzeuge über die Zerstörung Dresdens berichtet. Gesamter Text auch auf 2 CD-ROMs: Victor Klemperer (hrsg. v. Walter Nowojski): Die Tagebücher 1933–1945, Gesamttext plus Faksimile der Originalhandschrift und großer wissenschaftlicher Apparat. Digitale Bibliothek Berlin, Berlin 2007, www.digitale-bibliothek.de. ISBN: 978-3-89853-550-2.

Kraszewski, Józef Ignacy: Gräfin Cosel. Berlin (Aufbau) 2006 – Historischer Roman über die berühmte Mätresse August des Starken. Der polnische Autor, der mehr als 20 Jahre im Dresdner Exil lebte, hat in mehreren zwischen 1873 und 1875 entstandenen Romanen Dresden und Sachsen in der Barockzeit beschrieben.

Nölle-Fischer, Karin: Die Elbe. Ein literarischer Reisebegleiter von der Mündung bis zum Riesengebirge. Stuttgart (Klett-Cotta) 1999 – Geht in der Beschreibung der Elbe weit über Dresden hinaus und verknüpft so vieles, das in einem reinen Dresden-Führer nur angedeutet werden kann.

Rader, Olaf: Kleine Geschichte Dresdens. München (C. H. Beck) 2005 – Kein Wälzer, sondern eine gut lesbare Übersicht. Das letzte Jahrhundert wird detaillierter dargestellt.

Richter, Frank: Der historische Malerweg. Die Entdeckung der Sächsischen Schweiz im 18./19. Jahrhundert. Dresden (Verlag der Kunst) 2006 – Reich illustrierte Übersicht der Künstler (u. a. Caspar David Friedrich und Adrian Ludwig Richter), die dem Tourismus in der Sächsischen Schweiz den Weg bereiteten.

Taylor, Frederick: Dresden, Dienstag, 13. Februar 1945. Gütersloh (Bertelsmann) 2004 – Wissenschaftlich fundierte, sehr lesbare Aufbereitung des Bombenangriffs auf Dresden, inklusive kritischer Anmerkungen zur Schuldfrage aus britischer Sicht.

Tellkamp, Uwe: Der Turm. Frankfurt am Main (Suhrkamp) 2008 – Tellkamps Dresden-Epos – in der Erstausgabe 973 inhaltsschwere Seiten lang – war ein Instant-Bestseller, den wohl nicht alle gelesen haben, die das Buch kauften. Highbrow-Dresden knapp vor der Wende, die Namen der ausschweifend vielen Story-Protagonisten nur wenig verhüllt – das sorgte auch für ein hochinteressiertes Dresdner Publikum.

Vonnegut, Kurt: Schlachthof 5. Reinbek bei Hamburg (Rowohlt) 2007 – Vonnegut hat als amerikanischer Kriegsgefangener die Luftangriffe auf Dresden miterlebt und lässt seine Erfahrungen in die Hauptfigur seines Romans Billy Pilgrim einfließen. Das Buch, im Original „Slaughterhouse – Five", gilt als einer der wichtigsten Antikriegsromane der Weltliteratur.

DVDs

Dresden, 2-teiliger TV-Spielfilm auf DVD (177 Min.), Regie Roland Suso Richter, Darsteller u. a. Felicitas Woll und Heiner Lauterbach, teamworkX/Warner Bros. (Bestell-nr. 8884695), Hamburg 2006.

Kulula, Ralf: Das Grüne Gewölbe – die Wiedergeburt der sächsischen Schatzkammer. DVD mit Langzeitdokumentation (Film) der Bauarbeiten am Dresdner Schloss, streckenweise nicht übermäßig spannend, im Dresdner Buchhandel.

Museen

Dresden besitzt Museen, die der Stadt gehören, wie das Stadtmuseum, aber auch Museen wie die Gemäldegalerie Alte Meister, die dem Freistaat Sachsen unterstehen. Hinzu kommen noch diverse von Stiftungen oder privaten Initiativen getragene Einrichtungen wie z. B. das Erich Kästner Museum.

Ein einheitliches Ticket oder einen Museumspass gibt es nicht, jedoch bieten die **Staatlichen Kunstsammlungen** eine Tageskarte zu 10 € und eine Jahreskarte zu 40 € an, die den unbegrenzten Zutritt in die Kunstsammlungen der Stadt für einen Tag bzw. ein ganzes Jahr erlauben, die Jahreskarte schließt auch sämtliche Sonderausstellungen mit ein. Gültigkeit besitzt die Karte in allen Museen, die dem Freistaat Sachsen gehören, also Gemäldegalerie Alte Meister, Albertinum, Rüstkammer, Porzellansammlung, Neues Grünes Gewölbe, Kupferstichkabinett (mit Sonderausstellungen), Türckische Cammer, Museum für Sächsische Volkskunst mit Puppentheater, Kunstgewerbemuseum (Schloss Pillnitz) sowie die derzeit geschlossenen oder nur durch Sonderausstellungen anderswo zugänglichen Sammlungen von Mathematisch-Physikalischem Salon und Münzkabinett. Das Historische Grüne Gewölbe ist jedoch ausdrücklich ausgenommen. Wer nur drei oder vier dieser Sammlungen besucht, hat das Jahresticket bereits drin.

Besucherzentrum „Art & Info", Auskunftsbüro der Staatlichen Kunstsammlungen im Residenzschloss, Eingang Ecke Schlossstraße/Taschenberg, geöffnet Mo–Fr 11–18 Uhr, Sa/So/Feiertag 10–18 Uhr, Auskunft und Überblick über die Staatlichen Kunstsammlungen Dresden auf www.skd-dresden.de.

Auch die **Museen und Galerien der Stadt Dresden** bieten eine Sammelkarte an: Eine Jahreskarte zu 20 €, die auch alle Sonderausstellungen beinhaltet. Für jemanden der drei dieser Museen oder zwei Sonderausstellungen besucht, hat sich der Kauf bereits gelohnt. Die Museen der Stadt umfassen u. a. Stadtmuseum, Technische Sammlungen, Kügelgenhaus, Carl-Maria-von-Weber-Museum und Schillerhäuschen. www.museen-dresden.de.

Notruf

Polizei ✆ 110

Feuerwehr und Rettung ✆ 112

Ärztlicher Notdienst ✆ 19292

Apothekenbereitschaft ✆ 011500

Sperrnotruf für EC-, Kredit- und Handykarten ✆ 116116, www.sperr-notruf.de

Polizei

Polizeidirektion Dresden, Schießgasse 7, ✆ 48340, Haltestelle Pirnaischer Platz.

Rauchen

Seit Februar 2008 gilt in Sachsen ein Rauchverbot in allen öffentlichen Einrichtungen und Verkehrsmitteln sowie in Gaststätten. Nur in deutlich abgetrennten Nebenräumen von Gaststätten ist das Rauchen weiterhin erlaubt.

Schwule und Lesben

Die Dresdner Schwulen- und Lesbenszene ist nicht sonderlich groß. Leipzig und das nur zwei Zugstunden entfernte Berlin haben eine zu starke Anziehungskraft, als dass sich in Dresden eine große Szene entwickeln könnte. Dennoch tut sich allerhand, was die Leute von **Gerede e. V.** in der Prießnitzstraße 18 sicher bestätigen werden. Man trifft sie im Stadtteilhaus im Büro, kontaktiert sie übers Beratungstelefon oder redet mit ihnen und anderen im Café Kontakt im selben Haus. Die schwul-lesbische Szene ist ziemlich klar auf die Äußere Neustadt konzentriert, wo auch andere Minderheiten ihren festen Standort haben und die bürgerlichen Vorurteile weniger ausgeprägt sind als in anderen Stadtteilen oder auch gar nicht existieren.

Gerede e. V., Stadtteilhaus, Prießnitzstraße 18, Äußere Neustadt, ✆ 8022250 (Büro), ✆ 80444480 (Beratung), ✆ 8022270 (Serviceline), ✆ 8022260, **Café Kontakt** tgl. 15–21 Uhr, www.gerede-dresden.de.

Die kostenlose schwul-lesbische **Monatszeitschrift Gegenpol-Sergej** erscheint in Dresden und Berlin und enthält in der Dresdner Auflage alle wichtigen Adressen und Veranstaltungstipps für die Räume Dresden, Leipzig, Erfurt, Chemnitz und Halle (gratis in vielen Kneipen und Szenelokalen der Äußeren Neustadt, in Buchhandlungen und bei den Tourist-Informationen, außerdem unter www.gegenpol.net, www.sergej.de).

Szenelokale sind (u. a.) Area 29, Queens, Lederklub beim LCD, Boys, Café Sappho und Valentino sowie die Clubsauna Man's Paradise in der Friedensstr. 45, tgl. 12–1 Uhr (alle Äußere Neustadt → Nachtleben, S. 89).

Gay-Videos mit Cruising bieten u. a. Duplexx, Förstereistr. 10, Äußere Neustadt, tgl. 12–3 Uhr, und Erotic World, Tharandter Str. 84, Mo–Sa 9–23 Uhr.

Stadtmagazine

PluSZ-Magazin, Wochenprogramm als Beilage der Sächsischen Zeitung, erscheint jeweils am Donnerstag, komplettes Programm mit besonderer Betonung von Pop, Volksmusik und Boulevard.

Blitz! das Stadtmagazin für Dresden, monatlich erscheinende Zeitschrift mit starkem Hang zu Pop, Rock & Party.

Prinz, Ausgabe Dresden, erscheint monatlich, vor allem Party & Szene, 2,50 €.

Sax Das Dresdner Stadtmagazin, monatlich erscheinend, recht ausgewogene Programmvorschau, auch Literatur-Neuerscheinungen, Kino abseits der Hits und Theaterrezensionen, 1,30 €.

Dresdner Kulturmagazin, monatlich erscheinend, gratis, liegt z. B. in der Stadtbibliothek aus, alle Konzerte, Bühnenprogramm und Ausstellungen plus Kino und sonstige Veranstaltungen, mit dem Kinoprogramm der Woche auf www.dresdner.nu.

Kino Kalender Dresden, Monatsprogramm der Dresdner Kinos von Mainstream- bis Programmkino, gratis, liegt z. B. in der Stadtbibliothek aus, www.kinokalender.com.

Tageszeitungen

Sächsische Zeitung (Ausgabe Dresden) und **Dresdner Neueste Nachrichten** teilen sich im Wesentlichen den lokalen Zeitungsmarkt. Am Donnerstag enthält die Sächsische Zeitung das wöchentliche Veranstaltungsmagazin PluSZ.

Telefonieren

Telefonsäulen der Telekom gibt es noch an vielen Stellen in der Stadt. Ohne Handy und ins Ausland telefoniert man mangels eigenem Festnetzanschluss billiger von einem Call Shop. **Oran Call Shop**, Königsbrücker Straße 72, ✆ 4821-00, bietet beispielsweise weltweite Direktgespräche von der Zelle und Telefonkarten fürs Festnetz.

Telefon-Vorwahl

Die Dresdner Telefonvorwahl ist **0351**. Soweit nicht anders angegeben, gilt sie für alle im Buch genannten Telefon- und Faxnummern.

Wetter und Reisezeit

Dresden hat ein mildes, mitteleuropäisch-kontinentales Klima, seine Sommertemperaturen sind also verglichen mit Norddeutschland ziemlich hoch, die Wintertemperaturen dagegen etwas niedriger, ohne jedoch in bayrisch-voralpine Tiefen zu fallen. Mangels extremer Temperaturen oder Winde kann man Dresden ganzjährig besuchen. Die schönste Zeit ist jedoch die Phase zwischen Mai und Oktober, vor allem auch wegen der längeren Tagesstunden.

▲ Theaterplatz, Blick vom Hausmannsturm (über die Hofkirche)

Stadttouren und Ausflüge

Hofkirche und Residenzschloss: Zentrum des alten Dresden

Tour 1: Rund um den Theaterplatz

Rund um den Theaterplatz gruppieren sich einige der wichtigsten Bauten des alten Dresden: Residenzschloss, Zwinger, Semperoper, Hofkirche … Ein Spaziergang durch die Kunststadt Dresden muss hier beginnen.

Der Theaterplatz ist wohl einer der schönsten Plätze Europas. Großzügig angelegt und zur Elbe bis auf den relativ niedrigen Bau des Italienischen Dörfchens, einer Gaststätte, weit geöffnet, flankieren ihn die Semperoper, der ebenfalls von Gottfried Semper geplante Bau des Ostabschlusses des Zwingers, die Hofkirche, heute katholische Kathedrale, sowie das Residenzschloss, das als einziges dieser Bauten noch im Wiederaufbau begriffen ist. Auch wenn der Neumarkt durch die wiedererstandene Frauenkirche und seinen eigenen Wiederaufbau besonders bekannt geworden ist, so bleibt der Theaterplatz doch das Herz Dresdens. Hier konzentrieren sich die politische Geschichte Sachsens im Residenzschloss, die kulturelle Tradition Dresdens in der Semperoper und die in Jahrhunderten gewachsene Kunstszene der Stadt im barocken Zwinger.

Die leichte Erhebung des „Taschenbergs“ dicht an der Elbe, die normalerweise hochwasserfrei bleibt (nicht jedoch bei den Jahrhundertfluten 1845 und 2002), bot den Meißner Markgrafen eine Möglichkeit, den wichtigen Elbübergang bei der heutigen Augustusbrücke zu sichern. Die Brücke, zunächst aus Holz, aber schon im 13. Jahrhundert aus Stein, sicherte den Markgrafen die Mauteinnahmen durch den regen West-Ost-Handel. Das → **Residenzschloss** geht auf eine kleine Befestigung zurück, die bereits im Frühmittelalter entstand.

Von der mittelalterlichen Silhouette hat man kaum eine Vorstellung, das Bild in der Renaissance lässt sich dagegen ganz gut rekonstruieren: hinter den Festungswällen der Stadt ragte die Fassade des Schlosses mit dem hohen Hausmannsturm auf, einige weitere Türme mag man vom anderen Elbufer aus gesehen haben, sicher jedoch die beiden gotischen Fronttürme der erst zu DDR-Zeiten abgerissenen Sophienkirche. Unter August dem Starken wandelte sich das alles, die Wallanlagen wurden abgerissen oder überbaut, direkt am Wasser entstand ein durch Hochwasser gefährdeter Bereich für Feste, vor allem für die beliebten Turniere (es gab auch Damenturniere im Barock). Das Gelände wurde zuerst mit Holzdekorwänden, dann mit einem festen Repräsentationsbau umgeben, dem → **Zwinger.** Für seine Geliebte, die Gräfin Cosel, ließ August der Starke außerdem unweit des Schlosses das → **Taschenbergpalais** errichten, das heute ein Hotel beherbergt. Der → **Theaterplatz** war ursprünglich eine feuchte Wiese. Dann wurde neben dem Schloss, am Rand dieser Wiese, eine prachtvolle Kirche hochgezogen, die → **Hofkirche,** die Antwort des Hofes auf die bürgerliche Frauenkirche. Italienische Künstler, Handwerker und Steinmetzen bauten ihre Wohnungen auf der feuchten Wiese, ein „Italienisches Dörfchen" entstand. Damals hatte der Zwinger noch keinen Ostabschluss, eine einfache Mauer mit Durchlass bildete die Grenze zum heutigen Theaterplatz. Erst im 19. Jahrhundert entstand die Silhouette, wie man sie heute wieder sieht. Gottfried Semper baute einen neuen Osttrakt an den Zwinger, in dem die Gemäldegalerie untergebracht wurde. Und mitten auf die feuchte Wiese und nach Abriss des Italienischen Dörfchens setzte er seine erste Hofoper, die nach einem Brand ein halbes Jahrhundert später durch das heutige, ebenfalls von ihm entworfene Opernhaus, die → **Semperoper,** ersetzt wurde.

1945 war von den Gebäuden rund um den Theaterplatz nicht mehr viel erhalten, die Gebäude waren großenteils zerstört und alle waren ausgebrannt. Siebzig Jahre wird es gedauert haben, bis die Gebäude um den Theaterlatz wieder komplett rekonstruiert sind, dann ist auch das Schloss wiederhergestellt. Dass es jemals so weit kommen konnte, ist ein Wunder, das Wunder Dresden. Die beiden Plätze, die den Bereich um den Theaterplatz flankieren, sind sehr verschiedenartig. Der direkt an den Theaterplatz angrenzende **Schlossplatz** ist ein stimmungsvoller kleiner Platz vor dem Residenzschloss, der sich wie der Theaterplatz zur Elbe öffnet. Die Brühlsche Terrasse und die Hofkirche flankieren ihn, an der Nordseite schließt die Augustusbrücke an, an der Südseite das Georgentor – das erklärt seine Funktion als alter Mautplatz vor dem Einlass in die Stadt. Der **Postplatz** hingegen, südwestlich von Schloss und Zwinger, ist ein städtebaulich äußerst unbefriedigender Platz. Einerseits wird er von historischen Bauten und bedeutenden städtischen Einrichtungen wie dem Schauspielhaus flankiert, andererseits wird er von Plattenbauten und brach liegenden Baugrundstücken geprägt. Das endgültige Aussehen dieses Platzes ist nach wie vor noch nicht geklärt.

Hinweis zum Aufbau der Kapitel im Reiseteil

Die im einleitenden Teil vor manchen Stichworten stehenden „→" verweisen auf eine ausführlichere Beschreibung im Teilkapitel Sehenswertes. Dort sind die Sehenswürdigkeiten dann entsprechend einer Rundtour angeordnet. Die Wegbeschreibung der Tour und wichtige Hinweise beispielsweise zu ungewöhnlichen Öffnungszeiten befinden sich jeweils am Ende des einleitenden Kapitels.

Die Entfernungen rund um den **Theaterplatz** sind minimal, alles ist einen Steinwurf vom Reiterdenkmal für König Johann entfernt, das die Platzmitte dominiert. Auf der Fläche von nicht einmal 1 km^2 liegen einige der wichtigsten Kulturdenkmäler Deutschlands eng beisammen. Ein flotter Geher kann den gesamten Bezirk in einer knappen Stunde umrunden, die meisten Besucher werden sich jedoch mehr Zeit nehmen, um die barocke Pracht von Zwinger, Residenzschloss und Hofkirche auf sich wirken zu lassen und die ein oder andere Kunstsammlung (u. a. Gemäldegalerie Alte Meister, Porzellansammlung oder das Neue Grüne Gewölbe) zu besuchen. Für die rekonstruierten Räume des Historischen Grünen Gewölbes im Residenzschloss muss man mehr Zeit einplanen. Wenn man sich nicht Monate vorher um Tickets im Vorverkauf bemüht hat, muss man in der Regel mit mindestens einer Stunde Wartezeit für den Erhalt von Tickets rechnen, wenn man überhaupt noch welche bekommt. Die im Folgenden ausführlicher beschriebenen Sehenswürdigkeiten sind so angeordnet, dass sie einen Spaziergang ergeben, nichts sollte jedoch daran hindern, sie anders aufzureihen.

Sehenswertes

Theaterplatz

Der riesige Platz wird von Prunkbauten gesäumt: von der Semperoper, von der Hofkirche, vom Schloss, das man über den kleinen Schlossplatz erreicht, und vom Semperbau des Zwingers. Der Schinkelbau der Alten Wache steht wie ein griechischer Tempel vor dem Zwinger, wie das Opernhaus dahinter ist die **Schinkelwache** nach ihrem Architekten benannt, dem berühmten Karl Friedrich Schinkel. Der elegante kleine Bau mit der Säulenfassade ist das einzige Werk Schinkels in Dresden und das einzige klassizistische Bauwerk der Stadt. Die Wache dient als Tourist-Information und Vorverkaufskasse der Sächsischen Staatsoper Dresden. Die Gaststätte **Italienisches Dörfchen** schließt im Norden die offene Flanke zum Elbtal teilweise ab. Sie wurde 1911–1913 von Hans Erlwein, Dresdens Stadtbaurat ab 1904, gebaut, der auch noch viele weitere Zweckbauten wie den Gasspeicher in Reick (→ Panometer, Tour 6) und den später nach ihm benannten Erlwein-Speicher (heute Hotel Maritim, → Sächsischer Landtag, Tour 7) schuf. Der neoklassizistische Bau harmoniert sowohl mit dem Klassizismus der Schinkelwache als auch mit Gottfried Sempers zurückhaltender Zwinger-Fassade im Stil der italienischen Hochrenaissance. Den Namen hat das Bauwerk von den Quartieren der italienischen Arbeiter, die vor allem an der Hofkirche arbeiteten und im Bereich des heutigen Theaterplatzes ihre Werkstätten und Behausungen hatten. Das Reiterdenkmal in der Platzmitte stellt König Johann dar, der 1854 bis 1873 regierte und gar nicht so martialisch war, wie er hier dargestellt wird. Er arbeitete vielmehr als Literaturwissenschaftler und übertrug u. a. Dantes „Divina Commedia“ ins Deutsche.

Hofkirche

Die ehemalige katholische Hofkirche an der Ostseite des Theaterplatzes vis-à-vis der Augustusbrücke war ein Repräsentationsbau der Wettiner. August der Starke war 1697 zum Katholizismus übergetreten, Sachsen und Dresden blieben jedoch protestantisch. Gottesdienste wurden in der Schlosskapelle gefeiert, das genügte bis 1738, da regierte schon der Sohn Augusts des Starken. Aber 1727 hatte die protestantische Bürgerschaft mit dem Bau ihrer neuen Kirche begonnen und die Pracht der (erst 1742 komplett fertiggestellten) Frauenkirche muss dem König ein Dorn im Auge gewesen sein. Man konnte schließlich nicht den Bürgern den Triumph lassen, die prachtvollste Kirche in Sachsens Hauptstadt zu besitzen! Eine eigene, möglichst noch

prunkvollere Kirche musste her und zwar sofort. Der Römer Gaetano Chiaveri – Italiener galten damals als Architekten mehr als Deutsche wie der gerade eben verstorbene George Bähr, den die Bürgerschaft für die Frauenkirche eingesetzt hatte – erhielt den Auftrag für eine bombastisch große Kirche (4800 m^2 – Sachsens größte katholische Kirche). Doch die Arbeiten zogen sich lange hin: erst 1755 war der Bau vollendet.

Nach außen ist die Hofkirche wesentlich aufwendiger als nach innen. Ob auch diesbezüglich das Repräsentationsbedürfnis und der Wunsch, die protestantischen Untertanen zu beeindrucken, die Form bestimmt hat? Der 85,5 m hohe, vom Schiff abgesetzte Turm erreicht zwar nicht die Höhe der Frauenkirche (95 m), ist aber wegen seiner filigranen Form ein auffallender Bestandteil der Dresdner Silhouette. Die Notwendigkeit, Prozessionen im Inneren der Kirche abzuwickeln – im protestantischen Sachsen hätte eine katholische Prozession in der Öffentlichkeit einen Volksaufstand ausgelöst – hat den Grundriss und die äußere Form der Kirche bestimmt: ein zweistöckiger Gang führt rings um das ovale Kirchenschiff, so konnte man die Monstranz auf Prozessionen innerhalb der Kirche belassen. Dieses hohe, vom Prozessionsgang umgebene Oval ist außen als mit Statuen geschmückter Wandabschluss zu erkennen, das Dach ist fast flach und verschwindet dahinter. Die nur halb so hohen Seitenschiffe und Kapellen umgeben diesen Mittelbereich, von außen sind sie als unterer, ebenfalls von Statuen geschmückter Wandbereich erkennbar.

Das Innere war vor der Zerstörung 1945 prachtvoll barock ausgestattet. Davon hat sich nur wenig erhalten, das Wenige ist aber bedeutend. Einziger Farbtupfer ist das schon ins Rokoko weisende Hauptaltarbild von Anton Rafael Mengs (Christi Himmelfahrt, 1751). Ein barock wucherndes plastisches Kunstwerk in Weiß und Gold – das sind auch die Farben der Innenausstattung – ist die Kanzel von Balthasar Permoser (1722). Die Silbermann-Orgel war die letzte und größte des großen Orgelbauers Gottfried Silbermann, ihre Fertigstellung hat er nicht mehr erlebt. Sie wurde 1944 abgebaut und ist nach zwei Restaurierungen in den ursprünglichen Zustand von 1755 zurückversetzt worden. Der barocke Rahmen der Orgel ist 1945 verbrannt, er ist nach Fotos detailgenau reproduziert worden. Wer den Klang der Orgel kennenlernen will, hat bei den Orgelvorspielen jeweils am Mittwoch und Samstag 11.30–12 Uhr (gratis) Gelegenheit dazu, alternativ bei den Konzerten im Dresdner Orgelzyklus (→ Kulturszene Dresden, Spielstätten und Konzertreihen).

Eine Vision – die nächtliche Hofkirche

Die Gruft enthält die Sarkophage mit den sterblichen Resten aller albertinischen Wettiner und ihrer Ehegatten seit 1730, insgesamt 47, darunter die des Auftraggebers Friedrich August II. und seiner Gemahlin Maria Josepha. Das Herz August des Starken ist ebenfalls hier bestattet – der Körper wurde in der Kathedrale des Wawels in Krakau beigesetzt.

Die der Heiligsten Dreifaltigkeit geweihte Hofkirche ist seit 1980 Kathedrale des Bistums Dresden-Meißen.

Adresse/Infos: Dompfarramt Dresden, Schlossstr. 24, ✆ 4844712, www.kathedrale-dresden.de.

Öffnungszeiten/Führungen: Hofkirche geöffnet Mo–Do 9–17, Fr 13–17, Sa 10–17 und So 12–16 Uhr, bei Gottesdienstzeiten keine Besichtigung. Die Gruft ist nur mit Führung zu besichtigen, dabei wird auch die Kirche gezeigt. Führungen Mo–Do 14 Uhr, Fr–So 13 Uhr, Sa auch 14 Uhr, gratis (Spende erwünscht).

Orgelmusik: Orgelvorspiel Mi u. Sa 11.30–12 Uhr, geistliche Orgelmusik im Wechsel mit Kreuz- und Frauenkirche Mi 20 Uhr (Dresdner Orgelzyklus), Eintritt 5 €, kein Vorverkauf.

Residenzschloss

Seit dem frühen 13. Jahrhundert wird an der Stelle gebaut, wo sich heute das Dresdner Schloss befindet. Von 1485 bis 1918 residierten hier die wettinischen Kurfürsten und späteren Könige von Polen, noch später von Sachsen. Man sieht es der Hauptresidenz der Wettiner in Sachsen nicht gleich an, dass viele Generationen in vielen Stilen daran gebaut haben, denn die Außenfassaden sind fast einheitlich erst in der Neorenaissance entstanden. Erst wenn man in den Kleinen Schlosshof mit seinen Galerien und vor allem wenn man in den Großen Schlosshof gelangt oder aus den Museen im Westflügel in den Hof hineinblickt, erkennt man stark restaurierte, aber originale Renaissance-Elemente, darunter vor allem die nach Bildern, Fotos und Zeichnungen restaurierten, nein, wieder neu geschaffenen Sgraffiti aus der Zeit von Kurfürst Moritz.

Bis 2013 wird das im Krieg stark zerstörte Schloss wohl komplett fertiggestellt sein, und es wird ein Museumsschloss wie auch ein Schloss der Museen sein. Schon heute sind das Historische Grüne Gewölbe, das Neue Grüne Gewölbe, das Kupferstichkabinett, die Fürstengalerie und die „Türckische Cammer" (u. a. aus Beständen der Rüstkammer) im Schloss untergebracht. Irgendwann in Zukunft folgt die restliche Rüstkammer, die in einem der nächsten Jahre aus dem Zwinger ins Schloss übersiedeln wird.

Die Geschichte des Schlosses

Älteste Reste der mittelalterlichen Burg wurden im Untergeschoss des Ostflügels entdeckt, sie weisen auf die 1. Hälfte des 13. Jahrhunderts. Der Teil des Nordflügels zwischen Hausmanns-turm und Georgenbau ist wohl das „Alte Haus" des Markgrafen Wilhelm I., das vor 1400 entstand. Der Hausmannsturm ist heute der größte noch sichtbare Rest des mittelalterlichen Burgkomplexes. 1530 bis 1535 entstand der erste Renaissancetrakt des Schlosses, der dreigeschossige Georgentrakt mit dem Georgentor, der Verbindung zwischen Schlossgasse und Elbbrücke. Die Gesamtanlage der Burg wurde dabei jedoch nicht angetastet, das bewirkte erst Kurfürst Moritz, der fast unmittelbar nach seiner Ausrufung zum Kürfürsten 1547 eine umfassende Modernisierung und Erweiterung der Anlage auf das Doppelte befahl, natürlich im allerneuesten Stil der Hochrenaissance. Gleichzeitig wurden die Arbeiten an der neuen Festungsanlage rund um Dresden durchgeführt. Ohne diese hätte man die Burg aus Sicherheitsgründen nicht einfach durch einen repräsentativen Schlossbau ersetzen können. Die neue Fassade schmückten Sgraffiti, die später abgeschlagen wurden. Im Zuge der großen Renovierung und Rekonstruktion wurden sie seit 1994 neu geschaffen. Schon seit 1984 (und um Klassen verstärkt nach der Wende) wurde das gesamte Schloss zumindest in seiner Präsentation nach außen großenteils restauriert, nach innen ist jedoch noch mit jahrelangen Arbeiten zu rechnen. 2009 wurde der Kleine Schlosshof als Besucherfoyer eröffnet, dann folgten „Türckische Cammer" und Fürstengalerie, 2010 kam die prachtvolle Englische Treppe als neuer Aufgang zum Neuen Grünen Gewölbe hinzu. Der Eingang zur **Schlosskapelle** im Großen Innenhof ist vorläufig noch verschlossen, bald wird das über Jahrzehnte ausgelagerte Kunstwerk wieder an seiner früheren Stelle stehen.

Die Flügel des Schlosses (Rundgang ums Schloss)

Der Gebäudekomplex des Schlosses gruppiert sich um zwei größere Höfe (Großen und Kleinen Schlosshof) und einen kleineren Hof, den Wirtschaftshof, den man durch den Südeingang betreten kann, da durch ihn der Weg zur Kunstbibliothek und zur Direktion geht. Man beginnt die Besichtigung des Schlosses am **Georgenbau** mit dem **Georgentor** (1963 bis 1966 rekonstruiert), dessen Neorenaissance-Fassade einige deutliche Jugendstilelemente enthält, man beachte die Halbsäulen im ersten Obergeschoss! Der **Ostflügel** des Schlosses, den man nach Passieren des Tores rechts von sich hat, besitzt im Löwentor, dem Torgebäude des Kurfürsten Christian I.,

Nagelneu: die Renaissance-Sgraffiti im Großen Hof des Residenzschlosses

einen repräsentativen Giebel. Das Tor führt übrigens in den Kleinen Schlosshof, das heutige Besucherfoyer.

Ganz historistisch ist die Fassade des **Südflügels** mit dem Rundturm an der Südostecke, in dessen Erdgeschoss sich heute die Information der Staatlichen Kunstsammlungen Dresden befindet. Der **Westflügel** hat hingegen hinter der Neorenaissance-Fassade die alten Mauern bewahrt, wie besonders im Historischen Grünen Gewölbe (Erdgeschoss) klar wird. Zwischen Süd- und Westflügel befindet sich der zweite Eingang zu den Museen (s. unten: Neues Grünes Gewölbe, Historisches Grünes Gewölbe, Kupferstichkabinett, Türckische Cammer).

Der **Nordflügel,** Repräsentationsflügel seit Moritz I. bis zum Ende der Wettinerherrschaft 1918, wird vom **Hausmannsturm** überragt, dessen Höhe von ca. 101 m ihn zur höchsten Aussichtsplattform Dresdens macht. Der Turm ist der älteste heute noch sichtbare Teil des Schlosses, als Wachturm (Hausmann war die Bezeichnung für den Türmer) entstand er gegen Ende des 14. Jahrhunderts. Zwischen 1674 und 1676 wurde er durch Baumeister Wolf Caspar von Klengel erhöht und barockisiert, 1778 erhielt er Dresdens ersten Blitzableiter und erreichte stattliche 100,7 m Höhe. 1945 brannte er aus, wurde aber gesichert und bekam ein Notdach. Seit 1991 ist er nach außen komplett wiederhergestellt, und seit 1994 kann man die Aussichtsplattform in 68 m Höhe besuchen und den großartigen Blick auf Alt- und Neustadt genießen, der im Süden bis in die Sächsische Schweiz reicht und im Norden den Burgberg und den Dom von Meißen umfasst (Mi–Mo 10–18 Uhr, leider nur im Sommerhalbjahr, Ticket derzeit 3 € inkl. Sonderausstellung im Hausmannsturm). Das prächtige **Grüne Tor** unter dem Hausmannsturm ist ein barockes Juwel, das Kurwappen und Trophäen bekrönen den noch der Renaissance verpflichteten Aufbau des Prunktores. Die Trophäen zeigen u. a. den Halbmond: Das Tor feiert die siegreiche Teilnahme von Kurfürst Johann Georg III. an der Schlacht am Kahlenberg (1683) gegen die türkischen Belagerer Wiens. Die komplett restaurierte barocke **Brücke** zwischen Schloss und Hofkirche erlaubte den Herrschaften, die Gottesdienste ohne direkten Kontakt mit der gemeinen Plebs zu erreichen.

Gang durch das Schloss

Besucher können mit *einer* Karte (s. unten) bis auf Historisches Grünes Gewölbe und Hausmannsturm alle öffentlichen Räume betreten, mit dem zusätzlichen Ticket zum Hausmannsturm hat man alle wichtigen Räume gesehen. Hier ein Vorschlag für einen raschen Überblick: Man betritt das Schloss durch das Löwentor und befindet sich im Besucherfoyer, dem durch eine durchscheinende Kuppel überdeckten **Kleinen Schlosshof.** Der Renaissancehof mit seinen verspielten Giebeln und dem Rundturm als Wendeltreppenaufgang ist hell und doch wetterfest von einer (tatsächlich!) neun Meter hohen Kuppel aus Membrankissen überdeckt – allein die Stahlkonstruktion zur Verankerung wiegt 84 Tonnen!

Von hier aus erreicht man alle Räume des Schlosses: Über die wieder hergestellte **Englische Treppe** – eine Prunktreppe von 1692 – geht es rechts hinauf in den ersten Stock des Südflügels. Man erreicht einen langen Saal, in dem die **Fürstengalerie** untergebracht ist. Durch die Fenster hat man einen Ausblick auf den Großen Schlosshof mit seinen Sgraffiti und auf den Hausmannsturm.

Hat man die Fürstengalerie durchmessen, erreicht man das **Neue Grüne Gewölbe,** das den ersten Stock des Westflügels einnimmt. Vor dessen Eingang nach links kommt man ins westliche Treppenhaus und kann in den zweiten Stock zur **Türckischen Cammer** und in den dritten zum **Kupferstichkabinett** gehen (Aufzug).

Zurück im Erdgeschoss liegt links (im Westtrakt) das **Historische Grüne Gewölbe** (Tickets nur im Vorverkauf!). Durch den **Großen Schlosshof** – wieder hergestellte Renaissance-Sgraffiti, Arkadenfassade nach Süden, künstlerisch am bedeutungsvollsten das derzeit noch nicht angebrachte Tor zur Schlosskapelle – erreicht man den Aufgang zum **Hausmannsturm** (lang und anstrengend – kein Aufzug!). Ausgang entweder über kleinen Schlosshof und Löwentor oder vom Westeingang und der Sophienstraße.

Die Museen im Schloss

Die höfischen Kunstkammern des Mittelalters mit ihrem Mix aus Kostbarkeiten, Reliquien und Glitzerkram wurden auch anderswo in der Neuzeit zu Galerien, aber keine besaß ein so spektakuläres Ambiente wie die Sammlung der Wettiner im **„Grünen Gewölbe“**. August der Starke ließ zwischen 1723 und 1729 im Erdgeschoss des Westflügels seines Residenzschlosses eine repräsentative Folge von Räumen für die Aufnahme der Kunstschätze des Hofes errichten. Die überwiegende Farbe der Ausstattung dieser gewölbten Prunkräume war Grün, sodass sich allmählich für sie die populäre Bezeichnung „Grünes Gewölbe“ durchsetzte. Von Anfang an war dieses Grüne Gewölbe als Repräsentationsobjekt gedacht und für die allerdings handverlesene und auf jeden Fall adelige Öffentlichkeit bestimmt – der Kurfürst und König wollte seine Zeitgenossen mit der Pracht seiner Sammlung beeindrucken.

Er beeindruckt uns heute wieder damit, denn nach dem Brand, der das Schloss 1945 verwüstete, war das Grüne Gewölbe zwar nicht komplett zerstört, aber an eine vollständige Rekonstruktion war nicht zu denken, es gab Wichtigeres. Hinzu kam, dass die ausgelagerte und dadurch gerettete Sammlung als Kriegsbeute nach Russland verschleppt wurde. Auch als die Sammlung 1956 wieder nach Dresden gelangte (die Aufsehen erregende Übergabe der Kunstobjekte durch die UdSSR an die DDR wurde als ein Symbol für die brüderliche Verbundenheit der beiden Nationen reichlich ausgeschlachtet), war an eine Rekonstruktion nicht zu denken. Jahrzehntelang wurden die Schätze des Grünen Gewölbes im Albertinum ausgestellt.

Nach der Wende wurde bald beschlossen, die Schätze wieder ins Schloss zu übertragen, sie aber in modernem Rahmen aufzustellen und dadurch gut sichtbar zu machen. Das 2004 eröffnete „Neue Grüne Gewölbe" im ersten Stock des Westflügels beherbergt heute in seinen Vitrinen den Großteil der Kostbarkeiten des Grünen Gewölbes. 2006 kam im Erdgeschoss, wo es sich von Anfang an befunden hatte, das „Historische Grüne Gewölbe" hinzu, die aufwendig rekonstruierte Fassung der gesamten Raumflucht, wie sie unter August dem Starken ausgesehen haben muss, mit einigen der faszinierendsten Pretiosen am alten Standort. Gold, Grün und Spiegelglas wirken, als ob es niemals eine Zerstörung gegeben hätte.

Öffnungszeiten/Eintritt (für alle Museen außer Historisches Grünes Gewölbe): Die Museen der Staatlichen Kunstsammlungen im Schloss sind Mi–Mo von 10–18 Uhr geöffnet, Ticket 10 €, erm. 7,50 € (außer Hausmannsturm; siehe auch Jahresticket der Staatlichen Kunstsammlungen, S. 106), ✆ 49142000 (Infotelefon für alle Einrichtungen im Schloss), www.skdmuseum.de.

Infomation: Besucherzentrum „art & info" der Staatlichen Kunstsammlungen, Am Taschenberg/Ecke Schlossstraße, mit vielen Infos zu allen Staatlichen Museen, Info im Besucherfoyer (Kleiner Schlosshof), vor allem zu den Schlossmuseen.

Star unter den Dresdner Sehenswürdigkeiten: Grünes Gewölbe

Neues Grünes Gewölbe: Der erste Stock des Westflügels beherbergt im „Neuen Grünen Gewölbe" den überwiegenden Teil der Sammlungen des Grünen Gewölbes und ist – im Gegensatz zum Historischen Grünen Gewölbe im Erdgeschoss – ohne Vorverkauf und langwieriges, oft monatelanges Warten auf einen freien Eintrittszeitraum zu besichtigen. Die ausgestellten Objekte der zehn Räume sind in Vitrinen untergebracht, man kann also relativ nahe heran, ohne diese Kunstwerke zu gefährden.

Zu den kostbarsten Stücken gehört eine Statue, die gleich rechts hinter dem Eingang steht (Saal der Kunststücke): eine silbervergoldete „*Daphne*" der Nürnberger Wenzel und Abraham Jamnitzer (Ende 16. Jh.), deren Verwandlung in einen Ölbaum durch den Aufsatz leuchtend roter Strauchkorallen auf dem Kopf und den Armen symbolisiert wird. Im hintersten Raum, dem Dinglinger-Saal, dominiert der frei aufgestellte „*Hofstaat zu Delhi am Geburtstag des Großmoguls Aureng-Zeb*", ein Hauptwerk des Hofjuweliers Johann Melchior Dinglinger (1701–1708). Der im Detail dargestellte Hofstaat des Großmoguls umfasst eine Fläche von 114 cm zu 142 cm und ist bis zu 58 cm hoch. Er besteht aus Gold, Silber, teilweise vergoldetem Email und zahlreichen Edelsteinen. Dagegen ist das „*Goldene Kaffeezeug*", ein prätentiöses mehrstöckiges Gebilde, in dem Porzellantassen und Goldlöffel eine nur untergeordnete Rolle spielen, fast als nüchtern zu bezeichnen. Ein winziges Kunstwerk der Extraklasse ist gleich in der ersten Vitrine links im Saal 5 (Raum der königlichen Pretiosen) zu bewundern: der oftmals abgebildete *„Tanzende Zwerg und Koch, der auf einem Bratrost geigt“*. Viele weitere Figürchen, deren Körper zumeist aus unregelmäßig geformten Perlen bestehen, finden sich in dieser und fünf weiteren Vitrinen.

CD-Rom-Tipp: Das Neue Grüne Gewölbe, Interaktive Besichtigung der Sammlung mit interaktivem Rundgang, kurzen Texten zu ca. 1070 Objekten mit Bild, 2 Führungen (sogenannte „Filme“, tatsächlich Bildreihen mit Ton), Dresden 2005, ISBN 3-86611-116-9, www.skd-dresden.de.

Historisches Grünes Gewölbe: Die acht historischen (und zwei modern gestalteten) Räume des Historischen Grünen Gewölbes geben den Zustand der Schatzkammer der Wettiner zum Zeitpunkt der Fertigstellung unter August dem Starken (1723 bis 1730 entstanden, erstes erhaltenes Inventar 1733) am Originalstandort wieder. Durch eine Schleuse betritt man die Räume, in denen Silber und Gold, Email und Elfenbein, Porzellan und Edelsteine, Perlmutt und Straußeneier und im Bernsteinzimmer ein ganzer Raum mit dem fossilen Harz aus der Ostsee prunken. Dabei ist es vor allem der Gesamteindruck aus Präsentation, Spiegelung und Objekten, der den Besucher überwältigt, denn bis auf einige Paradestücke wie den Mohren mit seinem Tablett, auf dem eine grün leuchtende Stufe aus Smaragden liegt, sind die ganz großen Pretiosen nicht hier, sondern einen Stock höher im Neuen Grünen Gewölbe zu sehen. Das Faszinierende an dieser Raumfolge ist aber auch, dass die Objekte nicht (wie einen Stock höher) hinter Vitrinenglas verborgen, sondern frei aufgestellt sind – wie damals unter den sächsischen Herrschern. Einzelne Objekte hervorzuheben ist müßig, aber zumindest auf den schon erwähnten Mohren und eine Merkurstatue Giambolognas (entstanden 1586/87) sollte hingewiesen werden.

„Daphne“ im Neuen Grünen Gewölbe

Öffnungszeiten/Eintritt: Das Historische Grüne Gewölbe ist Mi–Mo von 10–19 Uhr geöffnet. 50 % der Tickets, die inkl. Vorverkaufsgebühr 12 € kosten (inkl. Audioguide), sind über den Vorverkauf zu erhalten, die restlichen 50 % werden jeweils zu Kassenöffnung vergeben (10 € inkl. Audioguide) – lange Schlangen sind die Regel, eine Stunde Wartezeit, um ein Ticket zu ergattern, ist das Minimum. Wer Tickets für die Touristensaison im Vorverkauf besorgen will, muss sich Monate vorher darum bemühen, drei Monate Wartezeit auf einen freien Eintrittszeitraum sind normal. Die Tickets werden für einen definitiven Eintrittszeitraum vergeben, in den angegebenen 20 Minuten muss man erscheinen, oder das Ticket verfällt. Wie lange man dann in den Sammlungen bleibt, kann man aber selbst entscheiden. **Tickets** für das Historische Grüne Gewölbe **im Vorverkauf** über ✆ 49142000, 📠 49142001, besucherservice @skd.museum, www.skdmuseum.de.

CD-Rom-Tipp: Das Grüne Gewölbe zu Dresden, Filmische Führung durch das Gewölbe mit Darstellungen der Einzelobjekte, weiters Film über Geschichte, Entstehung und Restaurierung, Hirsch Film Dresden 2007, www.dresden-film.de.

Für den Hof: Brücke vom Schloss zum Taschenbergpalais

Fürstengalerie: Portraits der Wettiner von Kurfürst Moritz von Sachsen (1521–1553) bis zum sächsischen König Friedrich August III. (1865–1932, 1918 abgedankt) zieren diesen 40 m langen Saal. Die bewusst schlichte Ausstattung und klare Farbgebung lenken den Blick auf das Wesentliche, die Portraits. Ganz am Ausgang links August der Starke nebst Gemahlin Christiane Eberhardine und links und rechts der Tür sein Sohn August III. von Polen (und Friedrich August II. von Sachsen) mit seiner habsburgischen Ehefrau Maria Josepha.

Türckische Cammer: Türkische, persische, syrische und andere vorderasiatische Stücke aus Sammlungen des Dresdner Hofes wurden seit dem 17. Jahrhundert vor allem in der Rüstkammer, aber auch anderswo aufbewahrt – seit 2009 sind sie erstmals in einem Raum vereinigt. Manches stammt aus Kriegsbeute (die Wettiner standen neben den Habsburgern auf dem Balkan im Feld, und als polnische Könige hatten sie direkte türkische Nachbarn), manches waren diplomatische Geschenke, andere Stücke ließen die Kurfürsten für die damals beliebten orientalischen Feste speziell anfertigen. Ein riesiges, kostbar gewebtes Zelt ist zu sehen, Sättel und Zaumzeug und – besonders eindrucksvoll – mehrere Pferde(figuren) mit Prunkreitzeug des türkischen Hofes. Bei so viel Pracht kann man nur staunen. Eindrucksvoll und schier unerschöpflich die Fülle der Schwerter, Degen, Dolche, Hieb- und Stichwaffen, Pistolen und Gewehre, der Hellebarden und Speere, bewundernswert die feine Schmuckarbeit bei vielen Stücken, die so kostbar waren, dass sie sicher nur zu feierlichen Anlässen und keineswegs im Feld geführt wurden. Was wir sehr vermissen, ist eine türkische Version der Begleittexte (Deutsch und Englisch) – sind die 3,5 Millionen Türkischsprachigen in Deutschland gerade bei diesem Thema wirklich nicht die Übersetzung wert?

Kupferstichkabinett: Zwar besitzt das Schloss (im zweiten Stock) eine Ausstellungshalle des Kupferstichkabinetts, in der es immer wieder Sonderausstellungen gibt, eine ständige Ausstellung für auch nur einen Bruchteil der 500.000 Objekte umfassenden Sammlung von Zeichnungen, Druckgraphiken und Fotografien existiert jedoch nicht. Wer ernsthaftes Interesse hat, kann im Studiensaal (dritter Stock) Graphiken aus den Beständen vorgelegt bekommen und in aller Ruhe ansehen. Die Werke der ganz großen Meister wie Arbeiten von Dürer und Caspar David Friedrich sind jedoch tabu.

Öffnungszeiten/Eintritt: Der Studiensaal des Kupferstichkabinetts ist Mo, Mi–Fr 10–13 Uhr, Mo u. Mi 14–16 Uhr, Do 14–18 Uhr sowie am ersten Sa des Monats 10–13 Uhr geöffnet. Der Eintritt in den Lesesaal des Kupferstichkabinetts ist gratis, Personalausweis muss aus Sicherheitsgründen vorgelegt werden.

Münzkabinett: Fast 300.000 Objekte umfasst die Münzsammlung des Dresdner Münzkabinetts. Dazu gehören Münzen von der Antike bis heute (Gedenkmedaillons wie die Sonderprägung von 1676, die der Erhöhung des Dresdner Schlossturms gewidmet ist, oder die Goldmedaille von 2006 zum 800-jährigen Dresdner Stadtjubiläum) sowie Orden – ein Schatz, der zu den drei größten Deutschlands zählt, aber über keine ständigen Ausstellungsräume verfügt. Dem Wissbegierigen stehen die Spezialbibliothek (mit 30.000 Titeln) und der Studiensaal zur Verfügung.

Öffnungszeiten/Eintritt: Spezialbibliothek und Studiensaal im Georgenbau, 3. Obergeschoss, Mi 10–17.30 Uhr nach Voranmeldung, ✆ 49143231, Eintritt frei. Nur Sonderausstellungen aus den Beständen der Sammlung, überwiegend im Hausmannsturm (mit Karte Hausmannsturm zu besichtigen).

Taschenbergpalais

Im Sommer 1705 erwarb Anna Constanze von Hoym eine Reihe von Grundstücken südlich des Residenzschlosses, auf denen ihr Gönner August der Starke einen Palast für seine nunmehr als Gräfin Cosel zum Reichsfürstenstand erhobene Geliebte errichten ließ. Das später Taschenbergpalais genannte Gebäude wurde nach dem Vorbild Wiener Stadtpaläste in eher zurückhaltenden barocken Formen erbaut und 1708 vollendet. Eine Brücke verband es mit dem Residenzschloss, um dem Herrscher direkten Zugang zu verschaffen. Unter den Baumeistern dieses ersten Schlosses, dem Mitteltrakt des heutigen Palais, ist vor allem Johann Friedrich Karcher zu nennen. Die Gräfin Cosel konnte ihr Schloss nur bis 1713 genießen, dann fiel sie in Ungnade, weil sie sich in die Politik einzumischen versuchte. Sie wurde von August dem Starken verstoßen und auf der Burg Stolpen eingekerkert, wo sie ein halbes Jahrhundert mit Ausnahme der Dienstboten und ihrer Bibel völlig einsam verbrachte, die letzten Jahrzehnte übrigens freiwillig. Der König konfiszierte sein üppiges Geschenk an die Reichsgräfin und brachte deren Nachfolgerin als Mätresse vorübergehend dort unter. Seit 1719 diente das Palais dann dem Thronfolger, dem Kurprinzen Friedrich August, und dessen Gattin, der Habsburgerin Maria Josepha, als Residenz. Für die Adaption des Palais an die veränderten Bedürfnisse sorgte vor allem Matthäus Daniel Pöppelmann. In ähnlicher Funktion diente das Palais bis 1918 als Residenz des Erbprinzen und Thronfolgers, wobei es noch im 18. Jahrhundert durch Johann Christoph Knöffel (1747–1750) und andere Baumeister kräftig erweitert und ausgebaut wurde. Das Palais wurde 1945 zerstört, es erhielten sich jedoch die wichtigsten Mauern und Teile der Fassadendekorationen, sodass die Rekonstruktion seit 1992 und die Wiederherstellung des Fassadenschmuckes und eines der Stiegenhäuser, errichtet nach einem Entwurf Pöppelmanns, auch auf Originalelemente zurückgreifen konnten. Das Taschenbergpalais ist heute als Hotel Kempinski wieder ein wichtiger Teil der altstädtischen Architektur Dresdens.

Besichtigung: Das Taschenbergpalais ist heute ein Hotel und kann zumindest, was Foyer und Großen Hof sowie sämtliche Außenfassaden betrifft, besichtigt werden.

Zwinger

Auf dem Überschwemmungsgelände der Elbe vor dem Schloss hat man bis ins 17. Jahrhundert keine Bauten errichtet – aus gutem Grund, wie die schweren Überschwemmungen des Sommers 2002 zeigten, als die Bauten, die dort heute stehen, der weltberühmte barocke Zwinger, meterhoch unter Wasser standen. Die Kurfürsten verwendeten den offenen Platz als Spielwiese: hier konnte man festliche Aufzüge gestalten und andere Feierlichkeiten, für die im Schloss nicht genug Platz war. 1709, Anlass war der Besuch des dänischen Königs, erhielt der Platz gar eine hölzerne Kulisse, die in vielen Zügen bereits den Steinbauten ähnelte, die ab 1719 durch Matthäus Daniel Pöppelmann (1662–1736) errichtet wurden. Wieder war es ein besonderer Anlass, diesmal die Vermählung des Thronfolgers Friedrich August (II.) mit der österreichischen Erzherzogin Maria Josepha. In der Eile wurden auch diesmal Pappkulissen und bemalte Holzwände aufgestellt, aber bis 1728, in Einzelheiten bis 1732, entstanden die heutigen Bauten mit Ausnahme der Ostseite, die erst ab 1847 durch den Semperbau zum Theaterplatz abgeschlossen wurde. In der Bombennacht im Februar 1945 wurde der Zwinger nur teilweise zerstört. Bis 1963 konnten Architekten und Konservatoren der DDR das in seiner Art einzigartige Juwel barocker Architektur restaurieren – nach 1989 wurde nachrestauriert, so ist das Nymphenbad nach vielen Jahren Arbeit in neuem Glanz auferstanden. Weitere Änderungen wird der bereits erfolgte Umzug der Skulpturensammlung ins Albertinum bringen, während der Mathematisch-Physikalische Salon nach Beendigung der Restaurierungsarbeiten wieder an seinen Standort im Zwinger zurückkehren wird.

Die heutige Anlage hat ein Ausmaß von 170 x 240 m, im Inneren misst der Hof 116 x 204 m. Wo heute wieder ein Graben durch die Brücke zum Kronentor überquert wird, hatte man in der Biedermeierzeit Erdreich aufgefüllt und dem Zeitgeschmack entsprechend einen Blumengarten mit Bosketten angelegt. Im Hof befand sich lange Zeit nur eine ungepflegte Gartenanlage, heute sind Springbrunnen und Grün an ihre Stelle gekommen.

Der Stil der Bauten wird häufig als „Rokoko" bezeichnet, da Architekten und Bildhauer verschwenderisch mit Verzierungen umgegangen sind und besonders die Dächer (Kronentor!) mit ihren bauchigen Rundungen an die Turmbekrönungen bayerischer Rokokokirchen erinnern. Tatsächlich hat Pöppelmann als bedeutendster sächsischer Architekt seiner Zeit an Bauten des römischen Hochbarock und Wiener Schlossbauten (Schönbrunn) angeschlossen, aber durchaus schöpferisch im Zwinger einen eigenen, sächsischen Stil des Hochbarock kreiert. Ursprünglich waren übrigens die freien Dachflächen blau und die Wände der Anlage weiß gestrichen, dadurch ergab sich der Dreiklang Blau, Weiß, Gold – die Farben des Hauses Wettin.

Tipp: Im Sommer (ca. Mitte Mai bis Ende September) finden im Rondell vor dem Wallpavillon unter freiem Himmel die **Zwinger-Serenaden** statt – einzige Möglichkeit, einen Hauch der Festveranstaltungen zu erhaschen, die hier im Barock stattfanden. Ballettabende, aber auch Kammermusik und Theaterabende mit Bühnenmusik sind vor dem Hintergrund des üppig dekorierten Wallpavillons ein besonderes Erlebnis (→ Kulturszene Dresden, Spielstätten und Konzertreihen).

Gang über die Zwingerbalustrade

Am besten lernt man die vierflügelige Anlage des Zwingers durch einen Rundgang kennen, der die Balustrade einbezieht. Ein eindrucksvoller Eingang ist jener durch den Glockenspielpavillon von der Seite des Schlosses (Sophienstraße). Wenn man nun bis zum Zentrum der Anlage im Zwingerhof geht, kann man alle vier Flügel betrachten. Durch das Tor des Semperbaus (rechts) geht man dann wieder aus dem Zwinger hinaus zum Theaterplatz, wendet sich nach links und besteigt im kleinen Park (vorher links Denkmal für Carl Ma-

Selten ist der Hof des Zwingers so menschenleer

ria von Weber) die alte Wallanlage (nach links), über die man die Zwingerbalustrade erreicht. Kurzer Abstecher nach links zum Nymphenbad, in das man von oben hineinblickt (das man aber auch vom Hof aus erreichen kann), und zurück auf der Balustrade über den Wallpavillon zum Westflügel mit dem Kronentor. Am Glockenspielpavillon bleibt man dieses mal auf Balustradenhöhe (man passiert die Kasse der einen Stock tiefer liegenden Porzellansammlung) und geht auf der anderen Seite bis zur Südflanke des Semperbaus, wo eine Treppe hinunter auf Straßenniveau führt.

Die Bauwerke des Zwingers

Glockenspielpavillon: Der Glockenspielpavillon und die an ihn angrenzenden Flügel (heute Porzellansammlung) wurden als letzter Teil des barocken Zwingers erst 1726–1728 errichtet. Seinen Namen erhielt der früher schlicht Stadtpavillon genannte Torbau durch das hübsche Glockenspiel aus Meißner Porzellan (Innenhofseite), das erst in den 1920er-Jahren eingebaut wurde.

Semperbau: Die Abgrenzung des Zwingers zum heutigen Theaterplatz, von Pöppelmann von Anfang an eingeplant, wurde aus Geldmangel nie ausgeführt. Erst seit 1855 ist diese Front durch Gottfried Sempers Bau im Stil der Neorenaissance geschlossen. Die unterschiedlichen Geschoss- und Traufhöhen der barocken Gebäude schaffen einen nicht für jeden Betrachter befriedigenden Kontrast. Der Semperbau beherbergt heute die Galerie Alte Meister und die Rüstkammer, die jedoch nach Beendigung der Arbeiten im Residenzschloss dorthin übersiedeln wird.

Nymphenbad: Dem Bayern Balthasar Permoser verdankt der Zwinger seine Wasserkunst: einen künstlichen, gestuften Wasserfall in einer ebenso künstlichen Grotte mit Tropfsteinen und Brunnen, und alles ist ausgeschmückt mit steinernen Delphinen, Tritonen und Nymphen. Drei der Nymphen sind Originalwerke Permosers, so die Nymphe mit der Muschel, die Nymphe, die zum Bad geht, und jene, die es verlässt. Ebenfalls vor 1718, dem Abschluss der Arbeiten, entstanden die Nymphe, die das Gewand über die rechte Schulter hebt (Johann Christian Kirchner), und die spielende Nymphe (Johann Paul Egell) – die anderen Figuren sind zum Teil Kopien des 20. Jahrhunderts.

Das Kronentor des Zwingers

Wallpavillon: Ein Höhepunkt hochbarocker Prunkarchitektur ist der 1716–1718 von Pöppelmann geschaffene Wallpavillon. Geschwungene Front, Prunktreppen, Hermen in Satyrform über üppig geschmückten Risaliten und als Abschluss der 6 m hohe Hercules saxonicus von Balthasar Permoser, der die Weltkugel trägt – das muss August dem Starken so gefallen haben, wie es uns heute noch beeindruckt. Großartig ist die Mittelkartusche im Giebelfeld, die Wappen und Königskrone der Wettiner umfasst. Sie ist ein gemeinsames Werk von Pöppelmann und Kirchner. Den Ruhm des polnischen Königs und sächsischen Kurfürsten verkünden Figuren der Winde an den vier Ecken des Mittelgiebels, wo sich zentral eine Figurengruppe mit August dem Starken als Paris (mit Krone statt Apfel!) und den Göttinnen Hera, Athena und Aphrodite befindet. Was für eine Huldigung an den jungen Fürsten!

Kronentor: Der Zugang durch das Kronentor, das man von der Ostra-Allee über ein Brückchen erreicht, ist der prächtigste des Zwingers. Die Krone in Form einer Zwiebelhaube trägt vier Adler, die wiederum die polnische Krone tragen. Adler, Krone und Dekorelemente der Kuppel sind vergoldet. Das gewaltige Tor wirkt durch diesen Aufsatz wie eine Plastik, wie ein überdimensionierter dekorativer Tischaufsatz – erst wenn man die Krone auf dem Umgang passiert, erkennt man ihre wirklichen Ausmaße.

Gemäldegalerie Alte Meister

Nach der Frauenkirche, der Semperoper und dem Grünen Gewölbe ist die bedeutende Kunstsammlung im Semperbau des Zwingers einer der Besucherhits Dresdens. Jeder kennt einige der dort ausgestellten Meisterwerke der europäischen Kunst zwischen 1400 und 1800, selbst wenn er/sie nicht sagen könnte, worum es sich genau handelt oder woher das Meisterwerk stammt. Die beiden Putten, die am unteren Rand von Raffaels Sixtinischer Madonna scheinbar unbeteiligt herumlümmeln, sind ein Paradebeispiel dafür: losgelöst vom Gemälde werden sie immer wieder abgebildet, „Engelchen" eben, Ikonen der Medienwelt wie einer der Marilyn-Drucke Andy Warhols. Auch die Sixtinische Madonna selbst ist so oft abgebildet worden, dass sie zu einem Symbol der Renaissancekunst, wenn nicht der Renaissance insgesamt geworden ist. Die wenigsten wissen, dass das Original dieses Gemäldes in Dresden hängt.

Nur fünfzig Jahre währte der Aufbau der Sammlung, August der Starke und sein Sohn Friedrich August II. waren die hauptsächlichen Sammler. Das Interesse der beiden Herrscher galt den besonders repräsentativen Kunstwerken, deshalb kam auch die „Sixtina" ins Haus, eines von Raffaels Hauptwerken, das es

auch an Größe leicht mit anderen Riesengemälden aufnimmt – die **Sixtinische Madonna** war schließlich ein Altarbild. 20.000 Dukaten zahlte Friedrich August II. den Mönchen von San Sisto in Piacenza, die auch eine Kopie des Bildes verlangten und bekamen. Werke von Tizian, Corregio, Rubens und Velázquez waren schon 1746 dem Herzog von Modena für 100.000 Zechinen abgekauft worden. Keine europäische Versteigerung fand damals ohne die Herren statt, die für den Hof in Dresden auftraten und genug Geld dabei hatten, um alle Mitbieter auszustechen.

Die Bestände der Gemäldegalerie wurden während des Krieges ausgelagert und überstanden ihn ohne Schäden. Im Mai 1945 kamen sie in russische Hände (im DDR-Jargon eine „Rettungstat der sowjetischen Truppen") und wurden zum größeren Teil nach Moskau, zum kleineren Teil nach Kiew gebracht – auf Nimmerwiedersehen, wie man allgemein annahm. In einer in der DDR und weltweit viel beachteten Geste wurden sie jedoch nach zehn Jahren zurückgegeben und in die eben nach Kriegsschäden im Eiltempo wieder aufgebaute Sempergalerie gebracht, die am 3. Juni 1956 anlässlich der Feier zum 750-jährigen Bestehen Dresdens – die Festrede hielt Ministerpräsident Otto Grotewohl – wiedereröffnet wurde.

Einen guten Überblick über das Museum und seine Sammlung erhält man mit Hilfe des kostenlosen Faltblatts „Gemäldegalerie Alte Meister" (im Foyer im Untergeschoss). Dort sind die Nummern der Säle des Museums verzeichnet und es werden die jeweils wichtigsten Künstler genannt. Wer nur relativ kurz Zeit hat, wird vermutlich nur die absoluten Glanzlichter sehen wollen. Die folgende Auswahl ist die des Autors und damit – wie jede andere – subjektiv. Die Bilder sind in einer sinnvollen Besichtigungsreihenfolge und nicht numerisch geordnet.

Erdgeschoss

Säle für Sonderausstellungen.

Erstes Obergeschoss

Raum 102: Bernardo Bellotto, genannt Canaletto: „Dresden vom rechten Elbufer unterhalb der Augustusbrücke".

Raum 105: Peter Paul Rubens: „Bathseba am Brunnen", „Die Alte mit dem Kohlenbecken", über dem Eingang „Leda mit dem Schwan"; Anton van Dyck (und Werkstatt): „Bildnis der drei ältesten Kinder Karls I. von England".

Raum 106: Rembrandt: „Raub des Ganymed", „Saskia als Mädchen" (mit Hut), „Selbstbildnis als Verlorener Sohn im Wirtshaus".

Raum 108: Die beiden Vermeers, „Brieflesendes Mädchen am offenen Fenster" und das nach jüngster Restaurierung noch farbintensiver gewordene Gemälde „Bei der Kupplerin", gehören zu den größten Kostbarkeiten der Galerie (zur 2004 vollendeten Restaurierung der „Kupplerin" gibt es in der Kunstbuchhandlung der Galerie einen interessanten Dokumentationsband).

Raum 107: Albrecht Dürer: „Dresdener Altar", Lucas Cranach d. Ä.: „Herzog Heinrich der Fromme" und „Herzogin Katharina von Mecklenburg", Hans Holbein d. J.: „Doppelbildnis Thomas Godsalve und Sohn", Flügelaltar des Jan van Eyck.

Raum 118: Giorgione: „Schlummernde Venus".

Raum 117: Raffael: „Sixtinische Madonna".

Zweites Obergeschoss

Raum 209: Zurbarán: „Der heilige Bonaventura im Gebet", Murillo: „Tod der hl. Klara".

Raum 208: El Greco: „Heilung des Blinden".

Raum 205: Giovanni Battista Piazzetta: „David mit dem Haupte Goliaths", Giovanni Battista Tiepolo: „Vision der hl. Anna".

Raum 204: Canaletto (nicht Bernardo Bellotto!): vier große Venedig-Gemälde und ein kleineres.

Raum 203: Bernardo Bellotto, genannt Canaletto: „Der alte Ponte delle Navi in Verona".

Raum 202: Antoine Watteau: „Gesellschaftliche Unterhaltung im Freien" und „Liebesfest".

Raum 201: Jean-Etienne Liotard: „Das Schokoladenmädchen", Rosalba Carriera: „Selbstbildnis".

Raum 210: Velázquez: „Don Juan Mateos".

Raum 215: Anton Rafael Mengs: „August III.".

Standort/Öffnungszeiten/Eintritt: Eingang im Semperbau, Di–So 10–18 Uhr, Eintritt 10 €, erm. 7,50 € (gilt auch für Rüstkammer und Porzellansammlung), Rundgänge Fr–So 16 Uhr.

Virtueller Besuch: Second Life bietet den virtuellen Besuch in der Gemäldegalerie Alte Meister an – gratis: www.dresdengallery.com.

Rüstkammer

Während gegenüber beim Eingang zur Gemäldegalerie Alte Meister der große Stau geprobt wird, geht es in der Rüstkammer, die ebenfalls im Semperbau untergebracht ist (allerdings nur als Übergangslösung vor dem endgültigen Umzug ins Residenzschloss – irgendwann in der Zukunft), eher ruhig zu. Man hat die Chance, nahe an die Objekte heranzukommen, an Rüstungen aus Edelmetallen, an Turnierlanzen und kostbar ziselierte Dolche, an Jagdwaffen und Prunkgewänder, die für repräsentative Jagden gedacht waren. Die sächsischen Kurfürsten sammelten seit der Renaissance und bis ins Barockzeitalter die schönsten und kostbarsten Kriegs-, Prunk-, Turnier- und Jagdwaffen sowie die entsprechenden Gewänder in ihrer Rüst- und Harnischkammer, die weltweit kaum Konkurrenz hat. Eine Auswahl der schönsten Stücke kann man in der Rüstkammer im Semperbau bewundern (die orientalischen Stücke befinden sich in der Türckischen Cammer im Residenzschloss). Auffällig und eindrucksvoll ist der *Prunkharnisch für Mann und Pferd*, der 1563/64 *für den schwedischen König Erik XIV.* ausgefertigt wurde. Er ist auf eine lebensgroße Pferd- und eine Männerpuppe montiert.

Standort/Öffnungszeiten/Eintritt: Eingang im Semperbau, Di–So 10–18 Uhr, Eintritt 3 €, erm. 2 €, Kombiticket → Galerie Alte Meister, ✆ 49142000.

Porzellansammlung

Dass die Hauptstadt jenes Staates, in dem das Porzellan auf europäischem Boden wiederentdeckt wurde, eine große

Tafelaufsatz in der Porzellansammlung

Porzellansammlung besitzt, überrascht sicher nicht, die schiere Menge, Qualität und Vielfalt des Ausgestellten jedoch sehr wohl. August der Starke war ein manischer Sammler. Die überwiegende Menge des Porzellans von großer internationaler Bedeutung wurde unter seiner Herrschaft (1694–1733) angekauft oder eingetauscht. Er sammelte altes und zeitgenössisches chinesisches wie japanisches Porzellan. Nach Wieder-Erfindung des Porzellans in Europa durch seinen Hofalchemisten und Glasspezialisten Johann Friedrich Böttger (zwischen 1706 und 1708) kamen noch die Porzellane aus der Hofmanufaktur in Meißen dazu.

Die Dresdner Sammlung umfasst etwa 20.000 Stücke chinesischen, japanischen und Meißner Porzellans, darunter die ältesten Exemplare europäischen Porzellans überhaupt – ihr Wert und jener der Sammlung sind unschätzbar. Unter den wertvollen Stücken sind wiederum die wertvollsten jene aus der Regierungszeit August des Starken oder davor. Sie reichen von Vasen und

Schalen aus der Frühzeit des Porzellans während der chinesischen Sung-Periode (960–1279) und der Ming-Periode (1368–1644) über Porzellan aus der Regierungszeit des Kaisers Kangxi (1662–1722) und japanisches Imari- und Kakiemon-Zeug bis hin zu den Meißner Produkten von 1708 bis ins frühe 19. Jahrhundert. Die Sammlung ist so reich, dass man ganze Säle mit einem bestimmten Typ Porzellan füllen konnte: chinesisches Porzellan mit den berühmten Dragonervasen, die August der Starke gegen sächsische Dragoner eintauschte, weißes Porzellan in Tierform vom Elefanten bis zum Pfau von den Meistern Johann Joachim Kändler und Gottlieb Kirchner, Tafelporzellan aus Meißen, darunter das besonders aufwendige Schwanenservice Kändlers für den Grafen Brühl und Porzellan mit dem Zeichen des Roten Drachen, das bis 1918 für den sächsischen Hof reserviert war. Nicht übersehen sollte man den Saal mit den frühesten Porzellanen aus Meißen, darunter vor allem das braune „Böttger-Steinzeug", Meilenstein auf dem Weg zur Erfindung des Porzellans in Europa.

Die **Ostasien-Galerie** (am Eingang Glockenspielpavillon rechts in der südöstlichen Bogengalerie) wurde 2006 eröffnet. Sie ist der gelungene Versuch, die Atmosphäre der Porzellansammlung neu entstehen zu lassen, wie sie ab 1735 vom Architekten Zacharias Longuelune im Japanischen Palais geschaffen wurde. Der prominente New Yorker Architekt und Designer Peter Marino schuf nach Entwürfen Longuelunes und in eigenen Interpretationen den üppigen Hintergrund für die historische Aufstellung der Sammlung an den Wänden.

Standort/Öffnungszeiten/Eintritt: Eingang durch den Glockenspielpavillon, Eintrittskarten und Garderobe im Pavillon (erster Stock), Sammlungen in den Flügeln (rechts Ostasien-Galerie), Di–So 10–18 Uhr, Führung So 14 Uhr, Eintritt 6 €, erm. 3,50 €, Kombiticket → Galerie Alte Meister.

Mathematisch-physikalischer Salon

Die industrielle Revolution des späten 18. und 19. Jahrhunderts entwickelte sich auf einer soliden Basis wissenschaftlicher und technischer Forschung, das beweist diese bis auf die 1560 gegründete Kunstkammer des Dresdner Schlosses zurück gehende Sammlung. Sie umfasst Instrumente zur Zeitbestimmung mit Sonnenuhren und mechanischen Uhren, zur Ortsbestimmung mit Astrolabien, zur Erdvermessung und Erddarstellung mit geodätischen Instrumenten, Kompassen, Bussolen und Globen (letztere Sammlung besonders eindrucksvoll), Weltkarten und Atlanten, zur Astronomie mit Fernrohren und Himmelsgloben (besonders kostbar die arabisch-persischen aus dem Mittelalter). Außerdem gibt es Rechenmaschinen, Spielautomaten (wie ein trommelnder Bär von 1625) und physikalische Messgeräte – die „Vermessung der Welt" begann ganz sicher nicht erst mit James Cook oder Alexander von Humboldt.

Der gesamte Trakt im Südwesten des Zwingers, in dem sich der Mathematisch-physikalische Salon befindet, wird derzeit generalüberholt.

Semperoper

Deutschlands international bekanntestes Opernhaus hat den Namen des Architekten angenommen, der den Bau geschaffen hat: Gottfried Semper. Die Sächsische Staatsoper Dresden, wie sie eigentlich heißt, geht auf eine alte Operntradition zurück, die bereits mit der Uraufführung der ersten deutschen Oper ihren Anfang nahm, mit der Aufführung von Heinrich Schützs „Dafne" am 13. April 1627 im Tafelsaal des Torgauer Schlosses Hartenfels. Damals wurde die Hochzeit der Tochter Georgs I. von Sachsen gefeiert. Und der fürstlichen Repräsentation blieben Opernaufführungen im allgemeinen bis ins 20. Jahrhundert wesentlich verbunden,

Nach dem Architekten benannt: die Semperoper

wenn auch immer mehr von bürgerlicher Begeisterung für die neue Kunstform begleitet. Noch heute hat die erst 1985 nach schwersten Kriegsschäden wiedereröffnete Semperoper eine repräsentativ ins Parkett vorgeschobene Fürstenloge – auch zu DDR-Zeiten wollte man darauf nicht verzichten.

Oper und Ballett wurden in Dresden zunächst in größeren Sälen oder in Gärten aufgeführt, erst 1664 bis 1667 entstand „am Taschenberge" ein festes Opernhaus, das zu den ältesten nördlich der Alpen gehört. Das 1688 abgebrochene Gebäude wurde 1718/1719 für die Feierlichkeiten zur Hochzeit des Erbprinzen mit einer habsburgischen Erzherzogin durch einen Neubau ersetzt, der sich etwa dort befand, wo heute die Südwestspitze des Zwingers liegt. Das neue Opernhaus am Zwinger wurde nach 1769 nicht mehr als Opernhaus genutzt und brannte 1849 vollständig ab. 1754/55 war neben dem Zwingerwall, also auf dem heutigen Theaterplatz, ein weiteres, kleineres Opernhaus entstanden, man nannte es Kleines Hoftheater. Zunächst privat wurde es bald vom Hof subventioniert und hatte bis 1858 Bestand. Im Kleinen Hoftheater wurde Carl Maria von Webers „Freischütz" uraufgeführt, als Dirigent war dort während seiner Dresdner Zeit E. T. A. Hoffmann tätig.

Ein wiederum neues Opernhaus entstand 1841, sein Architekt war Gottfried Semper. Es stand ungefähr dort, wo sich auch heute noch die Semperoper befindet, hatte aber eine um 90 Grad gedrehte Achse und eine auffällige elliptische Gestalt. Drei Opern Richard Wagners („Rienzi", „Fliegender Holländer" und „Tannhäuser") entstanden in Dresden und wurden von Wagner selbst bei der Uraufführung dirigiert. Nach Wagners Flucht aus Dresden (als Revoluzzer bei der Revolution von 1849) trat Ernst von Schuch an seine Stelle. 1869 brannte die „Erste Semperoper" ab, Theatergehilfen hatten bei Arbeiten auf dem Dachboden fahrlässig mit offenem Feuer hantiert.

Die Dresdner hatten sich inzwischen so an Gottfried Sempers Opernhaus gewöhnt, dass es für den Neubau wieder ein Semper-Plan sein musste. Nach zehn Jahren Interregnum in einer 2000 Zuschauer fassenden Bretterbude wurde am 2. Februar 1878 die „Zweite Semperoper“ eröffnet, die mit dem ersten Opernhaus Gottfried Sempers keine Ähnlichkeit hatte. Hier wurde u. a. Richard Strauss' „Rosenkavalier“ uraufgeführt. Dieses Opernhaus wurde am 13./14. Februar 1945 zerstört. Nachdem man bereits 1946 den Wiederaufbau beschlossen hatte, begann er ernstlich 1975 und dauerte zehn Jahre, bis am 13. Februar 1985 der Vorhang zur ersten Vorstellung und der im alten Glanz erstrahlenden „Dritten Semperoper“ aufgehen konnte. Da nicht Semper selbst, der damals in Wien wohnte, sondern sein Sohn die Bauarbeiten des zweiten Opernhauses geleitet hatte, waren viele erläuternde Briefe, Skizzen und Entwürfe von Wien nach Dresden gelangt, die sich erhalten hatten und die Basis für die detailgenaue Rekonstruktion bildeten. Neben dem Zwinger war die Semperoper eines der aufwendigsten Restaurierungswerke der DDR.

Das Haus ist nicht nur von außen eindrucksvoll, es ist auch von innen ein sehenswerter, prächtiger Bau. Für die repräsentative Wandelhalle, die sich im Rang um die gesamte, sanft gekrümmte Front erstreckt, mussten von den DDR-Wieder-Erbauern längst vergessene Techniken erlernt werden: Die wunderbaren Säulen sind aus Stuckmarmor modelliert. Ein Kunstwerk für sich ist der Zuschauerraum, ein klassisches Logen-Hufeisen. Die Fresken der Decke und der pompöse Bühnenvorhang bieten ein kaum zu übertreffendes Beispiel für gründerzeitlichen Theaterluxus. Wer keine Karte für abends ergattert, sollte wenigstens an einer Führung teilnehmen!

Führungen/Karten: Führungen durch das Opernhaus finden mehrmals täglich statt, Eingang am Theaterplatz rechter Flügel des Opernhauses, kein Vorverkauf. Ab sofort auch Themenführungen, z. B. zur Architektur, für Kinder, Nachtführungen; diese Sonderführungen nur nach Anmeldung, auch schon ab 2 Personen. Eintritt 8 €, erm. 4 €, Familie 18 €, ✆ 7966305, www.semperoper-erleben.de. Karten für Aufführungen → Kulturszene, S. 81.

Praktische Infos

(→ Karte S. 113)

Verbindungen

Die Straßenbahnlinien 4, 8 und 9 halten am Theaterplatz; Taxistände gegenüber der Gaststätte Italienisches Dörfchen und vor dem Kempinski Hotel Taschenberg Palais, nach Vorstellungsende der Semperoper auch vor dem Opernhaus (das Personal der Oper nimmt Bestellungen entgegen). Parken in der Tiefgarage der Semperoper oder – eine Viertelstunde zu Fuß entfernt – auf den Parkplätzen am Beginn des Ostrageheges (schon jenseits der Bahnlinie).

Essen & Trinken

Kaum ein Lokal rund um den Theaterplatz ist nicht vom Massentourismus angekränkelt und den überbordenden Busgruppen, die gleichzeitig ankommen, gleich was zu essen und trinken haben wollen und den Laden sicher nie wieder besuchen. Umso ehren- und lobenswerter sind die Ausnahmen. Um nicht nur die wenigen Ausnahmen aufzuzählen, finden sich unten auch ein paar, die schon mal erwähnt werden dürfen, will man Gnade vor Recht ergehen lassen.

Café-Restaurant Alte Meister (3), der Gag des Lokals ist, dass man es von der Gemäldegalerie Alte Meister aus (wer wieder rein will, sollte die Karte behalten!) und von außen, vom Theaterplatz her betreten kann. Auf dem Platz unterhalb großer Gastgarten nur tlw. unter Bäumen mit Blick auf Oper, Schlosskirche und den Trubel des Theaterplatzes. Tagsüber recht touristisch mit viel Bier und Kaffee/Kuchen (letzthin sehr gut – das war nicht immer so). Abends wird's feiner und nach der Oper (Tisch und Speisen reservieren, da die Küche nur bis 23 Uhr werkelt!) richtig schick. Das Essen (gehobene Neue internationale Küche, Hauptgericht ab ca. 8,50 €) ist dann trotz guter Qualität eher Nebensache. Theaterplatz 1a, tgl. 10–1, Küche 10–23 Uhr, ✆ 4810426.

Café in der Schinkelwache (4), die Café-Konditorei mit Restaurant im Seitentrakt der Schinkelwache ist so plüschig wie ein Touristencafé halt sein darf, bei der Kuchen- und Tortenauswahl ist man konservativ, was durchaus positiv gemeint ist. Die Küche liefert bürgerlich getönte Bistro-Speisen. Das Personal ist besonders nachmittags, wenn auch draußen auf dem Theaterplatz unter den Sonnenschirmen jeder Stuhl besetzt ist, schon mal im Stress aber deswegen immer noch höflich. Nett nach der Oper. Theaterplatz 2, tgl. 10–24 Uhr, ✆ 4903909.

Sophienkeller im Taschenbergpalais (7), nach der Oper ist der Sophienkeller im noblen Taschenbergpalais für den gute Wahl, der noch nicht genug Action gehabt hat. Hier gibt's schließlich „Liebliche Mägde", Spanferkel vom Spieß, „Künstler und Musikanten", ein „Zeithainer Lustlager" (nein, so lustbetont ist das auch wieder nicht) und ähnliche Attraktionen. Erlebnisgastronomie halt, das Essen ist Nebensache. Im Keller gehen die Wände zum Teil auf Häuser des Spätmittelalters zurück. Am Taschenberg 3, tgl. 11–1 Uhr, ✆ 49726-0, www.sophienkeller-dresden.de.

Schlosscafé (6), Café-Bistro im Erdgeschoss des Schlosses und sehr stimmungsvoll unter der Schlossfassade vor dem Eingang, da hat man einen guten Blick auf die Reisegruppen, die auf den Eintritt ins Historische Grüne Gewölbe warten. Service vor allem draußen etwas langsam (die KellnerInnen haben weit zu gehen) und gelegentlich ruppig. Sandwiches, Quiches und Kuchen, zum Espresso wird – nachahmenswert! – ein Glas Wasser serviert.

Solino Caffè & Bar Italiano (11), wem's nichts ausmacht, dass in diesem pseudo-italienischen Café der italienische Begriff *caffè*, der ja nichts anderes bedeutet als Espresso, für „deutschen Kaffee" steht, der ist hier sicher gut aufgehoben. Großes Ass: die Terrasse vor der Tür unter dem Cholerabrunnen und die Fassade des Zwingers mit dem Kronentor jenseits der Straße. Gute Kuchen (etwas trockene Eierschecke) und Snacks wie etwa Tramezzini. Am Taschenberg 3, ✆ 4912657.

Bistro im Hotel Kempinski, Taschenbergpalais (7), wer's gerne fein, aber nicht zu fein mag, kann hier bis 23.30 Uhr oder Mitternacht speisen, also auch mal nach der Oper. Das „Palais Bistro" bietet gehobene internationale Küche mit schwachem französischem Einschlag (Coq au Vin schmackhaft, aber trocken und ohne die üblichen Beilagen, hervorragender Salat mit Entenstopfleber und Streifen vom Entenfilet) zu akzeptablen Preisen (2 Gänge ab ca. 25 €).

Paulaner's im Hotel Kempinski, Taschenbergpalais (7), neo-rustikaler Pseudo-„Bräu" der Münchner Paulaner-Brauerei, aber recht stimmungsvoll gemacht, die Thonet-Stühle passen allerdings nicht zur spät-gründerzeitlich üppigen Holzverkleidung der Wände. Bei Schönwetter im Sommer Biergarten im Hof, vor allem abends stimmungsvoll der Gewölbekeller. Einem Bräu angepasstes Essen von Rostbrätel bis Haxe, auch Weißwürste sind zu haben. Der Autor aß hervorragend zubereitete, im Kern noch rosige Kalbsleber mit Kartoffelstrudel, zu einem anderen Gericht etwas zu fette Bratkartoffeln. Für ein Hauptgericht sind ab ca. 8 € hinzulegen. Der Espresso des Hauses weckt niemand auf. Am Taschenberg 3, tgl. 11–1 Uhr, ✆ 4960174.

Italienisches Dörfchen (2), offiziell Restaurant Bellotto, Bar, Biergarten und Biersaal, Café ... Räume für Gesellschaften (beliebt für Hochzeiten) – das „Italienische Dörfchen" ist ein Allerweltslokal und wegen seiner Lage neben der Semperoper und dem Zwinger auch von aller Welt besucht. Nachmittags oder abends häufig Tanztee bzw. Tanz zu Live-Musik, besonders im Winter mehrmals im Monat Pianomusik im Restaurant Bellotto. Theaterplatz 3, ✆ 498160, www.italienisches-doerfchen.de.

Kahnaletto (1), witziger Name, außergewöhnlicher Standort auf dem Theaterschiff und eine italienische Küche bei der frische Zubereitung selbstverständlich ist. Sommerliches Mittagsangebot – draußen auf der Terrasse vor dem Schiff oder im gekühlten Speiseraum drinnen – ist ein Menü mit Suppe oder Salat, Fisch oder Fleisch samt nichtalkoholischem Getränk für 12 €. Konkret: Salat mit knackfrischen Blättern, Balsamico-Dressing, Weißbrot dazu; oder Stockfischsuppe, dann Lachs- und Pangasiusfilet mit Kräuterreis und Gemüse, der Fisch auf den Punkt genau gegart; oder Makkaroni mit reichlich Muscheln. Sensationell! Am Terrassenufer (an der Augustusbrücke), tgl. 12–15, 18–24 Uhr, ✆ 4953037, www.kahnaletto.de.

Einkaufen

Buchhandlung Walter König (5), Kunstbuchhandlung in der Gemäldegalerie Alte Meister mit großem Angebot vor allem zur italienischen Malerei (auch in Italienisch). Theaterplatz 1, Gemäldegalerie Alte Meister (Untergeschoss, Kassenraum); eine weitere Kunstbuchhandlung Walter König findet man im Erdgeschoss des Schlosses, Taschenberg 2.

Rund um den Theaterplatz
Karte S. 113

Wie eine Vision: die „Glocke“ der Frauenkirche über der Brühlschen Terrasse

Tour 2: Brühlsche Terrasse, Neumarkt und Frauenkirche

Alle Welt drängt sich bei schönem Wetter auf der Brühlschen Terrasse, nennt man diese Flanier-Esplanade über der Elbe doch gerne den „Balkon Europas“. Zwar sieht man von hier aus nicht die berühmte Dresdner Altstadt-Silhouette, die ist nur von jenseits der Elbe zu bewundern, dafür kommt man einigen der Gebäude sehr nahe. Darunter der Frauenkirche, auf die man durch die Münzgasse einen der schönsten Blicke überhaupt hat.

Die mittelalterliche Marienkirche, ein bescheidener gotischer Bau und Vorgängerin der heutigen → **Frauenkirche,** dürfte eine der alten Gründungskirchen der deutschen Ostkolonisation gewesen sein. Erst im Spätmittelalter, als die markgräfliche Stadt Dresden nebenan aus allen Nähten platzte und die alten Mauern fielen, um durch moderne Befestigungen ersetzt zu werden, wurde das Gebiet um die Frauenkirche zu Dresden geschlagen. Ein Teil der alten Festungsmauern, die → **Kasematten,** sind heute noch zu besichtigen. Da es in Dresden bereits einen Markt gab, wurde der Markt an der Frauenkirche ab sofort → **Neumarkt** und der alte Dresdner Marktplatz Altmarkt genannt. Die neue Zugehörigkeit zur Stadt hatte Zuzug zur Folge. Es entstanden verschiedene Palais (→ **Kurländer Palais,** → **Cosel-Palais),** und der gesamte Neumarkt wurde neu verbaut. Barocke Bauten aus dieser Zeit umstanden ihn bis zum 13. Februar 1945. Inzwischen werden ihre Fassaden wieder errichtet oder abgespeckte Imitate dieser Fassaden, dahinter entstanden und entstehen immer noch – der Wiederaufbau ist noch lange nicht abgeschlossen – moderne Wohnungen, Büros und Geschäfte.

Das Viertel um Frauenkirche und Neumarkt wird zur Elbe durch eine erhöhte Terrasse abgeschirmt, die → **Brühlsche Terrasse.** Von den ursprünglich dort im Auftrag des Grafen Brühl errichteten Gebäuden hat sich nichts erhalten, das → **Ständehaus** stammt aus dem frühen 20. Jahrhundert, die → **Hochschule für Bildende Künste** vom Ende des 19. Jahrhunderts. Nur das → **Albertinum** besitzt noch Elemente aus der Renaissance, wurde jedoch nach schweren Kriegszerstörungen mit einem modernen Innenleben versehen, das nach mehrjähriger Umbauzeit nun wieder die Gemäldegalerie Neue Meister sowie die Skulpturensammlung beherbergt. Von der Brühlschen Terrasse hat man nicht nur einen sehr schönen Blick über die Elbe (aber eben nicht den berühmten Canaletto-Blick), sondern auch eine Nahsicht auf die Frauenkirche, die einfach umwerfend ist. Man mag gar nicht mehr weggehen von dieser Stelle oberhalb der Münzgasse, aber andere drängen nach und wollen auch bewundern, fotografieren, eine SMS schicken und darüber berichten, wie beeindruckt sie sind.

Unser Tourenvorschlag für die Osthälfte der Altstadt führt vom Schlossplatz über die Prunkstiege auf die Brühlsche Terrasse und dann vorbei an der Hochschule für Bildende Künste und dem Albertinum hinunter zur modernen → **Neuen Synagoge** nahe der Carolabrücke. Anschließend geht es über das Kurländer Palais und das Cosel-Palais zurück ins Zentrum der Altstadt, zum Neumarkt und zur Frauenkirche. Den Schlossplatz erreicht man von dort entlang des → **Fürstenzuges,** die mit einem Mosaik gestaltete Fassade des sogenannten Langen Ganges, der → **Johanneum und Stallhof** mit dem Residenzschloss verbindet. Gesamte Gehzeit 20 Minuten, Besichtigungszeit mindestens ein halber, besser ein ganzer Tag. Rund um die Frauenkirche, insbesondere in der Münzgasse zwischen Neumarkt und Augustusstraße, hat sich die Gastronomie niedergelassen, die Besucher der Kirche und Dresdens wollen verpflegt sein. Das große Angebot, das sich über die Wilsdruffer Straße hinweg bis ins Viertel zwischen Rathaus und Kreuzkirche erstreckt (→ Tour 3), bietet zwar eine große Auswahl, aber nur in wenigen Fällen empfehlenswerte Qualität (unsere Liste soll bei der Entscheidung helfen, die nicht sehr empfehlenswerten Lokale sind – wie immer in dieser Reihe – erst gar nicht erwähnt).

Sehenswertes

Ständehaus (Alter Landtag)

Das Ständehaus auf der Ostseite des Schlossplatzes und am Aufgang zur Brühlschen Terrasse ist ein Bau des frühen 20. Jahrhunderts. Der Architekt war Paul Wallot, der kurz zuvor den Berliner Reichstag gebaut hatte. Das Gebäude ersetzte zwei Stadtpalais, darunter jenes des Grafen Brühl, und war für die Ständevertretung (Parlament) des Königreiches Sachsen gedacht. Während der Weimarer Republik als sächsisches Landesparlament genutzt, beherbergt es heute u. a. das Oberlandesgericht Dresden.

Brühlsche Terrasse

Zwischen dem Schlossplatz und dem Albertinum verlief seit dem Mittelalter die Stadtbefestigung, deren hohe Mauern eine Barriere zwischen Altstadt und Elbufer darstellten. Als Dresden im späten 17. Jahrhundert seinen neuen, weiteren Festungsring bekam, war diese Befestigung obsolet und als 1748 Heinrich Reichsgraf von Brühl den Mauerabschnitt erwerben wollte, überließ ihn Kurfürst Friedrich August II. seinem Premier für wenig Geld. Graf Brühl baute eine breite Terrasse über den Befestigungen, die sich auch heute noch darunter befinden, und ließ darauf einen „Lustgarten pflanzen" sowie mehrere Gebäude errichten, darunter ein Schloss für sich selbst und eine Bibliothek. Bis auf den Delfinbrunnen am Ostende der Brühlschen Terrasse und zwei Sphinxen, die ebenfalls dort im Brühlschen Park stehen, hat sich davon nichts erhalten. Schon 1814 wurde die Brühlsche Terrasse der Öffentlichkeit zugänglich gemacht, damals baute man die 14 m breite **Freitreppe** als Zugang vom Schlossplatz (die Figurengruppen der vier Tageszeiten von Johannes Schilling kamen erst 1868 dazu, die heutigen sind übrigens Bronzeabgüsse von 1908).

Im späten 19. Jahrhundert wurde wieder auf der Brühlschen Terrasse gebaut, an der Stelle des Brühlschen Stadtpalais steht heute das Ständehaus (s. oben). Das als **Sekundogenitur** bezeichnete heutige Cafégebäude des Hilton wurde erst 1899 errichtet, nimmt aber in Form und Stil (Barock, Rokoko) die Züge seines Vorgängers auf, der Brühlschen Bibliothek.

Hier geht's rauf zur Brühlschen Terrasse

Die Brühlsche Terrasse ist im vorderen Teil mit jungen Bäumchen bepflanzt, im Mittelteil ist sie ohne Bepflanzung. Im hinteren Teil, dem **Brühlschen Garten,** wurde sie als Grünanlage mit Bäumen und Denkmälern gestaltet – ehemals befand sich dort ein „Belvedere" (ein Restaurant und Musik-Café), dessen Wiedererrichtung nach 1990 eine Zeit lang zur Debatte stand. Der Garten steht auf dem Niveau der ehemaligen Venus- oder Jungfernbastion, unter der sich die erhaltenen Kasematten befinden.

Auf dem Weg vom Schlossplatz zum Brühlschen Garten passiert man auch eine Reihe von **Plastiken und Brunnen.** Nach der Prunkstiege erinnert das Rietschel-Denkmal (1892) an den Bildhauer, der u. a. die Statuen von Goethe und Schiller am Haupteingang der Semperoper schuf. Das Denkmal stammt von seinem Schüler Johannes Schilling. Eine moderne Plastik nach der Sekundogenitur steht leider im Schatten des Blicks auf die Frauenkirche, die Sieben Bastionen (Vincenz Wanitschke, 1990) erinnern an einen Erlass August des Starken, in dem er den sieben Bastionen der Dresdner Stadtbefestigung die Namen der Sonne und der – damals sechs bekannten – Planeten gab (so wurde aus der Jungfernbastei die Venusbastei). Auf der oberen Brüstung der Doppelstiege zwischen Hochschule für Bildende Künste und Albertinum befindet sich ein Denkmal für Gottfried Semper. Am Eingang zum Brühlschen Garten hat sich der Delfinbrunnen als Relikt aus der Zeit des Grafen Brühl (1749) erhalten, im Garten entdeckt man die etwa gleich alten Sphinxen, eine Metallplastik für Caspar David Friedrich (1990), eine Stele für den Porzellan-Erfinder Johann Friedrich Böttger (1982) sowie das Denkmal (eigentlich eine Kopie), das Kurfürst August für seinen 1553 gefallenen Bruder Moritz, seinen Vorgänger als Herzog und erster Kurfürst des Hauses Wettin, errichten ließ.

Hochschule für Bildende Künste und Lipsiusbau (mit „Zitronenpresse")

Zur Dresdner Stadtsilhouette gehört neben der Kuppel der Frauenkirche die Rippenkuppel des sogenannten Lipsiusbaus der Kunstakademie (heute Hochschule für Bildende Künste), wegen ihrer Form gerne und passend „Zitronenpresse" genannt. Das 1887 bis 1894 entstandene Gebäude (Architekt Konstantin Lipsius, 1832–1894) grenzt mit seiner breiten Front an die Brühlsche Terrasse und ist ein ansprechender repräsentativer Bau der späten Gründerzeit, der sowohl beim Klassizismus Sempers als auch beim Barock vor allem des Zwingers einige Anleihen macht. Tatsächlich handelt es sich heute von den Zugängen her um drei Bauten, die Hochschule selbst, weiters den anschließenden, durch eine korinthische Tempelfront hervorgehobenen Hallenbau, in dem die Kunsthalle der Stadt untergebracht ist, sowie das Oktogon mit der Kuppel à la Zitronenpresse. 1945 großenteils zerstört und seit 1990 rekonstruiert, wurden die Arbeiten 2005 abgeschlossen. In der Kunsthalle und im Kuppelsaal hat man die Spuren der Zerstörung sichtbar gelassen, was die Architektur besonders hervorhebt und eine besondere Atmosphäre schafft, besonders unter der großen Kuppel. Die Hochschule selbst ist nicht zu besichtigen, die beiden anderen Gebäude nur bei Ausstellungen. Die Kuppel der „Zitronenpresse" und die umgebenden Räume sind nicht wie die Hochschule und die Kunsthalle von der Brühlschen Terrasse aus, sondern über den Stiegenaufgang vom Georg-Treu-Platz aus zu betreten.

Adressen/Öffnungszeiten: Kunsthalle im Lipsiusbau, Brühlsche Terrasse, Infos über Sonderausstellungen unter ✆ 49142000, www.skdmuseum.de; Oktogon der Hochschule für Bildende Künste Dresden, Georg-Treu-Platz, bei Ausstellungen meist Di–So 11–18 Uhr geöffnet, Eintritt je nach Ausstellung; ✆ 49267807, www.hfbk-dresden.de.

Ein treffender Spitzname: die „Zitronenpresse"

Albertinum

Die vierflügelige Anlage des Albertinums am südöstlichen Ende der Brühlschen Terrasse geht im Kern auf das Zeughaus aus der Renaissance zurück, das 1559 bis 1563 erbaut wurde. Das barock erweiterte und in der Gründerzeit (ab 1887) vor allem außen veränderte Gebäude wurde 1945 stark zerstört, im Erdgeschoss hat sich jedoch teilweise der Renaissancebau erhalten. Von 1945 bis 1969 wurde der Bau wieder instand gesetzt, von 2004 bis 2010 wurde an der endgültigen Restaurierung mit dem Ziel einer State-of-the-Art-Galerie gearbeitet. Kern des Museums ist die bereits 2007 installierte „Arche", ein zweigeschossiger, scheinbar schwebender Einbau von 72 Meter Länge und einem Gewicht von 2700 Tonnen. Da die Arche über dem zentralen Hof der Vierflügelanlage mit ihren spitzen Dächern lagert, ist sie von außerhalb kaum zu erkennen. Wie die biblische Arche soll und wird die Arche des Albertinums die Schätze des Hauses auch bei einer höchstmöglichen Flut für die Nachwelt retten. Nach Beendigung der Restaurierungsarbeiten zog in die Säle des Albertinums wieder die **Gemäldegalerie Neue Meister** ein, aber auch die bisher im Zwinger untergebrachte **Skulpturensammlung.** Die Wiedereröffnung war am 20. Juni 2010. Leider ist jetzt schon abzusehen, dass der Platz mit 2500 m^2 – die alte Fläche für Ausstellungen wurde vervierfacht – knapp werden wird, zumal er mit Büros geteilt werden muss. Und weil mit zwei Ausstellungsräumen – einem riesigen, eigentlich nicht benutzten Foyer und der Antikenhalle im Erdgeschoss sowie im ersten Stock mit Depotflächen und Werkstätten in fast doppeltem Ausmaß – keine weiteren Flächen zur Verfügung stehen.

Die Neuen Meister, worunter Maler des 19. bis 21. Jahrhunderts verstanden werden, sind u. a. Caspar David Friedrich, dessen altarähnlich gefasstes „Kreuz im Gebirge" zur Entstehungszeit (1808) Proteste und Begeisterung auslöste. Weiters Arnold Böcklin, Carl Gustav Carus, Lovis Corinth, Otto Dix mit dem Triptychon „Der Krieg" (1929–1932), Paul Gauguins berühmtes Portrait zweier Tahitianerinnen „Parau Api" (1892), Anton Graff, Ernst Ludwig Kirchner, Oskar Kokoschka, Max Liebermann, Friedrich Overbeck, A. R. Penck, Ferdinand von Rayski, Max Slevogt, Adrian Ludwig Richter mit der berühmten „Überfahrt am Schreckenstein" (1837) und Werner Tübke, vor allem aber auch Gerhard Richter und Georg Baselitz, um nur einige der bekannteren und/oder besonders gut mit Werken vertretenen Künstler zu nennen.

Die Skulpturensammlung „Sammlung der antiken und modernen Statuen" wurde – wie so viele andere Dresdner Sammlungen – von August dem Starken begründet. Ursprünglich vor allem auf die Antike und die (barocke) Gegenwart spezialisiert, umfasst sie heute Meisterwerke aus fünf Jahrtausenden vor allem aus Europa, dem Mittelmeerraum und Vorderasien.

Wie ein Bindeglied mag Edgar Degas' „Vierzehnjährige Tänzerin" wirken, die Plastik eines vorwiegend als Maler tätigen Künstlers – Gemäldegalerie und Skulpturensammlung werden nicht nebeneinander, sondern miteinander gezeigt.

Öffnungszeiten/Eintritt: Tgl. 10–18 Uhr, Eintritt 8 €, erm. 6 €, ✆ 49142000.

Kasematten (Festung Dresden)

Weil der Graf Brühl die Uferbefestigungen nicht schleifen ließ, als er seine Terrasse erbauen ließ, sondern sie einfach zuschüttete oder überbaute, blieben sie in diesem Bereich erhalten (anderswo, beispielsweise am Postplatz, hat man sie ausgegraben). Im Bereich der Jungfernbastei, wo sich heute der Brühlsche Garten befindet, kommt aber etwas anderes hinzu: Dort wurden ältere Befestigungen schon früher verbaut und dadurch besonders gut erhalten.

Im 16. Jahrhundert entstand im Zug der Modernisierung des Dresdner Festungsringes – bis dahin war man mit einer dünnen Mauer ausgekommen – ein System von Wällen, Gräben, pfeilförmig in die Gräben hinaus geschobenen Bastionen mit Kanonenhöfen, gedeckten Laufgängen (Kasematten) und tunnelartig geführten Stadttoren. Im Bereich des Zeughauses (heute Albertinum) ent-

standen 1553 das Ziegeltor mit fünfbogiger Brücke über den Stadtgraben, eine kleine Bastion, die Kasematten von 40 m Länge und die dazugehörigen Höfe und Räume. 1592 wurde die Jungfernbastei errichtet, die den östlichen Abschluss der heutigen Brühlschen Terrasse bildet. In den 1960ern und vor allem seit 1990 wurden diese älteren Bauten samt Ziegeltor und Kleiner Bastion freigelegt und können besichtigt werden – ein Weg in die Vergangenheit, der durch eine Audiotour auch akustisch begleitet wird. Das Gebäude schräg gegenüber dem Haupteingang des Albertinums auf der Brühlschen Terrasse ist das Gemeindehaus der Reformierten Kirche Dresdens, das im ehemaligen **Brühlschen Hofgärtnerhaus** eingerichtet wurde. Die ebenso schlichte wie eindrucksvolle Kirche selbst befindet sich unterhalb der Terrasse in den Kasematten (Zugang von der Grünanlage unterhalb der Kasematten, Brühlscher Garten 4).

Adresse/Öffnungszeiten: „Festung Dresden", Zugang vom Georg-Treu-Platz, April–Okt. tgl. 10–18 Uhr, Nov.–März tgl. 10–17 Uhr, Info und Anmeldung zu Führungen ✆ 438370320.

Neue Synagoge

Unnahbar und ungegliedert wirken die beiden riesigen, 24 m hohen Quader an der Carolabrücke zunächst. Kommt man

Kurländer Palais, der Stadtpalast dient heute als Entertainment-Location

von der Akademiestraße aus näher, erkennt man, dass einer der beiden Blöcke, die eigentliche Synagoge, aus gegeneinander verschobenen Kunstsandsteinblöcken besteht und dass die Kanten nach oben auseinanderstreben – es entsteht ein gänzlich anderer Raumeindruck von Leichtigkeit, was im Inneren noch verstärkt wird, wo ein Glasdach den Blick nach oben öffnet. Die Architekten Wandel, Hoefer, Lorch + Hirsch (Saarbrücken) haben einen anfangs umstrittenen Bau geschaffen, der heute breiteste Anerkennung findet. Die Neue Synagoge, geweiht am 9. November 2001, steht auf dem Platz ihres Vorgängerbaus, Gottfried Sempers Synagoge von 1840, die in der Reichsprogromnacht 1938 wie die meisten in Deutschland zerstört wurde. Der goldene Davidstern am Eingang stammt noch aus der alten Synagoge, er wurde während des Brandes in Sicherheit gebracht.

Adresse/Öffnungszeiten: Anmeldungen für Führungen durch die Synagoge nur Di 10–12 u. 13–15 Uhr unter ✆ 6568825. Im Gemeindehaus gibt es das Café Schoschana (→ Essen & Trinken), wo man So–Do ab 12 Uhr willkommen ist. Weitere Hinweise auf die jüdische Geschichte Dresdens → Jüdischer Friedhof, Tour 9 und → Alter Jüdischer Friedhof, Tour 5.

Kurländer Palais

Zurück über die Akademiestraße in die Altstadt passiert man an der Südostseite des Tzschirner Platzes das Kurländer Palais. Während die meisten barocken Stadtpaläste Dresdens völlig symmetrisch angelegt wurden, ist das Kurländer Palais außen wie innen asymmetrisch gestaltet, die Außenfront ist dreifach gestuft. Welchen Grund das hatte, kann man nicht sagen. Am Grundstück, dessen Front auf den Tzschirner Platz schaut, kann es kaum gelegen haben. Die stilistischen Vorbilder – französischer Klassizismus und Rokoko-Einflüsse – waren es ebenfalls nicht, denn auch sie waren fast ausschließlich symmetrisch. Das 1728 für den Grafen Wackerbarth (von Johann Christoph Knöffel) errichtete Stadtschloss wurde im Barock mehrmals umgebaut, diente seit 1815 als Medizinische Akademie und dann als Landesgesundheitsamt. Nach schwersten Schäden 1945 und nach langjähriger Nutzung der Kellerräume durch den Jazz-Club „Tonne" zu DDR-Zeiten wurde das Palais wieder aufgebaut und 2009 eröffnet. Die Nutzung ist derzeit auf Gastro-Entertainment beschränkt.

Cosel-Palais

In unmittelbarer Nähe der Frauenkirche ließ Friedrich August Graf von Cosel (Sie können sich sicher denken, wer sein Vater war und wer seine Mutter, → S. 23 u. S. 214) ab 1765 auf einem eben erworbenen Grundstück ein Stadtpalais errichten. Dass dort schon zwei durchaus neue und schöne Häuser standen, störte ihn nicht weiter. Man konnte sie abreißen. Architekt war der gefragte Johann Christoph Knöffel, der in der Art französischer Stadtpalais die Repräsentationsfassade gegenüber der Frauenkirche durch einen Ehrenhof zwischen zwei Torhausflügeln betonte. Das elegante Palais ist teilweise unzerstört in den rekonstruierten Bau einbezogen worden: Westfassade und Torhausflügel sind Teile des Originalbaus. Im Erdgeschoss und Ehrenhof befindet sich heute ein besonders bei Touristen beliebtes Restaurant, das Grand Café und Restaurant im Cosel-Palais (→ Praktische Infos, Essen & Trinken).

Frauenkirche

Die Frauenkirche „gehört zu den singulären Leistungen der Baukunst in Europa", meint der Dehio „Dresden" (Deutscher Kunstverlag 2005), und der muss es schließlich wissen. Aber was ist das Besondere, das Einmalige an diesem Bau? Es ist, da gibt es keinen Zweifel, das Zusammenspiel von schierer Höhe – die Kuppel ragt ab der Basis über alle anderen Bauten der Umgebung hinaus – und Form, denn es handelt sich bei der Kuppel der Frauenkirche um einen besonders seltenen Typ, eine doppelte Kuppel mit steinerner Glocke. Wer die über der Dresdner Dachlandschaft scheinbar schwebende „Steinerne Glocke" nur einmal erlebt hat, wird sie sein Leben lang nicht vergessen. Wie die Sixtinische Madonna in der Gemäldegalerie Alte Meister, die Gioconda im Pariser Louvre und Andy Warhols Marilyn-Siebdrucke

Brühlsche Terrasse, Neumarkt und Frauenkirche
Karte S. 137

Der Sohn der berühmten Gräfin ließ das Cosel-Palais errichten

zu Ikonen ihrer selbst geworden sind, ist dieses Bild der schwebenden Glocke eine Ikone Dresdens geworden. Das Wiedererstehen dieser Glocke, dieses wunderbaren Bauwerks eines einfachen Ratszimmermeisters, hat der Ikone Dresden die letzte Weihe gegeben: Dresden kann nicht ausgelöscht werden, das ist ihre übergeordnete Bedeutung.

Eine Marienkirche mit Friedhof stand schon im 12. Jahrhundert an dieser Stelle außerhalb der Stadtmauern. Sie wurde durch eine spätgotische Hallenkirche ersetzt, bevor anlässlich des Ausbaus der Befestigungen Mitte des 16. Jahrhunderts die Kirche samt Neumarkt in den Festungsring einbezogen wurde. Da war sie schon wieder baufällig und außerdem zu klein geworden, sodass sich die inzwischen protestantische Bürgerschaft während der Regierungszeit August des Starken mit Plänen für einen Neubau trug. Ratszimmermeister George Bähr, der Mann für alle Arbeiten, machte 1722 einen ersten Entwurf, der bis zum Baubeginn 1726 noch leicht verändert wurde. Bis zu diesem Zeitpunkt wusste man nicht, ob man eine hölzerne oder eine steinerne Kuppel bauen sollte, erst nach der Weihe 1734 – da standen Außenmauern und Innenkuppel – setzte sich Bähr mit seiner Sicht durch: Es wurde die viel schwerere steinerne Kuppel gebaut. Und nicht irgendeine der üblichen Tambourkuppeln, wie sie im barocken Europa üblich waren, sondern ein Entwurf, der George Bähr berühmt machen sollte, eine Kuppel mit glockenförmigem Umriss. Um den Bogen nicht zu überspannen, verzichtete man dann auf die von Bähr vorgesehene, sehr hohe Laterne und setzte 1743 die kleine Laterne auf, die heute wieder den Bau abschließt (und deren Spitze eine Höhe von 95 m erreicht).

Kleinere und größere Renovierungen veränderten nichts an der Substanz. Erst das Bombardement des 13. und 14. Februar 1945 sollte dieses einzigartige Wunderwerk der Architektur zerstören. Zunächst hielt die Kirche stand, die Bomben hatten die Kuppel nicht zerstört, auch nicht der folgende Brand. Aber zwei Tage später, am 15. Februar 1945, stürzte die ausgeglühte Kuppel in sich zusammen.

Von Anfang an gab es Stimmen, die von Wiederaufbau sprachen. Aber ein Meisterwerk dieser Größe und künstlerischen Qualität aus dem Nichts wieder auferstehen zu lassen, war zu viel für die Nachkriegszeit und auf jeden Fall zu viel für die DDR. Man ließ die Ruine – nur der Chor und die Grundmauern samt Unterkellerung waren übrig geblieben – stehen und bepflanzte sie. Als trauriges Mahnmal gegen Krieg und Faschismus stand sie ab 1980 auf dem kahl geschorenen Neumarkt.

Sofort nach der Wende bildete sich ein Komitee für den Wiederaufbau der Frauenkirche, und die Synode der Evangelischen Landeskirche und die Stadt Dresden beschlossen 1990/91 den Wiederaufbau. Kirchenbaurat Eberhard Burger tat sein Möglichstes, um den Bau zu verwirklichen, als Baudirektor und Geschäftsführer hat er wohl die größte Leistung für diese Kirche erbracht. Auch der Dresdner Trompeter Ludwig Güttler hat sich immer wieder für die Frauenkirche eingesetzt. Aber wie sollte dieses gigantische Unterfangen finanziert werden?

1993 begann man mit der archäologischen Entrümpelung. Stein um Stein wurde umgedreht, auf seine Wiederverwertbarkeit geprüft, katalogisiert, digital dargestellt und in einem dreidimensionalen Modell der Frauenkirche eingeordnet. Man würde ihn vielleicht wiederverwenden können, exakt dort, wo er vor der Zerstörung gewesen war. Das ist die große Leistung dieses Wieder aufbaus: Es wurde nicht einfach eine

Kopie hingestellt, die Frauenkirche besteht zu einem nicht unerheblichen Teil aus den alten Steinen, die exakt an jenen Stellen eingesetzt wurden, wo sie ehedem waren. 8390 Quader wurden geborgen und analysiert, 3634 waren noch in so gutem Zustand, dass sie in den Bau integriert werden konnten. Man erkennt sie deutlich: Sie sind dunkel gefärbt, heben sich klar von den neuen Steine ab. Erst in Jahrzehnten wird sich der Unterschied verwischt, wird die Frauenkirche wieder ihre alte Patina erreicht haben. Am 30. Oktober 2005 wurde der Bau der Frauenkirche wieder geweiht.

Das Innere der Frauenkirche wird durch die Emporen bestimmt, die den gesamten Raum zu füllen scheinen, und die pastellfarbene (ein wenig süßlich wirkende) Ausmalung. Der Hochaltar, in wesentlichen Teilen rekonstruiert, enthält Reste des unter den verstürzten Bauteilen der Kirche aufgefundenen originalen Steinaltars.

Lutherdenkmal vor der Frauenkirche: Dresden ist protestantisch

- *Öffnungszeiten/Eintritt* **Kirche und Unterkirche** sind Mo–Fr 10–12 und 13–18 Uhr geöffnet, Eintritt frei, Spenden erbeten. Kirchenführungen müssen über den Besucherdienst der Stiftung (s. unten) angemeldet werden. **Kuppelaufstieg** März–Okt. tgl. 10–18 Uhr, Nov.–Febr. Mo–Sa 10–18 Uhr, So 12.20–18 Uhr.
- *Gottesdienste* So 11 und 18 Uhr, Do 18 Uhr (Unterkirche), Orgelandachten mit anschließender Kirchenführung Mo–Sa 12 Uhr und Mo–Mi, Fr 18 Uhr, Orgelvesper mit anschl. Kirchenführung Di 18 Uhr (dann jeweils keine Besichtigung!), Eintritt frei, Spenden erbeten.
- *Kirchenmusik* So 15 Uhr (vierzehntägig), Orgelmittwoch jeden Mi 20 Uhr, Konzerte üblicherweise Sa 20 Uhr, alle kostenpflichtig, Programm auf www.frauenkirche-dresden.de, Karten im Frauenkirchen-Shop (s. unten) und an der Abendkasse (Eingang D) jeweils 1 Std. vor dem Konzert. Die Akustik ist leider nicht ideal, Seitenplätze erhalten ein starkes Echo, deshalb Plätze möglichst nur in der Mittelachse gegenüber dem Altarraum wählen!
- *Führungen und Film „Faszination Frauenkirche“* Im ca. 5 Min. entfernten Besucherzentrum in der Galeriestraße (Kulturpalast) finden Vorführungen des Films „Faszination Frauenkirche“ statt. Mit anschließender Kirchenbesichtigung Mo–Fr 9.45, 12.45, 13.45, 14.45. 15.45 und 16.45 Uhr, 4 €, nur Filmvorführung Mo–Sa 10.45 und 11.45 Uhr, 2 €.

Besucherzentrum und Ticketservice, Galeriestr. 1, Mo–Sa 9.30–18 Uhr.

Neumarkt

Die Frauenkirche dominiert den Neumarkt, auf dem zwei Denkmäler stehen, eines für König Friedrich August II. (1867), der als Feldherr dargestellt ist, das andere, zentralere, ist Martin Luther gewidmet (Ernst Rietschel 1883). Das eindrucksvolle, überlebensgroße Werk aus Bronze (mit Granitsockel) präsentiert den Religionsreformer als durchgeistigte Persönlichkeit.

„Neu“ war der Neumarkt für die Dresdner, weil er erst im 16. Jahrhundert durch die Einbeziehung der Umgebung der Frauenkirche zu Dresden kam. 1548 wurden die trennenden Mauern abgerissen. Schließlich gab es den Dresdner Marktplatz, seit dieser Zeit Altmarkt genannt, bereits seit Jahrhunderten. Der neue Markt wurde bald zu einem schicken Wohnstandort, die mittelalterlichen Häuser mussten weg, ebenso wie auch die alte Frauenkirche dem barocken Neubau weichen musste. Der Adel ließ sich Stadtpalais bauen wie das Cosel-Palais und das Palais de Saxe. Die Rampische Straße, deren erhaltenen barocken Fassaden 1958 gesprengt wurden, entwickelte sich zu einer der schönsten Straßen Dresdens.

Zum Kriegsende 1945 war der Neumarkt fast komplett zerstört. Die Ruine der Frauenkirche wurde als Denkmal stehen gelassen, die Reste der Häuser ringsum weggeräumt. Wie man städtebaulich mit dieser innerstädtischen Wüstenei verfahren sollte, war bis 1989 nicht klar. Erst nach der Wende setzte sich die Idee durch, den Platz wieder aufzubauen, zumindest die Fassaden, ein Postkartenidyll. Was dahinter liegen sollte, interessierte weniger. Und tatsächlich, der Neumarkt ist inzwischen fast komplett wiederentstanden. Vieles ist bereits fertig wie das Palais de Saxe (als Hotel) oder der eindrucksvolle Bau der Heinrich-Schütz-Residenz (ein Senioren-Wohnheim), in dessen großen, mehrstöckigen Erker man den verspielten Kinderfries eingebaut hat. Die spielenden und musizierenden Putten sind Rest des 1945 zerstörten, Original-Heinrich-Schütz-Hauses. Das British Hôtel ist im Entstehen begriffen, 72 (!) gut erhaltene alte Teile wurden in die neue Fassade integriert, die vermutlich nach der Vollendung wie ein Flickenteppich aus Alt und Neu aussehen wird. Die große Baustelle Neumarkt wird jedoch noch jahrelang bestehen bleiben. Die Stadt hat sich entschieden, das seit 1770 unbebaute Grundstück des Alten Gewandhauses (es würde den Blick auf den Kulturpalast verdecken) nicht für einen Neubau zu nutzen (wofür, steht nicht fest). Das Grundstück dahinter wird bebaut, auch dies ist derzeit noch Zukunftsmusik.

Infos: Die Gesellschaft Historischer Neumarkt setzt sich seit 1999 für den Wiederaufbau des Neumarkts ein und hat selbst ein Projekt laufen (Rampische Straße 29). Ein Info-Container der Gesellschaft befindet sich auf dem Pirnaischen Platz, dort viele Pläne, Fotos, Modelle, Dokumentationen und engagierte Beratung. Tgl. 10–18 Uhr, ✆ 4965150, www.neumarkt-dresden.de, www.rampische29.de.

Kulturpalast und Landhaus (Städtisches Museum) → Tour 3, Vom Altmarkt zum Wiener Platz.

Johanneum, Stallhof und Verkehrsmuseum

Der quadratische Bau mit dem eindrucksvollen Treppenaufgang von der Nordwestseite des Neumarktes war ursprünglich ein Stallgebäude, das Christian I. im Renaissancestil errichten ließ (1586). Der Umbau unter August dem Starken und ein weiterer, der noch unter König Johann (daher der Name!) 1872 begonnen wurde, haben die Renaissanceelemente völlig verwischt. Das Johanneum entstand gleichzeitig mit dem Langen Gang, der es mit dem Schloss verbindet, und dem Stallhof, der zwischen Schloss und Johanneum liegt. Der zweistöckige Lange Gang beginnt am Georgenbau, er ist fast 100 m lang. Der durch Georgenbau, Langen Gang und Johanneum sowie im Süden durch das dreiflügelige Kanzleihaus mit seinen rekonstruierten Renaissancegiebeln und schönen Sgraffiti umschlossene Stallhof ist ein bemerkenswertes Ensemble der Renaissance-Architektur. Die Fassade des Langen Ganges wird zum Stallhof hin durch eine offene Bogenhalle gegliedert, die Wappen stellen

Fürstenzug: Wettiner und ihre Untertanen

die damaligen Besitztümer des Hauses Wettin dar. Die etwa gleichzeitig entstandenen Bronzesäulen im Hof waren für das Ringstechen, ein beliebtes Reiterspiel gedacht, auch die Pferdeschwemme im Hof stammt aus der Renaissancezeit. Auf der anderen Seite des Langen Ganges befindet sich an der Fassade zur Augustusstraße der Fürstenzug (s. unten). Mehrere Arkaden des Stallhofs wurden bei einem Brand im Dezember 2007 stark beschädigt, an ihrer Wiederherstellung wird gearbeitet. Die Fortsetzung des weihnachtlichen Mittelaltermarktes, der an dieser Stelle bisher stattfand, ist unwahrscheinlich.

Das heute im Johanneum befindliche **Verkehrsmuseum** bietet eine beeindruckende Ausstellung zur Entwicklung des Transportwesens in Sachsen. In der Halle der PKW steht man vor den Autos, die in Sachsen gebaut wurden, und denkt an den bescheidenen Beitrag des Landes zum heutigen Autobau: ein Wanderer Nr. 2 von 1904 aus Chemnitz, der Pilot 6/30 von 1926 entstand in Bannewitz bei Dresden, der IFA F 8 Cabriolet wurde 1955 in Zwickau gebaut. Weitere Modelle sind aus Thüringen wie der Simson Supra 50 von 1925 aus Suhl, der jederzeit in einem Gangsterfilm aus Hollywood einen der amerikanischen Straßenkreuzer der Zwanzigerjahre doubeln könnte. Im Lokschuppen gibt es originale historische Loks und in der großen Luftfahrt-Halle neben anschaulichen Modellen zwei schwebende Flugzeuge, einen Grade-Singledecker und ein Bleriot-XI-Flugzeug, beide von 1909. Innerstädtischer Verkehr (mit originalen Taxen, einer echten alten „Großen Hecht“, wie die Dresdner Straßenbahnen wegen ihrer Form genannt wurden, und einem Modell der Dresdner Schwebebahn), Fahrradverkehr und – als zuletzt eröffneter Trakt – Schifffahrt vervollständigen die Übersicht, die das Museum bietet. Kinder sind hier kaum wegzubekommen, zumal eine große Modelleisenbahnanlage der „Spur 0“ mit einer Gleisstrecke von 785 m und einer Fläche von 325 m² auf sie – und nicht nur sie – magische Anziehungskraft ausübt.

• *Öffnungszeiten/Eintritt* **Verkehrsmuseum**, Augustusstr. 1, Di–So sowie Oster- und Pfingstmontag 10–17 Uhr, Eintritt 4 €, erm. 1,50 €, mit Film 6 €. Die **Modelleisenbahn** ist Mi 11, 14 und 15.30 Uhr in Betrieb sowie tgl. in den Weihnachtsferien und den sächsischen Winterferien. ✆ 86440, www.verkehrsmuseum-dresden.de.

Fürstenzug

Nicht nur August der Starke hatte Selbstdarstellung nötig, seine Nachfolger waren da nicht anders. Zumal in der Zeit zwischen der Ausrufung des Deutschen Kaiserreichs und dem Ersten Weltkrieg Selbstbeweihräucherung herrschender Schichten in Deutschland als Patriotismus aufgefasst wurde. Um sich im Ruhm seiner Vorfahren zu sonnen, ließ der sächsische König den Künstler Wilhelm Walter zwischen 1872 und 1876 an der 102 m langen und 10,5 m hohen Fassade des Langen Ganges zur Augustusstraße ein Sgraffito anbringen, das die Ahnenreihe der Wettiner darstellte. Ältere Malereien, die einen Triumphzug von Reitern abbildeten, waren verblasst oder abgeblättert. Weil auch die neuen Sgraffiti der Witterung nicht standhielten, wurden sie 1906/07 durch ein Mosaik aus 24.000 Meißner Porzellanfliesen ersetzt, das sich bemüht, den Sgraffito-Charakter der Vorlage zu treffen. Die Bombennächte des Weltkriegsendes haben den Fürstenzug nicht angetastet. Alle Regenten des Hauses Wettin seit 1089 reiten auf einem Teppich von rechts nach links, aus der Gegenwart des Künstlers in die Vergangenheit. Ganz links reitet Heinrich I. von Eilenburg (regierte 1089 bis 1103), und ganz rechts sind die letzten Könige von Sachsen zu sehen, deren Herrschaft 1918 endete.

Praktische Infos

(→ Karte S. 137)

Verbindungen

Den Neumarkt kann man nur zu Fuß oder mit dem Velotaxi erreichen, ausschließlich Anwohner und Hotelgäste dürfen PKW oder Taxi benutzen. Nächste Straßenbahnhaltestellen sind der Theaterplatz (Linien 4, 8, 9), die Synagoge (Linien 3, 7) und der Altmarkt (Linien 1, 2, 4). Parkmöglichkeiten in der Tiefgarage unter dem Tzschirner Platz oder der (derzeit noch nicht fertiggestellten) Tiefgarage unter dem Altmarkt sowie auf dem Parkplatz Ferdinandplatz hinter dem Kaufhaus Karstadt.

Essen & Trinken

Münzgasse, Brühlsche Gasse und Terrassengasse sind rund um die Frauenkirche Standorte zahlreicher Restaurants, Gasthäuser, Bistros, Cafés und Imbisse. Wenig sächsisch-bürgerliche Tradition, mehr „internationale" Küche, gelegentlich Ausgefallenes: Kängurufleisch vom Grill bis spanische Tapas, erst beim Dessert wird's (mit Eierschecke und im Winter Dresdner Stollen) sächsisch.

Restaurants, Gasthäuser, Weinkeller

Maurice (18), das Restaurant im 5. Stock des Hotels Suitess hat sich innerhalb kürzester Zeit zum Sternehimmel hoch gekocht: Im Guide Michelin für 2010 hat das Maurice einen Stern verliehen bekommen. Wohlverdient: Jahreszeitenküche im (populären) Asia-fusion-Stil kalifornisch-baskisch-katalonischen Vorbilds. Traumhafter Frauenkirchenblick von der Terrasse. Mit (ab) ca. 30 € für den Hauptgang sind Sie dabei. Mo–Fr 12–14/18.30–24 Uhr, Sa 18.30–24 Uhr. ✆ 4172700, www.maurice-dresden.de.

Grand Café und Restaurant im Cosel-Palais (11), barock inspiriertes Ambiente im Restaurant, nach vorne der Gastgarten zwischen den Seitenflügeln des Palais, im Porzellanzimmer werden Kaffee und Kuchen auf Meißner Porzellan serviert. Braucht's mehr zum Erfolg bei einer Location direkt an der Frauenkirche? Hauptgerichte ab ca. 10 € bis etwas über 20 €. An der Frauenkirche 2a, tgl. 10–24 Uhr, ✆ 4962444, www.restaurant-dresden.de.

De Saxe Restaurant im Steigenberger Hôtel de Saxe (27), vor allem die Terrasse auf dem Neumarkt genau gegenüber der Frauenkirche ist das große Plus dieses Lokals. Keine kulinarischen Offenbarungen, aber anständige Bistroküche mit rustikalem Einschlag wie Zanderfilet mit Tomatenrisotto oder Semmelknödel mit Kräuterchampignons, mehrere Salate; aufmerksame Bedienung. Die Sülze mit Bratkartoffeln mit Abstand die beste weit und breit. Hauptgericht ab ca. 11 €. Tischreservierung ✆ 4386142. Tgl. 11–23 Uhr, das elegante Restaurant im ersten Stock ist 15–17 Uhr geschl., Bar 10–1 Uhr, ✆ 43860, www.desaxe-steigenberger.de.

Grüner Baum (14), eines der Restaurants, die zum Hotel Hilton gehören, Familienfutter, sonntags „Hilton-Familienbrunch" von 12 bis 15 Uhr zu 26 € pro Person inkl. Tischwein, Sekt und Kaffee, bis 8 Jahre gratis und – Eltern herhören – Kinderbetreuung für Kinder ab drei Jahre. Tischreservierung ✆ 8642222.

Kurfürstenschänke (19), gutbürgerlich präsentiert sich der Kurfürstenhof im neu-alten Eckhaus mit seiner schönen barocken Fassadendekoration, auch wenn die Speisen hier angeblich kurfürstlich-augusteisch inspiriert sind. Wir zumindest können im Restaurant im ersten Stock an gebratenem Hirschkalbsrücken und an einem Duett aus Zander und Kalbsbries nur gehobene (und ausgezeichnet zubereitete) gutbürgerliche Küche erkennen. Komplettes Menü ab ca. 25 €. Abends gibt es auch den rustikalen Zechkeller, nachmittags regieren Kaffee und Eierschecke im angenehmen Café im Erdgeschoss. An der Frauenkirche 13, tgl. 11–24 Uhr, ✆ 42448280, www.kurfuerstenhof-dresden.de.

Gasthaus am Neumarkt (16), wenn ein Lokal im Umkreis der Frauenkirche viel in touristischen Magazinen wirbt, wird man misstrauisch. Das „Gasthaus" am Neumarkt mit seiner betulich gutbürgerlichen Einrichtung (geraffte Gardinchen, vergoldete Spiegel- und Bilderrahmen) nimmt dem Gast jedoch das Ungefühl: Die nicht zu deftige bürgerlich-sächsische Küche bietet Kartoffelsuppe, Linsen mit Rotwurst, Sächsischen Sauerbraten, Krustenbraten mit Speckbohnen und andere Leibspeisen. Hauptgericht ca. 6–15 €. An der Frauenkirche 13 (Salzgasse 2), tgl. 7.30–3 Uhr, ✆ 32367210, www.gasthaus-am-neumarkt.de.

Rossini (14), internationale Küche im Hilton, die Karte mit gesamt-mediterranem Touch, vom Italienischen blieb der Name; die Zubereitungen delikat und ohne Manierismen. Das Lokal wurde 2009 komplett renoviert, Blick auf Frauenkirche. Hauptgang ca. 15–30 €. An der Frauenkirche 5, ✆ 8642855, tgl. 18–13.30 Uhr, www.hilton.de/dresden.

Cafés, Eisdielen

Vis-a-vis (4), das Hilton samt Café in der „Sekundogenitur" entstand schon zu DDR-Zeiten, als seinen Haupt-Trumpf kann das Café die großartige Lage auf der Brühlschen Terrasse verzeichnen. Bistro-Angebot und Konditoreiwaren decken die Nachfrage, ein freier Tisch draußen ist bei Schönwetter eine Rarität. Naturgemäß nicht ganz billig (überbackener „italienischer Toast" 8,30 €, Hauptgerichte ca. 8–20 €), gut die Hilton-Torte und die ortstypische Eierschecke. Brühlsche Terrasse, tgl. 11–18 Uhr, ✆ 8642835.

Café Schoschana (1), Café im Gemeindehaus der jüdischen Gemeinde Dresden gegenüber der neuen Synagoge, israelisch-jüdisches Gebäck (z. B. ein Orangenkuchen, das ist Blechkuchen aus Sandteig mit einem feinen Aroma von Orangenblütenwasser), Suppen und kleine Speisen (3–8 €, z. B. israelischer Nussfisch mit Honig-Sesam-Karotten und Couscous), „orientalischer Kaffee" mit Zimt, Nelken und anderen Gewürzen, koscheres Bier, „Jüdische Zeitung" als Lektüre und minimalistisches Bistro-Ambiente mit Blick auf die Synagoge. Mehr Neugierige als Stammgäste. So–Do 12–18 Uhr, ✆ 4820398, www.cafe-schoschana.com.

Eiscafé Bellagio (23), wunderbares Fruchteis (Meloneneis mit winzigen orangefarbenen Stückchen der Cantaloupmelone, Zitroneneis, das nach Zitrone schmeckt und nicht nach Zitronenlimonade). In der Passage Töpferstr. 6.

Il Cielino (20), Eis, Kuchen und Espresso in stilvoller Bar à la Barock, auf den Hockern bleibt man nicht lang sitzen. Die Patisserien liefert das Hilton. Töpferstr. 6 in der Passage, ✆ 4912657.

Biergärten, Bierkeller

Bierhaus Dampfschiff (6), sehr freundlich ist die Bedienung im stimmungsvollen, nicht überrustikalen Kellerlokal, das zum Hilton um die Ecke gehört. Das wiegt allerdings die mangelnde Speisequalität nicht auf: bei der Sülze mit Bratkartoffeln handelt es sich um eine nicht sonderlich schmackhafte, sicher nicht hausgemachte Sülze mit mehrfach erhitzten, fetten und nicht genießbaren Bratkartoffeln. Tagesgerichte 8,50 €, Dresdner Sauerbraten ca. 14 €. An der Frauenkirche 5, ✆ 8642826.

Radeberger Spezialausschank (3), die Radeberger Brauerei im Nachbarort Radeberg braut eines der beliebteren Biere der Dresdner und eines der ganz wenigen, die auch schon vor der Wende genießbar waren. Im Spezialausschank in rustikal à la Bräu ausgestatteten historischen Räumen innerhalb der Brühlschen Terrasse und im Garten oben auf der Terrasse selbst werden dazu sächsische Deftigkeiten von der Kartoffelsuppe (Suppen ab ca. 4 €) bis zur Haxe serviert (Hauptgerichte ab ca. 9 €). Terrassenufer 1, tgl. 11–1 Uhr, ✆ 4848660.

Augustiner an der Frauenkirche (24), Edelstoff und Hefeweizen aus München an der Frauenkirche? Warum denn nicht … Auf dem Neumarkt lässt es sich im Schatten sehr angenehm picheln und dazu bayerische Kost verspeisen, dito in den bürgerlich eingerichteten Sälen. Der auf historisch geschminkte Keller ist jedoch eng, vor allem der Zugang zu den Toiletten. An der Frauenkirche 16/17, ✆ 4828970.

Im Café Schoschana, den Hintergrund bildet die Synagoge

Einkaufen

Quartier an der Frauenkirche (→ Einkaufen ab S. 90).

Meissener Porzellan am Fürstenzug (13), Meissener Porzellan („Meissen") gibt es in Dresden u. a. im feinen Laden im Hotel Hilton. An der Frauenkirche 5, dresdenh@meissen.com.

Meissen Outlet (21), Meissener Porzellan zweiter Wahl mit 10 % oder 20 % Nachlass gibt es ganz hinten im Untergeschoss des QF. Wer die winzigen Unregelmäßigkeiten – von Fehlern wagt man kaum zu sprechen – erkennen kann, der versteht was von der Porzellanherstellung. Töpfergasse 2/QF, ✆ 5014806, dresdenou@meissen.com.

Dresdner Porzellan (15), seit 1872 gibt es auch in Freital bei Dresden eine Porzellanmanufaktur, die sich eher auf Reproduktion älterer Stücke spezialisiert hat als auf neue Entwürfe. Die Preise des Privatunternehmens sind sehr deutlich unter jenen der Meißner Konkurrenz. An der Frauenkirche 20, Mo–Sa 10–20 Uhr, ✆ 4824643, www.dresdner-porzellan.com.

Kunsthandlung Koenitz (22), Druckgraphik und Zeichnungen aus dem 19./20. Jahrhundert, vor allem auch Dresdner und sächsische Motive – belesenes Beratungsteam. QF Passage, 1. OG, Neumarkt 2, Mo–Sa 10–20 Uhr, ✆ 4843578.

Dresden Buch (17), alles über Dresden bis ins letzte Detail, ein Laden für die Dresdner, aber auch für interessierte Besucher der Stadt. Neumarkt 1, Quartier an der Frauenkirche, Mo–Fr 10–20, Sa 10–18 Uhr, ✆ 4164171, www.ddbuch.de.

St.-Benno-Buchhandlung (26), Saxonica, Dresden, Barockmusik-CDs, weniger zu Reisen und Belletristik, Schlossstr. 24 im Kanzleihaus des Residenzschlosses, ✆ 4903854.

Wettiner Weinlädchen (8), Wein vor allem aus Sachsen und Deutschland, aber auch aus anderen Herkunftsgebieten, einige jeweils auch zum Verkosten. Terrassengasse (in der Brühlschen Terrasse), Mi u. Do 13–20 Uhr, Fr u. Sa 12.30–24 Uhr, So 11–16 Uhr, ✆ 8642862.

Sächsische Vinothek an der Frauenkirche (12), kleine, aber gerade in Bezug auf die Weine Sachsens gut sortierte Vinothek – Weine aller sächsischen Weingüter sind vertreten. Die Radebeuler Betreiber des Ladens besitzen dort einen eigenen Weinberg und organisieren Weinproben. Salzgasse 2, Mo–Sa 10–21, So 12–20 Uhr, ✆ 4845200, www.saechsische-vinothek.de.

Frauenkirchen-Shop (7), Uhren, Meissener Porzellan, T-Shirts, Kristallglas, CDs u. v. a. gibt es im „Treffpunkt Galerie Frauenkirche". Georg-Treu-Platz 3, Mo–Sa 10–18 Uhr (Jan.–März 17 Uhr), So 11–17 Uhr, an Adventwochenenden und beim Dresdner Stadtfest im August jeweils bis 20 Uhr, ✆ 6560683.

Referenz an einen von den Nazis vernichteten Bau: das Kugelhaus am Wiener Platz

Tour 3: Vom Altmarkt zum Wiener Platz

Das mittelalterliche Zentrum der Stadt um den Altmarkt liegt zwar mitten auf der Einkaufsmeile zwischen Schloss und Wiener Platz, aber mit der städtischen Atmosphäre kargt es etwas seit der Bombennacht im Februar 1945. Alte Sehenswürdigkeiten wie die Kreuzkirche und neue wie der UFA-Palast lohnen aber auch für Kulturinteressierte den Bummel zwischen Platte, DDR-Neobarock und Glasbeton-Postmoderne.

Im Südteil der Dresdner Altstadt befand sich ursprünglich das mittelalterliche Zentrum der Stadt. Der heutige → **Altmarkt** hieß damals noch Marktplatz und war schon zu dieser Zeit Standort des Dresdner Weihnachtsmarktes. Erst mit dem Abriss der Befestigungen im 16. Jahrhundert wurde das Gebiet um die Frauenkirche in das Stadtgebiet integriert und der Marktplatz in Abgrenzung zum nordöstlich gelegenen Neumarkt in Altmarkt umbenannt. Während sich am Neumarkt der Adel niederließ, blieben der Altmarkt und seine Umgebung bürgerlich. Hier befanden sich Rathaus, zahlreiche Geschäfts- und Wohnhäuser sowie Restaurants und Cafés. Im Februar 1945 wurde auch dieser Teil der Altstadt fast völlig zerstört. Zu DDR-Zeiten vergrößerte man den Altmarkt bis zur Kreuzkirche und baute die zum südlich gelegenen → **Wiener Platz** und dem Hauptbahnhof führende Prager Straße zu einer überdimensionierten Einkaufsmeile aus mit verschiedenen DDR-Prestigebauten wie dem Rundkino und den drei heutigen IBIS-Hotels.

Heute wird die südliche Altstadt von einer sehr heterogenen Bebauung geprägt. Ein zusammenhängendes Architekturbild existiert nicht, alte und neue, schöne und hässliche Bauten stehen in unmittelbarer Nachbarschaft. Der → **Kulturpalast** nördlich vom Altmarkt stammt beispielsweise aus den 1960er-Jahren und ist ein funktionaler Betonbau mit enormen Ausmaßen. Die Fußgängerzone → **Prager Straße** bietet den üblichen Mix aus Kaufhäusern, Niederlassungen diverser Einzelhandelsketten sowie Cafés und Schnellrestaurants. Zentrum des Einkaufstrubels ist die Altmarkt-Galerie auf der Westseite des Altmarktes. Es gibt jedoch auch noch einige Baulücken, die nach und nach geschlossen werden sollen. Zu den wichtigsten historischen Sehenswürdigkeiten gehören die → **Kreuzkirche** im südlichen Teil des Altmarktes, die jedoch 1945 komplett ausbrannte, sowie das hinter der Kirche liegende → **Rathaus** von 1910, das den Krieg relativ unbeschadet überstanden hat. Wer links und rechts vom Weg der Sehenswürdigkeiten abweicht, sieht vor allem Wohnbauten, zum Teil bereits sanierte DDR-Plattenhochhäuser. Das Leben dort hat mit den touristischen Objekten und den Einkaufsburgen an der Prager Straße wenig zu tun.

Gerade aufgrund der Heterogenität des Viertels ist ein Rundgang durch diesen Stadtteil wesentlich aufschlussreicher, was das heutige Dresden betrifft. Am besten startet man die Besichtigung am Altmarkt. An der Nordseite des Platzes befindet sich der Kulturpalast, ein wichtiger Ort für Kulturveranstaltungen (u. a. Konzerte der Dresdner Philharmonie), der in seiner modernen Gestaltung durchaus sehenswert ist. Aus dem Kulturpalast kommend wendet man sich anschließend nach links und erreicht über die Wilsdruffer Straße das → **Landhaus**, das heute das Stadtmuseum beherbergt (auf der linken Seite). Besonders sehenswert sind hier das eindrucksvolle Treppenhaus sowie die Dauerausstellung zur Stadtgeschichte Dresdens. Nun überquert man die Wilsdruffer Straße und nimmt auf der anderen Seite die Fortsetzung der Gewandhausstraße. Dort trifft man auf das klassizistische Gebäude des → **Gewandhauses**, das heute ein Hotel beherbergt. Und gleich gegenüber liegt das Rathaus, das u. a. mit seinem 100 m hohen Turm lockt, dessen Aussichtsterrasse man über den Zugang von der Kreuzstraße erreicht. Vorbei an der Kreuzkirche gelangt man zum südlichen Teil des Altmarktes und dem Beginn der Prager Straße. Dieser folgt man nun an Rundkino und UFA-Palast vorbei Richtung Süden bis zum Wiener Platz. Wer Zeit und Lust hat, kann jenseits der Gleise noch über die Fritz-Löffler-Straße einen südlichen Abstecher zu einem wirklichen Highlight moderner Architektur machen, der → **Universitätsbibliothek der Technischen Universität** (am Fritz-Löffler-Platz links halten, dann links in den Zellescher Weg). Auf dem Weg dorthin passiert man zudem eine sehenswerte → **russisch-orthodoxe Kirche.** Mit öffentlichen Verkehrsmitteln (z. B. vom Bahnhof mit der Straba 7 zum Postplatz oder Theaterplatz) bzw. zu Fuß geht es zurück in die nördliche Altstadt.

Sehenswertes

Altmarkt

Der Altmarkt wirkt älter, als er tatsächlich ist. Wer nicht so genau hinschaut, hat den Eindruck, auf einem großen Barockplatz zu stehen. Erst auf den zweiten Blick erkennt der Architekturlaie den Neobarock der Fassaden, nein, den Neo-Neobarock, denn diese Fassaden wurden erst zu DDR-Zeiten errichtet. Damals (ab 1953) war die Gestaltung des Platzes sehr umstritten, konnte man Neobarock, also Rückgriff auf Altdresdens Baustil, mit dem Fortschritt und dem Klassenbewusstsein des sozialistischen Deutschland vereinen? War Barock nicht der Baustil des Feudalismus, der Unterdrückung der arbeitenden Massen durch blutsaugenden Adel und ebensolche Bourgeoisie? Neobarock für einen Aufmarsch- und Festplatz der arbeitenden Klasse? Dass der alte Platz auf mehr als das Doppelte vergrößert werden sollte, war unumstritten, der Bau des Kulturpalasts auf der Nordseite und die Erweiterung der Wilsdruffer Straße, die den Platz schneidet, außerhalb der Diskussion. Aber Neobarock? Seien wir froh, dass nicht Zuckerguss-Hochhäuser entstanden wie am Berliner Alexanderplatz ...

Die Fassaden im Westen und Osten mit ihren Arkaden und Geschäftshäusern sind also Neobarock, nehmen Elemente der früheren barocken Platzverbauung auf, der Kulturpalast im Norden ist funktionale Architektur der Nachkriegszeit. Die Kreuzkirche, ehemals etwas versteckt hinter der ersten Häuserreihe des bis 1945 viel kleineren Platzes, ist heute direkt an den Altmarkt gerückt. Da die Westseite des Altmarkts ein Teil der Flanier- und Einkaufsmeile zwischen Schloss, Prager Straße und Wiener Platz (und Hauptbahnhof) ist und sich hier der Haupteingang der Altmarkt-Galerie befindet, der größten innerstädtischen Einkaufsgalerie, ist der Trubel meist groß. Am größten in der Adventszeit, denn dann wird auf dem Altmarkt der Striezelmarkt abgehalten, der seit 1434 verbürgte Weihnachtsmarkt Dresdens (→ Feste, S. 102). Dann ist der Altmarkt wieder, wie im Mittelalter, unumstrittener Mittelpunkt Dresdens.

Barocke Formen am Landhaus ...

Kulturpalast

Als der Dirigent Kurt Masur 1969 den Kulturpalast mit einem Konzert der Dresdner Philharmonie einweihte, war Dresden stolz auf seinen neuen Mehrzwecksaal und die moderne Architektur des Hauses, in die er eingebettet war. Endlich gab es einen Konzertsaal, den man für Klassik wie für populäre Musik, aber auch für szenische Aufführungen verwenden konnte. Mit der Wende kam die Kritik an der Akustik (nur im Mittelbereich ist sie einigermaßen), die recht deutlich mit der an DDR-Architektur verbunden war, obwohl Dresden gerade mit diesem Gebäude ein Paradestück der funktionellen Nachkriegsarchitektur besitzt (Architekt Robert Wiel). Vielen Kritikern stieß das riesige Bild an der Westseite auf, der „Weg der Roten Fahne“ war nicht mehr der Weg Dresdens (schon der Architekt hatte es abgelehnt, weil es dem Sozialistischen Realismus zugehörte, den er mit seinem internationalen Funktionalismus nicht vertrat).

Heute wird diskutiert, was aus dem Konzertsaal wird (der Kulturpalast selbst wird nicht mehr diskutiert). Umbau zum modernen Konzertsaal den Philharmonie und Staatskapelle sich teilen (Letztere hat ja gar keinen eigenen Konzertsaal)? Die Staatskapelle (unter Ex-Chef Fabio Luisi) hat dem Projekt schon eine Absage erteilt. Nichts ist entschieden.

Kartenbüro im Kulturpalast: Im Kulturpalast befindet sich nicht nur die Konzert- und Theaterkasse für diesen Bau (und damit der Dresdner Philharmonie), sondern auch für die meisten anderen kulturellen Veranstaltungen in Dresden (ohne Semperoper und Veranstaltungen in den drei großen Altstadtkirchen).

Landhaus mit Stadtmuseum

An der Wilsdruffer Straße kurz vor dem Pirnaischen Platz befindet sich das Landhaus. Viele Dresdner empfinden die Metalltreppe, die von außen zu den verschiedenen Stockwerken des Landhauses führt, als „die hässlichste Treppe Dresdens", aber eine Außentreppe musste her (und über schön oder hässlich kann man streiten). Das 1770 bis 1776 als Verwaltungsgebäude der sächsischen Landstände errichtete, einem Stadtpalais nachempfundene Gebäude wurde nämlich nach Kriegszerstörungen nur teilweise wieder aufgebaut. Ehrenhof und Osttrakt blieben außen vor und damit die Verbindungsstiegen für die nunmehr abgeschnittenen Räume im Mitteltrakt. Wer das Landhaus, in dem sich heute das Stadtmuseum befindet, betritt, merkt nichts von dieser Beschneidung, bewundert vielmehr die klassizistische Fassade (die erste in Dresden) und noch mehr das imposante Treppenhaus.

Das Stadtmuseum zeigt eine Dauerausstellung zur Geschichte Dresdens von der Gründung bis zur Gegenwart, die museumspädagogisch gut aufbereitet und interessant zu durchwandern ist, ohne dass man sich auf Einzelheiten festlegen muss. Höhepunkt ist die Ausstellung „Die Frauenkirche zu Dresden", die in zahlreichen Bildern, Dokumenten, Fotos und Modellen den Bau vorstellt und seinen Wiederaufbau demonstriert. Die Ausstellung läuft noch bis zum 31. 12. 2010.

Öffnungszeiten/Eintritt: Stadtmuseum Dresden, Altes Landhaus, Wilsdruffer Str. 2, Di–So 10–18, Fr 10–19 Uhr, Eintritt 4 €, erm. 3 €, ✆ 65648613, www.stadtmuseum-dresden.de.

... von einer umstrittenen Außentreppe flankiert

Gewandhaus

Ein paar Häuserblocks südlich der Wilsdruffer Straße erreicht man das zweite Gewandhaus Dresdens (das erste stand am Neumarkt). Es wurde 1768 bis 1770 in kühl-zurückhaltenden klassizistischen Formen errichtet, in völligem Gegensatz zum barocken Überschwang etwa des eine Generation früher entstandenen Zwingers. Heute sieht es innen, wo viel verändert und für die Adaption als Hotel (SAS Hotel Gewandhaus) einiges neu geschaffen wurde, eher übertrieben barock aus. Das be-

Vom Altmarkt zum Wiener Platz
Karte S. 154/155

trifft vor allem den neuen Innenhof. Um authentisches Barock zu sehen, muss man zur Rückwand des Gewandhauses gehen (in der Gewandhausstraße) und den dort angebrachten **Brunnen** ansehen, der sich früher am ehemaligen Dinglingerhaus in der Frauenstraße 9 befand und vielleicht vom Hofgoldschmied Johann Melchior Dinglinger selbst entworfen wurde (1718).

Im Gewandhaus ist heute ein Hotel untergebracht

Rathaus

Das „Neue" Rathaus vis-à-vis des Gewandhauses ist auch schon wieder hundert Jahre alt (1905 bis 1910 wurde es errichtet), aber immer noch gut in Schuss – 1945 haben weniger Schäden als bei vielen anderen Gebäuden die Substanz unangetastet gelassen. Der massive Bautenklotz am Dr.-Külz-Ring fällt aus der Entfernung vor allem wegen seines fast 100 m hohen Turmes auf, den man bis zu einer 68 m hohen Aussichtsterrasse (mit dem Fahrstuhl!) besteigen kann, um einen spektakulären Rundblick zu genießen. Der nackte Rathausmann ganz oben auf der Spitze ist 4,9 m hoch und vergoldet, er trägt als Personifikation des Stadtwesens die Mauerkrone. Im Hauptgebäude ist die Eingangshalle mit doppelläufiger Treppe und Kuppel mit Jugendstilmalereien (Otto Gussmann, 1910–1914) sehenswert. Und im ersten (überdachten) Innenhof sollte man keinesfalls das große **Modell von Dresden** übersehen, das nicht nur die bestehenden, sondern auch die geplanten Bauten der Stadt aufzeigt.

Das eindrucksvolle **Denkmal der Trümmerfrau** (1952) gilt den Dresdnerinnen, die in den eineinhalb Jahrzehnten nach der Zerstörung die Stadt von 30 Millionen Kubikmeter Schutt befreiten. Das Denkmal steht in der Grünanlage an der Ostseite des Rathauses (Rathausplatz).

Turmbesteigung: Zugang von der Hofeinfahrt Kreuzstraße 6, Fahrstuhl ins 7. Obergeschoss, geöffnet tgl. 10–18 Uhr, Einlass bis 17.30 Uhr (auch an So/Feiertagen), Eintritt Kombiticket mit Erlemann-Turm (Technische Sammlungen) 6,50 €.

Kreuzkirche

Drei Vorgänger hat die heutige Kreuzkirche und wenn man die nach einem Brand 1897 bis zum Jahr 1900 komplett erneuerte Innenausstattung einrechnet, sogar vier. Außenbau und Turm stammen aus der Zeit nach 1760. Damals hatten die Preußen Dresden beschossen und die Kreuzkirche wurde zur Ruine – ein Bild Bernardo Bellottos in der Gemäldegalerie Alte Meister zeigt die Kirche in diesem Zustand. Die 1945 samt 94 m hohem Turm wieder einmal ausgebrannte Kirche hat heute nur noch wenige alte Stücke, das Geläut ist eines davon. Ebenfalls auf eine alte Tradition geht der **Kreuzchor** zurück, neben dem Thomanerchor und den Wiener Sängerknaben einer der berühmtesten Knabenchöre des deutschen Sprachraums.

An der Kreuzkirche erinnert eine Gedenktafel an die Dresdner „Judenlager" Kiesgrube und Hellerberg und die Verschickung der dort eingepferchten Dresdner Juden nach Auschwitz und Birkenau (am 2./3. März 1943). Schoa-Gedenktag ist der 15. April.

Besichtigung/Turmbesteigung: Turmbesteigung im Sommer (April–Okt.) Mo–Fr 10–17.30 Uhr, Sa 10–16.30 Uhr, So 12–17.30 Uhr; im Winter (Nov.–März) Mo–Sa 10–15.30 Uhr, So 12–16.30 Uhr. Erw. 2 €, erm. 1 €. Führungen durch die Kirche Di und Do 15.15 Uhr (nach „Orgel Punkt Drei").

Konzertkasse: An der Kreuzkirche 6, Mo–Fr 9–13.30 Uhr, Mo, Mi, Do 14–17 Uhr, Di 14–18 Uhr, Fr 14–16 Uhr und eine Stunde vor Konzertbeginn, ✆ 4965807, 📠 4965808, www.dresdner-kreuzkirche.de. Karten für Orgelkonzerte 5 €, Weihnachten/Silvester höhere Preise, für Kreuzchorkonzerte Karten 5–38 €.

Infos zum Dresdner Kreuzchor: Dresdner Kreuzchor, Eisenacher Str. 21, ✆ 3153560, www.kreuzchor.de.

TIPP: Im Sommer (Mitte Juli bis Anfang September) gibt es jeweils samstags um 15 Uhr ein Gratis-Orgel-Konzert (Dauer 45 Min.) mit namhaften Organisten. Ebenfalls gratis sind die kurzen Orgelvorspiele „Orgel Punkt Drei" jeweils Di und Do um 15 Uhr von Ostern bis zum 1. Advent.

Prager Straße

Wie war man stolz auf die neue Prager Straße! Die Hauptachse der Altstadt und Fußgängermagistrale wurde so großzügig angelegt, dass jedes städtebauliche Platzgefühl verloren ging. Die begleitenden Plattenbauten – darunter der längste Wohnbau Europas (er steht heute noch und ist mit 240 m Länge und 12 Geschossen nach wie vor ein gigantisches Bauwerk) und drei parallel im rechten Winkel zur Straße stehende Hotelhochhäuser (die ihre Funktion als IBIS-Hotels ebenfalls beibehalten haben) – mögen auf dem Plan eindrucksvoll gewirkt haben, in der Realität ließen sie jedoch kein Gefühl für diese Straße aufkommen.

Kreuzkirche: Hier singt der Kreuzchor (dieser Blick auf die Kirche ist leider Geschichte …)

Die vor dem Krieg enge Einkaufsstraße zwischen Altmarkt und Bahnhof wurde nach der Wende wieder etwas zurückgebaut, aber nicht mehr so eng wie ehedem. Durch verschiedene Straßenbreiten hat man die Achse jedoch erfahrbar gemacht und in kleinere Einheiten zerlegt. Noch fehlen Stücke der Neubebauung, so leider das geplante Kaufhaus am Wiener Platz (gegenüber dem Hauptbahnhof), dessen Baugrube die Prager Straße auf halbe Breite einschränkt und dessen Schicksal noch ungeklärt ist.

Mehr zur DDR-Architektur in Dresden auf www.das-neue-dresden.de.

Rundkino und Puppentheater: 1972 wurde die Eröffnung des schicken neuen Rundkinos gefeiert, eines Hauses, das damals als letzter architektonischer Schrei galt. Die aufwendige Fassadengestaltung mit weiß gestrichenen Metalldekors vor Beton-Glas-Wänden wird

Vom Altmarkt zum Wiener Platz
Karte S. 154/155

Übernachten

10 Hexenhaus (S. 56)
18 Jugendgästehaus Dresden (S. 58)
24 Radisson SAS Gewandhaus Hotel (S. 50)
25 Elbflorenz (S. 54)
28 Cityherberge (S. 58)
32 Ibis Hotel Lilienstein (S. 51)
33 Ibis Hotel Königstein (S. 51)
34 Ibis Hotel Bastei (S. 51)
36 Pullman Dresden Newa (S. 51)
40 A&O Hostel (S. 58)
42 Jugendherberge Rudi Arndt (S. 59)
44 Pension Abendrot (S. 57)
45 Camping Dresden-Mockwitz (S. 59)

Essen & Trinken

(s. S. 159/160)

1 Max
11 Restaurant Förster
13 Fressgasse Play off und Las Tapas rápido
15 Fliegender Holländer
17 LadenCafé aha
19 Rauschenbach Deli
20 Mangoo
24 Weber's
25 4 cani della città
27 Restaurant Karstadt
31 Restaurants im Untergeschoss der Centrum Galerie
37 Sky
39 Marché

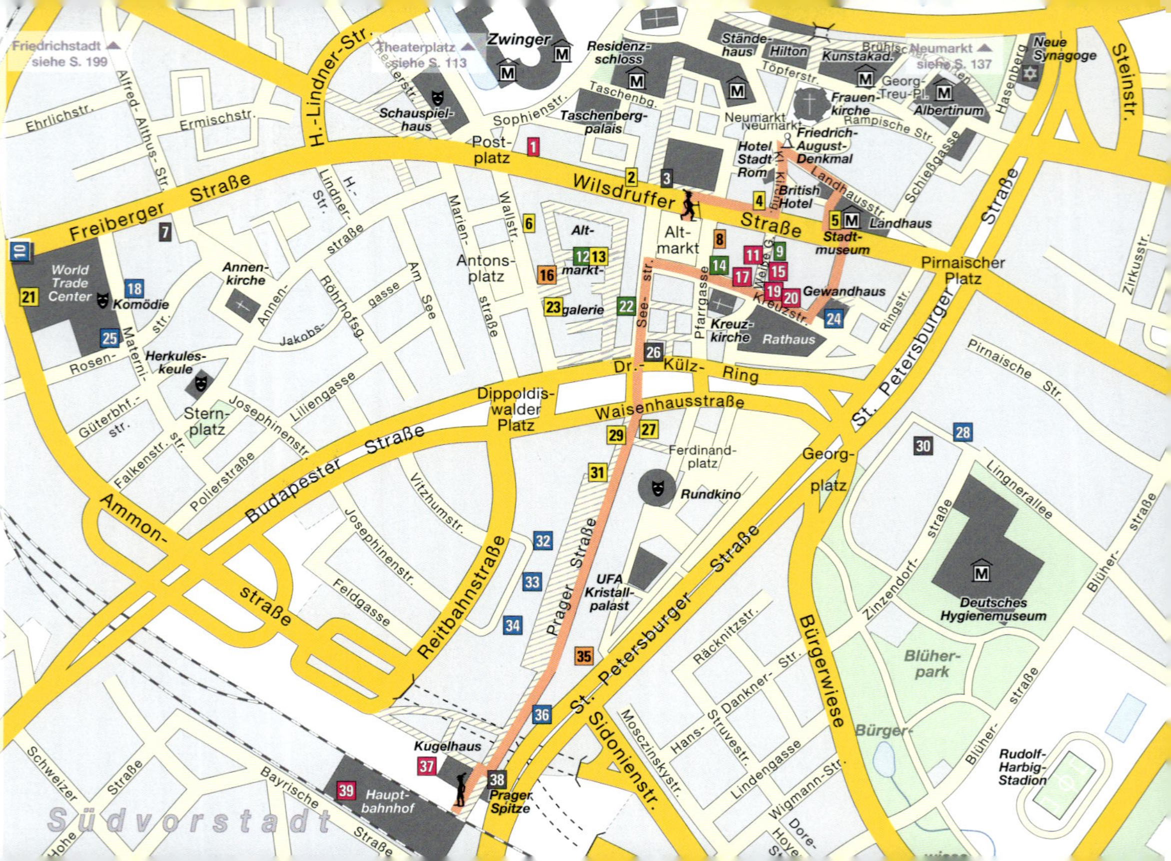

C afés (s. S. 159/160)

9 Eiscafé Venezia
12 Gelati Eiscaffè
14 Café Central
22 Café-Kond. Kreutzkamm
29 Café Novelle

N achtleben

8 PM am Altmarkt (S. 86/87)
16 Blue Dance Club (S. 84)
35 Casino Prager Straße (S. 89)
37 Sky (S. 87)
41 Club Mensa (S. 84)
43 Sonderbar (S. 87)

E inkaufen (s. S. 161)

2 Mephisto
4 Dresden Antiquariat
5 Sächsischer Heimatschutz
6 Musikhaus Schubert
13 Altmarkt-Galerie mit Hugendubel und Body Shop
21 Globetrotter
23 Opus 61
27 Kaufhaus Karstadt
29 Haus des Buches
31 Centrum Galerie

S onstiges

3 Kulturpalast (S. 83)
7 Schwimmbad Freiberger Platz (S. 95)
26 Day Spa (S. 98)
30 Halfpipe (S. 96)
38 Fitness Company (S. 98)
46 FKK Luftbad Dölzschen (S. 95)

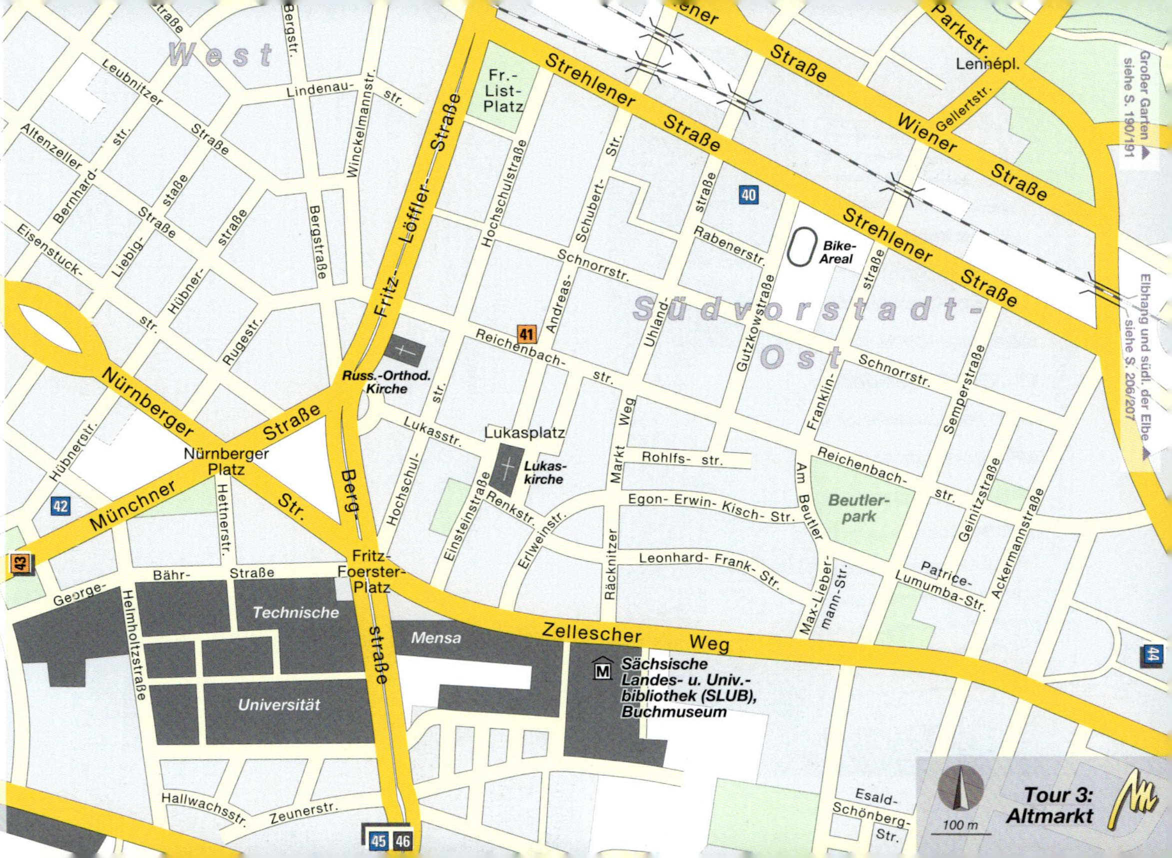

Am Metalldekor zu erkennen: DDR-Bau Rundkino

nach Popularitäts-Tiefen in den 1980ern heute wieder als reizvoll empfunden, zumal der Rundbau 1999 umfassend saniert wurde. Das Puppentheater ist dem Rundkino treu geblieben, und im renovierten großen Kinovorführraum (dem früheren Großen Saal, der auch für Vorträge und Theateraufführungen verwendet wurde) wurde 2007 ein 3D-Kino mit 23 m breiter Silberleinwand eingerichtet. Die alten Spielsäle im Keller sind derzeit noch nicht wieder eröffnet.

UFA-Palast: Zwischen Prager Straße und St.-Petersburger-Straße steht der Kristallpalast des UFA-Kinos, ein schräg abgeschnittener Bergkristall in Riesenausführung, der abends und nachts magisch leuchtet. Das eindrucksvolle Bauwerk ist eine Arbeit des österreichischen Architektenteams Coop Himmelb(l)au.

Wiener Platz und Hauptbahnhof

Die fast rein aus Glas bestehende Prager Spitze und das Kugelhaus sind die architektonischen Stars am Südende der Prager Straße, dem Wiener Platz. Das Kugelhaus, das zwischen zwei Gebäudekuben gepresst ist, erinnert an jenes Kugelhaus, das vor der Machtergreifung der Nazis im Großen Garten errichtet worden war und von ihnen als Symbol des verhassten Konstruktivismus à la Bauhaus abgerissen wurde. Flankiert wird der Platz vom Hauptbahnhof, den Sir Norman Foster (den die meisten wohl eher als Schöpfer der Kuppel des Berliner Reichtagsgebäudes kennen) attraktiv um- und ausgebaut und mit einem neuen, zeltartigen Dach versehen hat. Der 1893 bis 1898 erbaute Bahnhof war im Krieg stark betroffen und wurde 1949/50 erneuert, was nach der Wende einen erneuten Umbau nötig machte, der 2006 beendet war. 2002 wurde er durch die Jahrhundertflut unterbrochen, da die Weißeritz in den Bahnhof eindrang und ihn bis auf 1,40 m Höhe überflutete, was die gerade begonnenen Arbeiten über Jahre verzögerte.

Nicht einmal einen Millimeter dünn ist die beidseits mit Teflon überzogene Glasfasermembran, die den Hauptbahnhof auf 30.000 m² überspannt. Sie ist äußerst reißfest und lässt das Sonnenlicht durchscheinen, während sie nachts die Innenbeleuchtung reflektiert und von außen wie ein silbernes Zelt leuchtet. Sir Norman Foster wurde für dieses Architekturprojekt für den Stirling Prize 2007 nominiert, der als höchste Auszeichnung des Royal Institute of British Architecture internationales Prestige hat, im gleichen Jahr wurde das Projekt mit dem Renault Traffic Future Award 2007 ausgezeichnet. Doch nicht alle Dresdner sind von der Teflonmembran überzeugt, bei Regen tropft es nämlich an mehreren Stellen.

Russisch-orthodoxe Kirche des Hl. Simeon vom wunderbaren Berge

Jenseits des Bahnhofs liegt an der Fritz-Löffler-Straße diese russisch-orthodoxe Kirche. Russische Gäste (und Besatzer) sind in Dresden nichts Neues, schon 1813/1814 gab es eine russisch-orthodoxe Kapelle. Prominentes Mitglied der 1861 offiziell gegründeten russischen Gemeinde Dresdens war 1869 bis 1871 Fjodor Michailowitsch Dostojewski, der in dieser Zeit in Dresden seinen Roman „Die Dämonen" schrieb. Aber auch Gogol, Turgenjew und Bakunin sowie Rachmaninow besuchten Dresden und die Kirche – auf eine Spende des Letzteren geht übrigens die heute noch funktionstüchtige Heizung zurück. Die Kirche, die schon von außen mit blauen Zwiebeltürmchen und den typischen vergoldeten Kreuzen ganz russischer Tradition entspricht, entstand zwischen 1872 und 1874. Auch im Inneren ist die „Kirche zum Hl. Simeon vom wunderbaren Berge" sehenswert: der 10 m breite Ikonostas ist aus weißem Carrara-Marmor. Äußeres wie Inneres sind nach 22 Jahren im Gerüst (1985 bis 2007) makellos restauriert. Mit den Arbeiten wurde also schon vor der Wende begonnen – eine *russische* Kirche konnte man in der DDR schließlich nicht verfallen lassen.

Adresse/Gottesdienste: Fritz-Löffler-Str. 19, ✆ 4719414, www.stsimeon.de.vu; sonntags 10 Uhr Liturgie, Sa 17 Uhr Nachtwache, besondere Gottesdienste zu den großen orthodoxen Kirchenfesten (z. B. 0 Uhr am Ostersonntag Oster-Othros und Liturgie).

Lange vor den Sowjets errichtet: die russisch-orthodoxe Kirche

Vom Altmarkt zum Wiener Platz
Karte S. 154/155

Universitätsbibliothek der Technischen Universität

Im Sommersemester 2007 studierten 35.000 Studenten an der Dresdner Technischen Universität, sie hatten 418 Professoren und Dozenten an 14 Fakultäten, die das gesamte wissenschaftliche Spektrum umfassen. Bis in die DDR-Zeit war die TU vorwiegend den Naturwissenschaften und der Technik gewidmet, und Victor Klemperer, der hier vor und nach

Tief unter der Erde: Lesesaal in Dresdens eindrucksvoller Unibibliothek

dem „Tausendjährigen Reich" lehrte, hatte alle Mühe, den herrschenden Schichten der Nachkriegszeit eine Sprachenfakultät schmackhaft zu machen. Die mickrigen Zeiten sind vorbei, jetzt wird geklotzt, wie der Neubau der Universitätsbibliothek zeigt, ein vier Stockwerke tief in die Erde gegrabener Bau, der im tiefsten Stockwerk einen zentralen, von Tageslicht erhellten Lesesaal besitzt – ein Architektur-Kunststück! 540.000 Bände sind in Freihandaufstellung zu finden – wenn man da an den kümmerlichen Freihandbestand anderer Unis denkt, beneidet man die Dresdner Studenten.

Das **Buchmuseum** im 2. Obergeschoss der Universitätsbibliothek zeigt u. a. 2002 von der Flut geschädigte und gerettete bzw. wieder hergestellte Bücher, Landkarten und Drucke.

Adresse/Öffnungszeiten: Zellescher Weg 18, verschiedene Bereiche, Leihstelle und Information Mo–Do 9–22, Fr u. Sa 9–20 Uhr, ✆ 4677390. Das **Buchmuseum** ist zu Öffnungszeiten der Universitätsbibliothek, aber mindestens Mo–Sa 10–17 Uhr geöffnet, Eintritt frei. Die Internetseite der Sächsischen Landes- und Universitätsbibliothek ist vorbildlich aufgebaut und erlaubt den direkten Zugriff auf zahlreiche digitalisierte Quellen, darunter auf 700.000 digitale Bilder: www.slub-dresden.de.

Praktische Infos

(→ Karte S. 154/155)

Verbindungen

Der Startpunkt dieser Besichtigungstour mit Kulturpalast und Altmarkt wird mit Straba 1, 2 und 4, Haltestelle Altmarkt, erreicht. Am Wiener Platz halten an der Haltestelle Hauptbahnhof Nord Straba 3, 7, 8, 9, 10, 11, an der Haltestelle Hauptbahnhof Straba 3, 8, 11. Parkplätze gibt es in der Tiefgarage unter dem Altmarkt und auf dem Parkplatz Ferdinandplatz (hinter dem Kaufhaus Karstadt) und in weiteren Tiefgaragen.

Essen & Trinken

Kreuzstraße, Weiße Gasse und Gewandhausgasse sind die Restaurantgassen des Viertels, fast alle Lokale sind auf Touristen eingestellt. Weitere Möglichkeiten zu speisen und Imbisse finden sich in der Altmarkt-Galerie und entlang der Prager Straße.

Cafés, Café-Konditoreien

Café-Konditorei Kreutzkamm (22), die Traditions-Café-Konditorei (seit 1825!) ist – wie so viele ihrer Art – ein wenig plüschig, aber das sollte ebenso wenig wie der eher hohe Altersdurchschnitt der Klientel vom Besuch abhalten. Berühmt ist die Christstolle des Hauses, aber probieren Sie auch die Mohnstolle! Seestr. 6, ✆ 4954172.

Café Novelle (29), das Café im dritten Stock des Hauses des Buches ist ein veritables Kaffeehaus mit kleinem, aber feinem Kuchenangebot, die Obstkuchen sind in der Saison aus frischen Früchten (zwei Arten Pflaumenkuchen), und es gibt kleine Speisen. Große Fenster, Ruhe oder klassische Musik im Hintergrund, ein Buch neben der Kaffeetasse, ideal zum Ausspannen während des Einkaufstrips. Dr.-Külz-Ring 12, Mo–Sa zu den Öffnungszeiten der Buchhandlung, ✆ 4973650.

Eiscafé Venezia (9), wie die anderen Eiscafés dieses Namens (Neumarkt, Meißen) ein Eis-Italiener, der hervorragende Qualität liefert, dazu eigene Kuchen, Torten und Tiramisu. Weiße Gasse 6, März–Sept. tgl. 9–24 Uhr, Okt.–Febr. 11–21 Uhr, ✆ 4843605.

Gelati Eis Caffè, Altmarktgalerie (12), italienisches Eiscafé im oberen, hellen Stockwerk der Querhalle der Altmarktgalerie (neben Sport Scheck): kleine Gerichte wie Panini caldi (ab ca. 3,20 €), natürlich Eis, Kuchen und (ab 9 Uhr) Frühstück. Webergasse 1.

Restaurants, Gasthäuser

Weber's im Gewandhaus (24), eines der besseren, allerdings auch teureren Restaurants der Stadt. Das Lokal im Erdgeschoss des Hotels brilliert optisch mit Understatement und amüsanten Trouvaillen wie einer Nähmaschine, die den namengebenden Weber assoziieren soll: Carl Maria von Weber. Slow Food und tagesfrische Produkte aus der Region, mittags ein vorzüglicher Business-Lunch. Hauptgericht um die 25 €. Radisson SAS Gewandhaushotel, Ringstr. 1, ✆ 49490.

Max (1), der dunkel glänzende Glaswürfel beim Postplatz bietet dem aus der Neustadt hierher expandierten Café-Restaurant ein gehobenes, modernes wie dekoratives Ambiente. Recht bequemes Mobiliar, locker-effizientes Personal, Bistro-Karte (Penne mit Gorgonzola und Blattspinat, wirklich frisch zubereitet, die Pasta al dente), gute Kuchen – zu jeder Tageszeit einladend. Pasta ca. 9 €. Wilsdruffer Str. 24, ✆ 48433870, www.max-dresden.de.

4 cani della città (25), das Restaurant des Hotels Elbflorenz ist wieder da – und ein ästhetischer wie kulinarischer Renner. Rustikale Einrichtung mit Fliesenboden, Holz und rot-weißen Tischdecken. Gehobene italienische Bistroküche, viele Krawattenträger. Die Klassiker werden leicht und fein präsentiert. Pasta ab ca. 9 €, Fleisch/Fisch ca. 15 €. Mi–Sa 17–23 Uhr, Rosenstraße 36 (neben WTC), ✆ 8640700.

Weiße Gasse und Kreuzstraße

Restaurant Förster (11), ein einziges Teelicht beleuchtet, wenn's dunkel wird, die Tische des Förster, da kann man das Essen kaum ausmachen. Ist ja Nebensache, oder? Aber wenn der Käse auf den Nudeln Pizzakäse ist, der nach dem Garen aus dem Plastikpack drübergeleert wurde, dann schlägt's dreizehn. Dennoch nett für den Drink und wenn man's schummrig mag, beim Essen (Fleischgericht ab ca. 9 €) ist Zurückhaltung angebracht. Weiße Gasse 5, tgl. 9–2 Uhr, Küche bis 1 Uhr, ✆ 484-8701.

Rauschenbach Deli (19), das Eckhaus mit der Glasfront zur Kreuzkirche ist lagemäßig ein Knüller, das Bistro-Angebot groß bei gemäßigten Preisen, das Frühstück mit (u. a.) zehn Rühreizubereitungen recht vielfältig, und bei 75 Cocktails mit Preisen zwischen 5 € und 9 € bringt man gut und gern den ganzen Abend hin. Nachmittags Kaffeezeit, die große Kuchenkarte ist auf Nachfrage nicht komplett verfügbar. Gut also für Bistrofood morgens und mittags, abends Cocktailbar. Weiße Gasse 2, So–Do 9–1 Uhr, Sa 9–3 Uhr, Küche bis 0 Uhr, ✆ 8212760.

LadenCafé „aha" Vollwertrestaurant und Weltladen (17), Vollwertküche mit Zutaten aus fairem Handel, die Speisen in Bio-Qualität, die Preise überraschend niedrig – im Viertel Weiße Gasse/Kreuzgasse die absolute Ausnahme. Mittags gibt es ein einfaches Gericht für unter 5 € (!) wie z. B. Backkartoffel mit Quark. Sehr fein das Spinatomelett mit Schafkäse oder Spinatlasagne (ca. 9 €) – es gibt auch einige Fleischgerichte. Der (nicht immer wohlschmeckende) Fairtrade-Kaffee ist aus eigener Röstung. Kreuzstr. 7, tgl. 10–24 Uhr, ✆ 4960637, www.ladencafe.de.

Vom Altmarkt zum Wiener Platz
Karte S. 154/155

Fliegender Holländer (15), Dresdens einziges Lokal mit niederländischer Küche. Natürlich gibt es Pannekoeken, Matjes (Aalrauchmatjes mit Speckbohnen und Bratkartoffeln 9,70 €) und andere Fischzubereitungen, aber auch Fleisch (Hauptgericht 10–13 €). Jeweils drei Tagesgerichte sind für ca. 6–7 € zu haben, z. B. Räucherlachs mit Butterkartoffeln (exzellente Sorte). Fixe und freundliche Bedienung. Weiße Gasse 4, tgl. 8.30–1 Uhr, Sa/So bis 2 Uhr, ✆ 4582580.

Mangoo (20), eher touristisch inspirierte karibische Töne werden in diesem Lokal an der Kreuzkirche angeschlagen, das mag am Publikum liegen. Stimmungsvolles Ambiente, Tische mit Aussicht, gute Fisch-Zubereitung und flinker Service, Hauptgerichte ab ca. 7 €, die Tapas mit 3,50–5 € ziemlich überpreist. Kreuzstr. 1-3, tgl. 11 (Sa/So 10) Uhr bis spät, ✆ 4976600, www.mangoo-dresden.de.

Altmarkt

Café Central (14), ein alter Dresdner Kaffeehausstandort wurde 2009 wiederbelebt und das Café Central verspricht, zum wirklich zentralen Treff zu werden. Großzügige Raumproportionen drinnen, nicht zu eng die Terrasse draußen auf dem Altmarkt. Höflich-freundliches Personal, gute Bistroküche (Tagesgericht 4,50 € und das am Altmarkt! Nudelgerichte ca. 8 €, Fleisch/Fisch ab ca. 13 €), guter Kuchen (vorzügliche Dresdner Eierschecke) und ein Klasse-Cappuccino. Tgl. ab 9 Uhr. Altmarkt 5/6, ✆ 4976124, www.central-dresden.de.

Prager Straße

Restaurant im Kaufhaus Karstadt (27), das Selbstbedienungsrestaurant im 5. Stock des Kaufhauses Karstadt ist ein solider Betrieb mit generösem Platzangebot, großer Glasfront zum Dr.-Külz-Ring und Terrasse nach Osten über dem Ferdinandplatz mit Blick auf das Rathaus. Das Essen ist ebenfalls solide: Bistroküche, Pasta (nach Gewicht, ein Teller als Hauptgericht um die 7 €), gute Auswahl an Fleisch- und Fischgerichten (mit Beilagen ab ca. 8 €), dazu Kuchen (professionelle Konditorware), eine Eistheke, große Salatbar und eine Asia-Theke mit frisch im Wok bereiteten Speisen. Nicht nur für Zeitraffer! Prager Str. 12, gleiche Zeiten wie Kaufhaus.

Sky im Kugelhaus (37) im Kugelhaus, Café, Bar und Restaurant, alles gleichzeitig will dieses Lokal unter der Kuppel sein, am ehesten lohnt die Bar mit ihren diversen Cocktails zum Besuch, am Nachmittag dann die Terrasse zu Kaffee und Kuchen. Wiener Platz 10, kein Ruhetag, ✆ 4843184.

Marché im Hauptbahnhof Dresden (39), die frischebetonte Küche im modern und den Umständen entsprechend hell eingerichteten Selbstbedienungsrestaurant ist ein wohltuender Kontrast zu den verräucherten Bahnhofsgaststätten, wie sie einmal üblich waren. Komplettes Essen, Imbiss oder eine Tasse Kaffee, das Marché bietet das entsprechende Angebot, und wer beim Frühstücksbuffet (11,50 € inkl. Heißgetränke und frisch gepresste Säfte) von 8–11 Uhr zu schlemmen versteht, wird kaum noch was zum Mittagessen brauchen; großer Sonntagsbrunch (So/Feiertag 11–15 Uhr) 15,80 €. Wiener Platz 4, Hausbäckerei tgl. 5.30–21 Uhr, Restaurant tgl. 8–21 Uhr, ✆ 43899010, www.marche-restaurants.com.

Imbisse, Schnellrestaurants

„Fressgasse" im Untergeschoss der Altmarkt-Galerie (13), mit Bäcker, Feinkostläden, Käsetheke, Tapas-Bar, chinesischem Imbiss, Lebensmittelladen etc., die meisten mit Stehtischen, in der Mitte der Halle auch Sitzgelegenheiten.

Untergeschoss der Centrum Galerie (31) (→ Einkaufen), mehrere Schnellimbisse vor allem internationaler Ketten, nach ebenso internationalem Beispiel gemeinsamer Verzehr-Bereich. Nicht zum Verweilen gedacht.

Play off American Sports Bar (13), mit ein paar Versatzstücken wie Coca-Cola-Werbung gibt sich dieses Lokal im Obergeschoss der Altmarkt-Galerie amerikanisch, bis zur Karte ist das allerdings nicht vorgedrungen. Nicht sehr originelle Burger, Steaks und Chicken Wings und vom Ambiente einer „Sports Bar" ist nichts zu spüren. Aber: Montag ab 17 Uhr *Spare ribs all you can eat* für unter zehn Euro ist eine Wucht und das Frühstücksbuffet (9–11.30 Uhr) ist auch nicht zu verachten. Webergasse 1 (Altmarkt-Galerie), ✆ 4824633.

Las Tapas rápido (13), Tapas vom Tresen, appetitlich angerichtet, zum Mitnehmen oder Hieressen (im Untergeschoss der Altmarktgalerie – Stehtische). Magenfüllender als die Tapas (ab ca. 2 €) sind die Montaditos (belegte Brötchen ab ca. 1 €). Das zugehörige Restaurant findet man in der Münzgasse 4 (Las Tapas). Webergasse 1 (Altmarkt-Galerie), ✆ 4865905.

Das Rathaus aus der Skater-Perspektive

Einkaufen

Altmarkt-Galerie (13) (→ Einkaufen). Mo–Sa 9.30–21 Uhr.

Centrum Galerie (31) (→ Einkaufen). Mo–Sa 9.30–20 Uhr.

Kaufhaus Karstadt (27) (→ Einkaufen) mit Feinkostabteilung im Untergeschoss, Tiefgarage. Prager Str. 12, Mo–Sa 9.30–20 Uhr, ✆ 8610-8612480, www.karstadt.de.

Meissener Porzellan „Meissen" gibt es ebenfalls bei Karstadt, dresdenk@meissen.com.

Dresden Antiquariat (4), zwei Stockwerke antiquarische Bücher in peinlicher alphabetischer Ordnung nach Sujets, eine Fundgrube für Fans, vor allem was Saxonica angeht. Wilsdruffer Str. 14, ✆ 4904583.

Laden des Landesverbandes Sächsischer Heimatschutz (5), im Gebäude des Landhauses gibt es einen Laden des Sächsischen Heimatschutzes, wo man eine große Auswahl an Büchern und Broschüren über Dresden und Sachsen findet. Dazu kommen Porzellan, Steingut, Holzobjekte des sächsischen Kunsthandwerks, etwa erzgebirgische Figuren und Geschirr. Landhausstraße/Ecke Friesengasse, Mo, Di, Do/Fr 9–17, Mi 9–18 Uhr, ✆ 4818755.

Haus des Buches (29), fünf Etagen Belletristik, Sachsen, Dresden, Reiseführer, Hörbücher, Sachbuch – allein schon ein kurzer Überblick braucht seine Zeit. Für Bücher über Dresden und Führer sowie Landkarten zu Sachsen ist der Laden sowieso unschlagbar. Nicht zu verachten das nette Café Novelle (→ Essen & Trinken) im 3. Obergeschoss. Dr.-Külz-Ring 12, Mo–Fr 9.30–20 Uhr, Sa 9.30–18 Uhr, ✆ 497360, www.haus-des-buches.com.

Hugendubel (13), der Münchner Riese hat auch in Dresden eine Filiale, Altmarkt-Galerie, Webergasse 1.

Musikhaus Schubert (6), Tonträger, Musikinstrumente, Noten, Wallstraße 5.

Musikhaus Opus 61 Dresden (23), Klassik in großer Auswahl mit bester Beratung, gelegentliche Veranstaltungen. Wallstr. 17-19, ✆ 4861748, www.opusweb.de.

Mephisto (2), handgefertigte Schuhe mit bester Passform für jeden Anlass, dazu Herrenkleidung. Wilsdruffer Str. 20/22, Mo–Fr 10–20 Uhr, Sa 10–18 Uhr, ✆ 4845948, www.mephisto-shop-dresden.de.

The Body Shop (13), die internationale Kette hat natürlich auch in Dresden einen Laden in der Altmarkt-Galerie. Webergasse 1, ✆ 4976977.

Globetrotter (21), Sportgeräte, Bekleidung und Zubehör samt Reisebüro auf zwei Etagen im WTC. Freiberger Str. 39, Mo–Fr 10–20, Sa 9–20 Uhr, ✆ 4952116, www.globetrotter.de.

Japanisches Palais – Kern der barocken Neustadt

Tour 4: Die Neustadt

Nichts gegen die Rekonstruktionen von Neumarkt oder Rampischer Straße, aber barockes Barock ist schon was anderes als die Potemkinschen Dörfer, die heute konstruiert werden, um ein heiles barockes Dresden vorzugaukeln. Dieses barocke Dresden findet man nur noch in der Neustadt jenseits der Augustusbrücke und dort auch nur recht rar.

„Alden Dresden" war sicher so alt wie der Ort auf der anderen Seite der Elbe, dass hier das ursprüngliche Dresden lag, wird heute nicht mehr angenommen. 1403 bekam der Ort Stadtrecht, eine eigene Pfarrkirche entstand mit der gotischen Dreikönigskirche. 1549 wurde Altendresden zu Dresden eingemeindet und verlor seinen separaten Status. Ein Stadtbrand, der 1685 nur Jägerhof, Rathaus und ein paar Bürgerhäuser verschonte, gab dem Kurfürsten die Chance, hier nach den neuesten städtebaulichen Grundsätzen des Barock eine neue Stadt zu bauen. Eine Schneise wurde durch die Brandruinen gelegt, die heutige Hauptstraße, ein Stadtplan erstellt und Regeln zu Geschosshöhen und Ausrichtung der Häuser festgelegt. Letzteres war vor allem ab 1715 von Bedeutung, als der Bau am Japanischen Palais begann, in dem August der Starke seine Porzellansammlung unterzubringen gedachte (was nie in die Realität umgesetzt wurde). Die Königstraße entstand als Prachtstraße mit freiem Blick vom Japanischen Palais bis zum damaligen Stadtrand am heutigen Albertplatz. Obwohl die Neustadt weniger betroffen war als die Altstadt jenseits der Elbe, hinterließ auch hier der Krieg zahllose Ruinen. Ein Teil wurde noch zu DDR-Zeiten wieder aufgebaut, der Rest nach 1990 rekonstruiert. „Echten" Barock findet man nur noch vereinzelt, so in der Königstraße, in den Häusern 9 bis 18 der Hauptstraße, in der Heinrichstraße 1, in der Rähnitzgasse, in der Großen Meißner Str. 15 (Hotel Westin Bellevue) und in der Dreikönigskirche.

Das Viertel ist heute wieder ein attraktives Wohnquartier, man zieht hierher in die renovierten und rekonstruierten Altbauten (obwohl die Preise keineswegs niedrig sind). Hinzu kommen Restaurants und Bars, die meisten mit gehobenem Niveau, schicke Boutiquen sowie zahlreiche kleine spezialisierte Läden. Zu den wichtigsten Sehenswürdigkeiten gehört das → **Japanische Palais** am Elbufer, von dessen Park aus man den berühmten „Canalettoblick" auf die Altstadt hat. Der → **Jägerhof**, ehemals kurfürstlicher Standort für Jagden in der Dresdner Heide, beherbergt heute das Museum für Sächsische Volkskunst sowie eine Puppentheatersammlung. Auch das → **Kügelgenhaus,** früher Wohnhaus des Malers Gerhard von Kügelgen, hat ein Museum zu bieten (zur Frühromantik), besticht jedoch vor allem durch seine barocke Fassade. Ein weiteres barockes Juwel ist die → **Dreikönigskirche**. Trotz Kriegszerstörung und Umgestaltungen zu DDR-Zeiten konnte u. a. der barocke Altar konserviert werden.

Ein Spaziergang durch die barocke Neustadt bietet eine attraktive Mischung aus Kunst und Kultur auf der einen und schicken Geschäften, Cafés und Restaurants auf der anderen Seite. Er dauert kaum mehr als zwei bis drei Stunden. Quert man die → **Augustusbrücke,** sieht man sich zunächst mit dem eher strengen Barockbau des Blockhauses konfrontiert, dann erst fällt der Blick auf den → **Neustädter Markt** mit seinem in der Sonne strahlenden Standbild, dem Goldenen Reiter. Die Häuser dahinter sind reinste DDR-Bauten, das Alte Rathaus, ein Renaissancebau, wurde leider 1950 gesprengt. Über die Große Meißner Straße – hier hat sich ein einziges Barockhaus erhalten (Nr. 15), es wurde in den Bau des Hotels Westin Bellevue einbezogen und das schon zu DDR-Zeiten – erreicht man das → **Japanische Palais.** Durch den schönen Garten des Palais, der bis zur Elbpromenade reicht, gelangt man an die Stelle, von der aus Bernardo Bellotto, genannt Canaletto, sein berühmtes Bild „Dresden vom rechten Elbufer unterhalb der Augustusbrücke" gemalt hat. Das „Japanische Glockenspiel", ein Pavillon mit Glockenspiel auf dem Dach, lädt hier zum Verweilen ein. Anschließend bummelt man vis-à-vis vom Palais die gut erhaltene barocke Königstraße und die Nebengassen mit ihren Boutiquen entlang. Bei der → **Dreikönigskirche** biegt man rechts ab Richtung Hauptstraße. An der Ecke Nieritzstraße/Hauptstraße liegt das Kügelgenhaus. Interessant ist ein Abstecher in nördlicher Richtung der Hauptstraße an der Markthalle vorbei fast bis zum **Albertplatz,** wo zwei Brunnen besonders bei Sonnenschein sehr reizvolle Bilder abgeben. Der westliche stellt „Stürmische Wogen" dar, der östliche „Stille Wasser", beide sind mit ihren vom Wasser überspülten Bronzefiguren in großen Granitbecken sehr eindrucksvoll (sie sind Werke von Robert Diez, 1893). Zurück am Neustädter Markt biegt man in die Köpckestraße ein, auf deren linker Seite die drei Renaissance-Türme des Jägerhofs auffallen. Auf dem Carolaplatz hinter dem Jägerhof, dem Zentrum des Regierungsviertels, verbirgt sich am Plattenbau zur Linken ein hübscher kleiner Brunnen, an dessen Rand sich eine Reihe von Elefanten am Schwanz halten. Er erinnert an den festen **Sarrasani-Zirkusbau** in Form eines Rundtheaters, der sich hier von 1911 bis 1945 befand (Gedenktafel im Wartehäuschen der Haltestelle). Ein reizvoller Abschluss wäre ein Spaziergang durch die Gartenanlagen am Königsufer, bevor man über die Augustusbrücke zum Ausgangspunkt zurückkehrt.

Sehenswertes

Augustusbrücke

Die älteste Elbbrücke überspannt den Fluss zwischen dem Eingang des Residenzschlosses, des Nachfolgebaus der mittelalterlichen Burg, und Dresden Neustadt. Bis 1852 war sie die einzige Elbbrücke in Dresden und dessen Umgebung und damit die einzige feste Flussquerung der großen Handelsstraße, die nördlich des sächsisch-böhmischen Randgebirges Thüringen, Sachsen, Schlesien und Südpolen verbindet. Die erste steinerne Brücke entstand im Mittelalter (vor 1287), wann genau und wie sie aussah, ist nicht bekannt. Dagegen ist über die barocke Brückenerweiterung durch August des Starken Architekten Matthäus Daniel Pöppelmann zwischen 1727 und 1731 eine Menge bekannt, zumal das Bild der Brücke durch Bilder überliefert ist. Wer Canalettos berühmtes Gemälde der Dresdner Silhouette mit der Augustusbrücke genau betrachtet und es mit der heutigen Brücke vergleicht, erkennt sofort den Unterschied: die heutige Brücke hat weniger Pfeiler (9 statt 25), um die größeren Elbdampfer durchlassen zu können, und sie ist wesentlich breiter, um neben den beiden Straßenbahnschienen noch Platz für zwei Fahrbahnen und breite Fußgängerstreifen (heute stark durch Radfahrer verunsichert) zu schaffen. Der Bau entstand ab 1907 und hat trotz dieser Unterschiede den Geist der barocken Brücke bewahrt.

Nein, das ist der Goldene Reiter

Neustädter Markt, Goldener Reiter und Blockhaus

Ein absolutistischer Herrscher wie August der Starke fühlte sich in der Nachfolge römischer Imperatoren, so sehen wir denn in der Mitte des Neustädter Marktes den sächsischen Kurfürsten hoch zu Ross und in römischer Feldherrenrüstung auf hohem Postament wie weiland Kaiser Konstantin in reinem Gold schimmern – und das seit 1736, als Jean Joseph Vinache das Denkmal entwarf. Die Lage im Schnittpunkt mehrerer auf den Neustädter Brückenkopf der Augustusbrücke zulaufender Straßen (damals gab es nur eine einzige Elbebrücke!) garantierte, dass man wirklich von überall her sah, wer denn der Herrscher dieser Gegend war (die Straßen haben sich nicht alle bis heute erhalten). Ebenfalls auf dem Platz befinden sich zwei bronzene Sockel (1893) mit üppigem Reliefschmuck, eine Erinnerung an den Besuch Kaiser Wilhelms I. (dessen Porträt und das des Gastgebers König Albert man in den Medaillons findet). Die beiden Brunnen (von 1742) stammen vom gesprengten Rathaus. Um die Brücke abzusichern, entstand 1730 das schlichte barocke **„Blockhaus"**. Der quadratische Bau diente lange als Neustädter Wache, nachdem ein Komplementärbau auf der anderen Seite des Brücken-Widerlagers nicht zur Ausführung gelangte.

Japanisches Palais

Das noch ein wenig vernachlässigt wirkende Gebäude des Japanischen Palais (an der Restaurierung wird fleißig gearbeitet) war ein Renommé-Projekt August des Starken, das er für seine in gigantischem Tempo wachsende Porzellansammlung auserwählt hatte (es wurde übrigens nichts draus). Er kaufte zu diesem Zweck 1717 das gerade erst fertiggestellte Holländische Palais am

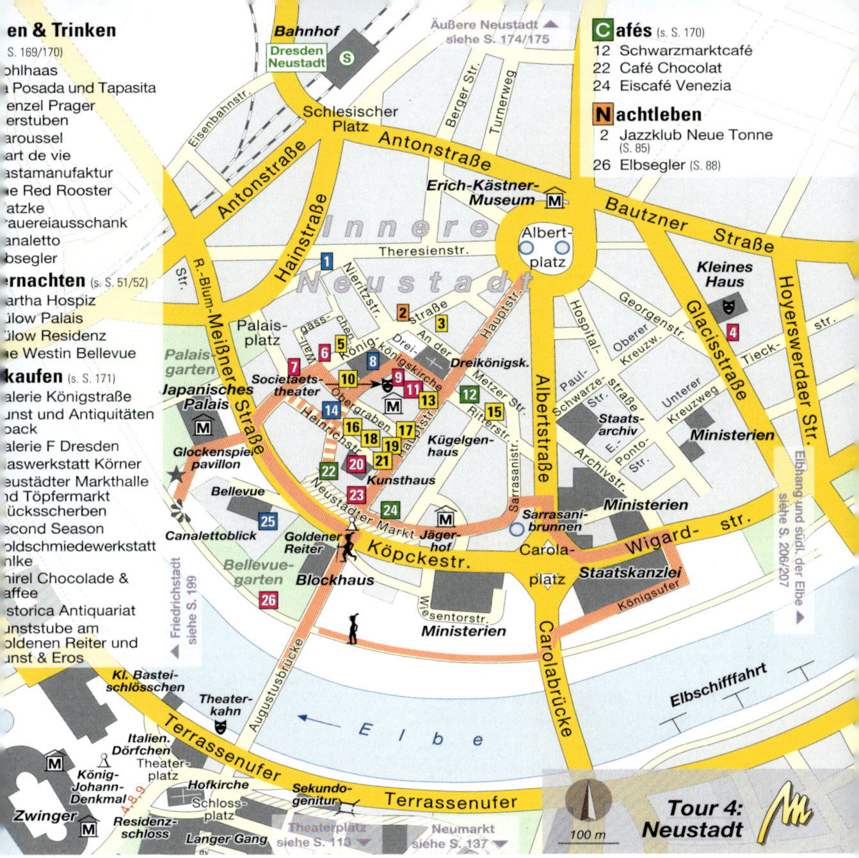

Elbufer und ließ es als elbseitigen Trakt in einen vierflügeligen Palast einbeziehen. Man ging freizügig mit einigen japanischen Anregungen um (der Bau sollte schließlich eine Menge japanisches Porzellan beherbergen), was sich in den geschwungenen und getreppten Dächern und den „Japanern" des Figurenschmucks zeigt, vor allem aber in den 24 „japanischen" (eigentlich chinesischen) Hermen im Innenhof (entlang der Balustrade des auf drei Seiten umlaufenden Altans). Der Baumeister war wieder einmal Pöppelmann, der seinem Herrn den Bau 1733 als fertiggestellt melden konnte – da hatte August der Starke nur noch kurze Zeit zu leben. Statt der Porzellansammlung kam (nach Umbau durch Gottfried Semper) die Skulpturensammlung ins Palais. Palais und zugehöriger großer Park wurden 1945 zerstört. Das Palais wurde notdürftig restauriert und in den 1950er-Jahren zum Museum umfunktioniert. Der zerstörte Park wurde nur in sehr kleinem Rahmen wieder bepflanzt. Dennoch ist er einen Besuch wert, denn hier ist die Stelle, von der Bernardo Bellotto sein berühmtestes Dresdenbild malte, jener „**Canalettoblick**", der hunderttausendfach auf Postkarten und Souvenirbüchlein abgebildet ist und der in der Gemäldegalerie Alte Meister (Saal 102) zu bewundern ist. Die Statue im Park stellt Sachsens ersten König dar, Friedrich August I. (als Kurfürst

Neobarock vom Feinsten: das Finanzministerium

war er Friedrich August III.), und ist ein Werk von Ernst Rietschel (1843).

Die Museen im Japanischen Palais sind weniger besucht als die meisten anderen Museen Dresdens, dabei lohnen ihre interessanten Themenausstellungen durchaus die Visite – für eine Dauerausstellung hat allerdings keines der drei genügend Platz. Ob diese Museen im Japanischen Palais bleiben werden oder ob der Bau als Museum für Asiatische Kunst eingerichtet werden soll, wie es letzthin im Gespräch war, ist noch nicht entschieden (2010 findet dort die große Ausstellung „Triumph der Blauen Schwerter" 300 Jahre Meissener Porzellan statt). Das **Landesmuseum für Vorgeschichte** zeigt in seinen Sonderausstellungen vorrangig die Vorgeschichte und Archäologie Dresdens, Sachsens und Mitteleuropas. Das **Staatliche Museum für Völkerkunde** hat einen reichen Fundus, der leider ebenfalls nur in Themenausstellungen präsentiert werden kann. Außerdem gibt es noch das **Museum für Mineralogie und Geologie** der Senckenberg Naturhistorischen Sammlungen Dresden.

Adresse/Öffnungszeiten/Eintritt: Palaisplatz 11, Di–So 10–18 Uhr, Eintritt abhängig von der Ausstellung. Landesmuseum für Vorgeschichte, ✆ 8926605, www.archsax.de/lmv. Staatliches Museum für Völkerkunde, www.voelkerkunde-dresden.de. Museum für Mineralogie und Geologie, www.snsd.de.

Königstraße und „Barockviertel"

Die barocke Achse zwischen Japanischem Palais und Albertplatz nennt sich Königstraße, war es doch ein (allerdings polnischer) König, der die Neuplanung und Umgestaltung Altendresdens zu einer großzügigen Adels- und Bürgerstadt befohlen hatte. Das Feuer, das Altendresden 1685 zerstört hatte, gab dem Oberlandbaumeister August des Starken, Wolf Caspar von Klengel, die nötige *tabula rasa* für einen kompletten Neuanfang. Die Achse vom Schloss stand von Anfang an fest, Klengel schätzte französische Stadtpläne zu sehr, um andere Varianten in Erwägung zu ziehen. Zuerst entstand das „Porzellanschloss", das wir heute als Japanisches Palais kennen, dann der repräsentative Palaisplatz davor, wofür sechs Häuser, die bereits nach dem Brand errichtet worden waren, wieder weggerissen werden mussten. Eine Lindenallee, flankiert von prächtigen Bauten, vor allem Stadtpalais, wurde in der Blickrichtung zwischen Schloss und nördlichem Stadttor (Schwarzes Tor, heute Albertplatz) angelegt. Die Geschosshöhen und Fassadenausführungen waren genau festgelegt, der Bau wurde streng überwacht. Klar, dass solch eine Straße nur Königstraße genannt werden konnte.

Die Königstraße und ihre Nebenstraßen haben 1945 weniger gelitten als der Rest Alt-Dresdens. Zahlreiche barocke Häuser und Stadtpaläste haben sich erhalten. Heinrichstraße, Rähnitzgasse und Obergraben sind neben der Königstraße die am besten erhaltenen. In der Königstraße sind Haus Nr. 5 mit barockem Treppenhaus und 5a besonders sehenswert, in der Rähnitzgasse Nr. 19, ein Stadtpalais von Johann Gottfried Fehre (1730), das heute vom Hotel Bülow Residenz eingenommen wird. Das ehemalige Hotel Stadt Leipzig in der Heinrichstraße 7 verfällt leider immer mehr – das Gerüst vor der Fassade ist nur zum Auffangen herabfallender Ruinenteile da. Im **Kunsthaus Dresden** in der Rähnitzgasse 8 finden Ausstellungen moderner Kunst statt.

Adresse/Öffnungszeiten/Eintritt: Kunsthaus Dresden, Städtische Galerie für Gegenwartskunst, Rähnitzgasse 8, Di–Fr 14–19, Sa u. So 12–20 Uhr, Fr freier Eintritt, ✆ 8041456, www.kunsthausdresden.de.

Dreikönigskirche

Als 1685 die Neustadt abbrannte, wurde auch die gotische Dreikönigskirche zerstört. Noch im selben Jahr entstand ein barocker Neubau (Architekten Johann Benedikt Knöffel und Johann Andreas Voigt), der 1732 wieder abgerissen wurde, weil er zu weit in die Hauptstraße ragte, die in durchgehender Chaussee-Breite gebaut werden sollte. Wieder wurde im selben Jahr der Neubau begonnen, Architekt war diesmal Matthäus Daniel Pöppelmann, der den Bau bis 1739 leitete. Der scheinbar gleichzeitig entstandene, 87,5 m hohe Turm wurde erst Mitte des 19. Jahrhunderts errichtet.

Man betritt die Kirche von der Hauptstraße her, durchquert die ehemalige Vorhalle, die zu DDR-Zeiten zum „Haus der Kirche“ umfunktioniert wurde (und diese Funktion heute noch innehat). Im zweiten Obergeschoss, dem Festsaal, fand übrigens 1990 die konstituierende Sitzung des (neuen) Sächsischen Landtages statt.

Das eigentliche Kirchenschiff ist ein hoher, elliptischer Raum, der von einem gewaltigen Sandsteinaltar dominiert wird. Der 7 m breite und 10 m hohe Altar ist ein Werk von Johann Benjamin Thomae (1738), die sonstige Ausstattung stammt im wesentlichen von George Bähr. Der Altar zeigt Christus und die Klugen Jungfrauen, im Relief dahinter erkennt man die Törichten Jungfrauen. Im Weltkrieg stark beschädigt

Turm der Dreikönigskirche

Die Neustadt Karte S. 165

und zum Teil verwittert konnte der Torso doch konserviert werden. Das zweite bedeutende Kunstwerk des an sich schlichten Raumes (kein Prunk wie bei der ebenfalls evangelischen, aber stark von katholischem Barockgefühl erfüllten Frauenkirche) ist ein 12 m langer und 1,2 m hoher Fries aus der Renaissancezeit (1535), der den Totentanz darstellt. Dem auf der Schalmei spielenden Tod folgen alle Stände und Lebensalter, vom Kaiser bis zum Bettler, vom Greis bis zum Kleinkind.

Adresse/Öffnungszeiten: Martin-Luther-Platz 5, tgl. 10–18 Uhr, Turmbesteigung möglich Di–So 11 oder 11.30 bis 16 oder 17 Uhr, im Winter kürzer (1,50 €), Gottesdienst So 10 Uhr.

Kügelgenhaus und Handwerkerpassagen

Eines der schönsten erhaltenen barocken Häuser Dresdens ist das Kügelgenhaus, Hauptstraße 13. Von den barocken und klassizistischen Häusern, die sich hier nebeneinander erhalten haben (Nr. 9-19), hebt es sich durch seine edle, frühklassizistische Fassade ab. Die Häuser 9-13 haben heute öffentliche Durchgänge, die „Kunsthandwerkerpassagen", in denen Goldschmiede, Juweliere, Kunstschmiede, Seifenhersteller, Galerien und einige Cafés und Restaurants ihren Standort gefunden haben.

Die Wohnung des Künstlers Gerhard von Kügelgen (1772–1820) beherbergt heute das **Museum zur Dresdner Frühromantik.** Hier wird in zahlreichen Bildern, Dokumenten und Texten die Dresdner Kulturgeschichte von 1785 bis 1830 aufbereitet und damit ein erheblicher Teil der Frühromantik präsentiert. Im Haus des Künstlers verkehrten Zeitgenossen und Kollegen wie Caspar David Friedrich, Philipp Otto Runge und Anton Graff, von dem die Portraits des Ehepaares Körner, Eltern des Freiheitsdichters Theodor Körner, zu bewundern sind. Seit 2007 ist eine von Gerhard von Kügelgen gemalte Kopie der Sixtinischen Madonna in seinem rekonstruierten Atelier zu sehen.

Adressen/Öffnungszeiten: Museum zur Dresdner Frühromantik, Hauptstr. 13 (2. OG.), Mi–So 10–18 Uhr, Eintritt 3 €, ✆ 8044760.

Jägerhof und Museum für Sächsische Volkskunst mit Puppentheatersammlung

Über den Neustädter Markt und die Köpckestraße erreicht man den ehemaligen kurfürstlichen Jagdhof, der von 1568 bis 1617 als Basis für alle möglichen Jagden in der Dresdner Heide diente. Der Renaissancebau war nicht sonderlich aufwendig ausgestattet, kein Vergleich mit der später entstandenen Moritzburg, denn im Jägerhof stand noch die Jagd im Vordergrund. Mit der Stadterweiterung und dem Bau von Moritzburg kam der Jägerhof außer Betrieb, man riss einen Teil der Gebäude ab, widmete die Funktion der anderen um. 1913 zog das neue Museum Sächsischer Volkskunst hier ein, eine ganz private Sammlung zunächst, die eine Zeit lang auch den Namen des Sammlers trug. 1945 wurde fast alles zerstört, was noch die Zeiten überdauert hatte, die Sammlung selbst war jedoch rechtzeitig entfernt worden. Nach dem Zweiten Weltkrieg zog die Sammlung wieder ein, nun anders geordnet (und ganz anders kommentiert (man musste schließlich einen Beitrag zum Klassenkampf leisten). Ab 1990 wurde wieder anders geordnet (und weniger kommentiert), 2005 kam – im obersten Stockwerk – die Puppentheatersammlung hinzu.

Auf zwei Stockwerken zeigt das **Museum für Sächsische Volkskunst** die dank erzgebirgischer Heimarbeit besonders facettenreiche Volkskunst Sachsens. Im unteren Stockwerk (2010 neu sortiert) findet man Möbel, schöne alte bemalte Schränke, Hausrat, Tuche und Kleidung, Spitzen- und Klöppelarbeiten,

Steingut und vieles mehr zur Volkskunst von Bienenbeuten in Form von bemalten Holzfiguren bis hin zu Scherenschnitten. Neu (2006) eingerichtet ist das obere Stockwerk mit Trachten, vor allem aber einer unglaublich reichhaltigen Sammlung von Spielzeug und aus Holz geschnitztem Weihnachtsschmuck aus dem Erzgebirge, wie er für Deutschland prototypisch mit der Advents- und Weihnachtszeit verknüpft ist: Leuchterengel, Pyramiden, Nussknacker, „Räuchermännl", Krippen, Christbaumschmuck. Für die **Puppentheatersammlung**, die seit 2005 im Jägerhof beheimatet ist, sollte man sich unbedingt ein Zeit und Atem aufheben!

Adresse/Öffnungszeiten/Eintritt: Jägerhof, Köpckestr. 1, Museum für Sächsische Volkskunst, Eintritt 3 €, erm. 2 €, Di–So 10–18 Uhr, ✆ 49142000, www.skd-dresden.de; im Jahr 2010 wegen Umbauarbeiten bis zum Beginn des Striezelmarktes geschlossen.

Praktische Infos

(→ Karte S. 165)

Information

www.barockviertel.de ist eine kommerzielle Seite, die viele, aber keineswegs alle Lokale, Läden und Werkstätten vorstellt.

Verbindungen

Straba 4, 8, 9 Neustädter Markt/Kügelgenhaus; Parken zwischen Jägerhof und Carolaplatz oder im Parkhaus Metzerstraße (Markthalle).

Essen & Trinken

Restaurants, Gasthäuser

Restaurant Caroussel im Hotel Bülow Palais (8), in Dresdens (und Sachsens) eher mittelmäßiger Gastronomie ist ein Michelin-Stern eine ganz große Ausnahme, zumal dieser Stern seit 1997 leuchtet und vom Chefkochwechsel (jetzt: Dirk Schröer) nicht berührt wurde, was selten vorkommt (die Michelin-Prüfer stufen bei Chefkochwechsel gerne vorsichtshalber ab). Leichte Crossover-Tendenzen werden vom Sterneküche gewöhnten Publikum toleriert, allzu Wagemutiges kommt hier nicht auf den Tisch, dafür ist alles aus besten Zutaten bereitet und auf den Punkt gegart, schon die Amuses geules („Gruß aus der Küche") zeigen das. Ellenlange Weinkarte, Hauptgerichte ab 35 €. Königstr. 14, Di–Sa 12–14 und ab 18.30 Uhr, So/Mo nur Hotelgäste. ✆ 800-30, www.buelow-residenz.de.

Canaletto (25), das Lokal im Westin Bellevue Hotel ist ein Tempel feiner Küche in etwa klassisch französischen Zuschnitts auf internationale Manier, und mit seinem Standort nahe dem berühmten Canaletto-Blick besitzt es einen weiteren Trumpf. Erstklassige Zubereitung ob von Lammrücken oder Soufflé, sehr aufmerksamer und flinker Service. Hauptgericht ab 15 €, auch Abendmenüs ca. 25–60 €. Große Meißner Straße 15, tgl. ab 18 Uhr, ✆ 8051658.

Idyllisch: Café „Chocolat"

L'art de vie (9), das Restaurant-Café im Societaetstheater mit Gastgarten im ruhig-idyllischen Hinterhof bietet Fisch- und Fleischgerichte mit feinen Soßen und hervorragende Crêpes, auch italienische klingende aber nur deutsch gewürzte

Pastagerichte. Hauptgericht ab ca. 7,50 €. An der Dreikönigskirche 1a, tgl. 10–24 Uhr, ✆ 8027300, www.l-art-de-vie.de.

Kohlhaas im Kleinen Haus (4), ein Theater-Bistro wie das „Kohlhaas" sollte es in jedem Theater geben … Das Lokal im Glas-Stahlbau auf dem erhöhten Podest vor dem Kleinen Haus ist sehr schlicht, aber farblich attraktiv eingerichtet und bietet das internationale Bistro-Angebot zu kulanten Preisen (Hauptgericht ab ca. 7 €). Glacisstr. 28, Mo–Fr 9–24, Sa 12–24 Uhr, ✆ 4913615.

La Posada und Tapasita (6), attraktiv ist dieser Hof hinter der Königstraße mit den beiden spanischen Restaurants, dem eher bürgerlich-rustikalen La Posada und dem (ja was?) Tapas-Imbiss Tapasita. Die Küche im La Posada ist eher der Speisekarte Zentralspaniens verpflichtet, die Tapas in der Tapasita – wie könnte es anders sein – dem Norden. Korrekt wie in Spanien die in Rotwein geschmorte Chorizo-Wurst, da bekommt man Urlaubsweh. Hauptgerichte ca. 7 bis 17 €. Königstr. 3, Di–So 18–24 Uhr, ✆ 8015791.

Bierstuben, Biergärten, Pubs, Imbisse

Wenzel Prager Bierstuben (7), mit dem Motto „lustíč mácht hungríc!" machen die Prager Bierstuben gute Laune mit böhmischer Küche und böhmischem Bier (Branik und Staropramen). Nicht sehr originell, aber schön rustikal und auf jeden Fall deftig. Mehrere dunkle Säle und Extrazimmer, hell und luftig die Tische in der hohen, vom Glasdach überdeckten Halle. Hauptgerichte ab ca. 7 €, Tages-Specials wie „Kleine böhmische Rauchhaxe in Altbiersoße mit Sauerkraut und Böhmischen Knödeln, dazu 0,3 l Branik Lager" zu 7,90 € mehr als sättigend. Königstr. 1, tgl. 11–24 Uhr, ✆ 8042010, www.wenzel-prager-bierstuben.de.

Watzke Brauereiausschank (23), unter Brauereiausschank stellt man sich einen ganz bestimmten Typ rustikaler Gastlichkeit vor. Watzke am Goldenen Reiter – großartiger Ausblick auf den Reiter und im Hintergrund die Frauenkirche von Teilen der Terrasse – bietet exakte Erfüllung des Klischees: zu den Brauerei-eigenen Bieren (Pils, „Altpieschner", unfiltriertes „Dresdner Stadtbier", Hefeweizen) kann man sogar Weißwürste mit süßem Senf und ausgezeichneter (hausgebackener) Brezen bekommen. Natürlich Sächsischer Sauerbraten mit Apfelrotkohl und Kloß, Brauer-Biergulasch mit Semmelknödel und Krautsalat und als Nachtisch die für Sachsen unverzichtbaren Quarkkäulchen mit Apfelmus (Hauptgericht mit Bier ca. 10 €). Ach ja, der halbe Broiler kostet je nach Würzung 6,10 bis 6,70 €. Sehr touristisch – na und? Hauptstr. 1, ✆ 8106820, www.watzke.de.

The Red Rooster (20), Dresdens „ältester Pub" (?) winkt in der Rähnitzgasse mit traditionellem Pub-Flair und Biergarten im Arkadenhof (ab 17 Uhr). Snacks und Deftiges ca. 5–12 € (Backkartoffel mit Kräuter-Sauerrahm, Sächsischer Sauerbraten mit Kloß), Whisk(e)y-Karte. Wer im nahen Jazzclub Tonne den Abend beginnen will, wird dort ebenfalls vom Red-Rooster Team kulinarisch versorgt. Rähnitzgasse 10, tgl. 17 bis (mind.) 3 Uhr, ✆ 2721850, www.redrooster-pub.de.

Elbsegler (26), Biergarten des Hotels Westin Bellevue mit Canaletto-Blick, die Segel sind Dekor, aber machen Atmosphäre. Große Meißner Str. 15, tgl. ab 12 Uhr.

Pastamanufaktur (11), hausgemachte Pasta aus Hartweizengrieß (100 g 0,8–1,45 €) zum Mitnehmen oder zum gleich Essen, täglich wechselnd sechs Tagesgerichte 5–7 €. Ein paar Tische vorne zur Dreikönigskirche, zwei asketisch möblierte Räume drinnen mit Bar, kleiner Gastgarten und wirklich frisches, wohlschmeckendes Essen. An der Dreikönigskirche 3, Mo–Fr 10–20, Sa 9–17 Uhr, ✆ 3237799.

Cafés

Schwarzmarktcafé (12), echtes Kaffeehaus in der Neustädter Markthalle, da dürfen die Zeitungen nicht fehlen. Es gibt neben diversen Kaffee-Zubereitungen und – sehr guten – Kuchen auch eine Frühstückskarte (bis 16 Uhr) und kleine Speisen im Bistrostil (Tagespasta ca. 7 €). Große Fenster, vorne Terrasse zur Hauptstraße, man muss ja nicht Zeitung lesen, Leute betrachten ist vielleicht spannender. Hauptstr. 36, tgl. 8–24 Uhr, ✆ 8010833.

Eiscafé Venezia (24), großes Eiscafé in toller Lage direkt beim Goldenen Reiter, außen und innen viel Platz, gutes echt italienisches Eis, Teekarte. Hauptstr. 2a, ✆ 8054458.

Café Chocolat (22), schade, dass man das hübsche Barockhaus am Anfang der Rähnitzgasse nicht schokoladenbraun gestrichen hat (es ist hübsch dunkelrot), das hätte zum Thema dieses Lokals gepasst:

Schokolade zum Trinken, zum Schlürfen, Schlecken und Essen. Und zum Mitnehmen. Nach vorne kleine Terrasse, kein Durchgangsverkehr und nicht so drängelig. Nicht sehr viele Touristen verschlägt's hierher. Di–So 10–19 Uhr, Rähnitzgasse 7, ✆ 8996306, www.cafe-chocolat.net.

Einkaufen

Neustädter Markthalle (15) (→ Einkaufen, S. 93), Metzer Str. 1, Mo–Fr 8–20, Sa 8–18 Uhr, ✆ 8105445, www.markthalle-dresden.de.

Kunst und Antiquitäten Noack (5), Kunst, Möbel und alle möglichen Stand- und Hängeuhren in der Galerie an der Königstraße (Antiquitätenpassage), Königstr. 5, Di–Fr 15–19, Sa 10–14 Uhr, ✆ 8106644, www.antiquitaeten-noack.de.

Historica Antiquariat (19), Heinrichstraße 2 (Neustadt), Mo–Fr 10–19, Sa 10–12 Uhr, ✆ 8028818, www.historica-dresden.de.

Galerie Königstraße (3), Kunst der ersten Hälfte des 20. Jahrhunderts vom Expressionismus bis zur Nachkriegsmoderne. Königstr. 16, ✆ 3141444.

Töpfermarkt Glücksscherben (15), Gebrauchskeramik aus der Lausitz mit den typischen Mustern in „Schwämmeltechnik" (ähnlich der Bunzlauer Ware), dekorative Keramik in traditionellen Techniken. Metzer Str. 1, im Untergeschoss der Neustädter Markthalle, Mo–Fr 9–20, Sa 9–18 Uhr, ✆ 8108669, www.gluecksscherben.com.

Glaswerkstatt Körner (13), Buntglas im alten Stil und in moderner Verarbeitung ist die Spezialität dieser Glaswerkstatt, die auch Glaskunstwerke anbietet und Restaurierungen antiker Stücke (Kirchenfenster) vornimmt. Hauptstr. 19, Mo–Fr 10–19, Sa 10–16 Uhr, ✆ 4725250, www.glaswerkstatt.de.

Galerie F Dresden (10), wunderschöne und merkwürdige Glasobjekte vor allem der Moderne und aus Tschechien. Obergraben 10, ✆ 8040060, www.galerie-f-dresden.de.

Second Season (16), erstklassige Mode zum Secondhand-Preis von Dolce & Gabbana bis Jil Sander. Rähnitzgasse 12, Mo–Fr 10–19, Sa 10–16 Uhr, ✆ 8011432.

Goldschmiedewerkstatt Barbara Öhlke (17), handwerklich und künstlerisch hochwertige Schmuckstücke aus Gold und anderen Edelmetallen. Hauptstr. 15, Di–Fr 10–19, Sa 10–16 Uhr, ✆ 80247.

Kunst & Eros (21), erotische Bilder auf feinem Porzellan, Janett Noack malt, vergoldet und

Dekorativ: Innenraum der Neustädter Markthalle

brennt angedeutete bis recht deutliche erotische Szenen auf Teller, Vasen und anderen Porzellangrund, dazu Graphik und Plastik. Di–Fr 16.30–19.30, Sa 11–16 Uhr, Hauptstr. 15, ✆ 2793973, www.kunstunderos.de.

Kunststube am Goldenen Reiter (21), Holzkunst aus dem Erzgebirge in der Kunsthandwerkerpassage: das sind Weihnachtspyramiden, Leuchterengel und Räuchermännl, Originale – also nicht so billig. Hauptstr. 17, Mo–Fr 10–19, Sa 10–16 Uhr, www.holzkunst-richter.de.

Chirel Chocolade & Caffee (18), Tafelschokoladen, Schokofiguren und gute Auswahl an Pralinen (u. a. von der Schokoladenmanufaktur im nahen Heidenau, www.schokoladenmanufaktur.net) sowie 10 Sorten Kaffee in der barocken Neustadt. Heinrichstr. 8, Mo–Fr 10–19, Sa 10–16 Uhr, ✆ 4266697, www.chirel.de.

Gewitterstimmung in der Äußeren Neustadt (Königsbrücker Straße)

Tour 5: Äußere Neustadt, Dresdner Heide und Hellerau

Jenseits des Albertplatzes dominiert in der Äußeren Neustadt nicht mehr Barock, sondern Gründerzeit, nicht mehr Bürgertum, sondern Alternativkultur. Herrscht in der Inneren Neustadt (meist) Ruhe nach 22 Uhr, geht's in der Äußeren Neustadt dann erst richtig los. Die nordöstlich angrenzende Dresdner Heide ist Naherholungsgebiet und die Hellerau Zentrum des modernen Tanzes, der Architektur und des Möbeldesigns.

Nach der Wende wurde die Äußere Neustadt zur sozialen Avantgarde, hier entstanden die ersten Kneipen, Pubs und Discos. Dresdens heutiges Szeneviertel liegt fast komplett in der Neustadt und umfasst vor allem die → **Alaunstraße,** Louisenstraße und Görlitzer Straße, aber auch die Durchzugsroute nach Norden, die Königsbrücker Straße, und das frühere Industriegebiet, das man in Richtung Flughafen passiert. Vor allem Mietshäuser mit Hinterhöfen, heute großenteils, aber keineswegs vollständig ausgeräumt und saniert, bestimmen das Bild der Fassaden. Kneipen- und Boutiquenschilder (keine Filialisten!), Biergärten und -gärtchen, wo immer der geringe Platz es zulässt, beherrschen den Blick in Augenhöhe. Wer die Kneipenszene kennenlernen möchte, sollte nicht vor 22 Uhr kommen, erst dann beginnt hier so richtig das Leben. Große „Sights" gibt es in der Äußeren Neustadt nicht, es geht eher darum, einen Gesamteindruck von diesem lebendigen und vor allem von jungen Menschen bewohnten und besuchten Viertel zu gewinnen. Ein Höhepunkt im Veranstaltungskalender des Stadtteils ist das Fest „Bunte Republik Neustadt" am dritten Juniwochenende. Dann feiert das Viertel seine zutiefst anarchischen Anfänge nach der Wende, heute leider allzu reglementiert (und viel leiser), aber immer mit viel Energie und in einer ständig wachsenden Zahl von Kneipen und diversen Standorten der Alternativszene vom Esoterik-Buchladen bis zum Gruftie-Treff.

Als in der Nacht vom 13. auf den 14. Februar 1945 die Bomben auf Dresden fielen, wurde ein Viertel fast nicht betroffen, die Äußere Neustadt. Dieser Stadtteil gehörte nicht zum barocken Dresden, sondern war, damals noch unter den Namen Antonstadt und Albertstadt, ein dicht bebautes gründerzeitliches Wohngebiet, eines der größten geschlossenen (wenn nicht überhaupt das größte) in Deutschland, und das ist es bis heute geblieben. 1835 begann die dichte Verbauung der „Antonstadt" zwischen Albertplatz und dem damaligen Rand der Dresdner Heide da, wo heute der Bischofsweg verläuft. Sehr eng gefasste Bauordnungen regelten Höhe und Aussehen von Fassaden. Fünf- und sechsstöckige Mietshäuser entstanden, ohne Lift, Toiletten auf dem Gang, nur im ersten Stock, der Nobeletage, war man mit allen Neuerungen der Zivilisation gesegnet, denn dort residierte der Hausherr. Je höher oben, desto niedriger Miete und sozialer Status. Zu den bekanntesten Bewohnern des Viertels zählte Erich Kästner, der hier aufwuchs (→ Kasten S. 179).

Ab 1871 kam dann noch etwas weiter nördlich, jenseits des Bischofsweges und des Alaunplatzes, heute ein grüner Park, damals Exerzierplatz, die → **„Albertstadt"** dazu. Die Albertstadt war in erster Linie Militärgelände und ist es bis heute zum Teil geblieben, die Offiziersschule der Bundeswehr und andere heute noch vom Militär genutzte Bauten erinnern daran. Ein Neubau des Architekten Daniel Libeskind soll ab 2010 das Militärhistorische Museum der Bundeswehr beherbergen. Nordöstlich an die Albertstadt grenzt die → **Dresdner Heide,** ein hügeliges und bewaldetes Landschaftsschutzgebiet. Kilometerweit kann man entlang der Prießnitz oder auf vielen anderen Wegen das Gebiet durchwandern, das im Süden bis zu den Elbhängen der Radeberger Vorstadt und dem Viertel Weißer Hirsch reicht.

Dekorativ: in der Kunstpassage

Westlich der Königsbrücker Straße verläuft die Bahnlinie von Dresden nach Görlitz (und – früher sehr bedeutend – Breslau/Wrocław) – auf einem zwei Stockwerke hohen Damm – die massive Barriere wird nur von wenigen Straßen unterquert. Das Viertel auf der anderen Seite der Bahnlinie sieht nicht anders aus als der Rest der Äußeren Neustadt (offiziell: „Leipziger Vorstadt"), hat aber einen eigenen Namen, **Hechtviertel,** nach seiner Hauptachse, der Hechtstraße. Die Bausubstanz ist hier recht gut und es wurde viel saniert, zahlreiche Kneipen haben in den letzten Jahren aufgemacht. Die St. Pauli Kirchenruine ist ein beliebter Sommertheaterschauplatz und das Hechtviertel Straßenfest ein kleiner und familiärer Ableger des Neustadtfestes – vom Standort Hechtviertel wird man in Zukunft immer öfter hören.

Jenseits der Äußeren Neustadt an der nördlichen Stadtgrenze Dresdens liegt die → **Hellerau,** um die Jahrhundertwende Ort verschiedener Reformprojekte. Dazu gehörten vor allem die Errichtung

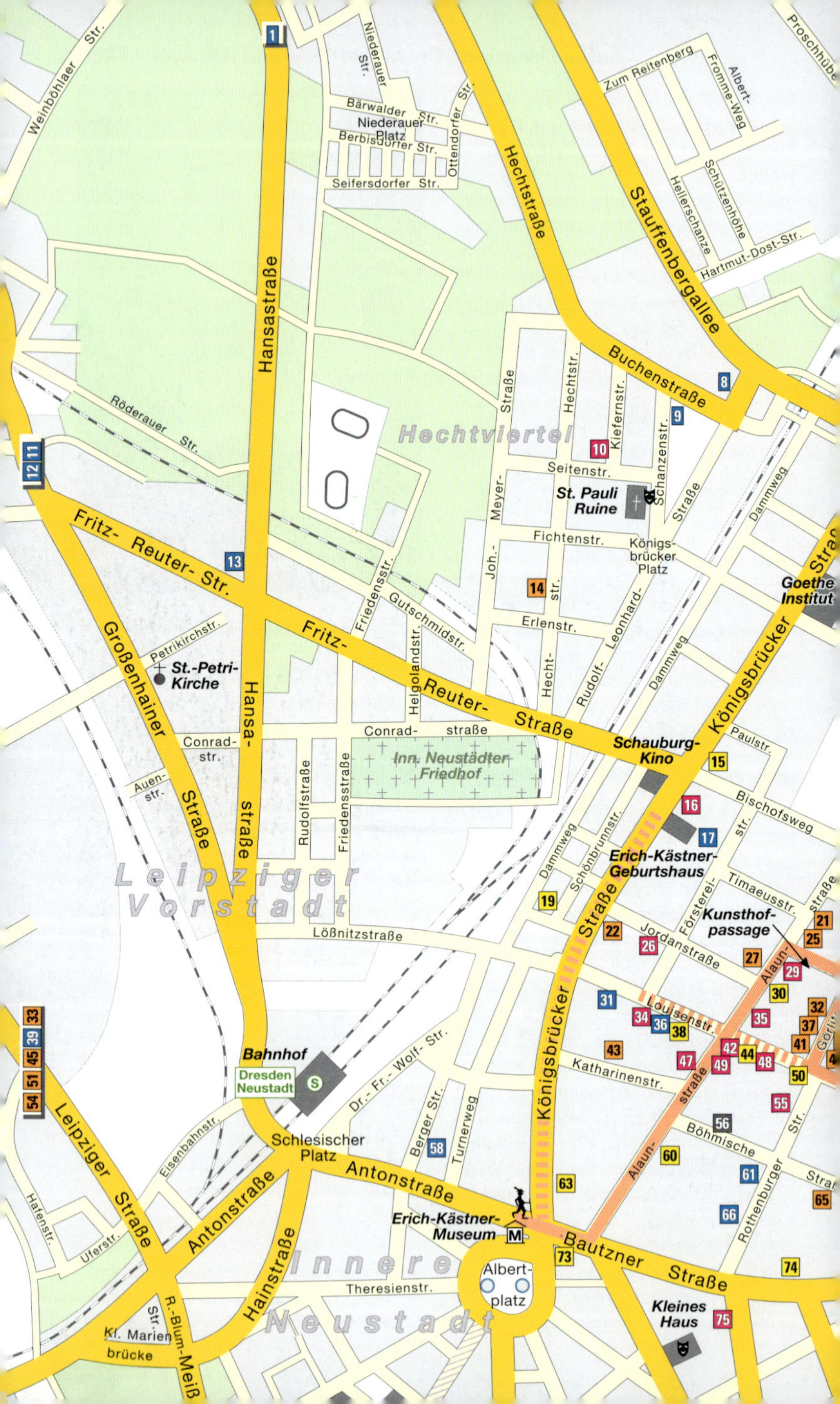

Weinböhlaer Str.
Niederauer Str.
Bärwalder Str.
Niederauer Platz
Berbisdorfer Str.
Ottendorfer Str.
Seifersdorfer Str.
Hechtstraße
Zum Reitenberg
Fromme-Weg
Albert-
Proschhübel
Stauffenbergallee
Hellerschanze
Schützenhöhe
Hartmut-Dost-Str.
Hansastraße
Röderauer Str.
Buchenstraße
Hechtviertel
Hechtstr.
Kiefernstr.
Schanzenstr.
Straße
Joh.-Meyer-Straße
Seitenstr.
St. Pauli Ruine
Dammweg
Fichtenstr.
Königsbrücker Platz
Fritz-Reuter-Str.
Friedensstr.
Gutschmidstr.
Erlenstr.
Hecht-str.
Rudolf-Leonhard-Str.
Goethe Institut
Petrikirchstr.
St.-Petri-Kirche
Großenhainer Straße
Hansa-straße
Fritz-Reuter-Straße
Helgolandstr.
Königsbrücker Straße
Conrad-str.
Conradstraße
Inn. Neustädter Friedhof
Schauburg-Kino
Paulstr.
Bischofsweg
Auen-str.
Rudolfstraße
Friedensstraße
Schönbrunnstr.
Erich-Kästner-Geburtshaus
Timaeusstr.
Leipziger Vorstadt
Förstereistr.
Kunsthofpassage
Lößnitzstraße
Jordanstraße
Alaunstraße
Louisenstr.
Görlitzer Str.
Katharinenstr.
Bahnhof
Dresden Neustadt
Dr.-Fr.-Wolf-Str.
Berger Str.
Turnerweg
Böhmische Str.
Rothenburger Str.
Leipziger Straße
Eisenbahnstr.
Schlesischer Platz
Antonstraße
Erich-Kästner-Museum
Bautzner Straße
Hafenstr.
Uferstr.
Hainstraße
Innere Neustadt
Albertplatz
Theresienstr.
Kleines Haus
R.-Blum-Str.
Kl. Marienbrücke
Meiß
1
8
9
10
11
12
13
14
15
16
17
19
21
22
25
26
27
29
30
31
32
33
34
35
36
37
38
39
41
42
43
44
45
47
48
49
50
51
54
55
56
58
60
61
63
65
66
73
74
75

Übernachten

1 Novalis (S. 53)
6 Dresdner Heide (S. 55)
7 Quality Hotel Plaza (S. 53)
8 Holiday Inn Dresden (S. 53)
9 Best Western Macrander (S. 53)
11 Bergwirtschaft Wilder Mann (S. 55)
12 Amadeus (S. 52)
13 Hotel NH Dresden (S. 53)
17 Mezcalero (S. 58)
23 Lollis Homestay (S. 58)
28 Hotel Privat (S. 52)
31 LaLeLu (S. 58)
36 Louise 20 (S. 58)
39 Die Koje (S. 59)
53 Mondpalast (S. 57)
58 Kangaroo Stop (S. 58)
61 Mitwohnzentrale und Home Company (S. 56)
62 Backstage Hotel (S. 52)
66 Rothenburger Hof (S. 52)

Essen & Trinken

(s. S. 184)

2 Schmidt's Restaurant
10 Saite
16 Café Europa
26 Villandry
29 Ricc's Original Hot Dogs
34 Planwirtschaft
35 Espitas
42 Katy's Garage
47 Devil's Kitchen
48 Toscana
49 Scheunecafé
55 Suppenbar
57 Habibi
59 Marcolini
67 Pfund's Molkerei (S. 185)
75 Gaststätte zum Bautzner Tor

Sonstiges

5 Schwimmhalle Klotzsche (S. 95)
20 Augustus Tours (S. 96)
56 Touch of Nature (S. 98)

Nachtleben

3 Tante Ju (S. 83)
4 Industriegelände (Straße E) (S. 85)
14 Café Sappho (S. 89)
18 La Bodeguita (S. 87)
21 Boys Bar (S. 89)
22 Valentino (S. 89)
24 Area 29 und Bunker Dresden (S. 89)
25 Frank's Bar (S. 87)
27 Wohnzimmer (S. 88)
32 Lebowski (S. 87)
33 Ballhaus Watzke (S. 84)
37 Queens (S. 89)
40 Blue Note (S. 86)
41 Studio Bar (S. 87)
42 Katy's Garage (S. 85)
43 Loft House, Groove Station und Down Town (S. 84)
45 Alter Schlachthof (S. 83)
46 Metronom Club (S. 85)
49 Scheune (S. 84)
51 Pier 15 (S. 86) und Purobeach (S. 88)
52 Blumenau Caffè & Bar (S. 86)
54 Showboxx (S. 86) und City-Beach (S. 88)
64 Carte Blanche und Zora (S. 89)
65 Raskolnikoff (S. 86)

Einkaufen (s. S. 185)

15 Bio-Sphäre
19 Neustädter Hausbrauerei Schwingenheuer
30 Zarewna
38 Zentralohrgan
44 Reisebuchladen
50 Navajo
60 Popcom Records
63 Orient Bazar
67 Pfund's Molkerei
68 Der Senfladen
69 Bunzlauer Keramik
70 Kaffeerösterei Dresden
71 Caucasus
73 Japée
74 Die Hütte

Cafés (s. S. 184)

52 Blumenau Caffè & Bar
72 Café Neustadt

100 m

Tour 5: Äußere Neustadt

Raststation in der Dresdner Heide

einer Gartenstadtsiedlung für Arbeiter und die Eröffnung der → **Deutschen Werkstätten** für schlichtes, funktionelles Möbeldesign. Beides existiert noch heute und kann besichtigt werden. Besonders viele Besucher kommen außerdem in die Hellerau, um Tanzaufführungen der berühmten Forsythe Company im → **Festspielhaus** zu besuchen.

Die hier beschriebene Tour umfasst ein weitläufiges Gebiet im Norden Dresdens. Für alle im Folgenden ausführlicher genannten Sehenswürdigkeiten benötigt man mindestens einen halben Tag. Die Äußere Neustadt inklusive Albertstadt und Dresdner Heide kann noch zu Fuß erlaufen werden, doch zumindest für die Hellerau empfiehlt sich die Benutzung von öffentlichen Verkehrsmitteln. Die Tour beginnt am → **Albertplatz.** An der Westseite befindet sich in der Antonstraße Nr. 1 das kleine → **Erich Kästner Museum.** Weiter geht es an der Ostseite des Albertplatzes in die Bautzner Straße und dann links in die Alaunstraße, eine der zentralen Achsen des Kneipen- und Einkaufsviertels. Auf Höhe der Görlitzer Straße erreicht man die → **Kunsthofpassage** mit zahlreichen Kneipen und Boutiquen. Nun geht es wieder ein Stück zurück auf der Alaunstraße und dann links in die Louisenstraße, der man fast bis zum Ende folgt. Hier befindet sich an der Ecke Pulsnitzer Straße der → **Alte Jüdische Friedhof,** der mit Hilfe des Vereins HATiKVA besichtigt werden kann. Noch ein Stück weiter die Pulsnitzer Straße erreicht man erneut die Bautzner Straße, dort gelangt man links zu → **Pfund's Molkerei,** dem „schönsten Milchgeschäft der Welt" mit seinen bunten Steingutfliesen. Der nächste Programmpunkt unserer Tour, die **Albertstadt,** erfordert nun einen etwas weiteren Fußweg, am besten weiter auf der Bautzner Straße bis zur Forststraße, dieser links folgen. Sie geht schließlich in die Marienallee über, die zur Stauffenbergallee führt. Dort biegt man links ab und folgt der Stauffenbergallee. Man trifft zunächst auf die König-Georg-Kaserne, dann auf die Garnisonskirche St. Martin. Am Ende der Allee, kurz vor der großen Ausfallstraße gen Norden, der Königsbrücker Straße, entsteht gerade das Militärhistorische Museum. Von der Stauffenbergallee kann man auch einen kleinen Abstecher in die Dresdner Heide unternehmen. Noch vor der Garnisonskirche beginnt ein schöner Wanderpfad, der an der Prießnitz entlang nach Norden führt. Wer nun noch Zeit und Interesse für eine Besichtigung der **Hellerau** hat, besteigt an der Königsbrücker Straße/ Ecke Stauffenbergallee die Straßenbahn Nr. 8, die bis zum Festspielhaus Hellerau (Karl-Liebknecht-Str. 56) fährt. Auch die Siedlungshäuser der Gartenstadt liegen rechts und links von der Karl-Liebknecht-Straße, die Deutschen Werkstätten befinden sich dagegen am Moritzburger Weg, am besten zu erreichen über den bei der Straßenbahnhaltestelle „Festspielhaus Hellerau" beginnenden Heideweg. Zurück geht es in die Innenstadt wieder mit der Straßenbahn Nr. 8, die u. a. an Albertplatz, Postplatz und Hauptbahnhof hält.

Sehenswertes

Erich Kästner Museum

An der Westseite des Albertplatzes steht in einem kleinen Park die Villa Augustin (Antonstraße 1), hier ist das Erich Kästner Museum untergebracht. Der Bronzejunge auf der Gartenmauer stellt den berühmten Dresdner Schriftsteller dar – so mag der junge Erich Kästner im Hause seines Onkels auf den Platz geschaut haben. „Micromuseum®" nennt sich dieses wirklich winzige Museum für Dresdens neben August dem Starken bekanntesten Sohn. Auf engstem Raum sind die nach Themen geordneten Objekte, Bücher, CDs, Zeitungsausschnitte, Fotos etc. in dreizehn verschiebbaren Kästen („Pfeilern") untergebracht. Der Besucher sucht sich seine Informationen nach Interessen selbst zusammen. Da kommt ein Foto des jungen Erich Kästner aus der einen Schublade, ein gesprochener Text oder eine Filmsequenz auf Knopfdruck aus der anderen. Am PC ist die übersichtlich gegliederte und sehr inhaltsreiche, ebenfalls nach Themen geordnete Webseite verfügbar. Sehr effizient, aber nicht unbedingt was für Leute, denen Erich Kästner kein Begriff ist (zu Erich Kästner → Kasten, S. 179).

Auf der anderen Seite des Platzes an der Ecke Bautzner Straße/Alaunstraße steht übrigens ein weiteres Denkmal für Erich Kästner, ein Bücherstapel aus Bronze mit einer Bronzeplakette, die eine Abbildung des Jungen zeigt. So klein und bescheiden ist dieses Denkmal, dass es gerne übersehen wird. Wer in Dresden auf Erich Kästners Spuren wandelt, wird auch sehen wollen, wo er geboren wurde und wo die Familie wohnte. Dazu geht man die Königsbrücker Straße bis zur Nr. 66, seinem Geburtshaus, und zur Nr. 38, wo die Familie lebte, als es ihr etwas besser ging (zwischendurch wohnten sie in Nr. 48). Die Hinterhöfe, Spielplätze des jungen Erich Kästner, sind spätestens seit der Wende verschwunden.

Adresse/Öffnungszeiten: Antonstr. 1, So–Di 10–18 Uhr, Mi 10–20 Uhr, Eintritt 3 €, erm. 2 €, Fam. 7 €, ✆ 8045086, 📠 8045087, info@erich-kaestner-museum.de, www.literaturweltdresden.com.

Albertplatz, Alaunstraße und Kunsthofpassage

Das Straßennetz der Äußeren Neustadt ist auf den **Albertplatz** bezogen, der gleichzeitig mit der Hauptstraße und der Königstraße in der barocken Neustadt verbindet. Am Albertplatz mündet die wichtigste Straße der Äußeren Neustadt, die Alaunstraße, in die alte Verbindung nach Bautzen und Schlesien, die Bautzner Straße. Hier beginnt auch die Königsbrücker Straße, die wichtigste Ausfallstraße in Richtung Norden – der Albertplatz ist dementsprechend ein bedeutender Verkehrsknoten. Doch trotz seiner Größe bildet er dank seiner parkähnlichen Gestaltung und vor allem dank der beiden großen Brunnen (→ S. 163) eine städtebauliche Einheit.

Das Tempelchen auf der Nordseite des Albertplatzes hat nicht nur dekorative Funktion. An dieser Stelle wurde schon 1836 ein Artesischer Brunnen gebohrt, Dresdens berühmter Stadtbaumeister Hans Erlwein ließ dann 1906 den Rundtempel errichten. Gegenüber stand ehedem das Albertheater, wichtiger Standort der Dresdner und deutschen Theatergeschichte, heute befindet sich hier ein Park. Die an der Bautzner Straße beginnende **Alaunstraße** ist vor allem im unteren Teil eine Einkaufsstraße, weiter oben mischen sich immer mehr Kneipen, Restaurants und Cafés darunter, bis bei der Kreuzung mit der Louisenstraße die Abendlokale dominieren. Jenseits der Louisenstraße winkt in der **Kunsthofpassage** (zwischen Alaunstraße 70 und Görlitzer Straße 23–25) ein attraktiver Mix aus Kneipen und Boutiquen, die

Der Rundtempel auf dem Albertplatz

Hinterhöfe wurden dort zu einer Einkaufs-, Unterhaltungs- und Kneipenkette verbunden. Im Hof der Fabelwesen beleben zwei- und vierfüßige Mosaik-Wesen (die Künstlerin war Viola Schöpe) die bunten Wände, im Hof der Elemente zieht eine blaue Hauswand mit vorgesetzten Regenrinnen, deren weite Öffnungen an Posaunen erinnern, die Blicke auf sich, bei Regen (und im Sommer auch bei Schönwetter alle halbe Stunde) rauscht und gluckst eine wahre Wasseroper.

Alter Jüdischer Friedhof

Jahrhunderte lang durften in Dresden keine Juden wohnen, ihre Anwesenheit im Mittelalter und in der Frühen Neuzeit ist jedoch belegt und spiegelt sich beispielsweise in der Bezeichnung „Jüdenhof" in der Altstadt wider. Dennoch lebten immer wieder einzelne Juden und jüdische Familien in der Stadt, geduldet nur, weil sie gebraucht wurden. Ihre Toten mussten sie ins Ausland schaffen, bis nach Teplitz im Böhmischen. Erst mit zwei Gesetzen von 1746 und 1772 wurde Juden wieder offiziell der Aufenthalt ermöglicht, unter harten Bedingungen zwar, aber immerhin. Sie durften nun in der Neustadt sogar einen eigenen Friedhof anlegen. Er entstand 1751 und wurde 1869 offiziell geschlossen, da in der Johannstadt ein Neuer Friedhof entstanden war.

Wie durch ein Wunder hat sich der alte Friedhof erhalten und ist trotz großer Schäden an den Grabsteinen (durch Verwitterung des Sandsteins, nicht durch mutwillige Zerstörungen, wie man vermuten könnte) noch in gutem Zustand. Die Grabsteine haben in der Regel eine West-Ost-Ausrichtung, die Westseiten sind deutsch, die Ostseiten hebräisch beschriftet. Hohe Bäume beschatten den Friedhof, Efeu überwuchert die Wege.

Adresse/Öffnungszeiten: Pulsnitzer Str. 12. Den Besuch des verschlossenen Friedhofs ermöglicht der Verein HATiKVA – Die Hoffnung nebenan nach persönlicher Vorstellung:

Wo Erich Kästner ein kleiner Junge war

Erich Kästner (1899–1974), einer der bekanntesten und meistgelesenen Schriftsteller deutscher Sprache des 20. Jahrhunderts („Emil und die Detektive", „Das doppelte Lottchen", „Der kleine Grenzverkehr", „Fabian") war Dresdner. Zwar lebte er länger in Berlin und in München als in seiner Heimatstadt, aber mit Dresden fühlte er sich besonders verbunden. Seine Autobiographie über seine Kindheit in Dresden „Als ich ein kleiner Junge war" zeugt davon.

Denkmal für den Dichter auf dem Albertplatz

Erich Kästner wurde in der Königsbrücker Straße 66 in einer Kleinwohnung unter dem Dach geboren (am Eingang heute eine Erinnerungsplakette, die noch aus DDR-Zeiten stammt). Die Familie zog später mit dem Jungen um in das Haus Nr. 48 in derselben Straße, dritter Stock, dann in die Nr. 38. Das war ein großer sozialer Sprung! Je niedriger das Stockwerk, in dem man wohnte (das galt aber nur bis zum ersten Stock, dem „Nobelstock"), desto feiner wurde es. Erich Kästner besuchte die 4. Bürgerschule in der Tieckstraße (zwischen Bautzner Straße und Elbe), seine ersten Theatererfahrungen machte er am Albertplatz im (heute verschwundenen) Albert-Theater, und die Turnhalle seines Turnvereins, wo er sich begeistert an Reck und Barren profilierte, stand an der Ecke Alaunstraße/Louisenstraße.

Doch Kästner hielt es nicht lange in Dresden, nach Kriegsdienst (und Herzleiden) sowie Studium in Leipzig zog es ihn in das Berlin der Zwischenkriegszeit, wo er von 1927 bis zum Kriegsende lebte. Vor dem Hintergrund Berlins spielen sowohl der Roman „Fabian" (1931) als auch seine Kinderromane, allen voran „Emil und die Detektive" (1929). Nach der Machtergreifung der Nationalsozialisten 1933 wurden seine Bücher verboten und verbrannt, in unsicherer Duldung durch das Propagandaministerium erschienen in der Schweiz bis 1938 weitere Romane. Mehrfach durch die Gestapo verhaftet und wieder freigelassen durfte Erich Kästner 1942 unter einem Pseudonym das Drehbuch für einen der größten Filmrenner Nazideutschlands schreiben, für „Münchhausen" mit Hans Albers, um anschließend dann totales Schreibverbot zu erhalten.

Nach dem Krieg ging Kästner nach München (seine Berliner Wohnung war ausgebombt), wo er nach vielen Auszeichnungen und Preisen, aber relativ wenigen Veröffentlichungen im Alter von 75 Jahren 1974 starb. Unter den in München entstandenen Werken ist auch die literarische Autobiographie seiner Kindheit in Dresden „Als ich ein kleiner Junge war" (Zürich 1957). Die DDR konnte mit dem kritischen Geist wenig anfangen, sein Werk wurde nur sehr selektiv veröffentlicht, wie etwa die Gedichtsammlung „Kennst Du das Land, wo die Kanonen blühn?", die 1967 im Eulenspiegel Verlag in Berlin erschien (mit beigelegter Schallplatte 45 U/min!).

Buchtipp „Als ich ein kleiner Junge war" gibt es in einer besonderen Ausgabe mit Zeichnungen von Katrin Feist, 7. Aufl. 2005 im Hellerau-Verlag (Dresden), erhältlich im Buchhandel. „Kennst Du das Land, wo die Kanonen blühn?" ist nur noch antiquarisch erhältlich.

HATiKVA, Pulsnitzer Str. 10, Mo–Mi 9–12, 13–16 Uhr, Do 9–12, 13–17 Uhr, ☏ 8020489, 🖷 8047715, www.hatikva.de.

Pfund's Molkerei

In der Bautzner Straße 79 lädt das „schönste Milchgeschäft der Welt" zum Käsekauf ein, denn was 1891 als Milchladen errichtet wurde, ist heute ein Kägeschäft mit gehobenem Angebot. Bunte Steingutfliesen von Villeroy & Boch (kein Porzellan, wie oft behauptet wird) überziehen Decken, Wände und sogar den Fußboden. Theke und Wandschränke, Spiele und Säulen sind alle noch im Original erhalten. Auf den Fliesen sieht man alle Phasen der Milchproduktion, spielende Kinder sind die Akteure, auf Friesen sind weidende Kühe dargestellt, Grotesken überziehen andere Teile der insgesamt überwältigenden Ausstattung dieses Geschäfts.

Paul Pfund war ein kenntnisreicher Molkereibesitzer, dessen Erfindungen die Molkereiindustrie seiner Zeit wesentlich revolutionierten. Für seinen großen Betrieb entstanden ab 1880 die Anlagen in der Bautzner Straße 73 bis 81, die heute fast alle abgerissen sind. Was erhalten blieb, ist sein repräsentativer Milchladen, der 1891/92 entstand und damals wie heute die Besucher anzieht.

Adresse/Öffnungszeiten: Bautzner Str. 79, Laden Mo–Sa 10–18, So 10–15 Uhr, Restaurant tgl. 10–20 Uhr, ☏ 8105948.

Albertstadt und Militärhistorisches Museum

In der nördlich an die Äußere Neustadt angrenzenden **Albertstadt** wurden seit der Zeit des Königreiches Sachsen Kasernen und andere Militäreinrichtungen erbaut wie der ehemalige Exerzierplatz und heutige Park Alaunplatz. Die meisten Gebäude sind heute im Verfall begriffen, so die König-Georg-Kaserne für das 4. Feldartillerieregiment, errichtet 1900/01 (Stauffenbergallee Nr. 48, westlich jenseits der Bahnlinie). Andere werden zumindest teilweise weiter genutzt wie die ehemalige Garnisonskirche, heute St. Martin (katholisch), mit ihrem auffälligen, 91 m hohen Turm (An der Martinskirche/Stauffenbergallee 9). Die meisten Gebäude kamen in den Besitz der Bundeswehr, die in der Albertstadt heute eine Offiziersschule unterhält, oder stehen als zukünftige Wohnblocks in den Grundbüchern. Auch das **Militärhistorische Museum** der Bundeswehr befindet sich hier, es wird ab 2011 in einem von Daniel Libeskind konzipierten Museumsbau das wohl wichtigste heeresgeschichtliche Museum der Bundesrepublik sein. Der neue Trakt aus Stahl und Glas wird die derzeitige Gebäudefront wie auch den Grundriss des gesamten Gebäudes keilförmig durchbrechen und damit schon von außen her auf die Gebrochenheit der militärgeschichtlichen Tradition in Deutschland anspielen. Das Museum ist während der Umbauarbeiten geschlossen, bietet aber die sehr sehenswerte Ausstellung „Vom Arsenal zur Moderne" in einer großen Halle hinter dem Gebäude (weitere Ausstellungen auf der Festung Königstein, → S. 256).

Adresse/Öffnungszeiten: Militärhistorisches Museum, Olbrichtplatz 2, derzeit Di–So 9–17 Uhr, Eintritt und Führungen frei, ☏ 8232803, www.mhm.bundeswehr.de. Anfahrt mit Straba 7, 8, Haltestelle Stauffenbergallee.

Die Dresdner Heide

Wer aus der Äußeren Neustadt mit ihren engen Gründerzeitstraßen hinaus auf der Kamenzer Straße und der darauf folgenden Straße „An der Prießnitz" spaziert, sieht sich nach dem letzten Haus unvermittelt in einem romantischen Bachtal. Die Prießnitz ist das längste (24 km) und größte Gewässer der Dresdner Heide, eines um die 50 km^2 großen Landschaftsschutzgebietes unmittelbar vor den Toren der Stadt. Mischwald dominiert das hügelige, von teilweise steilen

Tälern durchzogene und über viele Wege und einige Straßen erschlossene Gebiet. Bereits im Spätmittelalter gab es ein Markierungssystem durch dieses Waldgebiet, in den letzten Jahren wurde es wieder durch eine Privatinitiative aufgefrischt: rote Zeichen auf weißem Grund. Daneben gibt es ein modernes Markierungssystem, sodass man sich mit einer guten Landkarte kaum verirren kann, ohne Landkarte und Vorkenntnisse ist man in diesem riesigen Gebiet jedoch schnell desorientiert! Die meisten Wege sind übrigens auch für Radfahrer zu machen – wenn sie gute Kondition haben.

Wanderkarte/Essen & Trinken: Die beste Wanderkarte für die Dresdner Heide ist die Karte 1:25.000, Blatt 36 „Dresdner Heide, Laußnitzer Heide" des Landesvermessungsamtes Sachsen, die es in guten Buchhandlungen in Dresden gibt. Mitten in der Heide liegen die beiden Gaststätten „Einkehr" und „Heidemühle" (an der Brücke der Radeberger Landstraße über die Prießnitz), beide sind an Wochenenden und Feiertagen, im Sommer auch während der Woche geöffnet, einfache Gerichte, in der „Einkehr" etwa Linseneintopf mit Bockwurst, Schnitzel, Sülze und Bratkartoffeln.

Hellerau

Die britische Arts-and-Crafts-Bewegung, der Jugendstil, de Stijl und Art nouveau, der deutsche Werkbund und die Gartenstadtbewegung sind verschiedene Facetten der Reformideen, die im späten 19. und frühen 20. Jahrhundert in Europa kursierten. Weg vom stillosen, aus vielen Stilen zusammen gewürfelten gründerzeitlichen Schwulst war der gemeinsame Ausgangspunkt. Klarheit, Sachlichkeit – bis hin zur späteren Neuen Sachlichkeit – und Verzicht auf überflüssiges Dekor waren die Ziele. In der Gartenstadt Hellerau, die als eine der ersten im deutschen Sprachraum diesen Ideen verpflichtet war, sollten sie in die Praxis umgesetzt werden.

Die Gartenstadtgesellschaft Hellerau wurde 1908 unter der Ägide des Unternehmers Karl Schmidt (1873–1948) ins Leben gerufen, der auch gleich noch eine Baugenossenschaft gründete. Bereits 1909 entstand die Gartenstadt Hellerau, nachdem die Genossenschaft ein 140 Hektar großes, sandiges Terrain erworben hatte. Es wurden zunächst Siedlungshäuser mit insgesamt 345 Kleinwohnungen für Arbeiter der gleichzeitig eröffneten Deutschen Werkstätten gebaut. Fast alle Häuser haben sich zu beiden Seiten der Karl-Liebknecht-Straße erhalten, viele von ihnen liebevoll renoviert und trotz der relativen Enge begehrte Dresdner Wohnstandorte. 1911 folgte dann der Bau des von Heinrich Tessenow entworfenen Festspielhauses mit der Bildungsanstalt für rhythmische Gymnastik von Emil Dalcroze, die bis 1927 bestand. Das Festspielhaus sollte im Bereich von Musik und Theater die Entschlackung und Reinigung fortsetzen, die man sich im Bereich der Architektur und der Innenausstattung vorgenommen hatte.

Albertstadt: Garnisonskirche St. Martin

Von 1933 bis zur Wende herrschte in der Hellerau Funkstille, erst 1992 fand wieder ein Kunstfest statt – die Rote Armee war eben erst abgezogen, aber das Festspielhaus war offiziell noch in sowjetischem Besitz. Heute hat sich ein

Europäisches Zentrum der Künste Hellerau konstituiert, die renommierte Balletttruppe The Forsythe Company hat hier einen ihrer zwei Sitze und ein reichhaltiges, oft alternatives Kulturprogramm bringt wieder Menschen in die Hellerau und ins Festspielhaus.

Festspielhaus Hellerau

Die durch vier quadratische Säulen getragene hohe Tempelfront des Festspielhauses Hellerau ist ein Zugeständnis seines Architekten Heinrich Tessenow an die Zeit, in der dieser zukunftsweisende Bau entstand. Aber Tessenow zitiert nur – was an die Postmoderne erinnert – er baute keinen Tempel für die Kunst (wie das Schlüter und andere in Berlin getan haben), sondern eine Mehrzweckhalle. Der Bühnenbildner Alphonse Appia setzte darin bei den ersten Festspielen 1912 seine sensationellen minimalistischen Szenenbilder für Glucks „Orpheus und Eurydike“ um. Wer heute das Haus betritt, kann sich den Schock, der viele damals erfasst haben muss, nicht mehr vorstellen. Wir sind kahle, minimalistische Räume und Ausstattungen gewöhnt, Tessenow und Appia waren jedoch Vorreiter, vor ihnen hatte das niemand gewagt.

Adresse/Öffnungszeiten: Karl-Liebknecht-Str. 56, ✆ 264620, www.kunstforumhellerau.de. Das Festspielhaus ist zu den zahlreichen öffentlichen Veranstaltungen des Europäischen Zentrums für Künste Hellerau, das von dem bedeutenden Komponisten Prof. Udo Zimmermann geleitet wird, für das Publikum geöffnet. Karten und Auskunft → Kulturszene Dresden.

Deutsche Werkstätten

Deutsche Werkstätten Hellerau

Der eigentliche Kern der Hellerau sind die Deutschen Werkstätten, die heute noch ganz ähnlich aussehen wie Anfang der 1920er-Jahre, als man sie nach ersten Anfängen vor dem Ersten Weltkrieg nochmals ausbaute. Die ursprüngliche und gleichzeitig auch die heutige Aufgabe der Deutschen Werkstätten waren Entwurf und Produktion werkgerechten Mobiliars aus hochwertigen Materialien in bester Verarbeitung. Ein Beispiel ist der konstruktivistisch-schlichte „Bertsch-Stuhl“, der in den Dreißigerjahren erstmals gebaut und heute mit großem Erfolg nachgebaut wird. Eine eigene, große und modernst ausgestattete Projektwerkstatt ist für den Entwurf zuständig. Dass sie im Wesentlichen auf PC-Programme zurückgreift, ist allerdings ein wenig anders als damals vor hundert Jahren, als man hier erstmals Möbel entwarf. Die Kunden sind meist staatliche oder/und Großunternehmen, das war schon zu DDR-Zeiten so, als eine Abteilung die Ausstattung von Semperoper und Leipziger Gewandhaus übernahm. So haben die Deutschen Werkstätten die Innenräume im Willi Brandt Haus in Berlin, im Kempinski Taschenberg Hotel in Dresden, in der Berliner Preussag Repräsentanz und der Bayer Konzernzentrale in Leverkusen mitgestaltet.

Adresse/Öffnungszeiten: Deutsche Werkstätten Hellerau, Moritzburger Weg 68, ✆ 21590-0, www.dwh.de.

Praktische Infos

(→ Karte S. 174/175)

Die Kneipenszene der Neustadt lässt sich nur in Ausschnitten andeuten, zumal viele Lokale tagsüber als Café oder Bistro fungieren, um sich abends zur Bar oder zur Szenekneipe mit Live-Musik zu verwandeln. Zu diesen siehe auch und vor allem im Kapitel → Nachtleben!

Essen & Trinken

Restaurants, Gaststätten, Imbisse

In der Äußeren Neustadt

Marcolini (59), das schöne Haus des 18. Jahrhunderts in zwei Sandsteingewölben und die aussichtsreiche Terrasse über der Elbe geben sich betont italienisch, was sich aber nur teilweise in der Küche niederschlägt, die eher auf internationale Bistrogerichte schielt. Was der Qualität nicht schadet. Hauptgerichte ca. 8–20 €. Bautzner Str. 96 am Palais Marcolini, Mo–Fr 11–14.30/17–23, Sa/So 11–23 Uhr, ✆ 8627800.

Villandry (26), das bekannte Restaurant mixt mediterrane und ostasiatische Elemente zu interessanten Gerichten, die dem Marktangebot und dem Angebot der Bio-Bauern folgen, also häufig wechseln. Beliebt als Dessert und immer wieder gerühmt die Crême brulée, ungewöhnlich die in Sachsen sonst übliche Donauwelle wird hier Elbwelle genannt und mit Ananaseis kombiniert. Hauptgericht ab ca. 12 €, eher mittiger Service. Jordanstr. 8, Mo–Sa ab 18.30 Uhr, ✆ 8996724, www.villandry.de.

Saite (10), das bio-zertifizierte Restaurant im Hechtviertel ist das erste seiner Art in Sachsen, hier folgt man konsequent Prinzipien der Nachhaltigkeit und der ökologischen Erzeugung und Verarbeitung der verwendeten Produkte. Stilsicheres Interieur, netter Garten. Zeitgenössische Bistro-Küche, vegetarische Gerichte geraten eher zu Hochform als solche mit Fleisch. Hauptgang 10–20 €. Tgl. ab 18 Uhr, So auch 10–15 Uhr. Seitenstr. 4b, ✆ 89960075, www.cafe-saite.de.

Toscana (48), das italienische Restaurant hat im Hinterhof einen gepflegten kleinen Gastgarten. Louisenstr. 34–36, tgl. ab 11 Uhr bis spät, ✆ 6567690.

Habibi (57), gutes syrisches Restaurant. Martin-Luther-Str. 37, So–Do 17–2, Fr/Sa 17–3 Uhr, ✆ 4045415, www.habibicafe.de.

Devil's Kitchen (47), nein, keine scharf gewürzten Speisen, sondern Fast-Food-Gerichte auf Slow-Food-Art zubereitet und mit wirklich frischen Zutaten im Nichtraucherlokal. So geht's also auch: Frühlingsrollen und Tortillas mit frisch zubereitetem Hack, frische Brötchen und ebensolche Zucchini und Auberginen für den delikaten Gemüse-Burger – wunderbar! Ambiente à la *Diner* in Knallrot. Sandwiches, Burger und vegetarische Gerichte, Hauptgericht ca. 6–12 €. Alaunstr. 39, Mo–Fr ab 12, Sa/So ab 10 Uhr.

Gaststätte zum Bautzner Tor (75), die Neustädter Hausbrauerei (→ Einkaufen) hat sich eine altgediente Gaststätte an der Bautzner Straße als Stammkneipe eingerichtet, da kann man zu schlichter bürgerlicher Küche (Schweinebraten mit Beilagen; Mittagstisch ab 4 €) die Biere der Neustädter Hausbrauerei probieren, das Elbhang Rot und das Neustädter Hell, Sept.–April auch den Winterbock „Wilder Mann". Mo–Fr 12–2, Sa 14–2, So 10–2 Uhr. Hoyerswerdaer Str. 37, ✆ 8038202, www.bautznertor.de.

Ricc's Original Hot Dogs (29), hmja, war's nötig? Offensichtlich ja: welche Metropole kommt schon ohne einen Hot-Dog-Stand aus? Neben den heißen Hunden diverse Basic-Snacks von Nachos bis zu Suppen, gedämpfter 60er-Jahre-Schick im knallroten Interieur. Alaunstr. 68, Mo–Sa 12–22 Uhr.

In der Hellerau

Schmidt's Restaurant (2), ein Küchenchef mit solidem Handwerkskönnen und mediterran orientierter Speisekarte mit wechselndem Angebot, die besondere Atmosphäre eines Restaurants im Loft der Deutschen Werkstätten und der sommerliche Garten haben das „Schmidt's" zu einem Lieblingslokal der Dresdner gemacht. Olaf Kranz geizt nicht mit Überraschungen, Düfte und Geschmacksnuancen werden oft ungewöhnlich kombiniert – und genau das macht den Reiz dieses Lokals aus. Hauptgerichte ca. 11–21 €. Hellerau, Moritzburger Weg 67 (Deutsche Werkstätten), Mo–Fr 11–23, Sa 17.30–23 Uhr, ✆ 8044883, www.schmidts-dresden.de.

Cafés, Bars und Kneipen

Scheunecafé (49), alteingesessene Kneipe, die das hat, womit man allzu oft Allerweltsphänomene bezeichnet sieht, nämlich „Kultstatus". In der Kneipe, im Biergarten und – für Nachbarn in der Alaunstraße mit zweifelhaftem Effekt – auf der Straße vor der Tür läuft die Szene auf Hochtouren bis das Café schließt und andere Kneipen aufgesucht werden (müssen). An Wochenenden und Feiertagen beliebtes Brunchbuffet 10–16 Uhr. Alaunstr. 36, Mo–Fr 17–2, Sa/So/Feiertag 10–2 Uhr, ✆ 8026619, www.scheunecafe.de.

Café Neustadt (72), nettes Bistro-Café im Kaffeehausstil an der Ecke Pulsnitzer Straße, wenige gute, sorgfältig zubereitete Gerichte, nicht sonderlich flotter, aber sehr freundlicher Service. Frühstück bis 16 Uhr, Hauptgerichte ca. 8–10 € (gut: Gnocchi mit Gorgonzola und Salat), Tageskarte (Zyprischer Tomatensalat mit Halumi, Kräuterdressing und Brot ca. 9 €), gute Tee- und Weinauswahl, abends/nachts Cocktailbar. Bautzner Str. 63, ✆ 8996649.

Espitas (35), mexikanische Gerichte im Strandkorb an der Ecke Louisen- und Alaunstraße – das kann nur das Gelbe vom Ei sein. Nicht zu unterschätzen die lange Cocktailkarte – 42 Tequilas! Louisenstr./Ecke Alaunstr., tgl. ab 11 Uhr, ✆ 4568525, www.espitas.de.

Schönster Laden weit und breit: Pfund's Molkerei

Suppenbar (55), die letzten Trends dürfen in der Äußeren Neustadt selbstverständlich nicht fehlen, also gibt's hier (aber auch anderswo in der Stadt) eine Suppenbar. Pluspunkt: wechselndes Angebot, frische Zutaten, schmackhaft, der Teller ca. 3–5 €. Rothenburger Str. 37 (Ecke Bautzner Straße), Mo–Fr 11.30–22, Sa 11.30–16 Uhr.

Katy's Garage (42), Biergarten genau an der beliebtesten Kreuzung des Szeneviertels, Gartengarnituren und Strandkörbe, mehrere Biersorten. Alaunstr. 48 (Ecke Louisenstraße), tgl. ab 11 Uhr bis spät (Biergartenausschank bis 22 Uhr), ✆ 6567701, www.katysgarage.de.

Café Europa (16), in einem Kneipenviertel wie der Äußeren Neustadt hat ein Café keine Mühe, zu allen 24 Stunden des Tages Gäste anzuziehen. Das Europa bietet den Kaffee oder das Bier, den Imbiss, die Zeitung dazu, WLAN und den Internetanschluss (beides gratis) zu allen Stunden an und fährt gut damit. Königsbrücker Str. 68, ✆ 8044810, tgl. 24 Stunden geöffnet, www.cafe-europa-dresden.de.

Planwirtschaft (34), viel Platz hat man nicht fürs Essen, aber da es hier neben sächsischen Leibgerichten (nicht nur) mit ökobewusster Auswahl der Zutaten auch Kleinbrauerbiere und eine ausgezeichnete Stimmung gibt, ficht das niemanden an. Und außerdem kann man sich ja in den Gastgarten setzen. Gutes Frühstücksbüffet (ca.17 € inkl. Sekt/Heißgetränke)! Louisenstr. 20, Mo–Fr ab 9.30, Sa/So ab 9 Uhr bis 2 Uhr, ✆ 8013187, www.planwirtschaft.de.

Blumenau Caffè & Bar (52), tagsüber Café, abends Bar, das unterscheidet das poppig bunte Blumenau kaum von den anderen Treffs der Szene in der Äußeren Neustadt. Ist das Blumenau vielleicht noch mehr *in* als *in*? Hingehen und testen. Übrigens kann man im Blumenau auch gut essen, die Pastagerichte sind frisch zubereitet. Louisenstr. 67, Mo–Fr 8–2/3 Uhr, Sa/So 9–2/3 Uhr, ✆ 8026502, www.cafe-blumenau.de.

Einkaufen

Bunzlauer Keramik (69), die traditionelle Keramik aus dem ehemals deutsch-schlesischen und heute polnisch-schlesischen Bunzlau ist dank ihrem typischen Dekor (weiße Punkte auf strahlend blauem Grund) leicht erkennbar. Nostalgie-Trip für alle Schlesier und hübsches Mitbringsel für alle anderen. Vorsicht:

Sammelwut droht! Bautzner Str. 81, Mo–Fr 10–17, Sa 10–15 Uhr, www.bunzlau24.de.

Navajo (50), trendiger moderner Schmuck und ebensolche Uhren, hier protzt nicht der Metallwert, sondern Form und Verarbeitung. Rothenburger Str. 43, Mo–Fr 11–20, Sa 10–15 Uhr, ✆ 8045938. Ein weiteres Geschäft in der Altmarkt-Galerie, Mo–Sa 9.30–20 Uhr. (Original Navajo-Schmuck wird auch im Karl-May-Museum in Radebeul angeboten.)

Der Reisebuchladen (44), Reiseführer als Buch, Karte, Broschüre und Bildband in der Louisenstraße 38, Mo–Fr 11–19, Sa 11–14 Uhr, www.der-reisebuchladen.de.

Popcorn Records (60), Oldies, Schlager, Pop, An- und Verkauf von Schallplatten. Alaunstr. 20, ✆ 8012829, www.popcorn-records.de.

Zentralohrgan (38), sowohl Pop als auch Klassik auf Vinyl. Louisenstr. 22, ✆ 8010075, www.zentralohrgan.de.

Japée (73), Jaqueline Peevski nennt die Hüte, die sie entwirft, „ihre Gebilde", was wohl bedeutet, dass sie nicht unbedingt auf klassische Hutformen angewiesen ist. Schicke, freche und vor allem individuelle und unverwechselbare Hutmode. Bautzner Str. 6, www.hutkunst-japee.de.

Zarewna (30), ein einfallsreicher, ungewöhnlicher Laden, gibt es doch eine eigene Modekollektion (Jurij), Seidenmalerei (Jurij), aber auch Pralinen aus Eigenproduktion (Liliana) im Angebot. Das Ehepaar Mamelkin nimmt gerne auch Bestellungen an. Alaunstr. 66/68 in der Kunstpassage, Mo, Di, Do–Sa 11–20 Uhr, ✆ 3241632.

Die Hütte (74), auf Wandern, Bergsteigen, Klettern und Outdoor spezialisierter Sportausstatter, das Naturbezogene mendelt sich bis zur Wandverkleidung (Holz) durch. Bautzner Str. 39, ✆ 4226264, Mo–Fr 10–19.30, Sa 9–14 Uhr.

Pfund's Molkerei (67), Käse und noch mal Käse gibt's im schönsten Molkereiladen der Welt, der Stehimbiss und das angeschlossene Restaurant verstärken den Genuss. Massig Busse mit Touristen, es kann voll werden (Fotos nicht erlaubt!). Bautzner Str. 79, Mo–Sa 10–18, So 10–15 Uhr, Restaurant tgl. 10–20 Uhr, ✆ 8105948, www.pfunds.de.

Der Senfladen (68), wenn Sie Ihren Lieblingssenf hier unter 200 zur Auswahl nicht finden, sind Sie selbst schuld. Dazu jede Menge Gewürze. Bautzner Str. 79, Mo–Sa 9.30–18, So 10–15.30 Uhr, www.senf.de.

Caucasus (71), georgische Weine, Gewürze und Tee, sehr freundliche Beratung. Bautzner Str. 67, ✆ 3146655, www.caucasus-dresden.de.

In der Kunstpassage ist auch fürs leibliche Wohl gesorgt

Orient Bazar (63), (vor allem) türkischer Supermarkt, nicht sehr groß, aber gut bestückt, auch Fleisch- und Käsetheke. Königsbrücker Str. 6b, Mo–Sa 9–20 Uhr.

Kaffeerösterei Dresden (70), Dresdens einzige Kaffeerösterei ist ein Einmannbetrieb mit klassisch-altmodischer Kaffeeröstmaschine, köstlich der Kaffee jordanisch (mit Kardamom) zum Mitnehmen, höchste Qualität der Espresso Massai Sidamo aus 100 % Arabica-Bohnen. Bautzner Str. 75, Mo, Mi/Do, Sa 10–17 Uhr, Di 10–13, Fr 10–19 Uhr, ✆ 6568699.

Bio-Sphäre (15), Bio-Supermarkt mit Neustädter und Hechtviertel-Kunden, sehr gute Fleischabteilung (u. a. Ökohof und Fleischerei Mörl aus Diemen in der Lausitz). Königsbrücker Str. 76, Eingang Bischofsweg, Mo–Do 9–19, Fr 9–19.30, Sa 9–14 Uhr, www.biosphaere.naturkostaktiv.de.

Neustädter Hausbrauerei Schwingenheuer (19), Hecht Alt, Neustadt Hell und Cider gibt es bei Christian Schwingenheuer in der Schönbrunnstraße am Bahndamm. Das Hausgebraute lohnt den Abstecher. Das Bier ist auch in einigen Szenekneipen der Äußeren Neustadt zu haben (→ Gaststätte zum Bautzner Tor). Schönbrunnstr. 1, Di und Do 15–20 Uhr, ✆ 7993774, www.obergaerig.de.

Palais im Großen Garten: erstes Barockpalais der Stadt

Tour 6: Rund um den Großen Garten

Von der Altstadt aus kann man fast 3 km weit durch Parks und Gärten spazieren. Bürgerwiese und Großer Garten schaffen einen grünen Gürtel mit Wiesen zum Picknicken, einer Parkeisenbahn für Kinder sowie einem Barockschloss mit See. Hinzu kommen Sehenswürdigkeiten wie die Gläserne Manufaktur von VW und das Deutsche Hygiene-Museum, ein Highlight jedes Dresden-Besuchs. Unverzichtbar!

Das Viertel südöstlich der Altstadt wird von dem fast 2 km² umfassenden → **Großen Garten** dominiert. Ursprünglich im 17. Jahrhundert als Jagdgarten angelegt und wenig später zum Barockgarten umgestaltet hat er heute eher parkähnlichen Charakter. Nur noch das Palais, die geraden Hauptalleen und die zahlreichen Statuen erinnern an seine Vergangenheit. Die Dresdner nutzen ihn gerne für jede Art der Entspannung. Kinder freuen sich über die parkeigene Eisenbahn. Außerdem befinden sich hier der → **Zoologische Garten** der Stadt sowie der → **Botanische Garten,** der zur Technischen Universität gehört. Am Nordwestende des Großen Gartens steht seit 2000 die → **Gläserne Manufaktur** von VW. Hier kann man die Produktion des Luxusmodells „Phaeton" verfolgen oder im Restaurant des Hauses ausgezeichnet essen. Westlich des Großen Gartens schließt sich gleich die → **Bürgerwiese** an, beide sind nur durch die breite Lennéstraße voneinander getrennt. Hier zieht es die meisten Besucher in das → **Deutsche Hygiene-Museum,** das museumspädagogisch bestens aufbereitet alles Wissens- und Sehenswerte rund um den Menschen präsentiert. Das Museum ist auch für Kinder geeignet und bietet sogar zusätzlich noch ein eigenes Kindermuseum.

Die folgende Tour bietet eine Mischung aus Natur und Kultur und ist auch für

Kinder interessant. Am besten plant man dafür einen ganzen Tag ein. So kann man etwas Zeit im sehr sehenswerten, aber weitläufigen Deutschen Hygiene-Museum verbringen. Der Rundgang startet am Altstadtrand südlich des Rathauses am Georgplatz (nächste Straba-Haltestelle am nördlich gelegenen Pirnaischen Platz). Zunächst überquert man die St.-Petersburger-Straße in Richtung → **Bürgerwiese** (so heißen Straße *und* Park!), sie ist bereits als grüne Lücke zwischen den Gebäuden auszumachen. Die lang gestreckte Bürgerwiese kann man auf mehreren Wegen durchmessen, das golden leuchtende Mozartdenkmal wird man kaum übersehen, auch wenn man zufällig nicht den direkt daran vorbei führenden Weg benutzt. Bei der zweiten Straßenquerung (Blüher Straße) hält man sich links und erreicht durch den Blüherpark hindurch das → **Deutsche Hygiene-Museum** mit seiner ebenso schlichten wie eindrucksvollen Fassade. Das Museum wurde in der Achse des Großen Gartens errichtet. Steht man vor seinem Eingang, blickt man direkt auf dessen Hauptallee und erkennt das etwa einen Kilometer entfernte Gartenpalais in dessen Mitte. Nach einem Besuch im Hygiene-Museum spaziert man die Hauptallee entlang in Richtung Gartenpalais (hat keine besucherfreundlichen Öffnungszeiten und öffnet in der Saison Mi–Sa erst um 14 Uhr, So ab 11 Uhr, Details → **Großer Garten**). Besser man besucht zunächst den → **Zoologischen Garten.** Dafür biegt man bereits nach 200 m auf der Hauptallee nach rechts ab und schlängelt sich auf Parkwegen, am Mosaikbrunnen vorbei, zum Zoo durch, der nur von der Südseite (Tiergartenstraße) zu betreten ist.

Mittagszeit? Der Zoologische Garten hat ein Restaurant, aber auch im Café-Restaurant Carolaschlösschen am Carolasee kann man gut essen und an schönen Tagen ein Ruderboot mieten, um auf dem See zu schaukeln. Daneben hält die Parkeisenbahn (die ältere Dresdner als Pioniereisenbahn kennen) am Bahnhof Carolasee, was Fußfaule dazu animieren kann, mit der Bahn zum Palais zu fahren (Bahnhof Palaisteich). Nun zur Hauptallee mit dem Palaisteich und Springbrunnen (und dem einladenden Biergarten auf der anderen Alleeseite …), ein Blick ins Parktheater und – mittlerweile hat es vielleicht schon geöffnet – ins Große Palais. Das lohnt sich aber fast nur wegen der Barockskulpturenausstellung, denn nur die Fassade dieses ersten großen Barockbaus in Dresden wurde in ihrer ganzen Aufwendigkeit rekonstruiert, das Innere ist nach wie vor nacktes Gemäuer. Durch den im Hoch- und Spätsommer bunt leuchtenden Dahliengarten schlendert man anschließend zur Stübelallee (sie begrenzt

Hat Vorrang im Großen Garten: die Parkeisenbahn

den Großen Garten auf seiner Nordseite) und zum Eingang des → **Botanischen Gartens,** der bis zum Einbruch der Dämmerung geöffnet hat. Ein kurzer Weg und man steht am Gebäude der → **Gläsernen Manufaktur,** der Besuch ist bis 17 Uhr möglich (aber nur mit Anmeldung!). Dort kann man im Lesage auch ausgezeichnet essen!

Etwas abseits dieser Rundtour liegen das Panoramabild → **„Dresden 1756"** im Panometer in Reick sowie die von Reformarchitektur à la Gartenstadt Hellerau geprägte → **Christuskirche** in Strehlen. Letztere integriert man am besten in die obige Tour, indem man am Zoologischen Garten den Großen Garten verlässt und auf Höhe des Carolasees in die rechts von der Tiergartenstraße abzweigende Oskarstraße einbiegt. Dieser folgt man bis zum Wasaplatz. Dort hält man sich links und erreicht die Kirche geradeaus über Kreischaer Straße sowie Altstrehlen. Weiter zum Panometer in Reick gelangt man mit der S-Bahn (S 1, S 2) vom Bahnhof Strehlen (eine Station bis Reick). Von dort sind es nur wenige Minuten zu laufen (Gasanstaltstraße beginnt am Bahnhof). Nach der Besichtigung entweder mit der S-Bahn zurück nach Strehlen und zu Fuß zum Großen Garten oder gleich weiter bis zum Hauptbahnhof und Beendigung der Tour in der Dresdener Altstadt.

Sehenswertes

Bürgerwiese

Wiesen gab es entlang des idyllischen Kaitzbaches schon im Mittelalter, von 1859 bis 1869 machte der Gartenarchitekt Peter Joseph Lenné einen Park daraus. Er erhielt den Namen, den diese Wiesen schon mindestens seit 1460 trugen: Bürgerwiese, das war passend, war er doch der erste bürgerliche Park der Stadt. 900 m lang und nur um die 50 m breit verbindet er Altstadt und Großen Garten, eine grüne Schneise zur größeren Spielwiese. Sogar ein Teich mit Fontäne hatte Platz im langen, grünen Schlauch. Vier alte Sandsteinfiguren (von 1785) hat man in den Garten gesetzt, aber das Prunkstück ist ein Denkmal von 1907, das Wolfgang Amadeus Mozart gewidmet ist. Nicht Mozart hat der Berliner Bildhauer Hermann Hosaeus dargestellt, sondern die graziösen Personifikationen von Ernst, Anmut und Heiterkeit, die leuchtend golden (kürzlich erneuert) und mit attraktiven femininen Reizen ausgestattet einen Reigen um eine Säulentrommel tanzen, auf der ganz schlicht nur ein Name steht: Mozart.

Deutsches Hygiene-Museum

Im an die Bürgerwiese angrenzenden Blüherpark liegt das Deutsche Hygiene-Museum. So etwas hatte es noch nicht gegeben, was der Dresdner Industrielle und Kämpfer für die Verbesserung der Volksgesundheit Karl August Lingner (1861–1916) als seinen Traum zu realisieren versuchte, was aber erst Jahre nach seinem Tod umgesetzt wurde: ein Museum, in dem der Mensch gewissermaßen durchsichtig gemacht wird. Die Funktionen der Körperteile und der physischen Substanz, aus der wir Menschen bestehen, Haut und Muskelmasse, Nerven und Sinnesorgane, Bewegungsmechanismus und Alterungsprozess, alles sollte dargestellt werden und der Aufklärung der Menschen, der besseren Körperhygiene und damit letztlich der Volksgesundheit dienen. Der schwerreiche Produzent des Odol-Mundwassers (das er nicht selbst erfand, aber so benannte) hinterließ in der Lingner-Stiftung genug Geld, um ein zu seiner Zeit Aufsehen erregendes und heute nach wie vor außergewöhnliches Museum zu gründen und den Betrieb zu finanzieren.

Neue Sachlichkeit: das Deutsche Hygiene-Museum

Der Bau des Deutschen Hygiene-Museums wurde 1928 bis 1930 (von Wilhelm Kreis) errichtet, rechtzeitig für die 2. Internationale Hygiene-Ausstellung, die wie die erste (1911) in Dresden stattfand. Die kühlen, klaren Formen der Neuen Sachlichkeit prägen den Bau, der sich innen schlicht und hell präsentiert – das Foyer zur Nordwestseite ist ein einziger Glaskörper. Der erste große Publikums- und Medienerfolg ist heute noch zu sehen, denn die Gläserne Frau von 1930 mit ihrer transparenten Haut, unter der Nerven und Blutgefäße zu erkennen sind, bildet den ideellen Mittelpunkt der heutigen Dauerausstellung, die sich „Der gläserne Mensch" nennt. Während des Museums-Rundganges, zu dem häufig noch Sonderausstellungen hinzukommen, wird man durch die verschiedenen Bereiche menschlicher Existenz geleitet, die vielfach interaktiv erfahrbar sind: Sinne, Bewegungsorgane, Gehirn und Lernen, Haar und Haut, Alterungsprozess, historische Entwicklung von Hygiene und Gesundheitspflege werden anschaulich und auch in großen Zügen für Kinder zugänglich vorgestellt und erklärt.

Im angeschlossenen **Kindermuseum** werden die Themen des Museums für 4- bis 12-Jährige aufbereitet und auf ca. 500 Quadratmetern ertast- und erfahrbar gemacht, vor allem interaktive Tätigkeit wird angeboten. An Wochenenden gibt es eine Entdeckertour unter Anleitung.

Der **Blüherpark** zwischen Hygiene-Museum und Bürgerwiese, ehemals Park eines 1945 zerstörten Palais, wird seit 2005 auf Hochglanz gebracht. Der alte Brunnen sprudelt wieder, die Fundamente des Palais wurden aufgedeckt und konserviert, barocke Statuen restauriert und an den alten Platz gestellt. Die Arbeiten laufen!

Adresse/Öffnungszeiten: Lingnerplatz 1, Di–So 10–18 Uhr, Eintritt 7 €, erm. 3 €. Infos ✆ 4846400, service@dhmd.de, www.dhmd.de. Die Museums-Broschüre (2 €) „Mensch-Körper-Gesundheit" ist voller Infos zu den Themen Gläserner Mensch, Leben und Sterben, Essen und Trinken und Sexualität, erhältlich im Museums-Shop.

Essen & Trinken: Das Museum hat ein ausgezeichnetes Café-Restaurant, das Lingner, das auch nach den Museums-Öffnungszeiten geöffnet bleibt (→ Essen & Trinken).

Großer Garten

Dresdens größte „Grüne Lunge“ umfasst eine Fläche von fast 2 km^2 (1,9 km x 0,9–1 km), das garantiert auch an den schönsten Sommer-Spätnachmittagen, wenn nach Büroschluss Massen in den Park stürmen, private Ecken und ruhige Schattenplätze. Skaten, Radeln, Spazierengehen, Picknicken, Biergartenbesuch, Pilze sammeln (jawohl – im Juni gibt es oft massenhaft Wiesenchampignons), Bahn fahren (Park-Miniatureisenbahn), Rudern auf dem Carolasee und der Kulturtrip zu Dresdens erstem Barockschloss und zu den über den ganzen Park verteilten barocken Skulpturen, alles ist möglich. Im Sommer finden in der Freilichtbühne „Junge Garde“ im äußersten Südosten des Parks häufig Konzerte statt (→ Kulturszene Dresden) – vorwiegend solche mit starkem Bass-Einsatz, was dem einen oder anderen Anwohner schon mal die gute Laune verdorben haben soll.

Der **Park** entstand ab 1676 als Jagdgarten im kurfürstlichen Auftrag, gleichzeitig wurde mit dem Palais genau im Zentrum der den Park längs und quer schneidenden Alleen begonnen. Der Architekt war Johann Georg Starcke, der auch nach der Umgestaltung des Parks als Französischer Garten (ab 1683) die acht (heute fünf) „Kavaliershäuschen“ entwarf. Diesen strengen, geometrischen Barockgarten kann man heute nur noch erahnen, etwa im hübschen Dahliengarten nahe dem Palais, denn im 19. Jahrhundert (ab 1873) wurde der Große Garten wieder umgestaltet, dieses Mal als Englischer Park, wie er sich heute noch präsentiert. Dem

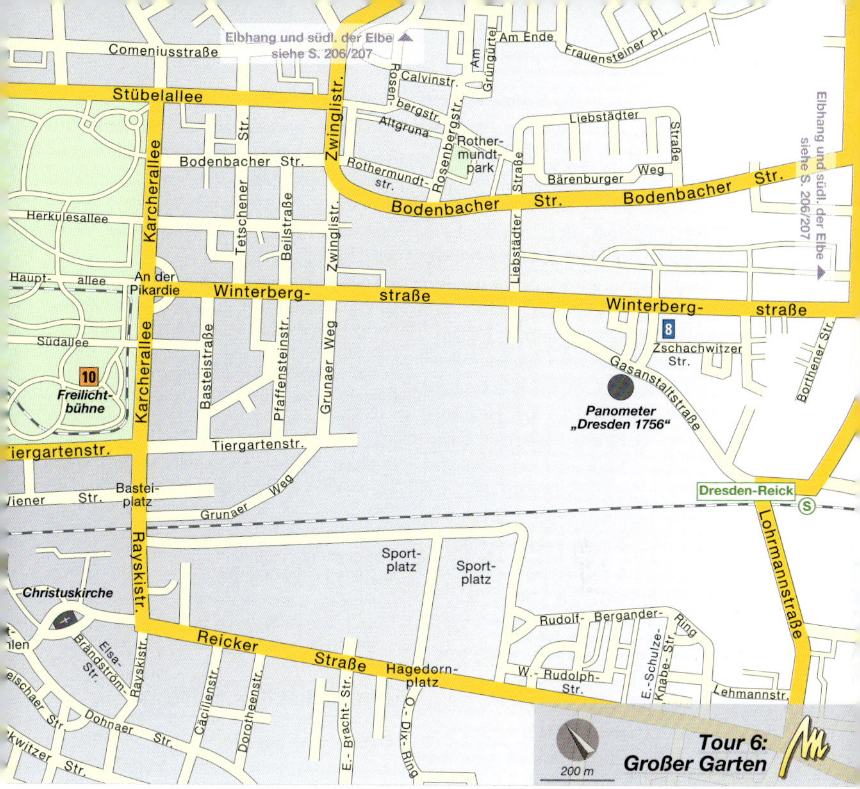

außen und innen aufwendig mit Sandsteinskulpturen geschmückten barocken Palais folgten Sandsteinstatuen, einige von Balthasar Permoser und seinen Schülern (die Originale sind heute zum Teil im Palais zu bewundern), und prachtvolle Marmorvasen von Antonio Corradini, die August der Starke in Venedig erwerben ließ. 161 Marmorskulpturen befanden sich zuletzt im Großen Garten, aber der Zahn der Zeit nagte an ihnen. 1760 wüteten die Truppen des Preußenkönigs Friedrich II. im Park und die Zerstörungen des Jahres 1945 schlugen gewaltige Lücken. Das Palais brannte aus, die Fassaden konnten gerettet werden. Erst 1994 waren sie äußerlich wieder hergestellt, innen ist heute noch nur nackte Wand zu sehen.

Das **Große Palais** hat einen H-förmigen Grundriss und entspricht in vielen Zügen venezianischen Villen: die Freitreppen führen vom Garten direkt in die Prunkräume des Erdgeschosses, die ohne Vorräume direkt zugänglich sind, klar Elemente eines Gartenpalastes, einer Villa, wie sie in der Terra ferma Venedigs errichtet wurden. Die dreigeschossige Fassade ist äußerst aufwendig mit Skulpturenschmuck aus sächsischem Sandstein versehen – übrigens fast ausnahmslos rekonstruiert, also erst nach dem Zweiten Weltkrieg entstanden. Im Inneren sind im Erdgeschoss in der Ausstellung „Permoser im Palais“ Originale der Skulpturen Balthasar Permosers und seiner Schüler und Mitarbeiter wie Gottfried Knöffler zu besichtigen, die sie für den Großen Garten schufen, aber auch Originale aus dem Zwinger und von anderen sächsischen Standorten, wo sie ebenfalls durch Kopien ersetzt wurden.

Von den vielen **Statuen, Figurengruppen und Vasen,** die früher den Großen Garten schmückten, sind wenige erhalten geblieben, die Kavaliershäuschen und die Torhäuschen zur Lennéstraße sind sämtlich rekonstruiert. An den beiden Eingängen der Herkulesallee haben sich je zwei Herkulesgruppen aus der Permoserwerkstatt erhalten (Lennéstraße: Herkules und die Lernäische Schlange, Ruhender Herkules; Karcherallee: Herkules mit Busiris, Herkules erschlägt den Drachen im Garten der Hesperiden), weitere Gruppen stehen entlang der Hauptallee. Originale Corradini-Vasen findet man am Eingang der Hauptallee von der Lennéstraße (Vier Jahreszeiten und Vier Kontinente jeweils als Flachrelief). Von Corradini stammt auch die „Üppigkeitsvase" beim Palastteich (auf der stadt-abgewandten Seite).

5,6 km lang ist die Trasse der **Parkeisenbahn** (ehedem Pioniereisenbahn), einer mit allen Eigenschaften einer normalen Bahn ausgestatteten Miniaturbahn. Am Bahnhof (Lennéstraße am Beginn der Herkulesallee) gibt es einen Bahnhofsvorsteher, und Abfahrten wie Ankünfte werden angesagt („Bitte von der Bahnsteinkante zurücktreten"). Kinder dürfen Schaffner spielen und vor den unbeschrankten Bahnübergängen im Park wird heftig getutet.

Kängukameleber vor dem Zooeingang

Adresse/Öffnungszeiten: Geschäftsstelle Großer Garten, Hauptallee 5, ✆ 4456600, www.schloesser-dresden.de. April–Okt. Mi–Sa 14–18, So 11–18 Uhr, Nov.–März Sa/So 11–18 Uhr, Eintritt 3 €.

Permoser im Palais: Die feste Ausstellung im Gartenpalais zeigt die geborgenen und restaurierten Originale der Gartenplastiken Balthasar Permosers, April–Okt. Mi–Sa 14–18, So 11–18 Uhr, Nov.–März Sa/So 11–18 Uhr, Eintritt 3 €. Museumsshop.

Parkeisenbahn: 1. April bis Mitte Okt. Di–So/Feiertag 10–18 Uhr, Juli/Aug. auch Mo 13–18 Uhr. Rundfahrt 3,10 €, erm. 1,55 €, ✆ 4456795, www.parkeisenbahn-dresden.de. Der Zooeingang beim Bahnhof der Parkeisenbahn ist übrigens Mo–Fr geschlossen!

Zoologischer Garten

1861 wurde Dresdens Zoo im südlichen Teil des Großen Gartens gegründet, er war der vierte in Deutschland. Auf 13 Hektar finden sich u. a. Freigehege für Zebras und Pandas, ein paar klassische Raubtierkäfige, Vogelanlagen, ein Aquarium, ein Primatenhaus und das Menschenaffenhaus mit moderner Außenanlage für zwei Orang-Utan-Gruppen sowie Teichanlagen für Flamingos und Wasservögel. Im seit 1998 bestehenden Afrikahaus, man passiert es gleich zu Anfang, sieht man Elefanten. Die große Südamerika-Anlage zeigt Nandus, Maras und Vikunyas. Die Pinguine haben bereits eine neue, naturnah gestaltete Außenanlage, und auch das neue Löwen- und Karakalgehege, die „Löwensavanne", ist besonders abwechslungsreich gestaltet und bietet Versteckmöglichkeiten für die beiden jungen Tiere Layla und Jago (Fütterung 13 Uhr) sowie einen Besucherfelsen. In der neuen Giraffenanlage kann man die Langhälse

Schicker Glasglanz: die Gläserne Manufaktur von VW

gemeinsam mit den Zebras bewundern. Im Sommer öffnet das großzügig innen und außen gestaltete Prof.-Brandes-Haus, in dem neben Bartaffen, weiteren Affenarten und Gürteltieren ab 2011 auch Koalas zu sehen sein werden.

Adresse/Öffnungszeiten: Zoo Dresden, Tiergartenstr. 1 (Haupteingang), ✆ 478060, www.zoo-dresden.de. Im Sommer tgl. 8.30–18.30 Uhr, im Winter 8.30–16.30 Uhr, Eintritt 8 €, Familie 20 €. Café, Kioske, Biergarten, Restaurant. Der Eingang vom Bahnhof der Parkeisenbahn ist nur an Wochenenden und Feiertagen geöffnet, Mo–Fr dient er ausschließlich als Zoo-Ausgang!

Botanischer Garten

Mehr als 3 Hektar umfasst der 1889 im nordwestlichen Bereich des Großen Gartens gegründete Botanische Garten der TU (Eingang von der Stübel-Allee). Relativ nüchtern ist er nach Herkunftsgebieten der Pflanzen gegliedert (rechts neuweltliche und links altweltliche Sukkulenten – so streng geht es hier zu). Tische, Bänke und ein überdachter Ruheplatz im hinteren Teil (den man erreicht, wenn man den Düften der Kräuter aus dem Küchengarten und den Farben unserer europäischen Sommerblüten folgt) laden zum Ausruhen ein, und manche Dresdner Familie kommt mit dem Picknickkorb hierher. Interessantes Tropenhaus!

Adresse/Öffnungszeiten: Stübelalle 2. Der Botanische Garten ist tagsüber geöffnet und schließt bei Einbruch der Dunkelheit, der Eintritt ist frei; www.saxonet.de/Botanischer_Garten/de.

Gläserne Manufaktur

Der gemäßigt futuristische Glas- und Metallbau am Nordwestende des Großen Gartens ist die Gläserne Manufaktur. Dort lässt VW seit 2000 sein Luxusmodell „Phaeton" in Handarbeit fertigen, was nicht nur die Kunden, sondern auch Besucher beobachten dürfen (nur mit Führung). Der vom Dresdner Architekten Gunter Henn entworfene Bau erhebt sich über einer erhöhten, von Wasserflächen mit attraktiver Bepflanzung durchbrochenen Plattform. Das Restaurant des Hauses, das „Lesage", passt zum gehobenen

Stil des hier hergestellten Fahrzeuges (→ Essen & Trinken).

Adresse/Öffnungszeiten: Lennéstr. 1. Geöffnet tgl. 8–20 Uhr, Besuch mit oder ohne Führung (stündlich) möglich, Voranmeldung zu Führungen und Anfrage bezüglich eventueller Schließzeiten ✆ 01805-896268, Infos auf www.glaesernemanufaktur.de.

Christuskirche in Strehlen

Der Dresdener Stadtteil Strehlen befindet sich südlich des Großen Gartens. Die weitum sichtbare Doppelturmfassade der Christuskirche zitiert gotische Kathedralen, ist aber eines der ersten Beispiele der Reformarchitektur im Dresden des frühen 20. Jahrhunderts (1902–1905), ähnlich wie die Gartenstadt Hellerau, die nur wenig später entstand. Oft als „Jugendstil" bezeichnet wird diese Zuordnung dem Werk der Architekten Rudolf Schilling und Julius Wilhelm Graebner nicht gerecht. Es fehlt die typische Jugendstil-Ornamentik, denn den Architekten kam es viel mehr darauf an, die gegebene Form von allem Dekor zu entschlacken und auf Grundformen zurückzuführen. Nur wenige Vorsprünge und Fenster gliedern die strenge 66 m hohe Doppelturmfassade. Im Inneren darf es allerdings schon mal ornamental sein (vor den Kriegszerstörungen noch mehr als heute): man beachte das an irische und altnordische Vorbilder angelehnte Schlangenmuster in einem Fenster der Apsis! Als erste moderne Kirche Dresdens ist die Strehlener Christuskirche auf jeden Fall einen Umweg wert.

Öffnungszeiten/Buchtipp: Die Kirche ist von April–Sept. tgl. 17–18 Uhr geöffnet. Wer mehr über die Reformarchitektur in Dresden und die Kirche erfahren will, greife zu Cornelia Reimanns Buch „Die Christuskirche in Dresden-Strehlen", Dresden 2007 (Verlag der Kunst).

„Dresden 1756" im Panometer (Reick)

Solche Ideen muss man erst mal haben. Ein ungenutzter, leer stehender Gasometer in dem südöstlich an Strehlen grenzenden Ortsteil Reick (eines von vielen Bauten von Hans Erlwein in Dresden) und ein em. Professor aus Berlin namens Yadegar Asisi (*1955), der nicht zum ersten Mal Gasometer in riesige Panoramen verwandelt hat (be-

rühmt „Everest 360“ 2003 in Leipzig, dort auch 2005 „Rom CCCVXII“ und ab 2009 „Amazonien“) – Panometer sozusagen und so heißt denn auch dieser Bau. In die zylinderförmige Form des Gasometers mit dem Flachkuppeldach hat Asisi ein 360°-Bild des barocken Dresden, wie es 1756 ausgesehen haben mag, gebannt, 106 m lang und 27 m hoch. Nach den Bildern Bernardo Bellottos und Vedutenmalereien, nach alten Ansichten und heutigen Bildern von den Türmen der Stadt sowie seinen eigenen, akribischen Rekonstruktionen hat er dieses riesige Gemälde geplant und mit PC-Hilfe erstellt. Was man hier sieht, ist äußerst eindrucksvoll: man hat die vollkommene Illusion, auf dem Turm der Hofkirche zu stehen und die Stadt mit Blick bis in die Sächsische Schweiz zu überschauen. Der Tagesablauf wird mit wechselnder Beleuchtung und der entsprechenden akustischen Begleitung simuliert. Die Frauenkirche, der Zwinger, das sehr lebensecht wirkende italienische Dörfchen (das damals wirklich noch ein Dörfchen war), das alles ist so lebendig, als ob man wirklich auf dem Turm stünde.

Adresse/Öffnungszeiten: Gasanstaltstr. 8b, ✆ 8603940, www.asisi.de. Di–Fr 9–19 Uhr, Sa/So/Feiertag 10–20 Uhr, Eintritt 9 €, erm. ab 6 €, gestaffelte Familienpreise. Am Ausgang gibt es ein kleines Café, Toiletten im Nebengebäude.

Praktische Infos

(→ Karte S. 190/191)

Verbindungen

Bis Pirnaischer Platz Straba 1, 2, 4, 7, 12, von der Gläsernen Manufaktur zurück Straba 1, 2, 4, 12 ab Straßburger Platz.

Zum **Deutschen Hygiene-Museum** Straba 1, 2, 4, 12 Deutsches Hygiene-Museum oder 10, 13 Großer Garten/Deutsches Hygiene-Museum.

Zum **Panometer** S 2 und S 1 ab Hauptbahnhof bis Reick oder Straba 1, 2 Liebstädter Straße, Bus 89 Nätherstraße.

Zur **Christuskirche** in Strehlen Straba 9, 13 bis Wasaplatz oder mit S 1, S 2 Haltepunkt Strehlen.

Essen & Trinken

Café-Restaurant Lingner (6), ein Café erwartet man ja mittlerweile in jedem einigermaßen anständigen Museum, aber ein veritables Restaurant? Das Lingner im Deutschen Hygiene-Museum ist genau das und ein Tagescafé für Museumsbesucher dazu. Der Raum mit seinen knallroten Wänden und der schlichten Einrichtung hat Bistro-Charakter. Das Angebot reicht von Bruschetta über Sauté von Hühnerbruststreifen mit Wokgemüse und Ananas-Curryrahm auf Basmatireis bis zu einer delikaten Kombination aus Rotbarbe, Riesengarnele und Zitronengras. Leider wechselnde Qualität der Zubereitung: eine Perlhuhnbrust war trocken und offensichtlich aufgewärmt. Hauptgericht ca. 9–19 €, Lingnerplatz 1, im Deutschen Hygiene-Museum, Di–So 10.30–24 Uhr, ✆ 4846600, www.restaurant-lingner.de.

„Permoser im Palais" während einer Gartenausstellung

Restaurant Lesage (3), die „Gläserne Manufaktur" von VW hat auch ein Restaurant. Beileibe kein Betriebsrestaurant, sondern eines der besten der Stadt und Sachsens! Also: Kalbs-Osso-Buco mit Tortellini, Orange und gebratenem Grünem Spargel, Gebackene Kürbistaschen mit Balsamicozwiebeln, Parmaschinken und Sauerrahm, aber auch (jawohl und gut so!) Sächsische Kartoffelsuppe mit Würstchen. Hauptgericht ab ca. 15 €. Lennéstr. 1, tgl. 12–14.30 und 18–22 Uhr, Barbetrieb bis 24 Uhr, ✆ 4204250, www.lesage.de.

Grand Café Carolaschlösschen (11), das Café-Restaurant ist ein beliebtes Ziel der Dresdner, kein Wunder bei der Lage im Großen Garten und der schönen Terrasse auf zwei Ebenen direkt über dem Carolateich (pardon -See). Lauschig, romantisch, die Fontäne im See plätschert – und das Essen ist o.k.: bürgerlich in reichlichen Portionen, von Sülze mit Bratkartoffeln bis zu Argentinischem Rumpsteak mit Beilagen. Hauptgericht 10–20 €. Zweites Restaurant unter dem Dach, großer Garten. Querallee 7, tgl. ab 11, am Wochenende ab 10 Uhr, ✆ 2506000, www.carolaschloesschen.de.

Wachstube (5), das rustikale Restaurant im Pavillon im Großen Garten gleich neben dem Bahnhof der Parkeisenbahn bietet hinter allerlei gebremstem Sprachwitz anständige bürgerliche Küche: Sachsenfreude (Kassler), Gesindemahlzeit (Sülze mit Bratkartoffeln), Knechtessen (Rostbrätel), Krämeressen (Kartoffeln mit Quark, Butter und Leberwurst 7,70 €), was alles mit dem „Duckstein", einem rotgoldenen, obergärigen Bier (Altbier! Heißt wirklich so) hervorragend harmoniert. Am Wochenende nachmittags freundliche Biergartenatmosphäre. Lennéstr. 9 (am Eingang zum Großen Garten), ✆ 4466975.

Biergarten im Großen Garten (4), das Sommercafé im Großen Garten liegt an der Palaisteich-Fontäne und direkt an der Hauptallee, das ist ein Standort, an dem an schönen Wochenenden halb Dresden vorbeizieht. Klassische Biergartengarnituren und Liegestühle, Selbstbedienung an den Kiosken für Getränke, Eis und kalte wie warme Gerichte, Gegrilltes, etwas lasche Musikberieselung. Hauptallee 9, Mo–Sa ab 12, So ab 10 Uhr, ✆ 8618483.

Alter Katholischer Friedhof in der Friedrichstadt

Tour 7: Wilsdruffer Vorstadt und Friedrichstadt

Wenige Besucher zieht es in den Nordwesten Dresdens, denn die Wilsdruffer Vorstadt hat zwischen Zwinger und Yenidze nicht sehr viel zu bieten. Doch abseits typischer Touristenpfade sind in der Friedrichstadt einige wenige schöne barocke Bauten. Ein Abstecher in ehemalige DDR-Wohnviertel führt zur einzigen nicht zerstörten Barockkirche Dresdens, der Annenkirche.

Diese Tour abseits der Altstadt empfiehlt sich für alle, die nicht nur für ein Wochenende nach Dresden kommen und sich auch einmal außerhalb der gängigen Stadtbesichtigungstouren bewegen wollen. Steht man jedoch auf dem → **Postplatz,** der sich gleich hinter dem Zwinger liegend derzeit noch als städtebauliche Einöde präsentiert, kann man sich kaum vorstellen, dass es jenseits der ziemlich abgewohnten DDR-Bauten, die ihn säumen, noch Sehenswertes gibt. Doch weit gefehlt: In der → **Friedrichstadt,** einem barocken Stadtteil Dresdens, haben sich trotz schwerer Kriegsschäden einige interessante Bauten erhalten, darunter ein ganzes Schloss, das → **Palais Brühl-Marcolini.** Gegenüber auf dem Alten Katholischen Friedhof, dem ersten in Sachsen nach der Reformation, liegt u. a. der große Komponist der Romantik begraben, Carl Maria von Weber.

Auf dem Weg vom Postplatz in die Friedrichstadt lohnen sich einige Abstecher. Auf dem Hinweg sollte man entlang der Elbe gehen und nicht nur das → **Schauspielhaus** am Postplatz „mitnehmen", sondern auch die modernen Gebäude am Fluss wie den → **Sächsischen Landtag.** Und dann natürlich die „Tabakmoschee" → **Yenidze,** die jeder Dresden-Besucher sieht und sich fragt, was das denn bedeuten soll. Für den Rückweg in die Altstadt empfiehlt sich die Buslinie 94, die von der Friedrichstadt (Haltestelle Krankenhaus Friedrichstadt) direkt zum Postplatz zurückfährt. Die gesparte Zeit und Energie kann man, ja sollte man in einen weiteren Abstecher investieren. Dieses Mal nach Südwesten in die frühere Altstadt, die heute von drögen Wohnbauten gekennzeichnet ist. Mitten unter ihnen steht ein Barockjuwel mit Jugendstilfassade, die → **Annenkirche,** einzige Barockkirche Dresdens, die nicht zerstört wurde. Man erreicht sie über die vom Postplatz westlich abzweigende Hertha-Lindner-Straße und auf Höhe der Post geradeaus weiter über die Annenstraße in etwa 10 Minuten Gehzeit. Ein Schlenker auf dem Rückweg könnte über das etwas prätentiös so bezeichnete **„World Trade Center“** führen, einen zeitgenössischen Glas- und Betonbau mit hoher, heller Wandelhalle, in der an jedem Donnerstag ein Bauernmarkt stattfindet (Ammonstr./Ecke Freiberger Str., gegenüber vom S-Bahnhof).

Sehenswertes

Postplatz

Was sich gleich neben dem Zwinger als nur teilweise verbaute städtische Wildnis präsentiert, ist der Postplatz, einer der wichtigsten Plätze von Dresdens Altstadt. Gewiss, eine erweiterte Altmarkt-Galerie (Eröffnung im Herbst 2010 geplant), die 4 m hohe und 12 m lange Wasserwand (ein Kunstwerk von 2007) mitten auf der großen Freifläche sowie das aufgefrischte Schauspielhaus (s. unten) haben das bisher ästhetisch mehr als unbefriedigende Bild des Platzes ein wenig aufwertet. Der sogenannte „Fresswürfel“, die Operngaststätte aus DDR-Zeiten, wurde abgerissen, ein heutzutage schicker anmutendes Bürogebäude hat ihn abgelöst, der „Wilsdruffer Kubus“. Aber auf der Westseite ist immer noch Betonwildnis, vorwiegend leer stehend. Bis 1963 stand an der Ostseite des Platzes, wo heute der Kubus steht, die Ruine der im Krieg stark zerstörten **Sophienkirche,** der einzigen gotischen Kirche, die sich in Dresden bis in die Gegenwart erhalten hatte. Sie musste aus Staatsraison dem „Fresswürfel“ weichen, obwohl die Dresdner protestierten. Zur Erinnerung entsteht nun ein kleines Stück dieser Kirche wieder, die Busmannkapelle. Sie wird von einer Glaskuppel überdacht sein (wohl 2011). Die beiden Doppelhaltestellen des Platzes sind sehr lang und derzeit nur teilweise von Gebäuden begrenzt, sodass sie den Eindruck städtischen Niemandslandes noch verstärken.

Schauspielhaus

Wer aus dem Zwingerhof das Kronentor aufnehmen wollte, wird sich möglicherweise darüber geärgert haben, dass eine direkt dahinter stehende Fassade verhindert, dass man das Tor ohne störenden Hintergrund fotografieren kann. Diese Fassade gehört zum Schauspielhaus, das 1911–1913 von den Architekten Lossow, Kühn und Dulfer errichtet, 1946–1948 nach Zerstörungen wieder aufgebaut und 1993–1995 generalsaniert wurde. Der neue Anstrich des technisch 2007 komplett erneuerten Baus stellt die alte Situation von 1913 wieder her: strahlendes Weiß mit gelber Sandstein-Gliederung, das Dach aus Biberschwanz-Dachziegeln ist dunkelrot, Kupfer an Außenrohren und Dachrinnen akzentuiert diesen Farb-Zusammenklang. Im Zuschauerraum sind Ausmalung und Stuck ein Mix aus Jugendstil und Neoklassizismus mit barocken Zügen. Ein fantastisches Schauspiel bietet der Sternenhimmel über der Bühne, der auf Knopfdruck eingeschaltet werden kann. Mit Hilfe der Sternwarte Radebeul wurde der Nachthimmel über Dresden zum Zeitpunkt der Beendigung der Generalsanierung 1995 rekonstruiert und mit mehr als 800 kurzen Strängen Glasfaserkabel simuliert. Und es ist nicht das erste Mal, dass der Sternenhimmel über der Bühne erstrahlt, 1913 gab es das schon mal – auf gemaltem Prospekt.

Karten für Aufführungen im Schauspielhaus → Kulturszene Dresden.

Sächsischer Landtag und Erlweinspeicher

Biegt man hinter dem Zwingerteich rechts ab zur Elbe und folgt dem Uferweg ein Stück flussabwärts, dann erreicht man nach wenigen Minuten den **Sächsischen Landtag.** Das Gebäude ist eine geglückte Kombination aus einem unauffälligen Altbau, der 1928 bis 1931 errichtet wurde (Rekonstruktion bis 1997), und einem klar gegliederten und kühl-funktionellem, zur Elbe und Altstadt durchsichtigen Neubau, der von 1991 bis 1994 entstand. Der Architekt des Neubaus und der Rekonstruktion des Altbaus (ehemals Landesfinanzamt) war der Dresdner Peter Kulka (*1937), der mit seinem Team beim Wettbewerb 1991 den Ersten Preis gewann. Die lichte Lobby ist für Besucher geöffnet, der Plenarsaal ist von der Zuschauertribüne aus zu sehen. Im dritten Stock befindet sich das Restaurant Chiaveri (→ Essen & Trinken), das an einen anderen großen Architekten erinnert (Hofkirche!).

Auf dem Platz vor dem Landtag steht nahe der Elbe ein Bronze-Torso, die **„Nike 89"** von Wieland Forster. Sie ist den Wendetagen 1989 gewidmet und soll mit ihrem Torsocharakter signalisieren, dass Siege nicht ohne Opfer erreicht werden können. Geht man auf der vor dem Landtag querenden Devrientstraße nach rechts, passiert man den ehemaligen städtischen Speicher, **Erlweinspeicher** genannt. Heute ist hier nach großzügigem Umbau das Hotel Maritim untergebracht. Der Bau ist einer von vielen, die Dresdens Stadtbaumeister Hans Erlwein entwarf (das Gasometer Reick und der Pavillon auf dem Albertplatz gehören auch dazu). Er entstand 1913/14. Das moderne Kongresszentrum nebenan wird vom Hotel Maritim gemeinsam mit der Stadt Dresden betrieben.

Öffnungszeiten des Landtags/Infos: Besucher können Mo–Fr 10–18 Uhr ins Foyer, auf die Zuschauertribüne des Plenarsaals und ins Restaurant (3. Stock), außerdem Sa/So/Feiertag 10–16 Uhr, wenn eine Ausstellung stattfindet (dann jedoch nicht in den Plenarsaal). Besucherdienst ✆ 4935136, www.landtag.sachsen.de.

Yenidze

Schon von der Devrientstraße aus fällt der Blick in der Ferne auf ein ungewöhnliches Bauwerk, das man eher in Edirne oder Istanbul ansiedeln würde. Jenseits von Marienbrücke und Eisenbahnlinie ragt linker Hand eine riesige Moschee mit gewaltiger Kuppel und jeder Menge Minaretten aus dem Stadtbild heraus und bildet einen reizvollen Kontrast zur bekannten Elbsilhouette. Eine Fata Morgana? Nein, eine stillgelegte Tabakfabrik, die heute als Bürohaus adaptiert genauso frappiert wie 1912, als sie fertiggestellt war. Die Konstruktion als Beton-Stahlskelett war Werk eines Dresdner Baumeisters (Hermann Martin Hammitzsch) und damals technisch sensationell. Die 18 m hohe Glaskuppel leuchtet vielfarbig, wenn sie von innen beleuchtet wird. Das geschieht, wenn gerade wieder eine Märchenlesung stattfindet (→ Kulturszene Dresden) und natürlich wenn das Restaurant in Betrieb ist (→ Essen & Trinken). Auch der höchste Biergarten Dresdens befindet sich hier oben – auch ein guter Grund zu einem Besuch?

Friedrichstädter Bürgerhäuser

Friedrichstadt

Noch etwas weiter westlich befindet sich rund um die Friedrichstraße das Stadtviertel Friedrichstadt. Die frühere kleine Ackerbürgervorstadt, die sich in einem Vorwerk der Stadtbefestigungen Dresdens entwickelt hatte, wurde 1670 zum zukünftigen Standort von Manufakturen bestimmt. Der Kurfürst (Johann Georg II.) ließ einen Stadtplan entwerfen, die Hauptstraße – heute Friedrichstraße – wurde zur Hauptachse. Aus dem Plan eines Manufakturstandortes wurde jedoch nichts. Statt der Handwerker und der Manufakturen kamen Adelige und Bürger, die sich hier ansiedelten, es entstand eine geschlossene Siedlung mit barocken Stadthäusern und Palais. Nördlich der Siedlung, die ab 1734 den Namen Friedrichstadt trug, wurde 1686 ein großer Hirschgarten zur Jagd angelegt, er bewahrte den früheren Namen der Siedlung, Ostra-Gehege. Im 19. Jahrhundert entstanden in der Friedrichstadt Industrieanlagen und Verkehrsbauten, der Wohnstandort verlor an Wert, die feine Gesellschaft zog anderswohin. Nach Kriegsende war der Stadtteil fast komplett zerstört, der Wiederaufbau wurde nicht in Angriff genommen.

Zwei **barocke Häuser** auf der linken Seite der Friedrichstraße (Nr. 29 und Nr. 33) sind nach umfassender Restaurierung wieder schön anzusehen und gute Beispiele für die frühere Bebauung der Straße. Das größte und einzig erhaltene Palais der Friedrichstadt ist das ehemalige **Palais Brühl-Marcolini,** heute städtisches Krankenhaus Friedrichstadt. 1727 wurde an dieser Stelle ein erstes Stadtpalais errichtet, dem nach 1736 der heutige Bau folgte, dessen Pläne von Johann Christoph Knöffel stammten. Graf Brühl, später Graf Camillo Marcolini, ließ eine auch innen großzügig eingerichtete Anlage mit betontem Mitteltrakt, Orangerie und großem Park errichten. Seit 1849 wurden die Gebäude zum Krankenhaus umgebaut und in den Park hinein wurden weitere Bauten gesetzt, was der Anlage weder im Detail noch im Ganzen gut getan hat. Von der Friedrichstraße her fallen vor der 200 m langen Fassade die steinernen Löwen auf, die wohl chinesisch beeinflusst sind, sowie der Ehrenhof und der Delphinbrunnen (Gottfried Knöffler). Die Gartenfassade mit Flügelbauten und Orangerie wirkt recht schlicht, fast streng, mehr von klassizistischer Kühle als von barockem Überschwang geprägt. Im Inneren sind der barocke Festsaal und mehrere Zimmer in Originalausstattung erhalten, darunter das mit attraktiven Chinoiserien gestaltete Chinesische Zimmer. Im Park sollte man sich den liebenswürdigen Winzerbrunnen (am Fässchen zu erkennen) vor der Orangerie ansehen, vor allem aber den mehr als 40 m breiten **Neptunbrunnen** an der Südwand. Er ist heute vom Schloss aus wegen eines im 19. Jahrhundert in der Blickachse errichteten Gebäudes nicht zu sehen. Die „großartigste Brunnenanlage Dresdens" wird mit jenen im Park von Schloss Schönbrunn (Wien) und jener im königlichen Park von Caserta bei Neapel verglichen. Neptun selbst, Flussgötter, Tritonen und Nereiden bevölkern diese wunderbare Barockskulptur (Entwurf Zacharias Longuelune, Ausführung Lorenzo Mattielli nach 1741). Der Brunnen ist jedoch in einem bedenklichen Zustand. Durch die Jahrhundertflut 2002 hat er weiter gelitten, ohne dass eine Restaurierung vorgesehen ist. Große Stücke des brüchigen Sandsteins blättern inzwischen ab. Dankenswerterweise hat sich ein Verein um den Brunnen gekümmert und bereits mit den Restaurierungsarbeiten begonnen. Die Matthäuskirche neben dem Schloss hat zwar eine ellenlange Baugeschichte, ist aber tatsächlich ein Produkt der Nachkriegszeit.

Gegenüber vom Schloss auf der anderen Seite der Friedrichstraße befindet sich der **Alte Katholische Friedhof,** Sachsens ältester, 1720 angelegt. Hier liegen viele prominente Katholiken begraben, darunter Balthasar Permoser, dessen von ihm selbst geschaffene Kreuzigungsgruppe heute in der Friedhofskapelle steht. Außerdem Carl Maria von Weber, Generalfeldmarschall Johann Georg Chevalier de Saxe, Sohn Augusts des Starken und der Gräfin Lubomirska, sowie Johann Baptist Casanova, Bruder des wesentlich bekannteren Abenteurers und Memoirenschreibers.

Besichtigung: Außenbesichtigung von Palais und Park jederzeit möglich, innen nur auf Anfrage und nach Rückbestätigung, ✆ 4803104. Für die Renovierung des Neptunbrunnens gibt es einen Förderverein, Infos auf www.neptunbrunnen.desaxe.eu. Der Friedhof ist tagsüber geöffnet, in der Halle am Eingang Übersichtsplan der Friedhofsanlage (Spende).

Annenkirche

Weil sie von uninteressanten Wohnbauten der Nachkriegszeit umgeben ist, wird diese Kirche in der westlichen Altstadt sehr viel seltener besucht als andere Altstadtkirchen. Dabei kann sie mit ihrem Barockbau von 1769, dem klas-

Karte S. 199

sizistischen Turm und dem Jugendstil der Südwestfassade und des Innenraums durchaus auftrumpfen. Als einzige Kirche der Innenstadt ist sie nicht ausgebrannt. So haben auch die Orgel von 1784 und der Altar, der aus der 1760 abgebrannten Kreuzkirche hierher versetzt wurde, überlebt. Man erreicht die Annenkirche am besten zu Fuß vom Postplatz aus, wenn man die dort (an der Straßenbahnkreuzung) beginnende Freiberger Straße nimmt und bei der ersten Straße links, der Marienstraße, abbiegt. Wo sie sich gabelt, nimmt man die rechte Straße, die nicht zufällig Annenstraße heißt. Nach wenigen Minuten sieht man die Kirche schon vor sich liegen.

Besichtigung: Die Annenkirche hat keine festen Öffnungszeiten, Gottesdienste So 9.30 oder 18 Uhr. Die Bauarbeiten wurden rechtzeitig vor dem 1.6.2011 (Evangelischer Kirchentag in Dresden) abgeschlossen.

Praktische Infos

(→ Karte S. 199)

Verbindungen

Der **Postplatz** gehört zu den wichtigsten Knotenpunkten des öffentlichen Verkehrs in Dresden und wird von diversen Bus- und Straßenbahnlinien angefahren.

Zur **Friedrichstadt**: Straba 10 fährt Hauptbahnhof–Bahnhof Mitte–Friedrichstadt. Wer vom Postplatz kommt, nimmt entweder den Bus Nr. 94 oder die Straba 1 bzw. 2 (Haltestelle auf der Südseite des Platzes) bis Bahnhof Mitte und steigt dann in die Straba 10 um.

Essen & Trinken

Brennnessel (11), wer einen Platz im hübschen, ruhig-idyllischen Innenhof haben will, sollte mittags reservieren, ansonsten sitzt man auch in den rustikal-schlichten Gasträumen sehr gut. Vegetarische Küche mit schmackhaften Aufläufen und Nudelgerichten (z. B. Gnocchi-Pfanne oder Cannelloni mit Auberginen, Zucchini und Frischkäse, mit Ziegenkäse überbacken, dazu Tomatensoße) um die 10/11 €. Mittags mehrere Tagesgerichte für um die 5 € (z. B. ein gelungener Kartoffel-Champignon-Auflauf). Mehrere Bio-Biere und ausgesprochen freundliche Bedienung, geschäftig alternative Szene. Schützengasse 18 (im Umweltzentrum), tgl. 11–24 Uhr, ✆ 4943319, www.brennnessel-dresden.de.

Chiaveri (6), das Restaurant im Sächsischen Landtag punktet mit Lage, Service und Speisenqualität. Durch die Glasfront im dritten Stock sieht man auf Elbe und Neustädter Ufer (ein wenig Ozeandampfer-Feeling), von der Schmalseite auch auf die Semperoper und die Altstadt, im Sommer kann man draußen auf der Terrasse sitzen. Das zurückhaltend schlicht-edel eingerichtete Lokal hat einen aufmerksamen Service. Die Speisekarte hat Bistro-Charakter (Zanderfilet auf grünem Spargel mit Kartoffelrisotto), es gibt auch Vegetarisches und ein interessantes Tagesangebot (in der Saison z. B. Pfifferlings-Karte mit u. a. Tortellini-Pfifferling-Auflauf). Abends Gerichte ab ca. 15 €. Leider nur kleine Auswahl offener Weine, der Merlot keine Offenbarung. Bernhard-von-Lindenau-Platz 1, tgl. 11–23 Uhr, ✆ 4960399, www.chiaveri.de.

Kuppelrestaurant in der Yenidze (3), im obersten Stockwerk der Tabak-Moschee lockt das Restaurant Yenidze mit großartiger Aussicht, zwei Stock tiefer Dresdens „höchster Biergarten". Dass hier die Aussicht über das Essen dominiert, versteht sich, die bürgerliche Küche ist aber durchaus anständig wenn auch etwas einfallslos und von wechselnder Qualität. Weißeritzstr. 3, tgl. 11–24 Uhr, ✆ 4905990, www.kuppelrestaurant.de.

Rest. Maximus und Mix Espresso Gourmet im art'otel (5), italienisches Restaurant und Bar, Glas zur Straße, wuchtige rote Säulen, aufmerksame Bedienung. Hauptgang/Pasta ab ca. 7 €, Letztere gut zubereitet, aber der Parmesan nicht frisch gerieben, während der „Basilikata-Wochen" gab es keinen Wein aus dieser oder einer anderen süditalienischen Provinz. Beliebter Sonntagsbrunch zu ca. 13 €. Ostra-Allee 33, Mo–Fr 11.30–15, 18–24 Uhr, Sa 17–1 Uhr, So 10–23 Uhr (bis 14.30 Uhr Brunch), ✆ 49220, www.maximus-dresden.de.

Restaurant & Café Friedrichstadt (2), das Café-Restaurant im gleichnamigen Hotel bietet bürgerliche Küche zu vernünftigen Preisen (Suppe, Hauptgang, 1 Glas Wein unter 20 €), gehobenes Ambiente und einen aufmerksamen Service. Und natürlich Kaffee & (sehr gut) Kuchen. Tgl. ab 11 Uhr, So/Mo nur bis 18 Uhr. Friedrichstr. 38–40, ✆ 49278810.

Der Elbhang gibt sich fein: Torbauten von Schloss Albrechtsberg

Tour 8: Der Elbhang zwischen der Neustadt und Pillnitz

Dresden ist in eine Landschaft gebettet, die es an Schönheit mit der Stadt aufnehmen kann. Flussaufwärts bieten Steilhänge alten und neuen Villen großartige Aussichtsstandorte und noch ein Stück weiter stehen die barocken Kleinode der beiden Pillnitzer Schlösser mit ihrem ausgedehnten Schlosspark. Dazwischen erlebt man sein „Blaues Wunder".

Zwischen der Neustadt und Pillnitz bildet das rechte, nordöstliche Ufer der Elbe einen steilen Hang, der, so lange es an der Elbe Wein gibt, für den Weinbau genutzt wurde, also mindestens seit dem 12. Jahrhundert. Früher war der Wein sehr viel weiter verbreitet als heute, aber billigere Konkurrenz machten ihm seit Beginn des Industriezeitalters arg zu schaffen. Die Reblaus vernichtete zudem ganze Weinberge und das Desinteresse der DDR-Bonzen am Weinbau tat das Übrige. Geblieben ist wenig, zumal die Nähe zum kurfürstlichen und später königlichen Dresden die Oberkanten der Steilhänge, aber auch flussnahe Stellen zu begehrten Standorten für Schlösser, Schlösschen und Villen machte. Was sich bis heute nicht geändert hat: nirgends zahlt man in Dresden höhere Quadratmeterpreise als an den Hangkantenlagen in Loschwitz und Weißer Hirsch. Die beste Lage am Strom wurde schon in der Frühen Neuzeit Standort eines Schlosses, dem Vorläufer des kurfürstlichen und später königlichen → **Schlosses und Parks in Pillnitz.** Andere wiederum suchten in den Weinbergen Erholung und richteten sich dort kleine Wochenendhäuschen ein. So auch die Familie Körner, die häufiger Besuch von ihrem Freund, dem Dichter Friedrich Schiller, erhielt. In ihrem Gartenpavillon, heute → **Schil-**

lerhäuschen, arbeitete er an seinen Werken. Die stadtnahen Weinberge wurden im 19. Jahrhundert schließlich aufgeteilt und es entstanden schlossähnliche Ansitze wie die sogenannten → **Elbschlösser** oder Villen wie im Ortsteil → **Weißer Hirsch** und in → **Loschwitz.**

Um die neuen Villenviertel an Dresden anzubinden, wurde eine Brücke gebaut, die den anschaulichen Namen → **„Blaues Wunder"** trägt und die heute so wie die Carolabrücke flussabwärts ziemlich überlastet ist. Abhilfe kann nur eine weitere Verbindung schaffen, die zwischen diesen beiden Brücken liegt, am besten beim → **Waldschlösschenblick,** genau in der Mitte. Dass sich dieser Standort genau dort befindet, wo das bis vor kurzem als UNESCO-Welterbe geschützte Elbtal oberhalb Dresdens am breitesten und ungestörtesten ist, störte die Betreiber des Projekts nicht, das trotz des Einschreitens einer winzigen Fledermaus Namens Kleine Hufeisennase gebaut und wohl 2011 eröffnet wird. Dass der Stadt der Welterbetitel wegen dieses Baus aberkannt wurde (2009), was kümmert's die Brückenbauer?

Fernsehturm – leider heute ohne Turmrestaurant …

Zwischen Loschwitz und Pillnitz trifft man immer wieder auf Weinberge und alte Weinbauernhäuser, → **Hosterwitz** war ein fast reines Weinbauerndorf. Der Fernsehturm, den man ab und an sieht, hatte mal ein Turmcafé auf 145 m Höhe unter der Aussichtsplattform, der Besitzer, die Deutsche Funkturm GmbH (eine 100 %-ige Telekom-Tochter) sieht keine Möglichkeit der Reaktivierung.

Die Tour kann in der unten beschriebenen Reihenfolge sowohl mit öffentlichen Verkehrsmitteln als auch mit dem eigenen Auto gut an einem Tag bewältigt werden. Mit dem Auto nimmt man die Bautzner Straße (B 6) stadtauswärts. Der Waldschlösschenpavillon steht rechts direkt an der Straße (Parkmöglichkeit), die Elbschlösser wenige Kilometer weiter unterhalb der Straße (zentraler Parkplatz für alle Schlösser). Anschließend folgt man zunächst weiter der Bautzner Straße bis ins Villenviertel Weißer Hirsch. Einige sehenswerte Villen befinden sich in der Nähe der Bergstation der Standseilbahn (Weg ausgeschildert). Um weiter nach Loschwitz, Hosterwitz und Pillnitz zu gelangen, fährt man die Bautzner Straße wieder ein Stück zurück und biegt links in die Schillerstraße ein, die auf Höhe des Blauen Wunders in die Pillnitzer Landstraße übergeht. Alle genannten Orte liegen entlang dieser Straße. Von Pillnitz zurück nach Dresden geht es schneller auf der anderen Elbeseite (Autofähre nach Kleinzschachwitz).

Mit öffentlichen Verkehrsmitteln startet man am Bahnhof Neustadt oder Albertplatz mit der Straßenbahnlinie 11 in Richtung Bühlau und steigt bei der Haltestelle Elbschlösser aus. Nach den Besichtigungen fährt man weiter bis Weißer Hirsch und spaziert durch das Villenviertel zur Bergstation der Loschwitzer Standseilbahn, mit der man hinun-

Der Verlust des UNESCO-Welterbes für das „Dresdner Elbtal"

Die Kleine Hufeisennase, eine in Deutschland seltene und auf wenige Ökotope beschränkte Fledermausart, stoppte im Sommer 2007 die Pläne für eine Brücke zwischen Albertbrücke und Blauem Wunder abrupt, aber nur vorübergehend. Sie verzögerte den Baubeginn für eine Autobrücke, die den Stau auf den beiden genannten Brücken verringern soll, da sie auf halbem Weg über die Elbe führt. Der Standort liegt beim Waldschlösschen zwischen Neustadt und Loschwitz und damit mitten im als Welterbe von der UNESCO geschützten Dresdner Elbtal. Von hier aus hat man einen der schönsten und berühmtesten Blicke über Elbe und grünes Elbtal auf die mit so großen Mühen und Kosten wieder hergestellte Silhouette der Altstadt. Proteste gab es von Anfang an, zwischen Stadtregierung und Landesregierung, Befürwortern und Gegnern, Umweltschützern und Verkehrsplanern wurde jahrelang gerangelt. Es wurden Kompromisse entworfen, andere Brückenvarianten diskutiert (der offizielle Entwurf ist ungeschlacht und verstellt den Blick unnötig mit einem hohen Doppelbogen, an den die eigentliche, 630 m lange Brücke aufgehängt ist), ein Tunnel in Erwägung gezogen, Unterschriftenaktionen gestartet. Alles half nichts, das oberste Gericht entschied: Am 13. August 2007 wird mit dem Brückenbau begonnen. Die UNESCO warnte, man würde dem Dresdner Elbtal den Welterbetitel entziehen. Doch auch das half nichts, was Recht ist, muss Recht bleiben, obwohl sich zuletzt nur noch jeder dritte Dresdner für die Brücke aussprach (zu Beginn der Planungen war es jeder zweite gewesen). Zwei Jahre später entzog die UNESCO dem Elbtal bei Dresden den Welterbetitel – eine weltweite Blamage für die „Kulturstadt". Man wird damit leben müssen. Inzwischen ist der Brückenbau weit fortgeschritten, aber (Herbst 2010) keineswegs vollendet. Zwischenzeitliche Versprechungen, die Brücke schlanker, eleganter zu machen (was den Welterbetitel erhalten sollte) sind ganz klar nicht eingehalten worden. Hat auch niemand erwartet.

ter nach Loschwitz fährt – zum Schillerhäuschen muss man dann wieder ein Stück bergauf gehen. Weiter geht es mit Bus 63 nach Pillnitz, wo man am Pillnitzer Platz aussteigt. Zurück entweder mit der Fähre nach Kleinzschachwitz und von dort mit der Straßenbahn 2 in die Stadtmitte (Umsteigen zum Albertplatz am Pirnaischen Platz in die Linie 3 oder 7). Oder – sehr viel schöner, weil man die Elbschlösser jetzt von der Flussseite aus sieht – mit dem Schiff zurück zur Anlegestelle Terrassenufer vor der Altstadt.

Der Elbhang
Karte S. 206/207

Sehenswertes

Waldschlösschenblick

Ein 1939 (!) entstandener Rundpavillon am Beginn des Anstiegs zur Elbterrasse markiert den weltberühmten „Waldschlösschenblick" auf das Elbtal bei Dresden. Das Tal unterhalb ist nicht verbaut, nur Fußwege begleiten die Elbe, im Hintergrund sind die Frauenkirche und das Panorama der Altstadt zu sehen. Nicht zufällig wurde diese Landschaft mit dem herrlichen,

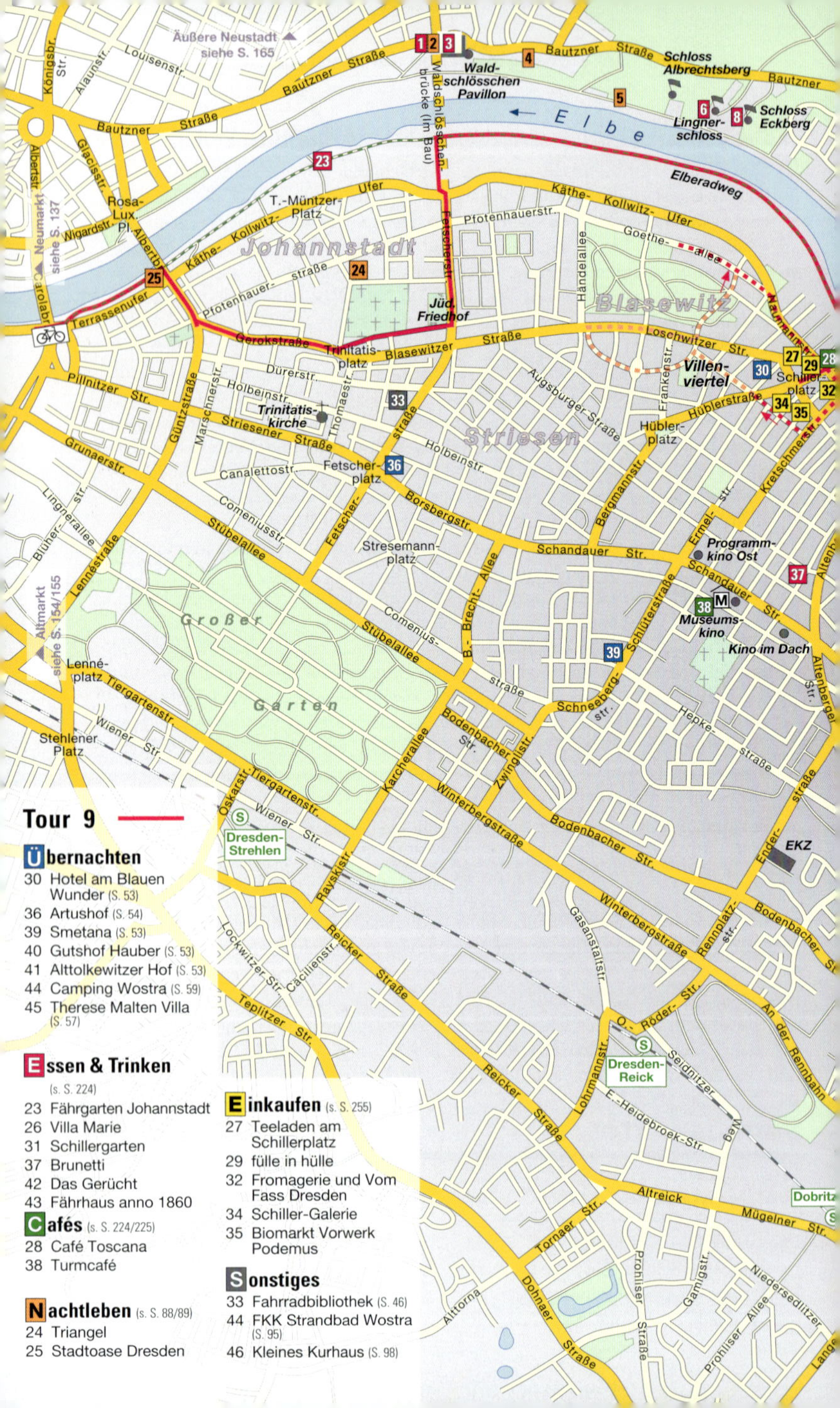

Tour 9

Übernachten

30 Hotel am Blauen Wunder (S. 53)
36 Artushof (S. 54)
39 Smetana (S. 53)
40 Gutshof Hauber (S. 53)
41 Alttolkewitzer Hof (S. 53)
44 Camping Wostra (S. 59)
45 Therese Malten Villa (S. 57)

Essen & Trinken (s. S. 224)

23 Fährgarten Johannstadt
26 Villa Marie
31 Schillergarten
37 Brunetti
42 Das Gerücht
43 Fährhaus anno 1860

Cafés (s. S. 224/225)

28 Café Toscana
38 Turmcafé

Nachtleben (s. S. 88/89)

24 Triangel
25 Stadtoase Dresden

Einkaufen (s. S. 255)

27 Teeladen am Schillerplatz
29 fülle in hülle
32 Fromagerie und Vom Fass Dresden
34 Schiller-Galerie
35 Biomarkt Vorwerk Podemus

Sonstiges

33 Fahrradbibliothek (S. 46)
44 FKK Strandbad Wostra (S. 95)
46 Kleines Kurhaus (S. 98)

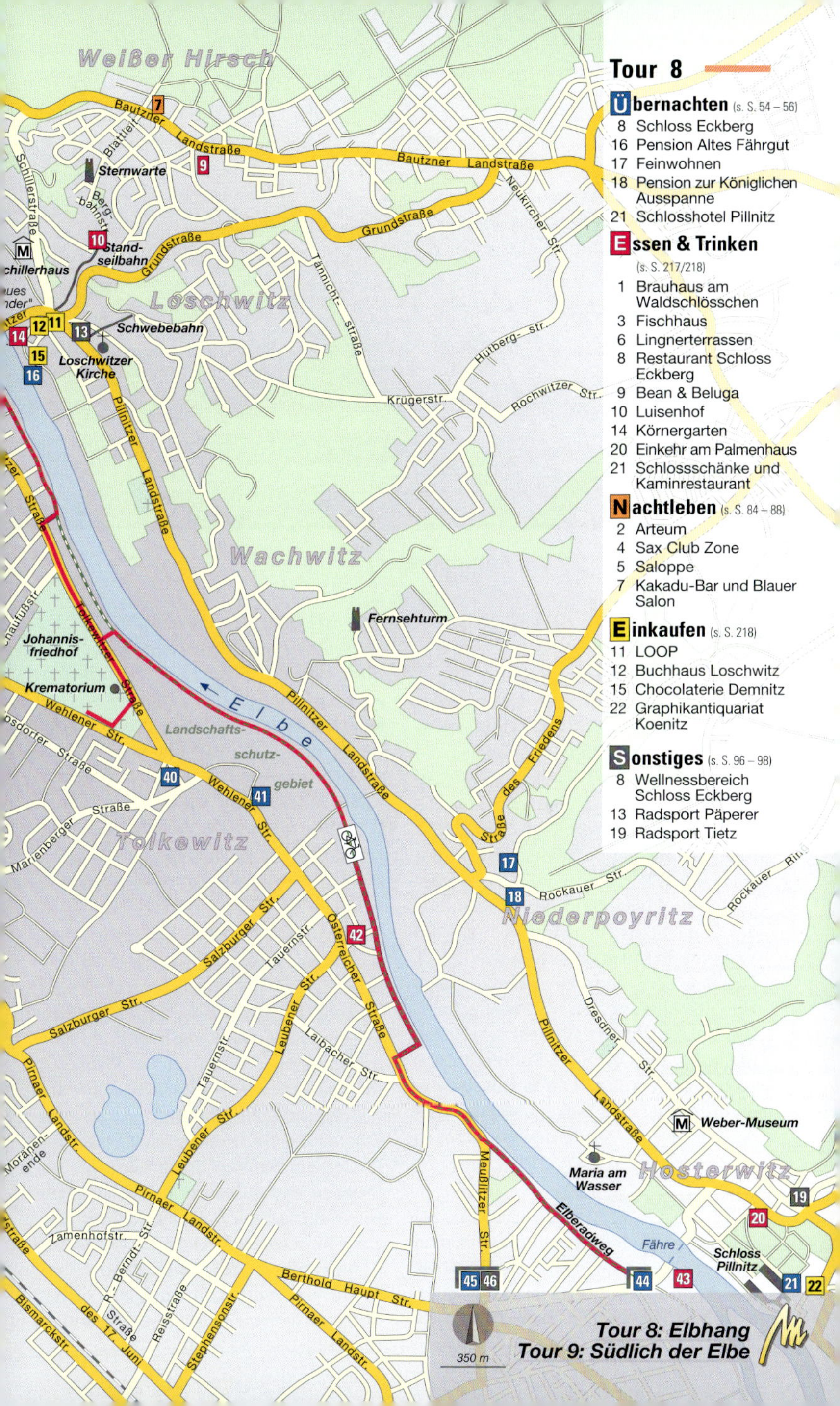

Tour 8
Übernachten (s. S. 54 – 56)
8 Schloss Eckberg
16 Pension Altes Fährgut
17 Feinwohnen
18 Pension zur Königlichen Ausspanne
21 Schlosshotel Pillnitz
Essen & Trinken
(s. S. 217/218)
1 Brauhaus am Waldschlösschen
3 Fischhaus
6 Lingnerterrassen
8 Restaurant Schloss Eckberg
9 Bean & Beluga
10 Luisenhof
14 Körnergarten
20 Einkehr am Palmenhaus
21 Schlossschänke und Kaminrestaurant
Nachtleben (s. S. 84 – 88)
2 Arteum
4 Sax Club Zone
5 Saloppe
7 Kakadu-Bar und Blauer Salon
Einkaufen (s. S. 218)
11 LOOP
12 Buchhaus Loschwitz
15 Chocolaterie Demnitz
22 Graphikantiquariat Koenitz
Sonstiges (s. S. 96 – 98)
8 Wellnessbereich Schloss Eckberg
13 Radsport Päperer
19 Radsport Tietz
Weißer Hirsch
Bautzner Landstraße
Sternwarte
Standseilbahn
Schillerhaus
Grundstraße
Loschwitz
Schwebebahn
Loschwitzer Kirche
Pillnitzer Landstraße
Tännichtstraße
Krügerstr.
Hutbergstr.
Rochwitzer Str.
Neukircher Str.
Wachwitz
Fernsehturm
Johannisfriedhof
Krematorium
Tolkewitzer Straße
Wehlener Str.
Elbe
Landschaftsschutzgebiet
Straße des Friedens
Tolkewitz
Niederpoyritz
Rockauer Str.
Salzburger Str.
Tauernstr.
Österreicher Straße
Leubener Str.
Laibacher Str.
Pirnaer Landstr.
Dresdner Str.
Weber-Museum
Maria am Wasser
Hosterwitz
Elberadweg
Fähre
Schloss Pillnitz
Meußlitzer Str.
Berthold Haupt Str.
Zamenhofstr.
Reisstraße
Stephensonstr.
Bismarckstr.
Straße des 17. Juni
350 m
Tour 8: Elbhang
Tour 9: Südlich der Elbe

Gründerzeitpracht: Schloss Albrechtsberg

einmaligen Blick von der UNESCO zum Welterbe gekürt.

Die Welterberegion „Dresdner Elbtal" umfasste insgesamt 19,3 Quadratkilometer Fläche beidseitig der Elbufer zwischen Schloss Pillnitz im Osten und Schloss Übigau im Westen: „... eine hervorragende Kulturlandschaft, ein Ensemble, das die berühmte Barock-Silhouette und die vorstädtische Gartenstadt in ein künstlerisches Ganzes integriert", so klang es in der Begründung des Gutachtens für die Verleihung des Welterbe-Prädikats durch die UNESCO. Der Bau der Waldschlösschenbrücke – zur Erscheinungszeit dieser Buchauflage noch nicht fertiggestellt – hat nach Meinung des UNESCO-Komitees diese vorher unzerstörte Landschaft unwiederbringlich beeinträchtigt, sodass Dresden (2009) der Welterbetitel entzogen werden musste.

Elbschlösser

Alle drei Elbschlösser wurden auf dem Gelände des Findlater'schen Weinberges errichtet, seit 1805 im Besitz eines in Dresden ansässigen englischen Lords. Alle drei liegen in unmittelbarer Nähe zueinander hoch über dem Elbtal mit Blick auf die Stadt. Der Besuch des zusammenhängenden Parks ist bei Tag jederzeit möglich. Man geht (oder fährt mit dem Rad) unterhalb von Schloss Albrechtsberg in den von einem hohen Zaun umgebenen Park hinein und verlässt ihn wieder bei Schloss Eckberg. Eine wirklich großartige Aussicht genießt man von der Terrasse unterhalb des Schlosses Albrechtsberg!

Schloss Albrechtsberg ist ein spätklassizistischer Bau (1851–1854, Architekt Adolf Lohse), der mit seinen Ecktürmen und dem vorgeschobenen Mittelbau wie eine römische Renaissancevilla sehr imposant über dem früheren Weinberg thront. Besonders gut sieht man das von der anderen Elbseite aus, also vom Elberadweg (→ Tour 9). Eine Etage tiefer ließ der Bauherr Prinz Albrecht von Preußen ein „Römisches Bad" anlegen, ein Halbrund korinthischer Säulen und ein großes ovales Becken, heute romantischer Standort für lauschige Sommerabendveranstaltungen. Auch eine dritte, unterste Terrasse wurde planiert und in die Gesamtanlage mit dem großen Park integriert. Im Torbau ist eine kleine Ausstellung zur Geschichte des Schlosses und des Prinzen Albrecht von Preußen zu sehen (tgl. 10–18 Uhr, Eintritt frei).

Besonders aufwendig wurde das Schlossinnere ausgestattet. Im Gartensaal des Erdgeschosses mit seinen Stuckmarmorsäulen, im Kronensaal des Obergeschosses, im Ballsaal mit Kassettendecke und Original venezianischem Kronleuchter sowie im „Türkischen Bad", wo mit Stuckfliesen und Stalaktitenwölbung ein arabisch-türkisches Dampfbad nachempfunden wird, ist das am deutlichsten zu sehen.

Adresse/Öffnungszeiten: Bautzner Str. 130. Das Schloss ist heute Hotel- und Gaststättenfachschule und nur bei Sonderveranstaltungen innen zu besichtigen. Im Sommer gelegentlich Konzerte und Partyabende, z. B. „Sommerarena" bei Kerzenlicht oder ein Weinfest mit Verkostung im Kavaliershaus des Schlossparks. Der Park und damit auch das Römische Bad sind frei zugänglich. Infos über Veranstaltungen: Schloss Albrechtsberg Dresden, PF 500 221, 01033 Dresden, ✆ 8119821, www.schloss-albrechtsberg.de.

Das **Lingner-Schloss (Villa Stockhausen)** entstand in der gleichen Zeit wie Schloss Albrechtsberg und wurde vom gleichen Architekten geplant. Auch der Stil ist ähnlich: das Lingner-Schloss besitzt Ecktürme, die zur elbabgewandten Seite weisen, und einen Weinberg, der direkt unterhalb ansetzt und sich bis hinunter zur Elbe erstreckt. Das Schloss gehört einem Förderverein, der es wieder komplett sanieren will und dies auch schon großenteils geschafft hat. Hier wird auch zu verschiedensten Veranstaltungen geladen, von einem Abend mit Blues und Jazz über Liederabende und Kammermusik bis zu einem geführten Spaziergang durch den Weinberg oder einem Vortrag über Chinas Kulturerbe.

Am Bergfuß steht das **Mausoleum** des Industriellen Karl Lingner († 1916), dem das Schloss seit 1906 gehörte und nach dem es heute meist benannt wird. Das schlichte Bauwerk von 1921/22 ist mit Reliefs von Georg Kolbe geschmückt.

Adresse/Öffnungszeiten: Bautzner Str. 132, tgl. 12–18 Uhr, Zugang zur Dachterrasse 3 €. Sonderführungen, Veranstaltungsprogramm und Kartenvorverkauf im Torhaus bzw. unter ✆ 6465382, www.lingnerschloss.de sowie an den üblichen Vorverkaufsstellen (→ Kulturszene Dresden). Auf der Terrasse des Schlosses mit Blick auf das Elbtal

Edel: Stuckmarmor im Schloss Albrechtsberg (Gartensaal)

einfache Gastronomie (Kiosk, Biergarnituren), das neue Restaurant im Schloss wird nach Erscheinen dieses Buches eröffnet.

Schloss Eckberg entstand etwas später als die beiden anderen Elbschlösser (1859–1861) und wurde im neugotischen Neo-Tudorstil errichtet. Heute ist es ein Hotel (→ Übernachten) mit gutem Restaurant (→ Essen & Trinken), das wirklich das Beste aus diesem Schlösschen macht. Besonders eindrucksvoll im Inneren sind die doppelläufige Treppe und die Treppenhalle selbst. Die schönen Kreuzrippengewölbe sind *fake*, die Rippen sind nur aufgelegt und haben keine tragende Funktion.

Adresse/Öffnungszeiten: Bautzner Str. 134, ✆ 80990, www.hotel-schloss-eckberg.de.

Weißer Hirsch

Die Straße nach Bautzen, die heute noch Bautzner Straße heißt, führt am Stadtrand, dort wo die Elbterrasse plötzlich ansteigt, an einem großen Wald vorbei, der Dresdner Heide. In diesem Wald gab es früher ein Lokal Namens Weißer Hirsch, nach dem heute noch der hier gelegene Ortsteil Dresdens benannt ist. 1888 kam ein Dr. Heinrich Lehmann in den Ort und errichtete hier ein Sanatorium. Das Haus unter seinem Namen hatte unmittelbar Erfolg. Prominente, aber vor allem zahlungskräftige Patienten kamen aus ganz Deutschland und Österreich-Ungarn (Franz Kafka, Rainer Maria Rilke, Oskar Kokoschka) und ließen sich hier von ihren Leiden kurieren. Dass die Standseilbahn von Loschwitz herauf gebaut wurde, ist diesem Erfolg zuzuschreiben. Mehr und mehr Villen entstanden, die schönsten und teuersten an der Hangkante mit Blick auf Dresden und das Elbtal – das hat sich bis heute nicht geändert, und derzeit werden auch die allerletzten Lücken mit Neubauten „Marke unerschwinglich" zugepflastert.

1914 war der Trubel im Sanatorium vorüber, weil die Gäste ausblieben. Das noble Parkhotel nebenan siechte dahin, nur die Villen florierten. Das Sanatorium (Bautzner Landstraße 1–5) und die repräsentative Villa Heinrichshof (Stechgrundstraße 1, direkt nebenan) blieben lange ungenutzt, zuletzt waren russische Soldaten dort stationiert. Das Parkhotel (Bautzner Landstraße 7, im Dezember 1914 eröffnet!) blieb bestehen und wurde umgebaut, seine schicke Kakadu-Bar und der Blaue Salon sind beliebte Abend- und Nachttreffs der nicht mehr ganz so jungen Generation (→ Nachtleben).

So allmählich rappelt sich der Weiße Hirsch wieder auf. Im Wald hinter dem Parkhotel wird nun auch ein einzigartiges Baudenkmal restauriert, das einzige chinesische Original weit und breit: der **Chinesische Pavillon.** Der Pavillon war 1911 aus Anlass der 1. Internationalen Hygieneausstellung errichtet worden, Bauherr war die kaiserliche Regierung in Peking. Später hierher verpflanzt, verfiel der Pavillon und brannte teilweise aus. Seit 2007 wird er restauriert – u. a. mit Hilfe einer Delegation der Stadtregierung von Hangzhou, die einen ähnlichen Pavillon besitzt – 2011 sollen die Arbeiten beendet sein.

Unter den Villen des Ortes seien die 1890 entstandene Villa San Remo mit ihren Türmchen erwähnt, sie steht etwas unterhalb der Bergstation der Seilbahn, und die Villa Ardenne (Zeppelinstraße 7), die Manfred von Ardenne von 1960 bis zu seinem Tod 1997 bewohnte (Ardenne wurde bekannt, als er nach 1945 am Kernwaffenprogramm der UdSSR teilnahm und dann 1955 in der DDR ein privates Forschungsinstitut eröffnen durfte). Die **Volkssternwarte „Manfred von Ardenne"** im Garten (Zugang Plattleite 27) ist seit Ende 2007 aus Anlass der Feiern zu ihrem hundertsten Geburtstag wieder öffentlich zugänglich. Für die Restaurierung des 1907 entstandenen, historischen Zeiss-Refraktors hat die Von Ardenne Anlagentechnik 78.000 Euro ausgegeben.

Der Presse-Hype um Uwe Tellkamps (2007) erschienen Bestseller „Der Turm" hat die Villen auf dem Weißen Hirsch und unten in Loschwitz ins breite Licht der – literarischen – Öffentlichkeit gerückt. Schließlich erscheint nicht alle Tage ein Wälzer, der an nur dürftig verschleierten, sehr realen Standorten spielt. Vor Ort weiß man – oder meint zu wissen – was womit gemeint ist.

Infos zur Volkssternwarte: ✆ 2637299. Zu Sternwarten in Sachsen: www.astronomie-sachsen.de.

Jugendstilbalkon am Weißen Hirsch

Loschwitz und die Standseilbahn

Loschwitz ist ein alter Weinbauernort, der den Dresdnern schon im 18. Jahrhundert als Sommerfrische diente. So hatte die Familie Körner dort einen Garten, in dessen Gartenhäuschen Friedrich Schiller zu arbeiten pflegte (Schillerhäuschen, siehe unten). Im 19. Jahrhundert entstanden dann Villen, und heute ist der Ort (neben Weißer Hirsch) der kompakteste und teuerste Villenvorort Dresdens. Die hübsche barocke Pfarrkirche wurde 1705 bis 1708 errichtet, 1945 ist sie ausgebrannt, wurde aber komplett rekonstruiert. In der Kirche befindet sich der sechs Meter hohe Marmoraltar aus der abgerissenen Sophienkirche in Dresden, ein großartiger Renaissancealtar von Giovanni Maria Nosseni.

1895 war es an der Zeit, die Villen am Weißen Hirsch mit Loschwitz durch ein modernes Verkehrsmittel zu verbinden, das den beträchtlichen Höhenunterschied flott überwinden sollte. Eine

Standseilbahn war die Lösung, wobei die Wagen von einem Kettenschlepperantrieb gezogen werden, was man wohl den Elbschleppern abgeschaut hatte – dieser Antrieb funktioniert übrigens heute noch. Auf 547 m Länge werden so 94 m Höhenunterschied in wenigen Minuten überwunden, zwei Tunnel machen die Fahrt noch amüsanter – die Ausblicke von unterwegs sind jedoch leider nur mäßig. Um die Aussicht zu genießen, muss man schon oben auf der Terrasse des Luisenhofs eine Pause einlegen (→ Essen & Trinken).

Betriebszeiten/Preise: Mo–Fr im Sommer ca. 8–23.20 Uhr, im Winter ca. 8–20.20 Uhr, Sa/So/Feiertag ca. 9.15–20.20/23.20 Uhr, Anfang März und Ende Nov. meist ein bis zwei Wochen wegen Revision geschlossen, eine Fahrt 3 €, erm. 2 €, hin/zurück 4/2,50 €, Zeitkarten des VVO werden anerkannt, Infos ✆ 0180-22662266.

Blaues Wunder

1891 war es so weit, die Elbe bekam zwischen Blasewitz und Loschwitz einen neuen Übergang, eine Hängebrücke ohne Strompfeiler – man musste auf die Elbschifffahrt Rücksicht nehmen. Es handelte sich um eine Stahlkonstruktion, wobei die eigentliche Brücke 141,5 m lang ist, mit Brückenlagern 260 m. Die Architekten Hans Manfred Krüger und Claus Köpcke brachten die Arbeiten 1893 zum Abschluss. Anschließend erhielt die neue Brücke einen blauen Anstrich und einen Spitznamen, den sie bis heute behielt: Blaues Wunder (derzeit eher ein ausgewaschenes Blau).

Der Elbhang
Karte S. 206/207

Der Bau ist heute kein Wunder mehr, aber immer noch ein ästhetisches Vergnügen und vor allem sehr, sehr wichtig für Dresdens Verkehr (die Geh- und Fahrradbahnen wurden erst 1935 angehängt).

Zwei Dresdner Bürger verhinderten zu Kriegsende unabhängig voneinander durch ihr beherztes Eingreifen die bereits von der SS angesetzte Sprengung der Brücke. Eine Gedenktafel auf der Blasewitzer Seite der Brücke erinnert daran.

Schillerhäuschen

Im Gartenpavillon des Körnerschen Weinberges, etwas oberhalb der Loschwitzer Brücke an der heutigen Schillerstraße, hielt sich der Freund der Familie, Friedrich Schiller, häufig auf, vor allem zwischen 1785 und 1787 schrieb er hier an seinen Werken (in erster Linie am Don Carlos). Im Haus der Familie des Oberkonsistorialrates Christian Gottfried Körner am Neustädter Palaisplatz war damals das Zentrum des literarischen und philosophischen Dresden. Als Amateurmusiker wagte er sich an eine erste Vertonung der Ode „Freude schöner Götterfunken" seines Freundes Friedrich Schiller heran (Beethoven schuf dann die etwas bekanntere Version). In seinem Haus verkehrten auch die Dichter und Maler der Romantik wie Ludwig Tieck, die Gebrüder Schlegel, Heinrich von Kleist und Caspar David Friedrich. Sein Sohn, der früh in der Schlacht gefallene Theodor Körner, wurde zum viel verehrten Freiheitsdichter. Schiller scheint Dresden sonst wenig gefallen zu haben, oder wie anders soll man seinen Spruch deuten, dass die Dresdner ein „unleidliches Volk" seien?

Gegenüber vom Eingang ist in die Stützmauer der Schillerstraße ein Jugendstil-Denkmal (1912/13) in Form eines großen Doppelreliefs über einem leider nicht mehr Wasser spendenden Brunnen eingelassen, das **Schiller-Körner-Denkmal.** Man sieht Schillers Abschied von der Familie Körner im Jahre 1801 und den Abschied Theodor Körners von seiner Familie vor seinem Tod in der Schlacht 1813.

Adresse/Öffnungszeiten: Schillerhäuschen, Schillerstr. 19, ✆ 656480 (Sonderführungen für Gruppen ✆ 315810), Sa/So 10–17 Uhr von ca. Anf. April bis Ende Sept.

„Blaues Wunder" und ein beliebter Biergarten

Lustgarten und Bergpalais von Schloss Pillnitz

Hosterwitz

Das Dorf hat mit einigen Sehenswürdigkeiten aufzuwarten, so mit der einsam am Elbfluss stehenden Kirche **Maria am Wasser.** Man muss sie vom Wasser aus sehen, vom Schiff oder von der anderen Seite der Elbe, erst dann wird man dieser kleinen ehemaligen Wallfahrtskirche der Elbschiffer gerecht. Sie steht nah am Wasser – daher ihr Beiname. Eine Hochwassermauer umgibt sie und den alten Friedhof. Die spätgotische Kirche wurde zweimal barockisiert, 1704 und 1774, dabei wurde die Erinnerung an alte Wallfahrten fast vollständig ausgelöscht. Grabsteine vom 18. bis zum frühen 20. Jahrhundert stammen ebenfalls nur aus protestantischer, wallfahrtsloser Zeit.

Im Zentrum von Hosterwitz befindet sich an der alten Verbindungsstraße nach Pillnitz das **Carl-Maria-von-Weber-Museum.** Es erinnert daran, dass der Komponist hier seinen Sommersitz hatte und seine drei Opern komponierte („Freischütz", „Euryanthe", „Oberon"). Seit 1816 war er Direktor der Deutschen Oper in Dresden, sein „Freischütz" wurde jedoch nicht hier uraufgeführt, sondern in Berlin („Euryanthe" in Wien und „Oberon" in London).

Adresse/Öffnungszeiten: Maria am Wasser ist nur an Sommerwochenenden geöffnet. Carl-Maria-von-Weber-Museum, Dresdner Str. 44, Mi–So 13–18 Uhr, Eintritt 3 €, erm. 2 €, ✆ 2618234.

Schloss und Park Pillnitz

Das Profil der wie bei chinesischen Pagoden geschwungenen Dächer des Wasserpalais in Pillnitz gehört zu den unvergesslichen Eindrücken eines Besuches in Dresden. Ob mit dem Elbdampfer, mit der Fähre, mit Straßenbahn und Bus oder auf dem Elberadweg vom gegenüberliegenden Kleinzschachwitz her, wie auch immer man sich nähert, besticht und erfreut der Anblick des Barockschlosses über dem Elbufer. Dass ein zweites barockes Schloss, das Bergpalais, sowie ein neueres Schloss, zwei Museen und vor allem der ausgedehnte Park mit altem Baumbestand und einem chinesischen Pavillon weitere Höhepunkte eines Besuches der Anlage bilden, erhöht noch die Anziehung auf Dresdner und Gäste der Stadt.

Der Elbhang
Karte S. 206/207

Bereits in der Renaissance entstand an dieser Stelle ein Schloss, das 1694 in kurfürstlichen Besitz kam und 1706 von August dem Starken seiner Mätresse, der Gräfin Cosel, geschenkt wurde. 1718 – die Cosel hatte ihren unrühmlichen Abgang hinter sich – war das Schloss wieder kurfürstlich, und nun ging es erst richtig los (Merke: keines der heutigen Gebäude kann die Cosel gekannt haben!). Der viel beschäftigte Matthäus Daniel Pöppelmann entwarf dem von Chinoiserien begeisterten König und Kurfürsten (man denke auch an das Japanische Palais in der Stadt!) ab 1721 ein chinesisches Wasserpalais mit den Pagoden abgeschauten geschwungenen Dächern und Chinoiserien als Fresken und Tapeten an den Wänden. Was müssen die Dresdner gestaunt haben! Zwei Jahre später wurde etwas oberhalb ein neues, ebenfalls in chinesischer Manier gestaltetes Palais errichtet, das Bergpalais. Die Gartenanlage wurde dafür erweitert und der erste Teil einer langen Allee gepflanzt, die bis zum neuen Schloss in der Neustadt (Japanisches Palais) reichen sollte! Diese Allee ist auf ca. 500 m Länge erhalten und nennt sich heute Maille-Bahn nach einem dem Golf ähnelnden Spiel, das auf ihr betrieben wurde.

Unter Friedrich August II., dem Sohn August des Starken, wurde Pillnitz zur Sommerresidenz der Wettiner, ab 1778 wurde der bisher französische Park zu einem englischen Garten umgeformt. Der Kurfürst hatte botanische Interessen und ließ im Nordwesten des Parks einen holländischen Garten anlegen. Dort wurde auch im Jahr 1801 eine Kamelie gepflanzt, die heute noch steht und damit die älteste Europas ist. 1818 brannte das bis dahin etwas vernachlässigte Renaissanceschloss ab und das Neue Palais wurde errichtet, 1859 kam noch das gusseiserne Palmenhaus hinzu. Dann folgte eine lange Phase der Kriegszerstörungen, Vernachlässigung und langsamer Verfall. Doch schon vor der Wende war der größte Teil der Wiederherstellungsarbeit geleistet. Heute strahlen die Schlösser allesamt wieder und der Spaziergang durch den gepflegten Park ist ein einziger Genuss.

Tipp: Im Schlosshof stehen vierzig Fliederbäume einer Rasse chinesischen Flieders, die sehr selten ist und ihre Stämme rechts dreht. Die Bäume sind mehr als hundert Jahre alt. Ihre Blüte beginnt meist noch in den letzten Apriltagen, im Jahr 2007 blühten sie jedoch so früh wie nie, nämlich bereits Mitte April. Das Dunkellila des Flieders gibt den prächtigsten Vordergrund für die Schlossfassaden ab, den man sich denken kann.

Zum **Wasserpalais** steigt man auf geschwungenen Treppen vom Wasser herauf, hier legten die festlichen Boote an, die den Hofstaat von Dresden nach Pillnitz brachten. Sphinxe flankierten diese Inszenierung aus Natur und Architektur (die heutigen Anleger – für die Fähre stromabwärts, für die Dampfer stromaufwärts – sind dagegen komplett nüchtern). Im Untergeschoss sind die Wasserstände der Elbhochwasser gekennzeichnet, 2002 hängt alle anderen ab. Das einer Folge dreier Pavillons gleichende Palais ist in den Hohlkehlen unterhalb der geschwungenen Dächer mit Chinoiserien bemalt. Ein Fernglas hilft, die aparten Szenen besser zu erkennen und sich darüber zu amüsieren, wie europäische Künstler des Barock sich so ihr Ostasien zusammenfantasierten. Im Wasserpalais Pöppelmanns ist der Großteil des Kunstgewerbemuseums untergebracht, ein kleinerer Teil befindet sich im Bergpalais.

Im **Kunstgewerbemuseum** ist in einer Folge original eingerichteter Räume die prunkvolle Inneneinrichtung von Schlössern aus der Zeit August des Starken zu bewundern. Daneben sollte man aber

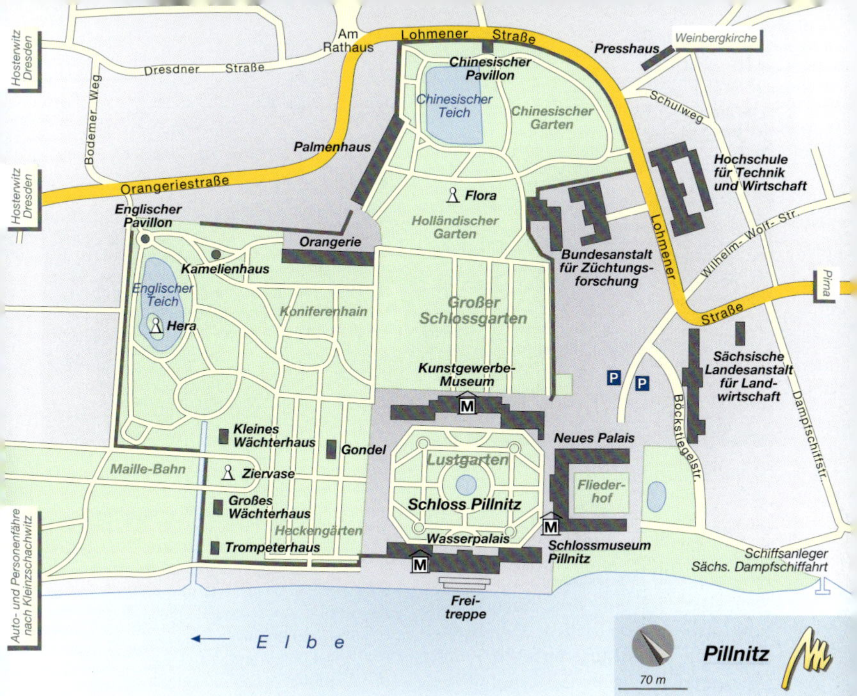

die handwerklich perfekten Möbel aus den Dresdner Werkstätten in Hellerau nicht übersehen. Im Wasserpalais ist vor allem Kunsthandwerk des 17. und 18. Jahrhunderts ausgestellt, im Bergpalais das Kunsthandwerk und Handwerk des Bürgertums bis in die Gegenwart.

Durch den von hübschen Rabatten und Wasserflächen gegliederten Garten geht man hinüber zum **Bergpalais,** das ebenfalls „à la chinoise“ angelegt wurde, innen jedoch erst im späten 19. Jahrhundert chinoisisierend ausgemalt wurde. Auch beim Bergpalais besticht die markante Schornsteinsilhouette, die den Eindruck des „Chinesischen“ verstärkt. Der Hauptsaal mit seinen Chinoiserien und die Weinlig-Zimmer mit kostbaren intarsierten Möbeln und Original-Wandgestaltung des 18. Jahrhunderts sind die wichtigsten Räume (Eintritt mit Karte des Kunstgewerbemuseums).

Neben den originalen Innenräumen des Kunstgewerbemuseums im Wasserpalais ist der Garten zwischen den beiden Palais der wohl authentischste Eindruck, den von man von der Gesamtanlage mit nach Hause nehmen kann.

Der Spaziergang durch den **Schlosspark** sollte auf jeden Fall den beiden Pavillons, chinesischem und englischem, weiters dem Palmenhaus und dem Kamelienhaus gelten. Das **Palmenhaus** ist in seiner ganzen Länge modern bepflanzt worden und zeigt im nördlichen (hinteren) Teil ein erstaunlich naturgetreues Trockental mit Grundwasser in Nordaustralien – nur die Schwärme von Sittichen fehlen. Das **Kamelienhaus** steht auf Schienen, wird es richtig warm, wird es weg geschoben und die riesige Pflanze steht im Freien – das ist bei der Blüte eher selten der Fall.

Das **Neue Palais** an der Stelle des abgebrannten Renaissanceschlosses wurde im klassizistischen Stil errichtet und war das eigentliche Wohnschloss der Wettiner bis zum Ende ihrer Herrschaft

Pillnitzer Weinbergkirche und das weite Elbtal

im November 1918. Bis auf die Katholische Schlosskapelle mit ihrer Ausmalung im Stil der Nazarener und den Kuppelsaal ist von der Innenausstattung fast nichts erhalten. Der Besuch des heute als **Schlossmuseum Pillnitz** fungierenden Neuen Palais lohnt sich jedoch wegen der interessanten Ausstellungen über die Geschichte der Schlösser von Pillnitz und der Wettiner und wegen der Königlichen Hofküche im Souterrain, die ihre Vorratskammern, Herde und Öfen, Warmhalteeinrichtungen und Arbeitstische behalten hat und durch zusätzliche Kochutensilien ganz lebendig gestaltet wurde.

• *Öffnungszeiten/Eintritt* **Kunstgewerbemuseum**, Mai–Okt. tgl. 10–18 Uhr, **Bergpalais** Mo geschl., **Wasserpalais** Di geschl., Nov.–April geschl.! Eintritt 3 €, erm. 2 € oder Tages- bzw. Jahreskarte der Staatlichen Kunstsammlungen Dresden, ✆ 49142000, www.skdmuseum.de.

Schlossmuseum Pillnitz, April–Okt. Di–So 10–17 Uhr, Nov.–März nur an Wochenenden Rundgang mit Führung 11, 12, 14 und 15 Uhr, Eintritt 3 €, erm. 2 €, ✆ 2613260, www.schloesser-dresden.de.

Der **Park** des Schlosses (tgl. 5 Uhr bis Einbruch der Dämmerung) ist vorläufig weiterhin kostenlos zugänglich, **Palmenhaus** April–Okt. Di–So 10–17, Nov.–März Di–So 10–16 Uhr, Eintritt 3 €, **Kamelienhaus** Eintritt 1 € (beide kann man auch von außen studieren).

• *Verbindungen/Parken* Straba 2 von der Stadtmitte (z. B. Pirnaischer Platz) bis Endstation, kurzer Fußweg bis zur Elbfähre, Übersetzen zum Schlosspark. Oder Straba 6, 12 bis Schillerplatz, weiter mit Bus 63 bis Pillnitzer Platz. Oder Dampfschiff ab Terrassenufer bis Anlegestelle Pillnitz, 5 Gehminuten stromaufwärts.

Parken ist bisher auf dem Besucherparkplatz gratis möglich (an Sommerwochenenden oft trotz 200 Plätzen lange Warteschlangen).

Pillnitzer Weinberg und Weinbergkirche

„Großer Berg“ von Pillnitz nennen sich die Rebanlagen aus der Zeit August des Starken. Der **Weinberg** war noch in den 1970er-Jahren verwahrlost, die Aufforstung durch den Staatlichen Forstwirtschaftsbetrieb wäre zu teuer gekommen. So überließ man einen kleinen Teil drei Freizeitwinzern, darunter der Böttchermeister Rolf Götze aus Dresden-Leubnitz. 1980 gründete er mit mehreren anderen die Weinbaugenossenschaft Pillnitz – und hatte Erfolg. Heute gibt es 6 ha denkmalgeschützten Weinberg, der von ca. 70 Freizeitwinzern bewirtschaftet wird.

Die **Weinbergkirche „zum heiligen Geist“** ist ein idyllischer Ort, eine barocke Kirche mitten in den Weinbergen. Nur über ein autofreies altes Sträßchen mit Kopfsteinpflaster kommt man zu ihr hinauf. 1723 bis 1725 wurde sie nach einem Plan von Matthäus Daniel Pöppelmann errichtet. Besonders eindrucksvoll ist der Sandsteinaltar mit einem Abendmahlrelief in der Mitte. Er wurde 1648 vollendet und stammt aus dem Vorgängerbau – dieser befand sich jedoch nicht hier, sondern dort, wo heute das Neue Palais steht. Auch die Holzkanzel stammt aus der früheren Kirche ebenso wie die Grabsteine, die bis auf das 16. Jahrhundert zurückgehen. Die Weinbergkirche ist nur an Sommerwochenenden geöffnet. Am Ersten Mai findet neben der Kirche ein Winzermarkt statt, auf dem Pillnitzer Nebenerwerbswinzer ihre Weine anbieten.

An der Abzweigung von der Pillnitzer Straße am Fuß des Borsberges steht das **Pillnitzer Presshaus.** Mit seinem bunten Spät-Empire (oder Biedermeier)-Giebelfries von 1827 ist es nicht zu übersehen.

Praktische Infos

(→ Karte S. 206/207)

Verbindungen

Mit öffentlichen Verkehrsmitteln: Vom Bahnhof Neustadt oder Albertplatz mit der Straßenbahnlinie 11 (Richtung Bühlau), Haltestelle an den Elbschlössern und im Viertel Weißer Hirsch. Von Loschwitz fährt der Bus Nr. 63 nach Pillnitz (Haltestelle Pillnitzer Platz). Zurück entweder mit der Fähre nach Kleinzschachwitz und von dort Straba 2 in die Stadtmitte (Umsteigen zum Albertplatz am Pirnaischen Platz in die Linie 3 oder 7). Oder – sehr viel schöner und bequemer – mit dem Schiff zurück zur Anlegestelle Terrassenufer vor der Altstadt.

Mit dem Auto: Über die Bautzner Straße stadtauswärts bis Weißer Hirsch. Nach Loschwitz, Hosterwitz und Pillnitz den Abzweig Schillerstraße (später Pillnitzer Landstraße) nehmen. Für den Rückweg in Pillnitz mit der Fähre übersetzen, so ist man schneller am Ausgangspunkt zurück als über das Blaue Wunder.

Mit dem Rad: Die Bautzner Straße ist zwar recht stark befahren, aber vom Waldschlösschen bis knapp vor der Abzweigung der Schillerstraße gibt es einen Fahrradweg. Vor Weißer Hirsch zuletzt starke Steigung! Man fährt in Weißer Hirsch am besten bis zur Bergstation der Schwebebahn (nicht zu verwechseln mit der Standseilbahn), dann wieder zurück und über die Schillerstraße zur Talstation. Auf der nicht sehr stark befahrenen Pillnitzer Straße nach Pillnitz und sinnvollerweise mit der Fähre über die Elbe und auf dem Elberadweg (→ Tour 9) zurück.

Essen & Trinken

Brauhaus am Waldschlösschen (1), das Brauhaus der ältesten heute noch brauenden Aktienbrauerei Deutschlands und sein Biergarten mit Elbtal- und Dresdenblick sind populäre Plätze für rustikales Essen und Trinken (montags Haxe, mittwochs Schnitzeltag) und locker improvisierte Feste unter Freunden. Hauptgericht ab 8 €. Am Brauhaus 8b, tgl. 11–23 (Wochenende 24) Uhr, ✆ 6523900, www.waldschloesschen.de.

Fischhaus (3), schon im Waldgebiet der Dresdner Heide steht das historische Fischhaus, eine alte Gaststätte, deren bestechende idyllische Lage von einer bürgerlichen Küche komplimentiert wird, die jedoch in der Ausführung manche Mängel aufweist („Gallertschüssel", eine geschmacklose Sülze, ca. 9 €). Stimmungsvoll sommerliche Essen im Gartenhaus mit Holzbackofen, im Winter das Kaminrestaurant. Fischhausstr. 14, Mo–Fr 12–24, Sa/So 11–24 Uhr, ✆ 89910-0, www.fischhaus.de.

Lingnerterrassen (6), seit dem Sommer 2010 kann man wieder essen im Lingnerschloss (draußen im Biergarten hat man schon länger was bekommen). „Frisch und ehrlich" soll es sein und nicht zu teuer, meinen die Betreiber (die auch Schmidt's führen, → S. 183), sonntags soll es einen Brunch geben (der Preis von 13,90 € steht schon fest) und die Dresdner stehen in den Startlöchern. Viel Glück! www.lingnerterrassen.de.

Restaurant im Hotel Schloss Eckberg (8), gutes Restaurant mit sehr guter Weinkarte und besonders attraktiver Speisenpräsentation; Vorspeisen wie Kalbskopfcarpaccio mit gebackenen Kalbsbäckchen und Beilagen, Hauptgang wie gebratenes Steinbuttfilet mit Beilagen, feine Desserts. Hauptgang 17–30 €, Abendmenüs ab 45 €. Tgl. 11.30–14/18–23 Uhr, Bautzner Str. 134, ✆ 8099193, www.hotel-schloss-eckberg.de.

Bean & Beluga (9), in dem früheren Café an der Straße von der Neustadt zum Weißen Hirsch. Heute elegant in Weiß und Beige gehalten, gibt es nicht nur Bohnen und Belugakaviar, sondern auch jede Menge Trüffel und die passende Gänsestopfleber (z. B. im „bean & beluga Burger"). Perfekter Service zu hervorragendem Essen in der „Tagesbar" im Bistro-Stil des Erdgeschosses. Das Restaurant im ersten Stock war von Anfang an Nichtraucherlokal. Trendig: der Blick durchs Glas in die Küche. Die Michelin-Tester drückten ihr Lob mit einem Stern aus, den das Lokal nur fünf Monate nach der Eröffnung verliehen bekam (der zweite Stern für Dresden nach dem Caroussel). Vorspeisen ca. 25 €, Hauptgerichte bis 45 €. Abendmenüs ca. 70–120 €. Bautzner Landstr. 32, Di–Sa ab 17 Uhr, ✆ 44008800, www.bean-and-beluga.de.

Luisenhof (10), das wenig attraktive, Ensemble des Luisenhofs stammt aus der Gründerzeit. Von der Terrasse aus hat man einen der schönsten Blicke auf Elbtal, Dresden und Blaues Wunder. 1894 gleichzeitig mit der Standseilbahn errichtet, war es von Anfang an ein beliebtes Ausflugsziel der Dresdner, das Lokal überlebte auch die Wende. Feines wie Kartoffelrösti mit Dreierlei vom Lachs oder Lammrückenfilet mit Beilagen und Bürgerliches wie Sächsischer Sauerbraten, sehr gute Kuchen und Torten (am Wochenende drängt sich nachmittags halb Dresden auf der Terrasse). Sächsische Winzerweine, auch offen. Hauptgericht ab ca. 9 €; beliebter Sonntagsbrunch (10–15 Uhr) 21 €. Bergbahnstr. 8, Mo–Sa 11–24, So 10–24 Uhr, ✆ 214-9960, www.luisenhof.org.

Körnergarten (14), einer der bekanntesten Biergärten Dresdens (bekannt, da ihn immer wieder ein Fernsehkommissar beehrt) liegt direkt an der Elbe in Loschwitz und blickt auf das Blaue Wunder. Sehr idyllisch, vor allem vor Sonnenuntergang, rustikale Küche mit stark gewürzter Hausmannskost, Hauptgang ca. 8–12 €. Friedrich-Wieck-Str. 26, Loschwitz, tgl. 11–24 Uhr, ✆ 2683620, www.koernergarten.de.

Schlossschänke und Kaminrestaurant (21), die Schlossschänke in Pillnitz ist ein großes, auf den Ansturm mehrerer Touristengruppen eingestelltes Lokal des Schlosshotels mit Gastgarten, dagegen deckt das Kaminrestaurant (Kamin, Pianomusik, erinnert etwas an großbürgerliche Speisesäle der Gründerzeit) gehobene kulinarische Bedürfnisse ab (fantastisch: Kalbsbries-Presssack!). Hauptgerichte im Kaminrestaurant ab ca. 20 €. August-Böckstiegel-Str. 10, Schlossschänke tgl. 10–24 Uhr, Kaminrestaurant Mo–Sa ab 18 Uhr, ✆ 26140, www.schlosshotel-pillnitz.de.

Einkehr am Palmenhaus (20), das Lokal der Familie Hesse bietet Mittagstisch, Abendessen sowie Kaffee & Kuchen und das trotz 1a touristischer Lage im Dorf mit der typischen Freundlichkeit eines Familienbetriebes. Auch Jahreszeitenküche: In der Pfifferlingszeit gab es Nudelgerichte und Schnitzel mit Pfifferlingen, die Pilze ausgezeichnet zubereitet und frisch. Hauptgericht ca. 10–13 €. Orangeriestr. 5, ✆ 2610188, www.einkehrampalmenhaus.de.

Einkaufen

In Loschwitz

Buchhaus Loschwitz (12), die kleine, aber sehr bemühte Buchhandlung ist auch für das Kulturhaus Loschwitz nebenan und dessen Pogramm verantwortlich. Neben der Belletristik ist vor allem die Regionalliteratur gut sortiert. Friedrich-Wieck-Str. 6, Loschwitz, Di–Fr 10–18, Sa 10–14, So 11–16 Uhr, buchhaus_loschwitz@t-online.de.

LOOP (11), was am Körnerplatz angeboten wird, sind häufig sehr originelle Objekte der Wohnungsausstattung vom Kerzenhalter über Karaffen, Keramikgeschirr, hübsch geformte Glasbecher, extravagante Schüsselchen, Butter- und Zuckerbehälter bis zu Kleinmöbeln und praktischen Objekten wie Küchenhängern. Dammstr. 1 (Körnerplatz, Loschwitz), Mo–Fr 11–18.30, Sa 10–14 Uhr, ✆ 2654960, www.loop-dresden.de.

Chocolaterie Demnitz (15), Schokoladen und Pralinen in kleinsten Auflagen in Handarbeit gefertigt, der Kunde kann dem Chocolatier bei der Arbeit zusehen. Friedrich-Wieck-Str. 45 im alten Fährgut Loschwitz, ✆ 3633168.

In Pillnitz

Graphikantiquariat Koenitz (22), Graphik, (gute) antiquarische Bücher, Saxonica, Dresden-Ansichten ..., hier kann man die Zeit vergessen beim stöbern. Schloss Pillnitz (im Durchgang vom Neuen Schloss zur Elbe), Mo–Sa 10–17 Uhr, August-Böckstiegel-Str. 2, 01326 Dresden, ✆ 2613274.

Eindrucksvolle Ruine: die Trinitatiskirche in der Johannstadt

Tour 9: Entlang der Elbe von der Altstadt bis zur Pillnitzer Fähre

Das Elbtal zwischen Dresden und Pillnitz wird auf der rechten Flussseite vom steil aufsteigenden Elbhang begleitet, dessen Schlösser und Villen man vom Elberadweg viel besser sieht als vom Elbhang selbst, wo sie hinter Parks und Gärten verborgen sind. Am besten leiht man sich einen Drahtesel und radelt von Dresden an der Elbe entlang, nur so oder zu Fuß kann man die herrlichen Blicke würdigen.

Immer entlang der Elbe zieht sich der Elberadweg, der in Dresden von der Altstadt unterhalb der Augustusbrücke bis zur Pillnitzer Fähre verläuft. Auf dem etwa 11 km langen Teilstück des längsten deutschen Radweges – das auch für Fußgänger freigegeben ist und von ihnen fleißig benützt wird – hat man die besten Ausblicke auf die steilen Hänge des Elbknies. Man blickt auf die Elbschlösser mit ihren früheren und heutigen Weinbergen, auf das Blaue Wunder mit den Villen am Weißen Hirsch oben an der Hangkante, auf das Wachwitzer und Pappritzer Ufer mit dem Fernsehturm, dann auf die Hosterwitzer Kirche Maria am Wasser und schließlich auf Schloss und Park Pillnitz. Alles schon gesehen, wie in Tour 8 beschrieben? Aber eben nicht aus dieser Perspektive, nicht in dieser Folge von Bildern, die sich von einem Weg aus ergeben, der fast ab dem Rand der Altstadt durch unberührte Wiesenlandschaft verläuft.

Doch auch entlang des Elberadwegs gibt es einiges Interessantes zu entdecken. Zunächst lohnt sich ein Abstecher zur → **Trinitatiskirche** mit Friedhof und dem direkt daneben liegenden → **Jüdischen Friedhof.** Auf dem → **Trinitatisfriedhof** sind einige der bekanntesten Dresdner Persönlichkeiten

Elberadweg

Zwischen der Carolabrücke und Kleinzschachwitz führt unsere Route den Elberadweg entlang oder für Spaziergänger oft auf parallelen Wegen. Dieser Rad-Weitwanderweg verläuft im Prinzip von Prag bis zur Elbemündung bei Cuxhaven. Gerade das Dresdner Teilstück ist jedoch der Höhepunkt des Elberadweges: Zuerst durchfährt man an der Elbe entlang die Sächsische Schweiz, erreicht dann bei Pirna das Dresdner Becken und fährt von dort fast unter den Weinbergen hindurch nach Meißen. Auch wer wenig Erfahrung mit dem Radfahren hat, kann sich dieses Teilstück zumuten, denn es gibt sehr wenige Steigungen. Und die Bahn (bzw. der VVO) transportiert Rad, Gepäck und Radler stündlich zwischen Meißen und Bad Schandau hin und her – mit verschiedenen Ein- und Ausstiegsmöglichkeiten.

Infos: Genauere Informationen findet man unter www.elberadweg.de, in den Radwanderführern der Buchhandlungen sowie in den Städtischen Informationen Dresdens. Außerdem ist eine kostenlose Broschüre „Elberadweg" mit kurzen Etappenbeschreibungen und Übernachtungsadressen in den Tourismus-Informationsstellen entlang des Radweges zu haben.

begraben, u. a. der Maler Caspar David Friedrich. Anschließend passiert der Elberadweg den Dresdner Stadtteil → **Blasewitz,** der rund um den nahe zur Elbe gelegenen Schillerplatz zahlreiche sehenswerte Villen zu bieten hat. Und auch der → **Johannisfriedhof,** dessen Krematorium zu den wichtigsten Jugendstilbauten in Deutschland gehört, befindet sich in unmittelbarer Nähe des Radweges. Etwas weiter ab liegen die → **Technischen Sammlungen Dresden,** die in den alten Räumlichkeiten der DDR-Firma Pentacon vor allem alte Kameras und Rechner zeigen. Sie lassen sich am besten auf dem Rückweg über den Elberadweg mit dem Fahrrad integrieren, sonst ist man doch mehr auf Straßen als auf dem eigentlichen Radweg unterwegs.

Die im Folgenden beschriebene Tour verläuft über den Elberadweg von der Carolabrücke bis nach Kleinzschachwitz. Sie nimmt als Radtour 1–1:30 Stunden (hin und zurück) in Anspruch, als Spaziergang 3–4 Stunden (Rückfahrt mit der Straba 2 ab Kleinzschachwitz), jeweils reine Wegzeit ohne Besichtigungen und Pausen. Gestartet wird an der Carolabrücke, wo man bei der Synagoge zum Fluss hinuntergeht oder fährt, die Uferstraße (Terrassenufer) quert und sich rechts hält, knapp nach Unterquerung der Brücke biegt der Rad- und Fußweg links ab in die Auwiesen. Das war's, denn ab sofort kann man eigentlich nicht mehr falsch fahren oder gehen, solange man sich nahe der Elbe hält. Fußgänger sollten lieber auf Abstecher zur Trinitatiskirche mit ihrem großem Friedhof und dem Jüdischen Friedhof sowie zu den Technischen Sammlungen verzichten und diese von der Altstadt aus mit der Straßenbahn besuchen (→ Verbindungen, S. 223). Radfahrer biegen für die Besichtigung des Trinitatisfriedhofs und des Jüdischen Friedhofs kurz vor der Baustelle der Waldschlösschenbrücke vom Weg ab, queren die Straße Käthe-Kollwitz-Ufer und folgen der Neubertstraße bis zu ihrem Ende. Die Friedhöfe liegen nun direkt vor Ihnen. Auf gleichem Weg zurück zur Elbe bleibt man nun einfach bis zum Blauen Wunder auf dem Radweg und genießt die Ausblicke – Waldschlösschen, Schloss Albrechtsberg, Lingnerschloss und Schloss Eckberg kommen nacheinander ins Bild, kurz vor dem Blauen Wunder erkennt man am obersten Rand des Elbhanges das beliebte Ausflugslokal Luisenhof.

Direkt vor dem Blauen Wunder geht man rechts rauf, oder man geht unter dem Blauen Wunder durch und quert den populären Schillergarten. In beiden Fällen kommt man zum Schillerplatz, dem Zentrum des alten Ortes Blasewitz mit seinen repräsentativen Villen aus der späten Gründerzeit. Dann weiter auf dem Elberadweg bis zur Helfenberger Straße, wer zum Jugendstilbau des Krematoriums will, muss hier rechts abbiegen und weiter auf der Tolkewitzer Straße fahren. Von dieser Seite aus ist der Eingang des Urnenfriedhofs nur eine Tür im Gitter (Schild), durch den Friedhof flaniert man zum Krematorium, einem eindrucksvollen Jugendstilbau. Nach Kleinzschachwitz folgt man bis zum nächsten Ortsteil Tolkewitz der Wehlener Straße, wo man links in die Niederpoyritzer Straße und in die Elbauen abbiegt und auf dem Elberadweg weiterfährt – oder geht. Man kommt fast direkt am Fähranleger Kleinzschachwitz an, unterhalb des auffallenden Fährhauses, einer Gaststätte. Übersetzen nach Pillnitz? Auf dem Rad- und Fußweg zurück? Interessierte Radfahrer können auf dem Rückweg noch die Technischen Sammlungen in Striesen besichtigen. Dazu verlässt man dieses Mal den Radweg noch vor dem Schillergarten knapp vor dem Blauen Wunder und folgt der Kretschmerstraße, dann in gleicher Richtung der anschließenden Dornblüthstraße. Diese mündet in die Schandauerstraße, genau gegenüber stehen die Gebäude der Technischen Sammlungen. Fußgänger fahren von Kleinzschachwitz mit der Straßenbahn zurück: Linie 2 in die Innenstadt.

Sehenswertes

Trinitatiskirche, Trinitatisfriedhof und Jüdischer Friedhof

Die Trinitatiskirche in der Johannstadt-Nord wurde 1891 bis 1894 im Stil der italienischen Neorenaissance errichtet und 1945 teilweise zerstört. Nur der 65 m hohe Turm blieb komplett verschont und überragt heute noch mit Leichtigkeit die Plattenbauten der Umgebung. Der Trinitatisfriedhof wurde nach den Napoleonischen Kriegen 1815 angelegt und ist heute noch in Betrieb, deshalb kann man ihn auch problemlos besichtigen. Auf dem weitläufigen Gelände sind viele Dresdner Berühmtheiten der Romantik und der Gründerzeit begraben. Unter ihnen sind die Maler Caspar David Friedrich und Carl Gustav Carus sowie die Schauspielerin Wilhelmine Schröder-Devrient.

Nebenan liegt der (Neue) Jüdische Friedhof, neu, weil er den 1868 geschlossenen Alten Jüdischen Friedhof in der Neustadt ablöste, aber heute so neu nun auch wieder nicht mehr. Nach der Zerstörung der Semper-Synagoge 1938 wurde auf diesem Friedhof die erste Dresdner Synagoge der Nachkriegszeit eröffnet. Sie behielt diese Funktion bis zur Eröffnung der Neuen Synagoge im Jahr 2001 am traditionsreichen Standort am Rand der Altstadt. Vor dem Gebäude erinnert ein Denkmal an die Dresdner Gefallenen jüdischen Glaubens des Ersten Weltkrieges.

Öffnungszeiten: Der Trinitatisfriedhof ist im Sommer tgl. 8–20, im Winter 8–16 Uhr geöffnet; der (Neue) Jüdische Friedhof ist Mo–Do 8–17 Uhr geöffnet (für Herren nur mit Kopfbedeckung). Während der Sommersaison finden in der Ruine der Trinitatiskirche Gottesdienste unter freiem Himmel statt.

Verbindung: Straba 6 Trinitatisplatz, Blasewitzer Straße/Fetscher Straße.

Blasewitz

Der Name Blasewitz kommt Ihnen bekannt vor? Kein Wunder, hat sich doch „Potz Blitz, ist das nicht die Gustl von Blasewitz?“ aus Schillers „Wallenstein“ in die Alltagssprache durchgemendelt. Die Gustl, eine Wirtstochter aus Blasewitz lebte wirklich, Friedrich Schiller nahm immer wieder die Fähre von Loschwitz herüber, um in Blasewitz einen zu heben (damals gab es noch keine Brücke). Aus dem Dorf Blasewitz wurde erst im späten 19. Jahrhundert ein Dresdner Stadtteil, aber dann gleich ein besonders feiner. Das alte Dorfzentrum war bald nicht mehr wieder zu erkennen, der heutige **Schillerplatz** am linken Brückenkopf des Blauen Wunders hat wirklich nichts Dörfliches mehr an sich – nur wenn man die Gasse hinuntergeht zum Schillergarten mit seinem beliebten Ausflugslokal, kann man noch etwas von der früheren ländlichen Atmosphäre erahnen.

Die vom Schillerplatz aus sternförmig ausstrahlenden Straßen und die Querstraßen wurden Wohnstandort für die feinen Leute jener Zeit. Um 1900 waren von 774 Häusern im Ort 714 Villen. Das hat sich kaum verändert und dank geringer Verluste im Zweiten Weltkrieg können wir viele dieser Villen noch heute bewundern.

Johannisfriedhof und Krematorium

Der gründerzeitliche Johannisfriedhof in Tolkewitz hat einige üppige Grabmäler des Historismus zu bieten, aber dafür würde sich der Besuch kaum lohnen. Kunstfreunde werden jedoch wegen des benachbarten Krematoriums kommen: es wurde 1911 von Fritz Schumacher im vollendeten Jugendstil errichtet und gehört zu den wichtigsten Bauten dieses Stils in Deutschland.

Adresse/Verbindung: Das Krematorium am Johannisfriedhof liegt im Zwickel Tolkewitzer und Wehlener Straße, Straba 4, 6 Urnenhain.

Die Villen von Blasewitz

Statt einer langwierigen Wegbeschreibung hier einige der interessantesten Adressen, die insgesamt in dieser Reihenfolge einem Rundgang von weniger als einer Stunde reiner Wegzeit entsprechen – Besichtigungen nur von außen möglich!

Tolkewitzer Straße 47, **Villa von Borcken,** Neorenaissancevilla von Karl Emil Scherz,

Wägnerstraße 8, **Villa Günther**, Villa im „strengen“ Jugendstil von Martin Pietzsch,

Wägnerstraße 18, **Jugendstilvilla,** ebenfalls von Martin Pietzsch,

Mendelssohnallee 34, **Villa Rothermund,** heute Musikschule, Villa im Stil der Neorenaissance für den Kaufmann und Sammler A. Rothermund von Karl Emil Scherz,

Loschwitzer Straße 37, **Villa Ilgen,** eine der prächtigsten Villen des Stadtteils im Stil eines griechischen Tempels von Richard Uebe,

Vogesenweg 4, **Villa** im Stil der Neorenaissance von Max Georg Poscharsky,

Goetheallee 55, **Villa Weigang,** besonders prächtige und auch innen aufwendig ausgestattete Villa im Stil der Neorenaissance von Max Georg Poscharsky.

Technische Sammlungen Dresden

1889 gründete Heinrich Ernemann eine kleine Kameratischlerei – damals waren die Rahmen noch aus Holz – und stellte bald eigene Kameras her. Diese begründeten den Ruhm der Ernemann Optik als eines der bedeutendsten optisch-feinmechanischen Unternehmen. Der heutige Gebäudekomplex entstand vor 1900 und wurde bis in DDR-Zeiten mehrmals erweitert und verändert. Der nach dem Gründer benannte Ernemann-Turm (1922/23) wurde als Pentacon-Logo weltweit bekannt. Der Maler Marcel Duchamp und der Fotograf Man Ray verwendeten 1926 für ihren berühmten (einzigen) Experimentalfilm „Anémic cinéma" eine Ernemann Filmkamera des Modells C II – Film und Kamera sind im Erdgeschoss des Ernemann selbst gewidmeten Raums zu bewundern. Im gleichen Jahr wurde die Firma Ernemann in die Zeiss Ikon AG integriert, deren DDR-Ableger nach 1945 als Pentacon weiterarbeitete. In den alten Büroanlagen und Fertigungshallen samt Turm wurde ein technisches Museum eingerichtet, das sich vor allem der Optik und Feinmechanik widmet. Die Entwicklung der Kameras und der Rechner ist vielleicht am interessantesten zu verfolgen. In diesem Bereich gibt es die meisten Objekte – so besitzt das Museum den zweiten Prototyp der Schreibmaschine, wie die erste bis auf die Typen aus Holz, die ihr Erfinder Madersperger auf dem Rücken zu Fuß von Südtirol nach Wien transportierte, und die wie die anderen Prototypen in Wien kaum mehr als belächelt wurde (der erste Prototyp ist heute in Wien zu besichtigen).

Feinster Jugendstil: Krematorium im Johannisfriedhof

Die derzeitige Abteilung „Experimentierfeld" wird zu einem modernen Science Center ausgebaut, die Technik und Naturwissenschaft interaktiv vermitteln soll, wie es heißt sowohl für Kinder und Jugendliche als auch für Erwachsene.

Adresse/Öffnungszeiten: Junghansstr. 1–3, Di–Fr 9–17 Uhr, Sa/So/Feiertag 10–18 Uhr, Eintritt 4 €, erm. 3 €, freitags nach 12 Uhr gratis, nur Turmbesteigung Kombikarte mit Rathausturm 6,50 €, ✆ 4887201, www.tsd.de. Turmcafé in der 5. Etage, gleiche Öffnungszeiten wie das Museum (→ Essen & Trinken); Museumskino (→ Kulturszene Dresden).

Verbindung: Straba 4, 10 Pohlandplatz.

Entlang der Elbe
Karte S. 206/207

Praktische Infos

(→ Karte S. 206/207)

Verbindungen

Mit öffentlichen Verkehrsmitteln: Bei Verzicht auf den Elberadweg kann man diese Tour auch mit öffentlichen Verkehrsmitteln durchführen, was sie aber ziemlich langwierig macht: z. B. Straba 6 ab Bahnhof Neustadt bzw. Sachsenplatz (Albertbrücke) bis Trinitatisplatz (Trinitatiskirche und die beiden

Friedhöfe), weiter mit der 6 bis Schillerplatz (Blasewitzer Villen) und anschließend weiter bis Urnenhain (Johannisfriedhof). Zurück von dieser Haltestelle mit der 4 bis Pohlandplatz (Technische Sammlungen) und weiter bis Pirnaischer Platz oder Neustädter Markt.

Essen & Trinken

Neben den unten erwähnten Lokalen gibt es vor allem am Elberadweg eine ganze Reihe weiterer, die vom Restaurant über den Biergarten bis zum gehobenen Imbiss reichen. Auf Laufkundschaft ausgerichtet sind sie alle nicht gerade im Sternebereich angesiedelt. So ist die Küche im Lokal Elbterrasse Laubegast am Kleinzschachwitzer Ufer zumindest dem Autor aufgestoßen und die Küche im Fährhaus Hesse, ebenfalls in Laubegast, nicht in bester Erinnerung geblieben, vom langen Warten auf das Essen mal ganz abgesehen.

Fährgarten Johannstadt (23), mit der Lage dieses Biergartens direkt am Ufergrün der Elbe im geschützten Bereich des Elbtales kann kaum ein Lokal konkurrieren. Der Radweg verläuft direkt dahinter, die Personenfähre führt gleich unterhalb über den Fluss. Nur mit dem PKW kann man nicht direkt anfahren – keine Auspuffgase, kein Motorenlärm! Dafür Schatten unter Bäumen und Sonnensegeln, Bier (5 Biere vom Fass, auch gutes böhmisches Dunkel) und Deftiges vom Grill (Rostbratwurst um die 2 €), Kinder tummeln sich auf dem Abenteuer-Spielplatz nebenan. Käthe-Kollwitz-Ufer 23b, April–Okt. tgl. 10–1 Uhr, ✆ 459-6262, www.faehrgarten.de.

Villa Marie (26), die Gründerzeitvilla am Blauen Wunder in Blasewitz bietet auf der Terrasse, im Garten oder im Saal vorzügliche italienische Küche (vor allem bei den Vorspeisen) mit Blick auf die dekorative Brücke und den jenseitigen Elbhang. Auch bei Kaffee und (hausgebackenem) Kuchen kann man hier sehr angenehm sitzen. Hauptgerichte ab ca. 15 €, gute Weinkarte unter Bevorzugung italienischer Kreszenzen. Fährgässchen 1, tgl. 11.30 (So 10) bis 1 Uhr, ✆ 315440, www.villa-marie.com.

Schillergarten (31), neben dem Blauen Wunder ist der Schillergarten zwar nicht die einzige Restauration, aber bei Weitem die größte, bekannteste und auch beliebteste. Großer, schattiger Gastgarten mit Blick auf Elbtal, Loschwitzer Elbhang und Blaues Wunder, im Erdgeschoss des Neo-Fachwerkhauses auch schöne Gasträume mit Wintergarten. Bodenständiges: Ente mit Klößen und Rotkohl, dazu ein Bier, Hauptgerichte ca. 7–18 €. Gelegentlich problematisch ist der Service, der recht schleppend sein kann, bei fast 1250 Plätzen außen und innen ist das kein Wunder. Am Eisstand vor der Tür oft lange Schlangen – das Eis hier gehört zu den Besten in Dresden. Am Schillerplatz 9 (Blasewitz), tgl. 11–1 Uhr, ✆ 8119922, www.schillergarten.de.

Café Toscana (28), so wünscht man sich eine Café-Konditorei: tolle Lage, in diesem Fall direkt am Blauen Wunder, das man vom verglasten Wintergarten oder der Terrasse aus bewundern kann, klassische Kaffeehausatmosphäre, freundlich-kompetente Bedienung und eine atemberaubende Auswahl an Kuchen, Torten, süßen Stückchen, Eis und eine recht gute Karte mit kleinen Speisen. Vorzüglich etwa die Lübecker Nuss-Sahnetorte mit Walnusscremefüllung und Marzipanmantel oder der Rhabarberkuchen mit einer Füllung aus Quarkmasse und Rhabarber auf einer luftigen Pâte brisée, auch der Kaffee (Darboven) ist in Ordnung. Dresdens beste Café-Konditorei? Café Toscana! – zumindest nach Meinung des Autors. Schillerplatz 7 (Blasewitz), Mo–Sa 9–19, So 11–19 Uhr, ✆ 3100744.

Brunetti (37), der Name des Kommissars der Schriftstellerin Donna Leon signalisiert venezianische Küche, tatsächlich ist das Brunetti ein vorwiegend italienisches Restaurant mit eher durchschnittlichem Angebot. Vorne ein paar Tische im Gastgarten, drinnen im Speisesaal eher verhaltene Gediegenheit. Das Lokal ist noch nicht lange hier in Striesen, hat aber bereits ein Stammpublikum (das war zuvor an der Frauenkirche nicht so), das auf den Punkt gegarte Nudeln, frisch zubereitete Speisen mit italienischem Touch und Duft schätzt. Hauptgang ca. 15–20 €, warum das Lokal unbedingt auch Pizza anbieten muss, ist uns nicht klar. Brunetti würde den Kopf schütteln. Lauensteiner Str. 11 (Ecke Augsburger Str.), Mo–Do ab 16.30 Uhr, Fr/Sa 11.30 bis Mitternacht, ✆ 4850818, www.brunetti-dresden.de.

Das Gerücht (42), der Dreiseithof im ältesten Teil von Laubegast nahe der Elbe hat den Charme einer Scheune, aber die Atmosphäre einer Nachbarschaftskneipe. Dienstags und sonntags gibt es Live-Musik, zu essen einfache Gerichte (Krautnudeln zu ca. 7 €), dazu eigenes Hausbrauerbier – *good vibrations* allemal. Altlaubegast 5, tgl. ab 19 Uhr.

Fährhaus anno 1860 (43), die neugotische Burg am Fähranleger Kleinzschachwitz sieht

Vom Elberadweg aus gesehen: die Kirche Maria am Wasser in Hosterwitz

vom Biergarten aus recht rustikal aus, dagegen hat die Terrasse zum Fluss, von der aus man auf Schloss Pillnitz blickt, deutlich bürgerliche Züge – auch von der Karte her: Entenkeule mit Apfelrotkohl und Kartoffelklößen, Riesen-Grillhaxe mit Kartoffelsalat, Zanderfilet im Sesammantel mit Nudeln und Gemüse (alle zwischen 9 und 11 €), Nachtisch z. B. Quarkkäulchen mit Apfelmus oder Apfel im Schlafrock mit Preiselbeernüssen und Vanilleschaum (ca. 4 €) oder – delikat – Quark-Nougat-Knödel (ca. 8 €) – das gibt Kraft für die Weiterfahrt auf dem Radweg oder die 100 m zurück zum eigenen Auto. Fährhaus, Berthold-Haupt-Str. 130, tgl. 11–23 Uhr, ✆ 2078402, www.faehrhaus-anno-1860.de.

Turmcafé in den Technischen Sammlungen (38), Café im Turm mit Ausblick, Kuchen und Kleinigkeiten, einmal im Monat gibt es einen Abend mit „Kunst im Café“, das kann ein Lieder- oder Chansonabend sein, Kabarett, eine Lesung oder ein musikalischer Abend, Programm auf der Webseite des Museums. Junghansstr. 1–3, Di–Fr 9–17, Sa/So/Feiertag 10–18 Uhr, ✆ 4887201, www.tsd.de.

Einkaufen

Nur rund um den Schillerplatz in Blasewitz lohnt es sich, nach interessanten Einkaufsmöglichkeiten Ausschau zu halten.

fülle in hülle (29), Damen mit üppiger Figur (Rubens-Figur, sagte man mal) finden bei Arnett Schlenker am Schillerplatz die richtige Hülle für die Haut und drüber. Schillerplatz 2, ✆ 2582724, www.fuelle-in-huelle.de.

Teeladen am Schillerplatz (27), Riesen-Teeauswahl, Teekannen und Teeservices aus Porzellan, Ton, Glas. Klein, aber umfassend und kundig geführt. Schillerplatz 2, ✆ 3103040.

Fromagerie (32), der Käseladen am Schillerplatz, 150 Sorten Rohmilchkäse (!), Schinken und Wein. Mo–Fr 9.30–18.30, Sa 9–13 Uhr, Tolkewitzer Str. 4, ✆ 3129899, www.fromagerie-dresden.de.

Vom Fass Dresden (32), gleich am Schillerplatz: Cognacs, Whiskys, Grappe und Liköre im Glasballon oder Eichenfass, Essig und Öl, hausgemacht oder Balsamessig aus Modena in Tonkrügen, Olivenöl bester Qualität – da geht kaum jemand ohne ein ess- oder trinkbares Andenken raus. Tolkewitzer Str. 4, ✆ 3144920, www.vomfass-dresden.de.

Biomarkt Vorwerk Podemus (35), Bioladen mit großer Fleisch- und Wursttheke, sehr beliebt, sehr gute Brotauswahl. Hüblerstr. 3 (am Schillerplatz), ✆ 3124660, www.vorwerkpodemus.de.

Schiller-Galerie (34) → Einkaufen, S. 93.

Weinbergsfest am Schloss Wackerbarth

Tour 10: Radebeul und seine Weinberge

Wenn ein Hamburger Wochenmagazin die Stadt Radebeul bei Dresden leicht ironisch als „Sächsisches Nizza" bezeichnet, ist das allemal einen Lacher wert. Zumal, wenn das einen Bericht einleitet, der die Eröffnung der ersten ostdeutschen Niederlassung von Rolls Royce in dieser Stadt zum Anlass hat.

Dabei ist wirklich was dran an dieser ungewöhnlichen Zuschreibung: Radebeul hat was von Riviera, mit den Weinbergen im Hintergrund, dem träge fließenden Elbstrom vor der Tür, den üppig dekorierten Villen aus der Gründerzeit, dem Sommerflieder und den verschiedenen Exoten an den Fassaden und in den Gärten. Und wenn eine für Sachsen ungewöhnlich hohe Zahl teurer Karossen auf ein überdurchschnittliches Einkommen der (Neu-) Radebeuler deutet, beißt sich das auch nicht mit der Bezeichnung „Nizza".

Wer von Dresden kommt, kann's kurz machen: zu den beiden → **Karl-May-Villen** pilgern (der weltberühmte Autor hatte hier seine endgültige Heimat gefunden), evtl. auch das → **DDR-Museum Zeitreise** besuchen und anschließend im → **Lößnitzer Weinberg** einen Blick ins Weinmuseum in Schloss Hoflößnitz werfen, dort ein Glas vom Hoflößnitzer Weißen genießen und fort geht's. Zum ganzheitlichen Eindruck formt sich das Bild Radebeuls aber erst, wenn man sich die Zeit nimmt, durch die Weinberge zu streifen, die Blicke aus den steilen Weinterrassen auf das Elbtal zu genießen und den Duft einzuatmen, der aus den vielen Gärten aufsteigt, und sich schließlich zu einer Mahlzeit im Spitzhaus, im Restaurant von Schloss Wackerbarth oder in einer der anderen

Schänken niederzulassen. Immer noch findet sich Ländliches in der erst 1935 aus zehn Dörfern samt dem hübschen, hervorragend restaurierten Altkötzschenbroda an der Elbe zusammengeschmiedeten Stadt. Man muss nur von den Durchgangsstraßen weg und in Richtung des Elbhanges gehen, dann duftet es bald nach Weintrester und an den Blumen, die aus alten Mauern wuchern, flattern die Schmetterlinge.

Nach Radebeul gelangt man vom Dresdner Hauptbahnhof entweder mit der S-Bahn (S 1) bis Radebeul-Ost oder eher in gemütlichem Tempo mit der Straßenbahn Nr. 4, dafür aber gleich fast bis vor die Tür des Karl-May-Museums (Haltestelle Schildenstraße), dem Ausgangspunkt der hier beschriebenen Tour, das DDR-Museum liegt unweit davon an der Wasastraße. Nach der Besichtigung läuft man am besten über die Gutenbergstraße (Verlängerung der Schildenstraße) und die links abzweigende Nizzastraße langsam in Richtung Weinberge hoch. Über die Hoflößnitzstraße erreicht man schließlich das Weinmuseum in Schloss Hoflößnitz am Fuße der Weinberge. Über die Spitzhaustreppe gelangt man durch die Weinberge zum oberhalb liegenden Spitzhaus, dessen Gaststätte sich für eine Rast oder eine ausführliche Mittagspause anbietet. Zurück am Schloss kann man nun über die beschilderte Sächsische Weinstraße bzw. den Sächsischen Weinwanderweg zum Schloss Wackerbarth, dem heutigen Sächsischen Staatsweingut, laufen (ca. 2–2:30 Stunden reine Gehzeit). Alternativ fährt man mit der Straßenbahn Nr. 4 von der Haltestelle Weißes Ross bis Radebeul-West und erreicht nach kurzer Zeit über Moritzburger Straße und Am Bornberge das Schloss. Die Rückfahrt nach Dresden erfolgt dann entweder wieder mit der Straßenbahn 4 oder mit der S-Bahn S 1 ab Radebeul-West.

Sehenswertes

Karl-May-Museum Villa Shatterhand und Indianermuseum Villa Bärenfett

Der populäre Schriftsteller Karl May (1842–1912) gab 1888 seine Dresdner Mietwohnung auf und zog nach Radebeul, wo er bis zu seinem Tod 1912 lebte. Ab Ende 1895, Tantiemen aus dem Buchverkauf begannen üppig zu fließen, residierte er in einer neu erbauten, in nur zwei Jahren abbezahlten, herrschaftlichen Villa, heute Villa Shatterhand genannt. Sein Ruhm war damals im Wesentlichen auf den deutschen Sprachraum beschränkt, weitete sich aber noch zu seinen Lebzeiten auf fast die ganze Welt aus. Mit mehr als 200 Millionen verkauften Büchern und Übersetzungen in 40 Sprachen ist Karl

Prärieindianer in der Villa Bärenfett

May der auflagenstärkste Schriftsteller deutscher Sprache. Wer hat nicht zumindest den „Schatz im Silbersee“ oder „Unter Geiern“ gelesen? Wer kennt

Radebeul
Karte S. 228/229

nicht Winnetou, Old Shatterhand, Old Surehand oder Kara ben Nemsi? Karl Mays Phantasiegestalten haben Generationen von Kindern, Heranwachsenden und Erwachsenen begeistert und – wie die Friedensnobelpreisträgerin Bertha von Suttner feststellte, die ihn verehrte – für das friedliche Zusammenleben der Menschen verschiedener Rassen und Kulturkreise geworben. Dass Karl May seine vorgeblichen Abenteuer (mit denen er sich gerne brüstete) nie erlebt hat, dass sie literarische Fiktion sind, kann man einem Schriftsteller kaum vorwerfen. Dennoch wurde immer wieder versucht, am Nimbus des Autors zu kratzen, indem man ihm seine persönliche Eitelkeit und Geltungssucht vorwarf.

In der **Villa Shatterhand** ist das Leben und Werk Karl Mays präsent: Möbel, seine Bibliothek, der „Henrystutzen" (den er Jahre nach der ersten Buch-Erwähnung aus den USA bezog und von einem lokalen Schmied zum vorgeblichen Erinnerungsstück an seine Indianerabenteuer umformen ließ), Dokumente, Bilder und sein Gästebuch sind zu sehen. Das Blockhaus **Villa Bärenfett** im Garten (wird normalerweise zuerst besichtigt) zeigt eine umfangreiche Sammlung zur Ethnographie nordamerikanischer Indianer. Besonders gut reprä-

sentiert ist die Kultur der Prärieindianer, die Karl May ja vorwiegend beschrieb. Es gibt aber z. B. auch wertvolle Sammlungsstücke anderer nordamerikanischer Kulturen wie die beiden Chilkoot-Decken von der Nordwestküste. Der Bau entstand 1926 in der Form amerikanischer Blockhäuser und zwar speziell zur Aufnahme der heute gezeigten Exponate, einer Stiftung des Artisten Patty Frank, der sie bei vielen Nordamerikaaufenthalten zusammengetragen hatte.

Zu den **Karl-May-Festtagen** im Mai gibt es einen großen Pow-Wow nordamerikanischer Indianer. Die Felsenbühne Rathen (→ Kulturszene Dresden) führt seit 1938 im Sommer regelmäßig Stücke nach Karl May auf, 2007 war's (wie 1938!) der „Schatz im Silbersee" (die Ausstattung der Aufführungen verdankt den Karl-May-Filmen der Sechzigerjahre eine Menge – so ist Winnetou meist ein optisches Double des unvergesslichen Pierre Brice).

Adresse/Öffnungszeiten: Karl-May-Str. 5, März–Okt. Di–So 9–18 Uhr, Nov.–Febr. Di–So 9–16 Uhr, Eintritt 5 €, erm. 4 €, Familien 11 €. ✆ 83730-0, www.karl-may-museum.de. Über die Sammlung in der Villa Bärenfett informiert ausgezeichnet der Museumsführer „Indianer Nordamerikas" (Radebeul 1992, 6 €). Zu den Karl-May-Festtagen → www.karl-may-fest.de.

Brasiliens Vogelwelt ziert den Festsaal von Schloss Hoflößnitz

DDR-Museum Zeitreise

Vier Stockwerke DDR-Alltag zwischen Plaste und Elaste, Trabi und Vopos, „Aktueller Kamera“ in der Glotze und sparsamer Auswahl in der Kaufhalle: Das größte DDR-Museum Deutschlands bietet einen unreflektierten Rückblick auf eine gar nicht so ferne Vergangenheit.

Lage, Öffnungszeiten: Wasastr. 50, Di–So 10–19, Mo/Feiertag 10–18 Uhr. ✆ 8351780.

Der Lößnitzer Weinberg

Die Weinberge über Radebeul tragen den Namen Lößnitz nach den alten Ortsteilen Ober- und Niederlößnitz, die schon im 19. Jahrhundert in der rasch wachsenden Stadt aufgegangen sind.

Der durch den Lößnitzgrund zur Elbe eilende Lößnitzbach trennte früher Ober- und Niederlößnitz. Der Talgrund wird noch heute von der historischen Schmalspurbahn nach Moritzburg und Radeburg genutzt. An seinen Hängen wachsen in sonniger Südwestlage einige der besten Kreszenzen, die Sachsen zu produzieren im Stande ist. Mehrere kleinere Winzer und Hobbywinzer sowie das Sächsische Staatsweingut Wackerbarth teilen sich die Rebanlagen. Das **Spitzhaus** oberhalb der Weinberge ist heute eine Gaststätte, errichtet wurde das Gebäude um 1670 als Lusthaus im Weinberg. Wer nicht hinaufwandern will, erreicht die Gaststätte bequem von der anderen Seite auf einer Zufahrtsstraße.

Genau zwischen Ober- und Niederlößnitz zu Füßen der Weinberge steht das **Weingutmuseum im Schloss Hoflößnitz.** Es besteht aus mehreren Gebäuden wie dem Presshaus, dem Winzerhaus, der Weinstube, dem Lust- und Berghaus und dem Kavaliershaus. Eine eineinhalbstündige Führung durch den Weinberg – er hat den schönen Namen „Goldener Wagen“ – schließt einen Gang über die 397 Stufen der Spitzhaustreppe und den Museumsbesuch mit ein. Im Sommer gibt es hier auch ein Weinfest (ein Wochenende Ende August). Das „Berghaus“ wurde 1648 bis 1650 errichtet, das Presshaus stand damals schon, es ist das älteste Gebäude der Anlage. Im Berghaus ist vor allem das im 17. Jahrhundert ausgemalte Obergeschoss mit seinen repräsentativen Räumen sehenswert. Der Festsaal im Zentrum des Gebäudes hat an der Decke eine kulturhistorische Kostbarkeit: Dort hat der Maler Albert van den Eyckhout 80 brasilianische Vögel dargestellt, die er auf einer mehrjährigen Expedition gesehen hatte (entstanden nach 1653).

Das **Schloss Wackerbarth,** ein ganzes Stück westlich von Schloss Hoflößnitz gelegen, ist heute ein Sächsisches Staatsweingut, begann jedoch als Alterssitz des Grafen Wackerbarth, der sich dieses Schloss von Johann Christoph Knöffel ab 1727 errichten ließ. Die Stuckarbeiten der Fassade wurden erst beim Umbau 1917 bis 1923 appliziert, sie sind noch ganz im Jugendstil gehalten. Auf der gestuften Terrasse oberhalb des Schlosses thront wie eine Kapelle das Belvedere mit kreisrundem Saal im Inneren. Die meisten Besucher wird das Schloss nicht weiter interessieren – die Angebote des Sächsischen Staatsweingutes vom Sektempfang bis zu abendlichen Tanzereien mit Wein, Weib und Gesang schon wesentlich mehr!

Adressen/Öffnungszeiten: Weingutmuseum Hoflößnitz, Knohllweg 37, Di–So 10–13, 14–18 Uhr, Sa/So 10–18 Uhr, Führungen 4 €, ✆ 8398333, www.hofloessnitz.de.

Sächsisches Staatsweingut, Wackerbarthstr. 1, ✆ 895550, kontakt@schloss-wackerbarth.de, tgl. 14 Uhr Wein-Tour, tgl. 17 Uhr Sekt-Tour, am Wochenende 12–17 Uhr stündliche Führungen (2 Std.) 4 €, Weinverkostung 5 €. Das Weingut ist tgl. 9.30–20 Uhr geöffnet.

Praktische Infos

(→ Karte S. 228/229)

Information

Tourist-Information Radebeul, Meißner Str. 152, 01445 Radebeul, ✆ 0351-8954120, 📠 8954122, tourismus@radebeul.de, www.radebeul.de.

Verbindungen

Mit der Bahn: Nach Radebeul kommt man ab Dresden oder Meißen mit der S-Bahn S 1 (Meißen–Bad Schandau); da von Dresden kommend eine Zonengrenze gequert wird (Radebeul gehört nicht zu Dresden, sondern ist eine eigenständige Gemeinde), müssen Fahrkarten über zwei Zonen gelöst werden. Straßenbahn 4 fährt von Dresden (z. B. Postplatz) bis Radebeul Weißes Ross. Zur Lößnitzgrundbahn und zu den Sonderfahrten mit Dampfloks → Tour 11 Moritzburg.

Mit dem Auto: Am besten nimmt man ab Dresden oder Meißen die „Sächsische Weinstraße“ (also nicht die linkselbische B 6).

Essen & Trinken, Einkaufen

Villa Sorgenfrei (7), der Gartensaal des Hotels Villa Sorgenfrei (→ Übernachten) ist ein prächtiger Standort für ein Dinner bei Kerzenlicht. Kommt dann aus der Küche auch noch stilvoll präsentiertes Essen von gehobener Qualität, kann der Abend nur ein Erfolg werden. Hauptgerichte 15–25 €. Augus-

Der sächsische Weinweg führt durchs Paradies

tusweg 48, Mo–Fr 18–22 Uhr, Sa/So 12–14/18–22 Uhr, ✆ 7956660, www.hotel-villa-sorgenfrei.de.

Weinstube/Restaurant im Weingutmuseum Hoflößnitz (5), trotz – anscheinend mehrmaligen – Pächterwechsels ein empfehlenswertes Lokal mit rustikalem Charme und gehobener Küchenleistung, das sich aber zur Jungweinzeit auch auf einen Zwiebelkuchen einlässt (3,50 €). Aber vor allem eine Chance, mehrere der Hoflößnitzer Weine zu verkosten! Hauptgang ab ca. 9 €. Lokal Di–Sa ab 17, So ab 12 Uhr geöffnet, Weingut Di–So 10–17, Nov.–März 12–15 Uhr. Knohllweg 37, ✆ 8398355, www.hofloessnitz.de.

Weingut Karl Friedrich Aust (6), erst seit etwa zwölf Jahren wird hier wieder Wein angebaut, der junge Winzer gehört bereits nach dieser kurzen Zeit zu den großen Aufsteigern der Branche (sagenhaft der letzthin probierte Kerner mit nur 1 g/l Restsüße, aber 7 g/l Säure, neu: Spätburgunder!). Probierstube im alten Gutshof, kleines Lokal mit wenigen, delikaten Speisen und Laden. Geöffnet Fr ab 13 Uhr, Sa 11–23, So 11–20 Uhr oder nach Anmeldung. Weinbergstr. 10 im Meinhold'schen Turmhaus (mit goldener Fortuna auf dem Dach!), ✆ 89390100, www.weingut-aust.de.

Das sind doch ...? Karl-May-Szene vor der Villa Bärenfett

Straußwirtschaft Klaus Seifert (4), der junge Winzer des Retzsch-Gutes nahe dem Weingut Hoflößnitz betreibt eine ausgesprochen idyllische Straußwirtschaft. Weinbergstr. 20a, Mai bis September, ✆ 8360400.

Restaurant Spitzhaus (2), toller Blick vom Saal und der Gartenterrasse darunter, bürgerliches Ambiente und ebensolche Küche, auf der Terrasse Selbstbedienung. Hauptgang ab 8 €. Tgl. ab 12 Uhr geöffnet, Spitzhausstr. 36, ✆ 8309305, www.spitzhaus-radebeul.de.

Gasthaus im Schloss Wackerbarth (3), feines Restaurant des gleichnamigen Weingutes, das sich ganz bescheiden „Gasthaus" nennt (diese Form des Understatement ist durchaus im Einklang mit anderen schicken Restaurants, die sich augenzwinkernd diese oder eine ähnliche Bezeichnung geben, wie z. B. das der Starköchin Sarah Wiener in Berlin). Hauptgang unter 20 €. Mo–Fr 12–22 Uhr, Sa/So 10–22 Uhr geöffnet, Wackerbarthstr. 1, ✆ 8955200, kontakt@schloss-wackerbarth.de.

Sport, Freizeit, Wellness

Bilz-Bad (1), in Radebeul gründete der Unternehmer Alfred Bilz eine Naturheilanstalt mit Sanatorium und „Bilz Öffentlichem Licht-Luft-Bad 300.000 □ mtr. gross", deren Nachfolger das heutige Bilz-Bad ist. Mit 1000 m^2 Wasserfläche, Brandungswellen (mechanische Wellenmaschine!) und großem Freibereich ist es heute wie damals eines der beliebtesten Bäder der Region Dresden. Im ehemaligen Sanatorium befinden sich heute Luxuswohnungen. Zu erreichen mit der S 1 Radebeul-West oder Straba 4 Moritzburger Straße, dann Bus 400 bis Endhaltestelle (Sportplatz); oder Lößnitzgrundbahn ab Bahnhof Radebeul-West (S 1) bis Haltepunkt Lößnitzgrund, in beiden Fällen kurzer Fußweg. Mitte Mai bis Mitte Sept. geöffnet, Meiereiweg 108, 01445 Radebeul, ✆ 8387247.

Sächsischer Wein zwischen Dresden und Meißen

Wer im Westen kannte vor zwanzig Jahren Weine aus Sachsen? Meißner Weine? Selbst für DDR-Bürger waren die schlichten Müller-Thurgau-Weine, meist lieblich ausgebaut, von Saale-Unstrut und Elbe eine Rarität. Eine Flasche Meißner Wein war eine Kostbarkeit, die man dem Vetter aus dem Westen mitgab, um ihm zu zeigen, was das Land zu produzieren im Stande war. Man selbst trank Bier oder zu ganz großen Feiern eine Flasche bulgarischen Roten.

Vorbei die Zeiten. Zum Federweißenfest am Schloss und Weingut Wackerbarth – dafür verwendet man hier die Sorte Solaris – finden sich so viele Menschen ein, dass die Terrassen, die sich bis hinauf zum Belvedere ziehen, bis zum letzten Sitzplatz an den runden Tischchen mit Weinfreunden besetzt sind. Dazwischen tollen Kinder über den gepflegten Rasen, und unten an den Weintheken und auf den breiten Wegen wogt die Menge. Man trinkt wieder Wein – was dem Konsum von Radeberger & Co. keinen Abbruch tut.

In Sachsen hat es eine Wiedererweckung des Weinbaus gegeben, die ans Sensationelle grenzt. Hobbywinzer und Weingüter haben die Staatsbetriebe – bis auf Wackerbarth – abgelöst. Alte Terrassen werden wieder aufgebaut und neue errichtet, selbstverständlich aus Bruchstein, wie das immer üblich war. Neupflanzungen sieht man an allen geeigneten Süd- und Südwesthängen des Elbtales, und alte Reben wie die nur hier innerhalb Deutschlands angebaute Goldmuskateller feiern fröhliche Auferstehung. Manches musste erst wieder gelernt werden: Im harten Winter 2008/09 erfroren vor allem Müller-Thurgau-Reben, die durch den robusteren Riesling ersetzt werden müssen. Die Qualität hat auf jeden Fall einen Quantensprung gemacht, so konnte sich eine 2005er Radebeuler Lößnitz Grauburgunder Spätlese trocken (nur 0,8 g/l Restsüße!) von Schloss Wackerbarth locker mit den besten badischen Weißburgundern messen. Leider haben auch die Preise einen Quantensprung gemacht (der genannte Wein ist ab ca. 17 € zu haben ...), aber insgesamt ist das Weinsortiment – vor allem Weißweine – im erschwinglichen Bereich geblieben. Und: Leider haben viele Weine für Gaumen, die von badischen und elsässischen Weinen an wirklich trockenen Charakter gewöhnt sind, einen unnötig hohen Restsüßegehalt. Mit Ausnahme (bspw.) der Weine vom Weingut Aust, die großartige, ausschließlich trockene Weine sind (zuletzt ein Kerner des Jahrgangs 2008).

Eine Weintour auf der Sächsischen Weinstraße oder besser, auf dem Sächsischen Weinwanderweg (der in natura leider streckenweise schlecht oder gar nicht beschildert ist) ist die beste Art, dieses alt-neue Weinland kennenzulernen. Zwischen Dresden-Pillnitz, Radebeul, Meißen und Diesbar-Seußlitz reihen sich Weinberge und Weingüter aneinander und vor allem auch zahlreiche gemütliche Gaststätten, in denen man die Tour für ein Glas Wein oder mehrere unterbrechen und sich erfrischen kann, darunter auch einige Buschenschanken. Sinnvollerweise nächtigt man irgendwo am Weinweg, auch für Nachtquartiere ist gesorgt.

Infos: Über die Sächsische Weinstraße informiert der Tourismusverband Sächsisches Elbland, Fabrikstr. 16, 01662 Meißen, ✆ 03521-7635-0, 📠 7635-40, www.elbland.de. Als Wanderführer mit Weinadressen bietet sich an: Klaus Jahn: Weinwanderwege von Pirna nach Diesbar-Seußlitz, Pappritz (Hochland-verlag) 2002. Gratis ist der Führer „Sächsischer Weinwanderweg" (mit guten Karten!), den man in Touristen-Informationen und direkt beim Tourismusverband Sächsisches Elbland in Meißen erhält (Adresse S. 104).

Was man als Kurfürst für die Jagd braucht: Schloss Moritzburg

Tour 11: Ausflug nach Moritzburg

Ein Besuch in Dresden ist unvollständig ohne einen Ausflug nach Moritzburg. Das Jagdschloss im großen Teich ist sicher das eindrucksvollste von zahlreichen Schlössern, die in der Umgebung der alten Wettinerresidenz liegen.

Das in der Renaissance entstandene Jagdschloss Moritzburg wurde unter August dem Starken erweitert und barockisiert und ist in dieser Form heute zu besichtigen. In der zweiten Hälfte des 18. Jahrhunderts entstand dann in dem ausgedehnten Park mit Teichen, dichten Wäldern und Wildgehege noch das Rokoko-Fasanenschlösschen. Stilvoll kann man auch heute noch mit der Dampfeisenbahn nach Moritzburg fahren, der „Lößnitzdackel" schafft's von Radebeul aus in einer guten halben Stunde.

Das sich im Wasser des Teiches spiegelnde Schloss ist unzählige Male fotografiert worden, doch da sich Beleuchtung und Stimmung von mal zu mal ändern, muss ein passionierter Fotograf (wie der Autor) immer wieder mit der Kamera anrücken, um die immer neuen Bilder festzuhalten. Ganz zu schweigen von denen, die nur einmal hierher kommen. Das Doppelbild der prächtigen Fassade in Gelb und Weiß mit ihren Rundtürmen und Kuppeldächern in Karminrot vor den unterschiedlichen Blau- oder Grautönen von Wasser und Himmel ist immer wieder überwältigend schön.

Bauherr der Anlage war Herzog Moritz, der ab 1542 in einem der Teiche, die sich eine Reitstunde von Dresden entfernt in die sanft-wellige Landschaft schmiegen, ein → **Jagdschloss** errichten ließ. Die nach ihm benannte Moritzburg war ein quadratischer Bau mit vier runden Ecktürmen, wie wir sie heute noch sehen, aber alles war damals ein Stockwerk niedriger. Die felsige Halbinsel wurde durch einen Kanal zur Insel, eine Brücke bildete den einzi-gen Zugang. 1661 wurde dann der Bau der Schlosskapelle (Wolf Caspar von Klengel) im Westen begonnen, die das Schloss asymmetrisch machte. Matthäus Daniel Pöppelmann, der 1726 von August dem Starken mit der Barockisierung des Jagdschlosses beauftragt worden war, ließ schließlich an der Ostseite einen äußerlich gleichartigen Bau – einen riesigen, hohen Speisesaal – errichten, der die Symmetrie wiederherstellte. Außerdem wurde ein Stockwerk hinzugefügt, die Insel befestigt, verschönert und vergrößert sowie die Gesamtanlage des Parks vereinheitlicht und auf ein sternförmiges Wegenetz gebracht. Die Außenwände wurden illusionistisch mit einer einheitlichen Architektur versehen – wie's dahinter aussieht, geht niemanden etwas an. Unter Kurfürst Friedrich August III., einem Urenkel August des Starken, kamen dann noch ein paar Spielzeuge hinzu wie ein Leuchtturm auf einer Mole im größten der Teiche, viel plastischer Schmuck und das zauberhafte → **Fasanenschlösschen** (ab 1769) mit seinen Chinoiserien.

Am schönsten kommt man nach Moritzburg mit der → **Lößnitzgrundbahn,** einer Schmalspurbahn, die in Radebeul-Ost startet und durch das hübsche Lößnitztal fährt. Im Sommer werden hier regelmäßig historische Züge eingesetzt. Für die Besichtigung von Moritzburg sollte man sich mindestens einen halben Tag Zeit nehmen. Das Jagdschloss und das Fasanenschlösschen liegen in einer weitläufigen Parkanlage, zu der auch noch ein Wildgehege gehört. Auf einem → **Moritzburger Spaziergang** kann man das Gelände und seine Sehenswürdigkeiten am besten kennenlernen. Doch es stehen vor dem Jagdschloss auch Pferdekutschen bereit, die die Besucher auf Wunsch zu den einzelnen Sehenswürdigkeiten im Park bringen und so Distanzen von mehreren Kilometern überbrücken. Schön, wenn man nach der Besichtigung der Schlösser noch Zeit für einen Besuch im → **Käthe-Kollwitz-Haus** hat. Die Künstlerin verbrachte hier ihr letztes Lebensjahr.

Sehenswertes

Jagdschloss Moritzburg

Zwei kursächsische Post-Distanzsäulen markieren den südlichen Beginn der Schlossbrücke und den Beginn der (nie vollendeten) Allee hinunter nach Dresden. Zwei auf dem Jagdhorn blasende Piqueure (Jagdgehilfen, von Johann Christian Kirchner) flankieren den Treppenaufgang zum Schloss, den man erreicht, wenn man die Brücke über den Schlossteich überquert hat.

Im Erdgeschoss (links liegt der Museumsshop, wo man sich für den Besuch des Fasanenschlösschens eintragen lässt – nur 10 Besucher pro halbe Stunde!) ist die größte Attraktion das **Federzimmer,** eine jener kostspieligen Sinnlosigkeiten, die August der Starke. so liebte. Es handelt sich um die Ausstattung eines Schlafzimmers mit Bett, Baldachin und Wandbehängen, deren Oberflächen aus weitaus mehr als einer Million (wohl 2 Mio.) Vogelfedern zusammengefügt sind. Die Federn wurden in ein feinmaschiges Netz eingewebt, wie das funktionierte, wird in einer gut dokumentierten Ausstellung im Vorzimmer gezeigt. Das Federzimmer wurde um 1720 in London angefertigt und kam 1723 ins Japanische Palais, seit 1820 befindet es sich in Moritzburg (aber nicht an dieser Stelle). Heute ist es wieder komplett zu sehen, die Restaurierung hat sechzehn Jahre in Anspruch genommen. Das Federzimmer von Moritzburg ist ohne Parallele, nichts auch nur annähernd Vergleichbares hat sich anderswo erhalten.

Was man sich ebenfalls leisten sollte: einen Leuchtturm am künstlichen See ...

Im Obergeschoss ist eine Flucht von Sälen und Zimmern zu besichtigen, die teilweise mit Originalmöbeln ausgestattet sind. Man betritt dieses Beletage im nicht besonders üppig mit einigen Rentier- und Elchgeweihen dekorierten **Steinsaal** und setzt den Rundgang mit einigen privaten Gemächern und dem **Monströsensaal** fort. Er hat seinen Namen von den Monstrositäten, die es dort zu sehen gibt, eine Sammlung abnormer Hirschgeweihe. In diesem Saal fallen zum ersten Mal die bedruckten und punzierten *Ledertapeten* auf. Sie entstanden um 1725 und sind ein besonderer Stolz von Schloss Moritzburg: es handelt sich weltweit um die größte Fläche, die sich am ursprünglichen Ort erhalten hat. Vom Obergeschoss sieht man auch in die **Schlosskapelle** (von der Größe einer kleineren Kirche) hinein bzw. hinunter, die ihren frühbarocken Altar behalten hat. Dort befindet sich auch eine der Skulpturen des „Christus an der Martersäule" von Balthasar Permoser, deren rot-weiße Maserung aus Untersberger (Salzburger) Marmor blutendes Fleisch und menschliche Haut simuliert (die zweite Skulptur Permosers ist in der Skulpturensammlung, eine weitere in der Hofkirche zu sehen, beide → Tour 1). Im **Billardsaal** sind es wieder die venezianischen Ledertapeten, die den Blick auf sich ziehen, hier zeigen sie Jagdszenen. Der zweistöckige **Speisesaal** ist mit besonders großen Hirschgeweihen dekoriert, die lebensechten Hirschköpfe sind aus Lindenholz geschnitzt. Im Saal ist aufgedeckt, den langen Tisch ziert das berühmte, exklusiv für den Hof der Wettiner hergestellte Schwanenservice.

Nur mit Führung gelangt man in das für die 300-Jahrfeier Meissener Porzellan neu eröffnete **Historische Porzellanquartier.** Im Jägerturm waren seit den 1920ern Porzellanobjekte, vorwiegend aus Meißen, präsentiert worden, die schöne Raumfolge wurde restauriert und mit dem alten Bestand sowie mit neu erworbenem Porzellan ausgestattet. Die Auswahl der präsentierten Porzellanobjekte erfolgte nach dem Kriterium der Bezüge zu Moritzburg: Solche mit Tier- und Jagdthemen wurden bevorzugt, der überwiegende Teil stammt aus dem 18. Jahrhundert.

Öffnungszeiten/Eintritt: → Fasanenschlösschen.

Vom Schloss zum Fasanenschlösschen: Schloss Moritzburg und das Fasanenschlösschen sind 2,6 Kilometer voneinander entfernt, man geht also etwa 40 Minuten. Die schönste Variante verläuft entlang des Großteichs und führt am Leuchtturm vorbei. Alternativ warten am Großparkplatz vor der Schlossbrücke **Pferdekutschen**, die den Fahrgast ganz ohne Anstrengung zum Fasanenschlösschen, zum Leuchtturm oder zum Wildgehege transportieren. Oder zum Hochseilgarten beim Mittelteichbad, einem Tummelplatz mutiger Balancierer zehn Meter über Bodenniveau (→ Praktische Infos).

Fasanenschlösschen

Gerade mal 14 m x 14 m ist das Rokoko-Kleinod groß, aber das zwischen 1996 und 2007 umfassend restaurierte, außen wie innen auf Hochglanz polierte Lustschlösschen mit seinen Chinoiserien ist so voller Schätze und Merkwürdigkeiten, dass man es viel größer in der Erinnerung behält. Dass Friedrich August III. samt Kurfürstin Maria Amalie Auguste die winzigen Zimmerchen bewohnt hat, wenn er hier jagte, kann man sich kaum vorstellen. Prächtig genug waren sie – aber diese Enge! Der größte Raum ist der Speisesaal, durch das Fenster blickt man bis zum Schloss Moritzburg. Zwei Wandgemälde unterbrechen das Dekor ausgestopfter Vögel auf vergoldeten Konsolen; Tisch und Stühle sind Originale. Amüsante Details werden vom Führer gezeigt: im Toilettenzimmer des Kurfürsten findet sich eine als Schreibschrank getarnte Tür, weitere Geheimtüren durchbrechen Bildtapeten mit Chinoiserien, Fliegenfänger mit der Büchse treiben sich auf Wanddekors herum, Chinesen und Türken lustwandeln in fremden Häfen (und beobachten mit dem Fernrohr ein sächsisches Handelschiff – die sächsischen Wimpel flattern ihm voran) und als Dachreiter haben zwei weitere Chi-

… und ein ganz intimes „Fasanenschlösschen“

nesen einen großen Sonnenschirm aufgespannt, denn da oben kann es ganz schön heiß werden.

Öffnungszeiten/Eintritt: Schlossmuseum geöffnet April–Okt. tgl. 10–17 Uhr, Nov. bis 10. Jan. Di–So 10–16 Uhr, Febr./März Sa/So 10–16 Uhr. Fasanenschlösschen Führungen April–Okt. 10–16.30 Uhr halbstündlich. Eintritt mit Sonderausstellungen 6,50 €, mit Fasanenschlösschen 5,50 €, Familien (nur Schloss) 13 €, Audioguide 2 €. Porzellanquartier nur im Rahmen einer „Tagesführung" durch das Schloss (4 Termine zwischen 10.30 und 14.30 Uhr) 9,50 €. Anmeldung zur Führung im Fasanenschlösschen (alle halbe Stunde nur 10 Besucher, Eintritt nur mit Führung!) im Museumsshop, im Besucherzentrum des Fasanenschlösschens (dort nebenan im ehemaligen Hofküchengebäude) oder telefonisch über ✆ 035207-87318, Infos auch unter ✆ 87311, moritzburg@schloesserland-sachsen.de, www.schloss-moritzburg.de.

Moritzburger Spaziergang: Schlösser, Teiche und Alleen

Moritzburg besteht nicht nur aus Schloss und Fasanenschlösschen, sondern auch aus Schlosspark, Teich- und Waldlandschaft sowie einem sehenswerten Wildgehege (mehrere Hirscharten, Elch, Wolf, Wisent, Wildkatze u. a. heutige und frühere sächsische Tierarten). Ein reizvoller Rundgang durch dieses Landschaftsschutzgebiet führt vom Schloss Moritzburg zum Zentrum des Sterns der unter August dem Starken angelegten Alleen, dann am Tiergehege vorbei zum Fasanenschlösschen und ab dem Leuchtturm – dort ist ein Imbiss möglich – entlang des Großteichs zurück zum Schloss, wobei man an der „Churfürstlichen Waldschänke" vorbeikommt, wo man sich ebenfalls stärken kann. Die Länge der Strecke beträgt 7 km, das bedeutet etwa zwei Stunden Fußmarsch. Wer nicht nach Moritzburg zurück muss und mit dem Zug gekommen ist, sollte die Variante über den Bahnhof Cunnertswalde nehmen. Der Weg verkürzt sich dabei auf 5,5 km oder etwa 1:30 Stunden.

Öffnungszeiten/Eintritt: Wildgehege Moritzburg, Fasanerie 4, März–Okt. tgl. 10–18 Uhr, Nov./Dez. tgl. 9–16 Uhr, Jan./Febr. Sa/So 9–16 Uhr, Fütterung tgl. 14.30 Uhr, Eintritt 3 €, Kinder 3 bis 17 Jahre 1,50 €, ✆ 035207-81488.

Die Lößnitzgrundbahn

Die 1884 eröffnete Lößnitzgrundbahn ist eine Schmalspurbahn, die Radebeul-Ost über Moritzburg mit Radeburg verbindet. Die Strecke ist 17 km lang und landschaftlich reizvoll, besonders im ersten Abschnitt, wenn die Bahn den steilen Elbhang bewältigen muss. Mehrmals täglich werden historische Garnituren eingesetzt, die bei Schönwetter auch offene Waggons ziehen. Im Sommer werden die Wagen zu besonderen Terminen von den Dampfloks aus der Frühzeit dieser Bahnstrecke gezogen, dann sind die **„Lößnitzdackel"** unterwegs. Es bietet sich geradezu an, die Besichtigung von Moritzburg mit einer Fahrt in der Lößnitzgrundbahn zu verbinden. Der Bahnhof Moritzburg liegt in Laufweite vom Schloss, der Halt Cunnertswalde liegt näher zum Fasanenschlösschen. Derzeit gibt es zwischen Radebeul-Ost und Moritzburg an Wochentagen sechs Zugpaare, an Samstagen, Sonn- und Feiertagen fünf.

Fahrzeiten/Tickets: Einfache Fahrt zwischen Radebeul-Ost und Moritzburg oder Cunnertswalde 5,80 €, erm. 2,90 €, Familien 13 €, keine Rückfahrtermäßigung. Karten können nur an den Bahnhöfen der Schmalspurbahn in Radebeul-Ost und Moritzburg erworben werden, die Schaffner im Zug verkaufen Fahrkarten gegen Aufpreis. Weitere Informationen → Praktische Infos.

Der Ort Moritzburg und das Käthe Kollwitz Haus

Weil Kurfürst Moritz für sein neues Jagdschloss Unterkünfte für Dienerschaft und Jäger brauchte, entstand vor dem Tor der Anlage noch ein Dorf, das bald den Namen des Schlosses annahm.

Niedrige Häuser, wie sie für die Dienerschaft angemessen erschienen, kennzeichnen es noch heute. Einige der dem Schloss näheren Häuser sind recht alt, gehen aber nicht bis auf die Barockzeit zurück. Zu sehen gibt es aber nicht viel.

Das große Gebäude gegenüber dem Parkplatz an der „Landseite" der Schlossbrücke ist das **Sächsische Landesgestüt.** In den ersten Septemberwochen finden in Moritzburg traditionell die Hengstparaden des Landesgestüts statt. Höhepunkt sind die Fünferzüge, bei denen Kutschen von aus drei und zwei Hengsten bestehenden Gespannen gezogen werden. Die populäre Veranstaltung war ursprünglich eine reine Leistungsschau, aber statt Fachpublikum kommen heutzutage mehr und mehr staunende Pferdefans – 15.000 bis 20.000 pro Jahr (Eintritt Stehplatz 5 €, Tribüne (nicht gedeckt!) bis 16 €).

Am westlichen Ortsrand nahe dem Schlossteich steht das sogenannte **Käthe-Kollwitz-Haus.** Nur kurz lebte die Künstlerin in Moritzburg. Nach der Flucht aus Berlin, wo ihre Wohnung und ihr Werk zerstört wurden, fand sie im Juli 1944 Zuflucht im Rüdenhof, den ihr Prinz Ernst Heinrich von Sachsen zur Verfügung stellte. Sie starb hier am 22. 4. 1945, ohne ihre künstlerische Arbeit wieder aufgenommen zu haben. In ihrer Wohnung im oberen Stockwerk wurde eine kleine Gedenkausstellung eingerichtet, die auch einige ihrer graphischen Arbeiten zeigt. Die Wohnung im Rüdenhof ist der einzige erhaltene Aufenthaltsort der Künstlerin.

Adresse/Öffnungszeiten: Käthe Kollwitz Haus, Meißner Str. 7, 01468 Moritzburg, April–Okt. Mo–Fr 11–17 Uhr, Sa/So 10–17 Uhr, Nov.–März Di–Fr 12–16 Uhr, Sa/So 11–16 Uhr, Eintritt frei. ✆ 035207-82818, www.kollwitz-moritzburg.de.

Praktische Infos

(→ Karte S. 239)

Verbindungen

Mit öffentlichen Verkehrsmitteln: Nach Moritzburg fahren relativ häufig **Busse** ab Dresden (Bushaltestelle vor dem Bahnhof Neustadt, Buslinien 326, 457, 458).

Mit dem **Zug** fährt man zunächst bis Radebeul (Strecke Dresden–Leipzig über Riesa), es halten alle Regionalzüge. Von dort mit der **Lößnitzgrundbahn** nach Moritzburg bzw. Cunnertswalde. Der Bahnhof Moritzburg liegt etwa 1,2 km (10–15 Min. Gehzeit) südlich des Schlosses.

Infos zur Lößnitzgrundbahn bei der Sächsischen Dampfeisenbahnges. mbH (SDG), Am Bahnhof 1, 01468 Moritzburg, ✆ 035207-89290, www.sdg-bahn.de.

Mit dem Auto: Mit dem PKW nimmt man ab Bahnhof Neustadt die Radeburger Straße (B 170) und biegt im Kurort Volkersdorf links nach Moritzburg ab. Alternativ nimmt man die unmittelbar nach der Bahnunterführung am Bahnhof Neustadt links abzweigende Großenhainer Straße (später Moritzburger Landstr.), die ebenfalls nach Moritzburg führt. Im Ort Parkplatz vor der Schlossbrücke und zwei weitere Parkplätze an der Straße, die rechts am Schlossteich entlangführt.

Essen & Trinken

Churfürstliche Waldschänke (4), das ehemalige Torwärterhaus des Schlossparks nahe beim Fasanenschlösschen gibt es seit 1728. Seit 1926 besteht die Waldschänke, heute ein veritables Restaurant mit mehreren Sälen und zwei Terrassen, die an schönen Sommerwochenenden doch nicht alle Gäste fassen können und lange Wartezeiten beim Service verursachen. Regionalküche mit ein paar internationalen Klecksen: Wildkraftbrühe und Pistazienklößchen, geschmorte Rehkeule mit Wacholderrahm, Rosenkohl und sächsischen Wickelklößen und natürlich Quarkkäulchen mit Apfelkompott, auch Karpfen gibt es selbstverständlich, wofür sonst sind die Teiche der Umgebung? Hauptgang um 15 €. Große Fasanenstraße, 01468 Moritzburg, ✆ 035207-860-0, www.waldschaenke-moritzburg.de.

Schlossrestaurant Moritzburg (3), direkt im Schloss zu speisen, hat schon was besonderes, das ist der Clou dieses Restaurants, es gibt auch Tische auf der Eingangsterrasse. Mi–Sa auch abends, ✆ 035207-81482, www.schlossrestaurant-moritzburg.de.

Sport und Freizeit

Hochseilgarten am Mittelteichbad Moritzburg (1), Kletterkünste für alle ab 12 Jahre, die über 1,50 Meter groß sind, eine Kletterwand führt bis auf 10 m Höhe über Niveau. April–Okt. Sa/So 10–17 Uhr, Voranmeldung erwünscht! Am Mittelteichbad, 01468 Moritzburg, ✆ 035207-8302885, www.hochseilgarten-moritzburg.de.

Waldhochseilgarten/Abenteuerpark (2), im Wildgelände Moritzburg, Wildgehege und Hirschfütterung sind gut, dazu ein Hochseilgarten ist besser (auch wenn's im gleichen Ort einen zweiten gibt), sogar nachts kann auf Wunsch auf Seilen gehangelt und geklettert werden. Wildgelände Moritzburg, April–Okt. tgl. 10–18 Uhr, ✆ 035207-28892, www.abenteuerpark-moritzburg.de.

Albrechtsburg und Dom in Meißen: Hier wurde Sachsen geboren

Tour 12: Ausflug nach Meißen

Von der Aussichtsplattform des Hausmannsturmes im Dresdner Residenzschloss sieht man an klaren Tagen den Burghügel der Albrechtsburg in Meißen sowie die beiden Türme des Domes. Es lohnt jedoch, genauer hinzuschauen. Sehenswert sind außerdem die bezaubernde Altstadt und natürlich die berühmte Porzellanmanufaktur.

Die deutsche Ostkolonisation erreichte das heutige Sachsen, damals mitten im Slawenland gelegen, im Jahr 929. In diesem Jahr ließ der deutsche König Heinrich I. auf dem Hügel *Misni* eine Burg errichten. 968 wurde dann das Bistum Meißen gegründet. Die Stadt fungierte Jahrhunderte lang als der Verwaltungsstandort und war das kulturelle Zentrum für ein Gebiet, das um ein mehrfaches größer war als das heutige Sachsen. Von Dresden war damals noch keine Rede. 1089 übernahm ein Graf Heinrich von Eilenburg die Markgrafschaft Meißen und die Herrschaft auf der Burg – bis 1918 sollten seine Nachkommen, die „Wettiner", Sachsen regieren.

Die Stadt zu Füßen des Burghügels wuchs schnell, auf der Anhöhe wurde ein mächtiger gotischer → **Dom** errichtet (ab 1260) und die Burg Schritt für Schritt ausgebaut. Mitte des 15. Jahrhunderts war Meißen auf der Höhe seiner historischen Bedeutung, als Herzog Albrecht die Burg im spätgotischen Stil großzügig ausbauen ließ (ab 1470). Nach ihm wurde sie → **Albrechtsburg** benannt.

1485 war Meißens Glanzzeit vorbei. Die wettinischen Besitztümer wurden geteilt, die Linie der Albertiner verlegte ihre Residenz nach Dresden, die Ernestiner nach Torgau und Wittenberg. Während der Reformation verlor Meißen auch noch seinen Bischofssitz. Die Stadt fiel daraufhin in einen Dornröschenschlaf, aus dem sie nur kurz erwachte, als auf der Albrechtsburg der dort gefangen gehaltene Johann Fried-

Karte S. 243

rich Böttger nach langen Versuchen 1708 das Geheimnis der Porzellanherstellung entschlüsselte und daraufhin eine → **Porzellanmanufaktur** eingerichtet wurde. Einige wenige barocke Bauten entstanden in der Stadt, doch Meißen blieb weiter im Schatten von Dresden. Dort flossen die Gelder hin und wurden mit vollen Händen ausgegeben. Dieser Tatsache haben wir es allerdings zu verdanken, dass Meißen heute im Kern eine mittelalterliche Stadt mit Renaissanceüberzug und ein paar barocken Accessoires ist – typisch das Heynemannsche Haus Rote Stufen 3, spätgotisch mit Renaissance-Erweiterungen, seit dem späten 18. Jahrhundert heruntergekommen und erst seit ein paar Jahren wieder im Begriff restauriert zu werden ...

Absolutes „*must*" in Meißen ist der Besuch von Albrechtsburg und Dom. Doch auch die Porzellanmanufaktur, in der heute wie seit 1708 das weltberühmte „Meissener Porzellan" hergestellt wird, sollte bei den Besichtigungen nicht fehlen. Unser Tourenvorschlag beginnt mit einem Bummel durch die Altstadt. Vom Bahnhof kommend (mit der S 1 von Dresden nach Meißen) läuft man zunächst durch die Bahnhofstraße an der Elbe entlang. Wenn man nun die Elbe auf der nächsten Brücke quert, gelangt man über den Heinrichsplatz in das Zentrum der Altstadt. Am → **Marktplatz** lohnt sich ein Blick in die → **Frauenkirche,** bevor man den Hügel zu Albrechtsburg und Dom hinaufsteigt. Anschließend geht es zurück über die Altstadt zur südlich gelegenen Porzellanmanufaktur. Alle erwähnten Sehenswürdigkeiten werden von April bis Oktober auch von dem regelmäßig zwischen den Stationen pendelnden City-Bus verbunden.

Sehenswertes

Markt und Frauenkirche

Schöne alte Häuser und vor allem das hervorragend restaurierte **Rathaus** mit seinem steilen Satteldach und den drei „Zwerchhäusern" (Gaube, giebelartiges Dachfenster) umgeben den Markt der Stadt Meißen. Das (komplett renovierte) Rathaus entstand noch im Mittelalter, aber es wurde barock umgestaltet und dann nochmals in der Gründerzeit verändert. Auch die anderen Häuser bekamen Fassaden vor die alte Bausubstanz gesetzt: Markt 2, das Hirschhaus, Markt 9, das Bennohaus, und Markt 4, die Marktapotheke, sind die besten Beispiele.

Die **Frauenkirche** an der Südwestseite des Marktes ist eine spätgotische Hallenkirche mit einem 1549 nach einem Brand neu errichteten Turm, den man besteigen kann. Das Porzellan-Glockenspiel entstand 1929 und war weltweit das Erste seiner Art – in der Porzellanstadt kein Wunder. (In der Porzellanmanufaktur gibt es sogar eine Orgel mit Pfeifen aus Porzellan zu sehen.) Sehr eindrucksvoll ist der um 1500 entstandene Schnitzaltar im Inneren.

Das Porzellan-Glockenspiel ist um 6.30, 8.30, 11.30, 14.30, 17.30 und 20.30 Uhr zu hören, Turmbesteigung Mai–Okt. 10–12 und 13–17 Uhr.

Albrechtsburg

Seit 929 stand auf dem Burghügel eine Befestigung mit Namen Misni von König Heinrich I. gegründet, das ist urkundlich belegt. Aber von einer typischen mittelalterlichen Burg kann man wohl in dieser frühen Zeit noch nicht ausgehen, eher muss man an einen Fachwerkbau mit Holz- und Erdwerkpalisaden denken. Selbst beim ersten Dom, eine Generation später gegründet, ist man sich nicht sicher, ob es ein Bauwerk aus Stein war. Unter Herzog Albrecht

Albrechtsburg
Dom
Domplatz
Meisastraße
Hochuferstraße
Leipziger Str.
Leipziger Straße
Mönchslehne
Am Schottenberg
Alte Str.
Schlossbr.
Hohlweg
Schloßberg
St. Afra Kirche
Am Lommatzscher Tor
Heynemannsches Haus
Am Röhrbrunnen
Nossener Str.
Hintermauer
Freiheit
Leinewebergasse
Burgstraße
Bader-berg
Theaterpl.
Straße
Stadttheater
Lorenzgasse
Leipziger
Rathaus
Elbstraße
Heinrichsplatz
Markt
Löwengäßchen
Frauenkirche
Kleinmarkt
Schulplatz
Marktgasse
Meischergasse
Rosengasse
Webergasse
Gasse
Roßmarkt
Gerbergasse
Martinstraße
Fährmannstraße
Uferstraße
Elbbrücke
Elbe
Dammweg
Fährgäßchen
Hafenstraße
Lindenplatz
Bahnhof
Jüdenbergstraße
Kerbe
Justusstufen
Gornische
Neugasse
Hahnemannsplatz
Mendestr.
Poststraße
Poststufen
Obergasse
Triebisch
Neumarkt
Plossenweg
Am Steinberg
Nicolaisteg
Talstraße
Kerstingstraße
Nikolaikirche
Wilsdruffer Straße
Kapellenweg
Gellertstraße
Marienhofstraße
Porzellan-Manufaktur
Stadtpark
Am Breitenberg
75 m
Tour 12: Meißen
Übernachten (s. S. 55 - 57)
2 Welcome Parkhotel Meißen
5 Pension Meißner Burgstuben
8 Hotel am Markt Residenz
Essen & Trinken (s. S. 248)
3 Domkeller
6 Zensur
7 Vincenz Richter
10 Café Rest. Meissen
Einkaufen (s. S. 248)
1 Weingut "Schloss Proschwitz"
4 Sächsische Winzergenoss. Meißen
9 Meissener Porzellanmanufaktur

und Kurfürst Ernst (das Land war noch nicht geteilt) begann dann der Bau einer standesgemäßen Residenz in den damals gültigen spätgotischen Formen und ohne Kosten und Mühen zu scheuen: die Treppenkonstruktion der Große Wendelstein (es gibt auch einen Kleinen), ein Wunderwerk der Steinmetztechnik und Baumeistergeschicklichkeit ist das beste Beispiel dafür. Wie schon erwähnt verflog die Hochstimmung in Meißen mit der Teilung Sachsens und der Verlegung der Residenz. Heute dürfen wir diesen Schicksalsschlag für die Stadt als einen Glücksfall ansehen, hat er doch dafür gesorgt, dass eine ganze Reihe mittelalterlicher Bauten erhalten blieben, die sonst unweigerlich verändert oder abgetragen worden wären.

Bei der Albrechtsburg war das im 19. Jahrhundert zumindest oberflächlich der Fall, aber wie man im Stockwerk der Sammlungen mittelalterlicher Plastik erkennt, steckt darunter der mittelalterliche Bau. Den muss man in den Räumen des ersten Obergeschosses schon suchen, unter Stuck und Gemälden des 19. Jahrhunderts sind aber klar noch die

Eingangstor zur Albrechtsburg

alten Gewölbe auszumachen. In der Erinnerung bleiben die prächtig ausgemalte **Große Appellationsstube,** die wieder in den ursprünglichen Zustand versetzte **Sammetweberstube** (in den Sammlungen mittelalterlicher Plastik) und (ebendort) der **Wappensaal,** dessen Kreuzrippengewölbe über bunten „Wappenweibchen" ansetzt. Und natürlich das **Böttgerzimmer** mit zwei Wandgemälden (Paul Kießling) zur Erfindung des Meißner Porzellans. Der Rundgang führt zudem an einer Vielzahl von Bildern vorbei, die das Herrschergeschlecht der Wettiner und die Geschichte des Hauses, Meißens und Sachsens beleuchten. Durch den **Großen Wendelstein** geht man ein Stockwerk hinauf und dann wieder hinunter zum Ausgang. Rippenführung und das geschwungene steinerne Geländer sind ein Höhepunkt spätgotischer Steinmetztechnik.

Im Jahr 2010 finden (bis 31.10.) zum 300-jährigen Jubiläum des Meißner Porzellans in der Albrechtsburg drei Ausstellungen unter dem Sammeltitel „Der Stein der Weisen" statt, für 2011 ist eine neue Dauerausstellung geplant.

Für das spätgotische Kornhaus (beim Betreten des Domplatzes links), das derzeit als Wohnhaus verwendet wird, ist die Umwandlung in ein repräsentatives Fünfsternehotel im Gespräch.

Adresse/Öffnungszeiten: Domplatz 1, (2010) tgl. 10–18, Mi bis 21 Uhr, Eintritt 8 €, ✆ 03521-47070, www.albrechtsburg.de, für 2010 www.der-stein-der-weisen.de.

Dom

Seit der Romantik wird der Meißner Dom als das reinste Beispiel gotischer Dome in Deutschland angesehen. Tatsächlich ist sein strenger Innenraum vor allem im Langhaus in reinem hochgotischen Stil erhalten geblieben und sein Äußeres auch Dank der Nachschöpfung der beiden 81 m hohen Türme (1413 samt der Westfront eingestürzt, 1903–1908 neu errichtet) von anderswo in Deutschland kaum erreichter Einheitlichkeit.

Die Albrechtsburg umfasst den Meißner Dom wie ein Hufeisen, der Gesamteindruck des von Renaissancegebäuden flankierten Doms mit seiner Doppelturmfront ist überwältigend. Der heutige Eingang liegt im alten Kreuzgang, man betritt zuerst den **Chor.** Die Portraitstatuen des Stifters Kaiser Otto I. und der – lieblich lächelnden – Kaiserin Adelheid stehen über dem Eingang links, rechts sind der Evangelist Johannes und der hl. Donatus zu sehen. Diese um 1265 entstandenen Originale sind noch original mehrfarbig bemalt und gehören zum Bedeutendsten, was diese Zeit an Plastik geschaffen hat. Durch das Querhaus kommt man ins **Langschiff,** einen streng-edlen gotischen Raum mit zartem Maßwerk. Die außergewöhnliche Höhe dieses Raumes und damit seine besonders „gotische" Ausstrahlung entstanden durch ein zusätzliches Stockwerk, das ab 1477 aufgesetzt wurde (durch den Meister Arnold von Westfalen). In der **Johanneskapelle** links (Oktogon mit Wendeltreppe) befinden sich die sehenswerten Statuen Maria mit Kind und Johannes der Täufer, beide um 1270 und mehrfarbig bemalt.

Als die Westfront mit dem ersten Turmpaar 1413 einstürzte, ersetzte man sie nicht, sondern baute nach Westen eine **Fürstenkapelle** an. Der alte Westeingang wurde zu einer „Aposteltreppe" umfunktioniert, einer auf den Spitzbogen gesetzten Reihe von Apostelfiguren, über denen Fialen aufragen, die wiederum von musizierenden Engeln gekrönt werden. Eine Reihe von Konsolen an den Wänden der Kapelle trägt einen Figurenzyklus zum Haus Wettin. In der zentralen Bronzetumba ist Herzog Friedrich der Streitbare († 1428) beigesetzt. Übersehen Sie nicht die **Georgskapelle** (gleich beim Eingang links), sie

Im Meißner Dom (Aposteltreppe)

beherbergt ein Triptychon Lucas Cranach des Älteren von 1534 mit den Stifterportraits des Herzogs Georg und der Herzogin Barbara!

Adresse/Öffnungszeiten: Domplatz 7, April–Okt. tgl. 9–18 Uhr, den Rest des Jahres 10–16 Uhr geöffnet, Dom und Museum 2,50 €, Familie 6,50 €, Turmführungen Apr.–Okt. tgl. 13, 14, 15 und 16 Uhr (1,50 €), Domführungen (1,50 €) April–Okt. 10, 11, 12.30, 13.30, 14.30, 15.30 und 16.30 Uhr oder nach Anmeldung beim Hochstift Meißen, Domplatz 7, 01662 Meißen, ✆ 03521-452490, www.dom-zu-meissen.de.

Orgelmusik/Konzerte: Orgelmusik Mai–Okt. Mo–Sa 12–12.20 Uhr (in diesem Zeitraum kein Einlass!), Ticket 0,50 €. Über Konzerte im Meißner Dom informiert der Freundeskreis Dom-Musik Meißen, dommusik-freunde.meissen@arcor.de, das Hochstift Meißen (s. oben) und die Touristen-Information (Flyer).

Porzellanmanufaktur

Die Meißner Porzellanmanufaktur befindet sich seit 1863 südlich der Altstadt. Sie musste aus dem Traditionsstandort Albrechtsburg ausziehen, wo sie seit 1710 ihren Sitz gehabt hatte, weil es einfach zu eng wurde. Vor das neobarocke Schauhallengebäude wurde 2005 ein moderner Eingangstrakt gestellt, auf dessen 35 m langer und 9 m hoher Front die 300 Jahre lange Geschichte des Meißner Porzellans (als Handelsware und eingetragenes Markenzeichen **Meissener Porzellan®** geschrieben – das „ß" des Originals ist international unbekannt) in den Werkstoffen Glas, Porzellan und Beton dargestellt wird. In den Verkaufsräumen im Erdgeschoss ist eine Vielfalt von Produkten der Neuheiten gegenüber eher abgeneigten Manufaktur zu sehen. In der **Schauhalle** im Obergeschoss kann man etwa 3000 der 20.000 Porzellanobjekte bewundern, die der Porzellanmanufaktur gehören. Stücke, wie sie in der Porzellansammlung in Dresden zu sehen sind, finden sich hier, aber auch Kopien berühmter Werke aus späteren Zeiten, aufwendigste Vasen und schlichtes Speiseporzellan sowie jede Menge Kunstwerke von Kändler und Kirchner bis zur Gegenwart. In den verschiedenen Räumen der **Schauwerkstatt** werden die wichtigsten Phasen der Dekoration des Porzellans durch Angestellte vorgeführt.

Schauwerkstatt in der Porzellanmanufaktur

Adresse/Öffnungszeiten: Staatliche Porzellan-Manufaktur Meissen, Talstr. 9, 01662 Meißen, Schauhalle und Schauwerkstätten Mai–Okt. tgl. 9–18 Uhr, Nov.–April 9–17 Uhr, Silvester und Neujahr 10–16 Uhr, 24.–26.12. geschl., Eintritt mit Schauwerkstatt 8,50 €, Familien 18,50 €, ✆ 03521-468600, www.meissen.de.

Praktische Infos

(→ Karte S. 243)

Verbindungen

Mit der Bahn: Die S 1 verkehrt zwischen Bad Schandau, Dresden, Meißen Bahnhof und Meißen Triebischtal. Für unseren Tourenvorschlag empfiehlt es sich, in Meißen Bahnhof auszusteigen. Ab/nach Dresden etwa alle halbe Stunde, Fahrzeit ca. 45 Minuten, Preis (3 Tarifzonen, 1 Strecke Erw. 5,60 €, erm. 3,90 €, ab zwei Personen ist die Familientageskarte Verbundraum zu 15 € billiger). Weitere Infos zu Preisen und Frequenzen → Unterwegs in Dresden.

Mit dem Schiff: Meißen wird ab Dresden nicht allzu oft von den Schiffen der Sächsischen Dampfschiffahrt angesteuert, Infos → Unterwegs in Dresden.

Mit dem Fahrrad: Meißen liegt direkt am Elberadweg – einem Ausflug ab Dresden (40 km hin und zurück) steht nichts im Wege.

Mit dem Auto: Mit dem Auto nimmt man am besten die Straße, die von Dresden Neustadt entlang der Elbe über Radebeul und Brockwitz nach Meißen führt (erst Leipziger Str., dann Meißner Str.). Sie ist die landschaftlich reizvollere Variante, da sie die Weindörfer bei Meißen berührt – alternativ linkselbisch auf der B 6. In Meißen Parkplätze am Ufer unterhalb der Altstadtbrücke (die neuerdings von der B 6 unterfahren wird) zu beiden Seiten der Elbe sowie nördlich der Albrechtsburg an der Abzweigung der alten B 101 in Richtung Westen zur Autobahn Leipzig–Dresden (die neue wird durch

Böttger, Tschirnhaus und die Erfindung des Europäischen Porzellans

Ein Jahrtausend lang war die Herstellung von Porzellan ein streng gehütetes Geheimnis. Außerhalb Chinas und Japans (das schon früh Industriespionage einsetzte, um an technische Neuerungen zu kommen) kannte niemand die Bestandteile dieses edlen Materials, das dem in Europa hergestellten Steingut um Klassen überlegen war. Dass es 1708 auf der Albrechtsburg erstmals in Europa hergestellt wurde, ist dem Goldhunger August des Starken zu verdanken. Dieser wollte eigentlich mit Hilfe von alchimistischen Gebräuen Gold herstellen lassen, und Porzellan war nur ein Nebenprodukt.

Als Goldmacher hatte sich August der Starke Johann Friedrich Böttger ausgesucht, eine ziemlich windige Persönlichkeit. 1701 hatte Böttger aus Brandenburg flüchten müssen, weil er für den Berliner Hof kein Gold erzeugt, sondern nur Schulden angehäuft hatte. Doch der 19-jährige Apothekergeselle muss irgendetwas an sich gehabt haben, dass man ihm immer wieder glaubte. August der Starke erlaubte ihm jedenfalls, in Sachsen zu bleiben – unter schärfster Bewachung auf der Albrechtsburg mit dem Auftrag, unedle Metalle in Gold zu verwandeln oder am Galgen zu enden. Zur gleichen Zeit führte auf der Albrechtsburg der Wissenschaftler Ehrenfried Walther von Tschirnhaus Experimente mit dem Ziel der Herstellung von Porzellan durch. Den ersten Schritt hatte er bereits hinter sich. Die Erzeugung einer porzellanähnlichen, aber nicht reinweißen Substanz war ihm schon vor Jahren gelungen, doch noch fehlte Erfahrung und ein Rohstoff. Böttger wurde für ihn als Gehilfe tätig und war für die Feuerung verantwortlich.

1708 gelang Tschirnhaus dann endlich das Brennen von reinweißem Porzellan, nachdem er erstmals Kaolinerde aus dem Erzgebirge verwendet hatte. Im selben Jahr starb jedoch Tschirnhaus und Böttger meldete wenig später dem Kurfürsten, dass er – Böttger – Porzellan herstellen könne. Der König ließ sich auf den Handel ein, Porzellan statt Gold herzustellen, und richtete Böttger eine große Porzellanmanufaktur ein, die Vorgängerin der heutigen. Böttger gilt noch heute weltweit als der Erfinder, Tschirnhaus wird dagegen kaum erwähnt.

den 0,7 km langen Schottenbergtunnel geführt, durch den man folglich ankommt, wenn man die Autobahn und den Zubringer B 101 benutzt).

Stadtbusse: Der City-Bus pendelt März–Okt. tgl. 10–17 Uhr halbstündlich zwischen Porzellanmanufaktur, Markt und Dom bzw. Albrechtsburg sowie Bahnhof Meißen. Haltestelle vor der Porzellanmanufaktur, zur Haltestelle der normalen Stadtbusse nach rechts, an der Gabelung nochmals rechts, Entfernung ca. 300 m!

Taxi: Sammeltaxi ✆ 03521-733441.

Essen & Trinken

Café Restaurant und Café Meissen (10), feine Küche in der Porzellanmanufaktur, serviert auf Meißner Porzellan, beliebt das Dreigangmenü (29 €), sonst Hauptgerichte ab ca. 10 €, tgl. ab 11 Uhr, nach 20 Uhr mit Reservierung, das Café Meissen im Erdgeschoss ist 9–18 Uhr geöffnet, das Personal dort deutlich überanstrengt. Talstr. 9 (in der Porzellanmanufaktur, oberes Stockwerk), ✆ 03521-21468, www.gastronomie-meissen.com.

Vincenz Richter (7), seit 1523 existiert das Weinhaus, seit 1873 gehört es der Familie Richter. Sächsische Küche, Hauptgerichte ab ca. 20 €, ein Weinladen ist angeschlossen. An der Frauenkirche 12, Di–So ab 12 Uhr, ✆ 03521-453285, www.vincenz-richter.de.

Und zum Abschluss einen Meißner Wein bei Vincenz Richter

Domkeller (3), Tagesgerichte zwischen 9 und 16 € sowie eine sächsische Speisekarte mit reichem Angebot („Dreesdner Sauerbradn midd sägg'schen Gardoffelgleesn, Abblrohdgohl inn Fäfferguchnrahmdiddsche unn Rosin" ca. 10 €), aber wenn in der Pfifferlingssaison keine frischen Pilze verwendet werden, trägt das nicht zur guten Stimmung bei. Hauptgericht 10–16 €, Domplatz 9, tgl. ab 11 Uhr geöffnet, ✆ 03521-457676.

Zensur (6), wirklich elegant gibt sich das Restaurant des Hotels Goldener Löwe, das passt zu der gehobenen Küchenleistung, die sächsische wie internationale Klassiker kreativ umsetzt, und zum perfekten Service. Probieren Sie die Haus-Version der Dresdner Eierschecke! Hauptgang ab ca. 20 €. Heinrichsplatz 6, ✆ 03521-41110.

Einkaufen

Sächsische Winzergenossenschaft Meißen (4), die Winzer der Großlagen zwischen Pillnitz, Radebeul und Meißen haben sich in dieser Winzergenossenschaft zusammengeschlossen und folglich eine große Auswahl an Goldriesling, Müller-Thurgau, Riesling, Weißburgunder und Traminer zu bieten, es gibt auch Kellerführungen. In der Bennostube, dem Haus-Restaurant, kann man gehobene sächsische Küche zu den feinen Weinen der Region genießen. Bennoweg 9, 01662 Meißen, Hofladen geöffnet Mo–Fr 9.30–18, Sa 9.30–13 Uhr, ✆ 03521-780970, 📠 7809733, www.winzergenossenschaft-meissen.de.

Weingut „Schloss Proschwitz" (1), Dr. Georg Prinz zur Lippe hat erst Ende der 1990er-Jahre alten Lippeschen Besitz zurückgekauft und dieses Weingut übernommen (Ex-LPG „Wilhelm Pieck"). Heute zählt es zu den Spitzengütern der Region und zu den hundert besten in Deutschland (Süddeutsche Zeitung: „Sachsens bester Winzer"). Wenn das so weitergeht, kann man auf den internationalen Ruhm gespannt sein. Zuletzt gekostet: ein Riesling brut, Jahrgangssekt mit der Komplexität und eleganten Restsüße eines ganz großen Weines. Vinothek (Laden) tgl. 10–18 Uhr, es gibt auch ein Gutsrestaurant!. Weingut „Schloss Proschwitz", Dorfanger 17, 01665 Zadel über Meißen (nicht im Schloss!), ✆ 03521-76760, www.schloss-proschwitz.de.

Meissener Porzellanmanufaktur (9), Verkaufsräume im Erdgeschoss der Porzellanmanufaktur, Adresse s. oben.

Wildes Gebirge – einen Katzensprung von Dresden

Tour 13: Ausflug in die Sächsische Schweiz

Nur dreißig Kilometer sind es von Dresden in die Nationalparkregion Sächsisch-Böhmische Schweiz. Die Sandsteinbastionen und Tafelberge des kleinen Gebirges und das eindrucksvolle Durchbruchstal der Elbe wurden in der Zeit der Romantik „entdeckt".

Einen Tag sollte man sich mindestens Zeit nehmen, um die Sehenswürdigkeiten des deutsch-tschechischen Nationalparks kennenzulernen. Die Elbe hat sich dort in den letzten fünf Millionen Jahren durch eine hunderte Meter hohe Sandsteinschicht gefräst und mit ihren Nebenflüssen in Türme und Spitzen, Bastionen und Tafelberge aufgelöst. Tief eingekerbte Bachtäler durchziehen das Elbsandsteingebirge, dichte Wälder breiten sich auf den Hängen aus, auf manchem Gipfel steht eine Burg, eine Ruine oder eine prähistorische Wallanlage. Dörfer mit Fachwerkhäusern säumen den Fluss und werden auf ihren Hochflächen von Feldern umgeben.

Das westliche „Tor zur Sächsischen Schweiz" ist → **Pirna**, eine sehenswerte Kleinstadt mit altem Stadtkern. Nicht weit entfernt von Pirna liegt in der Nähe der Ortschaft Heidenau der im Auftrag August des Starken angelegte → **Barockgarten Großsedlitz**, der seine alte Form weitgehend behalten hat. Wenn man am selben Tag auch noch die landschaftlichen Höhepunkte der Sächsischen Schweiz, allen voran die Felsformationen der → Bastei mit spektakulärem Blick über das Elbtal, oder die riesige Anlage der → **Burg Königstein** erleben möchte, dann wird die Zeit knapp. Man muss sich für einige Stationen der hier vorgestellten Sehens-

Karte S. 255

würdigkeiten (Reihung von West nach Ost) entscheiden. Die → **Stadt Wehlen** ist beispielsweise Ausgangspunkt für schöne Wanderungen in den Uttewalder Grund, von → **Bad Schandau** aus startet man u. a. ins Kirnitzschtal mit dem künstlich angelegten Lichtenhainer Wasserfall und auf → **Burg Hohnstein** gibt es ein interessantes Burgmuseum zu besichtigen. Da die Sächsische Schweiz vor allem als Wander- und Kletterparadies bekannt ist, finden Sie im Folgenden auch einige Hinweise zu Wanderungen sowie unter Praktische Infos Adressen für Kletterinteressierte.

Bei einem Ausflug in die Sächsische Schweiz ist man nicht auf das Auto angewiesen. Man kann sich die Region auch und gerade mit öffentlichen Verkehrsmitteln ganz leicht erschließen. Die S-Bahn fährt häufig von Dresden bis Schöna an der tschechischen Grenze mit Haltepunkten in Heidenau-Großsedlitz, Pirna, Stadt Wehlen, Kurort Rathen, Königstein, Bad Schandau, Krippen und Schmilka. Busse führen auch in entlegene Dörfer. Und sogar eine Straßenbahn gibt es, sie verbindet Bad Schandau mit dem Kirnitzschtal.

Typisch für die Sächsische Schweiz: die Treppen und „Schlüchte"

Die Entdeckung der Sächsischen Schweiz in der Romantik

1766 kam der Schweizer *Adrian Zingg* (1734–1816) nach Dresden. Von dort aus begab er sich unverzüglich auf Wanderschaft, um die Landschaft zwischen Pirna und Böhmen kennenzulernen und zu zeichnen, die später nach seinem Vorbild „Sächsische Schweiz" genannt wurde. Seine Ausbildung hatte er in Zürich und Bern, vor allem aber in Paris bei J. G. Wille erhalten. Als erster Künstler sah und zeichnete Zingg die Landschaft mit den Augen der Romantik, oft begleitet von dem etwa gleichaltrigen Portraitmaler (und Kollegen an der Akademie) *Anton Graff* (1736–1813), der ebenfalls aus der Schweiz stammte und mit dem er eng befreundet war. Zingg wurde Lehrer des Landschaftsfachs an der Dresdner Kunstakademie und stieg 1803 zum Professor auf. Seine Zeichnungen und Lithografien wurden zum Vorbild für unzählige Landschaftszeichner, eine ganze Malerschule führt sich auf Zingg zurück. Seine Bedeutung für die Malerei insgesamt und für die Landschaftsauffassung der Romantik insbesondere ist kaum zu überschätzen. Berühmt wurden schließlich vor allem Bilder und Zeichnungen von Caspar David Friedrich, die dieser während seines Aufenthaltes in Dresden anfertigte, so etwa das Gemälde „Felsenschlucht", das heute im Wiener Belvedere hängt. Und auch Adrian Ludwig Richter, der vielen als Schöpfer von Märchenillustrationen bekannt ist (Grimms Märchen!), malte immer wieder Bilder mit dem Hintergrund der Sächsischen Schweiz wie u. a. die berühmte „Überfahrt am Schreckenstein".

Adrian Zinggs zeichnerisches und druckgraphisches Werk (Radierungen und Kupferstiche) ist in den Beständen des Kupferstichkabinetts gut repräsentiert (→ Kupferstichkabinett, Studiensaal, S. 120).

Tief verschneit: Nationalparkhaus auf dem Großen Winterberg

Der Historische Malerweg und der neue „Malerweg“

Am Band einer durchgehenden Markierung – aus einem stilisierten „M“ bestehend – fädelt der „Malerweg“ die Ziele der Maler der Romantik auf: Liebethaler Grund, Felsentor im Uttewalder Grund, Bastei, Amselgrund, Wolfsschlucht, Stadt und Burg Hohnstein, Schandau und Kirnitzschtal, Großer Winterberg, Prebischtor (in Tschechien), Königstein, Lilienstein, Pfaffenstein ... Der seit 2006 bestehende „Malerweg“ folgt aber nicht dem historischen Wegverlauf, der auf vielen Strecken durch später angelegte Asphaltstraßen für Wanderer uninteressant geworden ist. Vielmehr nimmt er nur dort den historischen Verlauf, wo dies sinnvoll ist (wie etwa zwischen Kurort Rathen und Hohnstein). Auf den anderen Strecken orientiert er sich an den landschaftlich reizvollsten Wegen (wie zwischen Lichtenhainer Wasserfall im Kirnitzschtal und Großem Winterberg).

Zum „Malerweg“ gibt es unterschiedliches Info- und Kartenmaterial. Die vom Nationalpark Sächsische Schweiz herausgegebene Broschüre „Der historische Malerweg“ (2. Aufl. 2006, Preis 2,50 €, erhältlich in den Nationalpark-Infostellen) liefert eine kurze Beschreibung der einzelnen Abschnitte und ist gespickt mit alten Ansichten, enthält aber keine Übersichtskarte. Die ebenfalls in den Infostellen erhältliche Gratis-Broschüre „Malerweg“ umfasst zwar eine Übersichtskarte mit historischem und neu markiertem Malerweg, für eine Orientierung im Gelände ist sie aber nicht ausreichend (das dichte und gut markierte Wegenetz trügt: über so vielen Hinweisen verlieren auch Ortskundige schon mal den Überblick!). Zur besseren Orientierung sollte man eine der unten genannten Wanderkarten im Gepäck haben.

Karten/Infos: Topographische Karte Sächsisch-Böhmische Schweiz 1:25.000, hrsg. vom Landesvermessungsamt Sachsen und dem Nationalpark Sächsische Schweiz (detailliert, empfehlenswert); Wander- und Radkarte 1:30.000 Nationalparkregion Sächsisch-Böhmische Schweiz, Sachsen Kartographie Nr. 17 (weniger detailliert, aber mit Radwegen). Weitere Informationen unter www.malerweg.de, www.dichtermusikermaler-weg.de.

Sehenswertes

Barockgarten Großsedlitz

Etwa 15 km südöstlich von Dresden nahe dem Städtchen Heidenau befindet sich einer der wenigen vollständig erhaltenen Barockgärten in Deutschland, der vor allem mit seinem Skulpturenschmuck glänzt. Was Graf Wackerbarth ab 1719 als Landsitz errichten ließ, wurde bald von August dem Starken „erworben" und von drei seiner berühmtesten Künstler zu einem aufwendigen formalen Barockpark gestaltet, der allerdings unvollendet blieb. Wie auch in anderen Fällen ging dem Herrscher schlicht das Geld aus und die Pläne wurden nie ausgeführt (auch in Großsedlitz war eine Allee-Achse bis Dresden geplant). Es waren Matthäus Daniel Pöppelmann, Zacharias Longuelune und vor allem Johann Christoph Knöffel, die ab 1723 Orangerie, Park, Treppen, Wasserspiele und zahlreiche Skulpturen schufen, von denen sich 52 erhalten haben. Die Lage auf dem leicht gewellten Plateau über dem Elbtal erlaubte ohne allzu großen Aufwand die Anlage von Parterres, eingesenkten Rasen- und Gartenflächen. Im späten 18. und im 19. Jahrhundert wurde der Park vernachlässigt, was einerseits den Verfall begünstigte, aber andererseits verhinderte, dass durch die modische Umwandlung zu einem englischen Garten (wie im Großen Garten in Dresden und im Park von Schloss Moritzburg sowie im Großteil des Parks von Schloss Pillnitz) der ursprüngliche Charakter eines Barockgartens verloren ging.

Der Spaziergang durch die Anlage führt von der Oberen Orangerie (Johann Christoph Knöffel) ins Obere Parterre und zum Wasserparterre mit der (wasserlosen) Waldkaskade. Parallel dazu liegen die Anlagen des Bowlinggreens (ja, hieß damals schon so) und auf der unteren Stufe die Untere Orangerie mit dem Unteren Orangerieparterre, dessen jenseitiger Hang von der „Stillen Musik" eingenommen wird, einer Wasserkas-

Gezähmte Natur: Barockgarten Großsedlitz

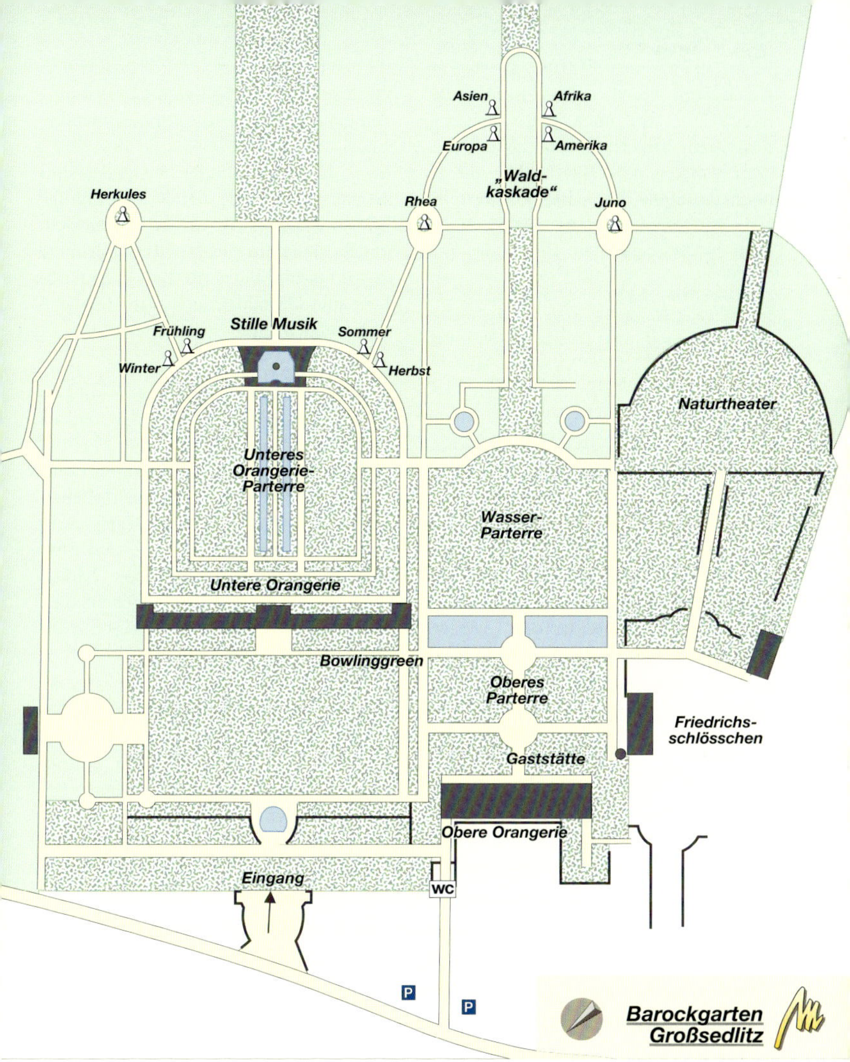

kade mit Putten zu beiden Seiten, die auf verschiedenen Instrumenten spielen. Das Friedrichsschlösschen, das im rechten Winkel zur Anlage steht, wurde erst im 19. Jahrhundert errichtet. Heute befindet sich dort ein Café-Restaurant.

Die Skulpturen sind in den letzten Jahren sämtlich restauriert worden, einige sind Kopien. Sie stammen von Johann Christoph Kirchner, Benjamin Thomae, François Loudray und Matthäus Daniel Pöppelmann, einzelne Zuschreibungen (so heißt es, Pöppelmann habe die „Stille Musik“ geschaffen) sind allerdings umstritten. Bei wenigen herrscht ziemliche Eintracht über den Schöpfer, so bei den „Vier Jahreszeiten“ auf der Balustrade links und rechts oberhalb der Stillen Musik, sie werden Johann Christian Kirchner zugeschrieben. Das gleiche gilt für die „Vier Kontinente“ (Australien war noch nicht bekannt) desselben Künstlers, die sich neben dem (trockenen) Wasserbecken auf der höchsten Stelle der Achse vor der Oberen Orangerie befinden.

Adresse/Öffnungszeiten: Parkstr. 85, 01809 Heidenau, geöffnet April–Aug. tgl. 8–20 Uhr, Sept.–März tgl. 8 Uhr – Dämmerung (spätestens 20 Uhr), Eintritt 3 €, erm. 1,50 €, Parkführungen an Sonn- und Feiertagen April–Okt. jeweils 11 Uhr, 2,50 €, erm. 2 €, ✆ 03529-56390, www.barockgarten-grosssedlitz.de.

Pirna

Noch etwas weiter südöstlich, aber auf der anderen, nördlichen Elbseite liegt das 45.000 Einwohner zählende Pirna, dessen historisches Stadtzentrum nicht während des Zweiten Weltkriegs zerstört wurde. Das mittelalterliche Pirna war eine Handelsstadt, die Dresdens Bedeutung weit übertraf. So besaß Pirna das Niederlagerecht für Güter aus und nach Böhmen, was viel Geld in die Stadtkasse brachte. An der **Stadtkirche St. Marien** (1502–1546) kann man das heute noch ablesen. Die an der Stelle eines ohnehin schon großen Vorgängerbaus, von der noch der heutige Turm übrig blieb, errichtete Kirche ist ein dreischiffiger Bau mit gewaltigem Dach, zwölf achteckigen Säulen und einem ungemein komplizierten Rippengewölbe. Aber auch andere Gebäude der Stadt, die in der Neuzeit ins Abseits geriet, sind sehenswert, so die nahe dem Elbufer gelegene katholische Kirche **St. Heinrich,** das **Rathaus** am Marktplatz – berühmt durch ein Bild Bernardo Bellottos in der Dresdner Gemäldegalerie Alte Meister – und einige Bürgerhäuser.

Liebenswürdiger Elbort: Stadt Wehlen

Stadt Wehlen

Das winzige Städtchen, 10 km östlich von Pirna ebenfalls auf der rechten (nördlichen) Seite des Elbtales, wird von den Ruinen einer mittelalterlichen Burg überragt. Mehrere Cafés und Gaststätten zeugen von den vielen Ausflüglern, darunter jede Menge Radler, die hier gerne eine Pause einlegen, statt gleich auf die Elbfähre zum Bahnhof auf der anderen Talseite zu eilen.

In Stadt Wehlen beginnen zwei reizvolle Wanderwege. Durch das hier mündende Uttewalder Tal gelangt man in den romantischen **Uttewalder Grund,** einem Lieblingsmotiv der Maler der Romantik. Jeder, der einigermaßen agil ist, sollte bei dieser Wanderung unbedingt einen Abstecher (nach links) zum Teufelsgrund und den Teufelsschlüchten machen: dort führt der Weg durch mehrere enge Schluffe unter und zwischen Felsen hindurch – Kinder wie Erwachsene sind begeistert! Die zweite Wanderung führt zunächst ebenfalls durch das Uttewalder Tal, geht dann aber durch das enge Höllental hinauf zum Steinernen Tisch, einer beliebten und guten Ausflugsgaststätte, die man auch vom Parkplatz an der Bastei (s. unten) in wenigen Minuten erreicht.

Die Bastei

Eine der berühmtesten Felsengruppen in der Sächsischen Schweiz ist die Bastei, nahe der Elbe im Westen des Nationalparks gelegen. Mehrere Sandstein-

massive reihen sich hier neben- und hintereinander, manche wie Zähne spitz, andere mit flachen Plateaus über scheinbar unersteigbaren Wänden. Dazwischen liegt dichter Wald, heute meist Buche, früher stark mit Tanne durchsetzt, die man heute nur noch an sehr entlegenen Stellen findet. Schon in der Mitte des 19. Jahrhunderts baute man zwischen zwei dieser Felsgruppen eine Steinbrücke über einen tiefen Einschnitt, sie ersetzte einen früheren, gefährlichen Holzsteg – die Brücke war die erste, die jemals rein für Touristen gebaut wurde! Auf der Bastei hat man im Mittelalter eine Burg errichtet und dabei die Möglichkeiten dieser Felsbastion voll ausgenutzt. Der mittlere Bereich der Burg Neurathen, die 1469 zerstört wurde, kann auf einem Rundweg besichtigt werden.

Man erreicht die Bastei (mit Gaststätte) in einer knappen Stunde auf einem Wanderweg, der im **Kurort Rathen** startet, einem autofreien Örtchen an der Elbe (Fähre vom Bahnhof auf der anderen Flussseite, Parkplatz am Ortseingang). Im oberen Teil geht der Weg in eine in den Fels geschlagene Treppe über und führt auch über die oben erwähnte alte Steinbrücke. Am Ziel angelangt wird man belohnt mit einer Traumaussicht auf das Elbtal, wo sich tief unten die Dampfer der Sächsischen Dampfschiffahrt durch das Wasser der Elbe schaufeln, aber auch auf Freikletterer, die in den Wänden kleben oder auf den felsigen Nadelspitzen Rast machen. Alternativ kann man etwas weiter in den bei Rathen mündenden Amselgrund wandern und dann durch die Schwedenlöcher hinaufgehen, einen zwischen Felsgruppen geschlagenen und gebauten Treppenweg (Gehzeit 1:30–2 Std.). Die dritte Möglichkeit ist die von Pirna kommende Straße, die fast bis zur Bastei führt.

Der **Amselgrund** ist übrigens auch ein Ausflugsziel für sich. An seinem Ende lockt ein romantischer Wasserfall mit kleinem Gasthaus. Der Wasserfall ist, wie ein weiterer im Kirnitzschtal, künstlich – man konnte doch im Biedermeier den Touristen kein romantisches Gebirge ohne Wasserfall zumuten! 50 Cent kostet einmal Wasserfall, das kann man sich doch leisten!?

Unterhalb der Basteifelsen befindet sich die **Rathener Felsenbühne**, die eine wunderschöne Naturszenerie bietet. Besonders gerne werden hier Stücke nach den Büchern von Karl May aufgeführt, vor allem aber auch und hier besonders eindrucksvoll Carl Maria von Webers „Freischütz“.

Hohnstein

Hohnstein, das seinen Namen zu Recht trägt – es liegt wirklich auf einem hohen Stein über dem Polenztal – ist ein winziger Ort im Norden des Nationalparks abseits des Elbtals. Das Ortsbild wird dominiert von einer recht großen Burg gleichen Namens, die seit dem 12. Jahrhundert besteht und seit 1443 dem sächsischen Kurfürst gehörte. Nach dem Ende des Königreiches Sachsen erlebte die **Burg Hohnstein** eine bewegte Geschichte: zunächst als Jugendgefängnis und ab 1924 als Jugendherberge, dann als Schutzhaftlager der Nazis, ab 1935 wieder Jugendherberge, schließlich Gefängnis für Kriegsgefangene. 1948 wurde hier erneut eine Jugendherberge untergebracht, heute fungiert sie als Naturfreundehaus und ist eine der größten Herbergen Deutschlands. Die einzelnen Baugruppen der ausgedehnten Burganlage und das Burgmuseum mit seinen historischen und naturkundlichen Sammlungen können besichtigt werden.

Adresse/Öffnungszeiten: Burg Hohnstein Naturfreundehaus, Markt 1, 01848 Hohnstein, Eintritt Museum und Burg 1,50 €, erm. 0,50 €, Karfreitag–Okt. tgl. 10–17 Uhr, ✆ 035975-81202, www.burg-hohnstein.info.

Königstein, Lilienstein und Pfaffenstein

Zwei von senkrechten Wänden umgebene Plateaus aus Sandstein liegen links (südlich) der Elbe, der Königstein mit der gleichnamigen Festung über dem Städtchen, das, um die Verwirrung voll zu machen, ebenfalls Königstein heißt, und der Pfaffenstein. Auf der anderen Uferseite steht in einer engen Flussschlinge der Elbe der gleich geformte **Lilienstein.** Auf den Pfaffenstein und den Lilienstein führen Wanderwege, beschwerlich vor allem beim Lilienstein. Auf beiden aber gibt es eine angenehme Überraschung, wenn man das Gipfelplateau erreicht hat: eine Gaststätte!

Auf dem **Königstein** stand schon früh eine Festung. Sie war zunächst böhmisch, kam aber wie das ganze Gebiet im Spätmittelalter in den Besitz der Wettiner. Die riesige Anlage, wie man sie heute besichtigen kann, wurde im 16. Jahrhundert gleichzeitig mit der Dresdner Stadtbefestigung nach neuesten Erkenntnissen der Militärtechnik errichtet und später mehrfach umgebaut. Sie hat sich jedoch militärisch nie bewähren müssen – preußische und österreichische Heere zogen einfach daran vorbei. In der Festung Königstein saßen die gefährlichsten Staatsfeinde Sachsens ein, „unerwünschte Elemente" und alle diejenigen, denen man nicht traute (der Miterfinder des Porzellans Johann Friedrich Böttger und der Politiker August Bebel waren darunter). In unsicheren Zeiten zog sich auch die Kurfürstenfamilie – nebst Staatsschatz – dorthin zurück. Heute ist die bautenreiche Festung ein einziges Freilichtmuseum, das in Teilen vom Dresdner Militärhistorischen Museum (→ S. 180) als Ausstellungssaal genutzt wird.

Adresse/Öffnungszeiten: Festung Königstein, 01824 Königstein. Das behindertenfreundliche Museum (Aufzüge!) ist geöffnet April–Sept. tgl. 9–20 Uhr, Okt. 9–18, Nov.–März tgl. 9–17 Uhr, Eintritt 6 €, ✆ 035021-64605, www.festung-koenigstein.de.

Bad Schandau, die Schrammsteine und das Kirnitzschtal

Bad Schandau ist der letzte größere Ort vor der böhmischen (tschechischen) Grenze, ein kleiner Luftkurort auf der rechten Elbseite, ein riesiger Bahnhof mit hohem Beobachtungsturm auf der linken – hier wurden die Gäste des „Vindobona"-Express gefilzt, der zu DDR-Zeiten zwischen Berlin und Wien unterwegs war (das Bahnhofsmonstrum wird gegenwärtig umgebaut). Der Ort ist ein guter Ausgangspunkt für Wanderungen in die Umgebung, vor allem das hier endende Kirnitzschtal und die nahe gelegenen Schrammsteine ziehen viele Besucher an. Nicht verpassen sollte man jedoch einen Besuch im modern gestalteten **Nationalparkzentrum Sächsische Schweiz** in Bad Schandau. Es ist eine Sehenswürdigkeit für sich: Modelle, Filme, Multivisionen, interaktive Spiele, Schautafeln sowie ein Ameisenzoo (!) bieten Erwachsenen wie Kindern unterhaltsame Informationen über Entstehung und Natur des Parks. Absolut spannend: eine Zeitrafferdarstellung der Entwicklung des Elbsandsteins!

Neben der Bastei sind die **Schrammsteine** die zweite große Felsbastion der Sächsischen Schweiz mit Traumaussicht, aber im Gegensatz zur Bastei sind sie nur auf Wanderwegen oder einem steilen Treppensteig zu erreichen. Dass die Massen sich hier dennoch oft drängen, ist auf die schon erwähnte sächsische Wanderlust zurückzuführen. Man erreicht den Beginn des Wanderweges über die Straße nach Ostrau (zunächst durch das Kirnitzschtal, dann Abzweigung rechts), wo es einen großen Wanderparkplatz gibt. Von der Schrammsteinaussicht blickt man bis Böhmen und weit elbeabwärts, die drei „Steine" (Königstein, Lilienstein und Pfaffenstein) sind zu sehen und in unmittelbarer Nähe berühmte und für Wanderer unerreichbare Kletterfelsen, die an Wochenenden von Kletterern wimmeln.

Das **Kirnitzschtal** erreicht man von Bad Schandau aus in 30 Minuten mit einer

Treppe auf den Lilienstein

historischen Straßenbahn, sie fährt bis zum Lichtenhainer Wasserfall (wie der Amselfall ist er künstlich). Vom großen Parkplatz am Straßenbahnende führt ein sehr bequemer Wanderweg zum Kuhstall hinauf. Der Kuhstall ist ein riesiger Felsblock mit senkrechten Wänden, durch die ein Spalt mit einem Treppenaufgang aufs Plateau führt, wo einmal die Burg Wildenstein stand. Trickreich windet sich der Treppenweg auf der anderen Seite wieder hinunter, und unten winkt die Ausflugsgaststätte.

Adresse/Öffnungszeiten: Nationalparkzentrum Sächsische Schweiz, Dresdner Str. 2b, 01814 Bad Schandau, geöffnet April–Okt. tgl. 9–18 Uhr, Nov.–Neujahr und Febr./März Di–So 9–17 Uhr, Eintritt 4 €, erm. (z. B. mit ÖPNV-Fahrkarte oder Ticket der Sächsischen Dampfschiffahrt) 3 €, Fam. 7,50 €, ✆ 035022-50240, www.lanu.de.

Praktische Infos

Infos zu Pirna und zur Nationalparkregion Sächsische Schweiz

Tourismusverband Sächsische Schweiz, Bahnhofstr. 21, 01796 Pirna, ✆ 03501-470147, 📠 470148, www.saechsische-schweiz.de.

Nationalparkverwaltung Sächsische Schweiz, An der Elbe 4, 01814 Bad Schandau, ✆ 035022-900600, www.nationalpark-saechsische-schweiz.de.

Verbindungen

Mit öffentlichen Verkehrsmitteln: S-Bahn ab Meißen und Dresden, häufig bis Pirna mit Halt in Heidenau-Großsedlitz, etwas seltener bis Schöna (Grenze) mit Halt in Stadt Wehlen, Kurort Rathen, Königstein und Bad Schandau. Von den Bahnhöfen Stadt Wehlen, Kurort Rathen und Bad Schandau Fähren zum Ort. Straßenbahn von Bad Schandau ins Kirnitzschtal. Für ei-

Karte S. 255

Gemütlicher kann man die Sächsische Schweiz kaum erkunden

nen Tagesausflug ab Dresden lohnt sich die Tageskarte für den Gesamtbereich des VVO, die für zwei Personen gültig ist.

Mit dem Elbdampfer: Schiffe der Sächsischen Dampfschiffahrt ab Dresden oder Pirna bis Königstein oder Bad Schandau (→ S. 47/48). Von Pirna nach Hřensko (Tschechien) verkehren zwei Schiffe der Personenschifffahrt Oberelbe, ✆ 03501-528467 und von Bad Schandau nach Hřensko die „Zirkelstein" der Oberelbischen Verkehrsges. Pirna-Sebnitz (OVPS), ✆ 035022-5480, www.ovps.de.

Mit dem Auto: Von Dresden bis Pirna (hier gibt es eine Elbbrücke) kann man auf beiden Elbseiten fahren, von dort bis Bad Schandau (nächste Elbbrücke) nimmt man die B 172, von der Stichstraßen zu den Orten an der Elbe führen. Im Fall von Königstein führt die Bundesstraße durch den Ort. Das Parken auf neun Parkplätzen im Nationalpark Sächsische Schweiz ist bis zu 1 Stunde gebührenfrei, darüber hinaus gebührenpflichtig mit 3 € (Münzen!) pro Tag. Kein Parkplatz im Nationalpark darf zum Campen genutzt werden, das Parken ist zwischen 22 und 6 Uhr nicht gestattet.

Feste und Veranstaltungen

Festival Mitte Europas Festival Uprostřed Evropy – Fest in der Dreiländerecke Bayern–Sachsen–Böhmen, Veranstaltungsorte des lose zusammenhängenden Musik- und Szene-Sommerprogramms sind u. a. Pirna, und Großsedlitz. Programm auf www.festival-mitte-europa.com. Rathener Felsenbühne/Rathener Karl-May-Spiele → Kulturszene Dresden.

Sport und Freizeit

Klettern, Wandern, Hochseilgarten

Das Kletterparadies Sächsische Schweiz liegt so nahe zu Dresden, dass man meint, es müsse völlig überlaufen sein, ist es doch nur ein kleines Gebiet, in dem sich Kletterfelsen befinden. Aber abgesehen von Hochsommerwochenenden und besonders beliebten Kletterfelsen ist es in der Sächsischen Schweiz überhaupt kein Problem, einen Felsen (bzw. einen Anstieg) für sich allein zu finden: mehr als 1100 Felsen und mehr als 15.000 Routen ermöglichen das.

Bergsport Arnold, der Leiter des Sporthauses ist ein über die Region hinaus bekannter Kletterer, der u. a. Kletterkurse gibt und Führungen veranstaltet. (Bergsportladen) Obere Str. 25, 01848 Hohnstein und (Der Insider) Marktstr. 4, 01814 Bad Schandau, ✆ 0359-7581246, www.bergsport-arnold.de.

Kletterschule Lilienstein, Ebenheit 4, 01824 Königstein, z. B. „Schnuppertag Felsklettern" 60 €, ✆ 035022-40011, www.kletterschule-lilienstein.de.

Geführte Tagestouren durch die Sächsische Schweiz bietet u. a. **Rolf Lindner c/o Wandertouristik** an, auch Abholservice aus den Touristenorten der Sächsischen Schweiz ab 29 €. Wandertouristik, Pirnaer Str. 13, 01829 Dorf Wehlen, ✆ 0375-5674945, www.wandertouristik.de.

Paddeln, Kanus, Bootstouren

Die Elbe ist auch im Durchbruchstal zwischen Böhmen und Pirna in der Sächsischen Schweiz erstaunlicherweise ein ruhiger Fluss. So kann man auch als Nicht-Geübter mit Kanu, Kanadier oder Schlauchboot flussabwärts schippern, wer Lust dazu hat auch bis Dresden oder gar Meißen. Von Děčin in Tschechien sind es 10 km bis Bad Schandau, 16 bis Königstein, 33 bis Pirna, 49,5 bis zum Blauen Wunder in Dresden und 81 km bis Meißen. Mit Schlauchboot oder Kanadier schafft man das in zwei bis drei Tagen. Tagestouren empfehlen sich z. B. zwischen Königstein und Pirna (17,5 km) oder zwischen Schmilka und Königstein (14,5 km).

Bootsverleih und geführte Touren bietet z. B. **Kanu Aktiv Tours** in Königstein. Ein Kanadier für zwei Personen kostet pro Tag ab 32 €, ein Schlauchboot (bis zu fünf Personen) ab 47 €, auch geführte Touren für Gruppen. Infos und Buchungen bei Kanu Aktiv Tours, Elbpromenade/Schandauer Str. 17–19, 01824 Königstein, ✆ 035021-599960, www.kanu-aktiv-tours.de.

Register

Die (in Klammern gesetzten) Koordinaten verweisen auf die beigefügte Dresden-Karte.